책 속의 QR 코드로 용선생의 세계 문화유산 강의를 볼 수 있습니다.
QR 코드를 스캔하여 회원 가입 및 로그인 진행 후
도서 구매 시 제공된 영상 쿠폰 번호를 등록해 주세요.

영상 재생 방법
❶ QR 코드 스캔 ┅▶ ❷ 회원 가입 / 로그인 ┅▶ ❸ 영상 쿠폰 번호 등록 ┅▶ ❹ 영상 재생

회원 가입/로그인 후에 영상 재생을 위해 QR 코드를 다시 스캔해 주세요.
쿠폰 번호는 최초 1회만 등록 가능하며, 변경 또는 양도할 수 없습니다.
로그인 상태라면 즉시 영상을 재생할 수 있습니다.
PC에서는 용선생 클래스(yongclass.com)에서 시청할 수 있습니다.

영상 재생 방법 안내

글 이희건
서울대학교 고고미술사학과를 졸업하고 오랫동안 책 만드는 일을 해 왔으며, 사회평론 역사연구소장을 역임했습니다.

글 차윤석
서울대학교 독어독문학과를 졸업하고 같은 학교 대학원에서 석·박사 과정을 거친 뒤 독일 뮌헨대학교에서 중세문학 박사 과정을 마쳤습니다.

글 김선빈
고려대학교 국어국문학과를 졸업하고 웹진 <거울>등에서 소설을 썼습니다. 어린이 교육과 관련된 일을 시작하여 국어, 사회, 세계사와 관련된 다양한 교재와 컨텐츠를 개발했습니다.

글 박병익
고려대학교 사학과를 졸업했습니다. 사실의 나열이 아닌 '왜?'와 '어떻게?'라는 질문을 통해 어린이들이 역사와 친해지는 글을 쓰기 위해 오늘도 고민하고 있습니다.

글 김선혜
고려대학교 사학과를 졸업하고 여러 회사에서 콘텐츠 매니저, 기획 업무를 담당했습니다.

그림 이우일
홍익대학교에서 시각디자인을 공부한 만화가입니다. '노빈손' 시리즈의 모든 일러스트레이션을 그렸으며 지은 책으로는 《우일우화》,《옥수수빵파랑》,《좋은 여행》,《고양이 카프카의 고백》등이 있습니다.

설명삽화 박기종
단국대학교 동양화과와 홍익대학교 대학원을 나와 지금은 아이들의 신나는 책 읽기를 위해 어린이 책 일러스트 작가로 활동하고 있습니다.

지도 김경진
'매핑'이란 지도회사에서 일하면서 어린이, 청소년 책에 지도를 그리고 있습니다. 얼마 전까지 중학교 교과서 만드는 일도 했습니다. 참여한 책으로는 《아틀라스 중국사》,《아틀라스 일본사》,《아틀라스 중앙유라시아사》,《미래를 여는 한국의 역사》등이 있습니다.

구성 정지윤
서울대학교 국어교육과를 졸업하고 문화예술, 교육 분야 기관에서 기획 업무를 담당했습니다.

자문 및 감수 유성환
부산대학교 영문학과를 졸업하고 미국 브라운대학교에서 박사 학위를 받았습니다. 현재 서울대 아시아언어문명학부에서 강의를 하고 있습니다. <이히, 시스트럼 연주자-이히를 통해 본 어린이 신 패턴>과 <외국인에 대한 이집트인들의 두 시선> 등의 논문을 지었습니다.

자문 및 감수 정기문
서울대학교 역사교육과를 졸업하고 같은 학교 대학원에서 석사·박사 학위를 받았습니다. 현재 군산대학교 사학과 교수로 재직하고 있습니다. 지은 책으로는 《한국인을 위한 서양사》,《내 딸을 위한 여성사》,《역사란 무엇인가》 등이 있고, 《역사, 시민이 묻고 역사가가 답하고 저널리스트가 논한다》,《고대 로마인의 생각과 힘》,《지식의 재발견》 등을 우리말로 옮겼습니다.

교과 과정 감수 박혜정
성균관대학교 역사교육과를 졸업하고 현재는 경기도 용인 신촌중학교에서 근무하고 있습니다. 『나의 첫 세계사』를 집필하였습니다.

교과 과정 감수 한유라
홍익대학교 역사교육과를 졸업하고, 현재는 경기도 광명 충현중학교에서 근무하고 있습니다. 『12.3 사태, 그날 밤의 기록』을 집필하였습니다.

교과 과정 감수 원지혜
동국대학교 역사교육과를 졸업하고, 현재는 경기도 시흥 은계중학교에서 근무하고 있습니다. 『더 늦기 전에 시작하는 생태환경사 수업』의 공저자입니다.

기획자문 세계로
1991년부터 역사 전공자들이 모여 함께 고민하고 연구하며 한국사와 세계사를 가르치고 있습니다. 《용선생의 시끌벅적 한국사》 기획에 참여했고, 지은 책으로는 역사동화 '이선비' 시리즈가 있습니다.

2 통일 제국의 등장 1
페르시아, 그리스, 로마 제국

교양으로 읽는
용선생
세계사

글 | 이희건 차윤석 김선빈 박병익 김선혜
그림 | 이우일 박기종

차례

1교시 서아시아에 최초의 국제 사회가 피어나다

고대 최초의 교역 중심지 시리아와 레바논을 가다	014
서아시아의 네 강국이 평화를 유지한 까닭은?	020
철제 무기를 앞세운 신흥 강국 히타이트	027
이집트가 서아시아로 진출하다	032
서아시아에서 처음으로 외교가 펼쳐지다	039
'바다사람들'의 침략으로 청동기 문명이 막을 내리다	046
나선애의 정리노트	051
세계사 퀴즈 달인을 찾아라!	052
용선생 세계사 카페	
투탕카멘 무덤의 황금빛 유물들	054

교과 연계 중학교 역사① Ⅱ-1 선사 문화와 문명의 특징

2교시 지중해 곳곳에서 문명이 태동하다

유럽 문명의 두 뿌리 크레타와 이스라엘을 가다	062
신화 속에서 발견한 미노스 문명	068
크레타섬은 지중해의 징검다리	072
미케네가 에게해의 새로운 지배자로 떠오르다	078
도리스인의 침입으로 그리스가 암흑에 빠져들다	081
페니키아가 지중해 해상 교역을 장악하다	084
머나먼 가나안 땅	093
이스라엘 사람들이 나라를 세우다	100
나선애의 정리노트	105
세계사 퀴즈 달인을 찾아라!	106
용선생 세계사 카페	
그리스 최고의 이야기꾼 호메로스가 들려주는 트로이 전쟁 이야기	108
이스라엘 민족의 영웅 모세 이야기	114

교과 연계 중학교 역사① Ⅱ-1 선사 문화와 문명의 특징

3교시 제국의 시대가 열리다

페르시아 제국의 후예 이란의 오늘	122
최초로 서아시아를 통일한 신아시리아 제국	128
신아시리아 제국 멸망 이후의 서아시아 세계	133
신아시리아 제국의 공포 정치를 대물림한 신바빌로니아 제국	137
키루스 대왕, 칼과 관용으로 페르시아 제국을 건설하다	143
다리우스 대왕이 페르시아 제국의 전성기를 열다	148
입이 떡 벌어지는 페르세폴리스의 위용	154
나선애의 정리노트	161
세계사 퀴즈 달인을 찾아라!	162
용선생 세계사 카페	
헤로도토스가 전하는 키루스 대왕 이야기	164

교과 연계 중학교 역사① Ⅱ-2 고대 서아시아와 지중해 세계의 형성

4교시 그리스에 찾아온 폴리스의 전성시대

서양 문명의 요람, 그리스를 가다	172
암흑기가 끝나고 그리스 곳곳에 폴리스들이 번성하다	176
고대 올림픽은 그리스 폴리스들의 화합의 축제	180
폴리스가 번영을 누리고 시민의 힘이 커지다	183
아테네에서 민주주의가 꽃피다	190
병영 국가의 길을 걸은 스파르타	200
그리스가 페르시아에게 승리를 거두다	204
아테네가 민주주의의 황금기를 맞이하다	214
나선애의 정리노트	219
세계사 퀴즈 달인을 찾아라!	220
용선생 세계사 카페	
그리스 신화는 서양 예술의 마르지 않는 샘	222
이오니아 상인 탈레스와 자연 철학 이야기	226

교과 연계 중학교 역사① Ⅱ-2 고대 서아시아와 지중해 세계의 형성

5교시 알렉산드로스 대왕과 헬레니즘 시대

알렉산드로스 대왕의 고국 마케도니아가 어디야?	234
델로스 동맹의 맹주 아테네	240
스파르타와 아테네가 끝장 승부를 벌이다	245
마케도니아 왕국이 그리스를 장악하다	250
동쪽으로 거대한 원정을 떠나다	254
알렉산드로스 대왕이 융화 정책을 실시하다	264
헬레니즘 시대-세계가 그리스 문명으로 물들다	268
나선애의 정리노트	275
세계사 퀴즈 달인을 찾아라!	276
용선생 세계사 카페	
그림 한 장으로 만나는 그리스의 철학자들	278
헬레니즘 시대, 그리스 예술이 변하다	280

교과 연계 중학교 역사① II-2 고대 서아시아와 지중해 세계의 형성

6교시 지중해의 샛별 로마, 세계 제국으로 나아가다

위대한 로마 제국의 후예, 이탈리아의 오늘	286
로마, 테베레강가의 언덕에 자리 잡은 작은 도시	290
에트루리아 왕을 내쫓고 공화정을 만들다	294
시련을 딛고 일어선 로마, 이탈리아를 통일하다	302
로마가 카르타고를 무찌르고 지중해를 장악하다	306
로마가 혼란에 빠지고 장군들의 힘이 커지다	313
카이사르가 권력을 장악하다	320
나선애의 정리노트	331
세계사 퀴즈 달인을 찾아라!	332
용선생 세계사 카페	
로마를 건국한 로물루스 이야기	334
로마군은 왜 그토록 강했을까?	338

교과 연계 중학교 역사① II-2 고대 서아시아와 지중해 세계의 형성

7교시 로마 제국의 흥망과 크리스트교의 등장

로마 시대에 건설된 유럽 도시들을 찾아서	346
아우구스투스 황제, 새로운 로마의 기틀을 닦다	354
로마의 지배 아래 지중해 세계가 번영을 누리다	360
로마 제국이 서서히 기울다	371
크리스트교가 로마 제국의 국교가 되다	381
게르만족이 서로마 제국을 무너뜨리다	389
서로마 제국 멸망 후 천 년을 더 버틴 동로마 제국	395
나선애의 정리노트	399
세계사 퀴즈 달인을 찾아라!	400
용선생 세계사 카페	
잃어버린 도시 폼페이	402
로마 제국을 멸망시킨 게르만족은 누구일까?	406

교과 연계 중학교 역사① II-2 고대 서아시아와 지중해 세계의 형성

한눈에 보는 세계사-한국사 연표	410
찾아보기	414
참고문헌	418
사진 제공	424
퀴즈 정답	428

초대하는 글

용선생 역사반, 세계로 출발!

    여러분, 안녕! 용선생 역사반에 온 걸 환영해!
    용선생 역사반의 명성은 익히 들어 잘 알고 있겠지? 신나고 즐거운 데다 깊이까지 있다고 소문이 쫙 났더라고. 역사반에서 공부한 하다와 선애, 수재, 영심이도 중학교 잘 다니고 있다는 소식을 들었지.
    그런데 어느 날 중학생이 된 하다와 선애, 수재, 영심이가 다짜고짜 찾아와서 막 따지는 거야.
    "선생님! 왜 역사반에서는 한국사만 가르쳐 주신 거예요?"
    "중학교 가자마자 세계사를 배우는데, 이름도 지명도 너무 낯설고 어려워요!"
    "역사반 덕분에 초등학교 때는 천재 소리 들었는데, 중학교 가서 완전 바보 되는 거 아니에요?"
    한참을 그러더니 마지막에는 세계사도 가르쳐 달라고 조르더라고.
    "너희들은 중학생이어서 역사반에 들어올 수 없어~"
    그랬더니 선애가 벌써 교장 선생님한테 허락을 받았다는 거야. 아닌 게 아니라 다음날 교장 선생님께서 나를 불러 이러시더군.

"용선생님, 방과 후 시간에 역사반 아이들을 위한 세계사 수업을 해 보면 어떨까요?"

결국 역사반 아이들은 다시 하나로 뭉쳤어.

원래 역사반에서 세계사까지 가르칠 계획은 전혀 없었지만… 피할 수 없다면 즐겨라. 역사반 아이들이 이토록 원하는데 용선생이 어떻게 가만히 있을 수 있겠어? 그래서 중·고등학교 세계사 교과서들은 물론이고, 서점에 나와 있는 세계사 책들, 심지어 미국과 독일을 비롯한 세계사 교과서까지 몽땅 긁어모은 뒤 철저히 조사했어. 뭘 어떻게 가르칠지 결정하기 위해서였지. 그런 뒤 몇 가지 원칙을 정했어.

첫째, 지도를 최대한 활용하자! 서점에 나와 있는 책들은 대부분 지도가 부족하더군. 역사란 건 공간에 시간이 쌓인 거야. 그러니 그 공간을 알아야 역사가 이해되지 않겠어? 그래서 지도를 최대한 많이 넣어서 너희들의 지리 감각을 올려주기로 했단다.

둘째, 사람들이 살아가는 모습을 꼼꼼히 들여다보자! 세계사 공부를 할 때 이 사건이 왜 일어났는지도 중요하지만, 그때 사람들이 어떤 모습으로 살았는지도 중요해. 그 모습을 보면, 그들이 왜 그렇게 살았는지, 우리와는 무엇이 같고 다른지 알 수 있게 될 거야.

셋째, 사진과 그림을 최대한 많이 보여주자! 사진 한 장이 백 마디 말보다 사건이나 시대 분위기를 훨씬 더 효과적으로 전달할 때가 많아. 특히 세계사를 처음 배울 때는 이런 시각 자료가 큰 도움이 되지. 사진이나 그림은 당시 분위기를 파악하는 데도 아주 좋은 자료란다.

==넷째, 다른 역사책에서 잘 다루지 않는 지역의 역사도 다루자!== 인류 문명은 어떤 특정한 집단이나 나라가 만든 게 아니라, 지구상에 살았던 모든 집단과 나라가 빚어낸 합작품이야. 아프리카, 아메리카 원주민, 유목민도 유럽과 아시아 못지않게 인류 문명의 발전에 기여했다는 말이지. 세계 각지에서 일어난 문명과 역사를 알면 세계사가 더 쉽게 느껴질 거야.

==다섯째, 과거와 현재를 연결하자.== 수업 시작하기 전에 그 시간에 배울 사건들이 일어났던 나라나 도시의 현재 모습을 보게 될 거야. 그 장소가 과거뿐 아니라 지금도 사람들의 삶의 현장이라는 것을 보여 주기 위해서지. 예를 들어 메소포타미아 하면 사람들은 메소포타미아 문명이 일어난 곳으로만 알지, 지금 그곳에 이라크라는 나라가 있다는 사실은 모르는 경우가 많아. 지금 이라크 사람들의 모습과 옛날 메소포타미아 문명 사람들의 모습을 비교해 보는 것도 좋은 역사 공부 방법이란다.

이런 원칙으로 재미있게 세계사 공부를 하려는데, 작은 문제가 하나 있어. 세계사는 한국사와 달리, 직접 현장을 방문하기가 쉽지 않다는 점이지. 하지만 용선생이 누구냐. 역사 공부를 위해서라면 물불 가리지 않는 용선생이 이번에는 너희들이 볼 수 있는 영상도 만들었어. ==책 속의 QR코드를 찍으면 세계 곳곳의 문화유산과 흥미로운 사건을 볼 수 있을 거야.==

자, 얘들아. 그럼 이제 슬슬 세계사 여행을 시작해 볼까?

등장인물

'용쓴다 용써' 용선생

어쩌다 맡게 된 역사반에, 한국사에 이어 세계사까지 가르치게 됐다. 맡은바 용선생의 명예를 욕되게 할 수는 없지. 제멋대로 자란 머리카락을 휘날리며 오늘도 용쓴다.

'장하다 장해' 장하다

'튼튼하게만 자라 다오.'라는 아버지의 소원대로 튼튼하게만 자랐다. 세계적인 축구 스타가 꿈! 세계를 다니려면 세계사 지식도 필수라는 생각에 세계사반에 지원했다. 영웅 이야기를 좋아해서 역사 인물들에게 관심이 많다.

'오늘도 나선다' 나선애

역사 마스터를 꿈꾸는 우등생. 공부도 잘하고 아는 게 많아서 잘 나선다. 글로벌 인재가 되려면 기초 교양이 튼튼해야 한다는 생각으로 용선생을 찾아가 세계사반을 만들게 한다. 어려운 역사 용어들을 똑소리 나게 정리해 준다.

'잘난 척 대장' 왕수재

시도 때도 없이 잘난 척을 해서 얄밉지만 천재적인 기억력 하나만큼은 인정. 또 하나 천재적인 데가 있으니 바로 깐족거림이다. 세계를 무대로 한 사업가를 꿈꾸다 보니 지리에 관심이 많다.

'엉뚱 낭만' 허영심

엉뚱 발랄한 매력을 가진 역사반의 분위기 메이커. 남다른 공감 능력이 있어서 사람들이 고통을 겪을 때면 눈물을 참지 못한다. 예술과 문화에 관심이 많고, 그 방면에서는 뛰어난 상식을 자랑한다.

'깍두기 소년' 곽두기

애교가 넘치는 역사반 막내. 훈장 할아버지 덕분에 뛰어난 한자 실력을 갖추고 있으며, 어휘력만큼은 형과 누나들을 뛰어넘을 정도. 그래서 새로운 단어가 등장할 때마다 한자 풀이를 해 주는 것이 곽두기의 몫.

1교시

서아시아에 최초의 국제 사회가 피어나다

기원전 1500년 무렵 서아시아에서는
전통의 강자 바빌로니아와 이집트,
새롭게 떠오르는 신흥 강국 아시리아와 히타이트,
네 나라가 팽팽하게 대치하고 있었어.
주도권을 쥐기 위해 또는 살아남기 위해
온 힘을 다해 싸우고 협상하고 교역하던
그 치열했던 역사의 현장으로 출발~!

기원전 1600년 무렵	기원전 1520년 무렵	기원전 1500년 무렵	기원전 1350년 무렵	기원전 1274년	기원전 1200년 무렵
히타이트, 강대국으로 부상	이집트 신왕국의 팽창	서아시아에 4개의 강대국이 정립	히타이트, 시리아를 점령	카데시 전투	바다사람들의 침입

역사의 현장 지금은?

고대 최초의 교역 중심지 시리아와 레바논을 가다

옛날에 메소포타미아와 지중해 사이의 땅을 시리아라고 불렀어. 지금 그곳에는 시리아와 레바논이라는 두 나라가 자리 잡고 있지. 두 나라가 프랑스의 식민지였을 때 프랑스에 의해 하나로 합쳐진 적도 있지만, 결국 따로따로 독립했어. 먼저 시리아로 가 보자!

내전으로 신음하는 시리아

동지중해와 메소포타미아 사이에 자리 잡고 있어. 면적은 한반도와 비슷하고 인구는 1,800만 명 정도지. 국토의 70퍼센트 이상은 사막이지만, 지중해성 기후에 속하는 서쪽 해안 지대는 비가 많이 오고 농사도 아주 잘돼. 국민의 90퍼센트는 이슬람교도인데 75퍼센트는 수니파, 15퍼센트는 시아파에 속해 서로 으르렁거려. 나머지 10퍼센트는 크리스트교도와 유대교도야. 시리아는 오랜 옛날부터 상업이 발달해 유서 깊은 상업 도시들이 많고, 낯선 이에게도 아주 친절해. 시리아를 여행하면 현지인의 집으로 초청 받아 차를 대접받는 경험을 어렵지 않게 할 수 있어. 하지만 안타깝게도 시리아는 지금 시아파 정부군과 수니파 반정부군 간의 싸움으로 엄청난 고통을 겪고 있어.

014

↑ **수도 다마스쿠스** 현재 시리아의 수도이자 최대 도시. 이라크의 수도인 바그다드와 쌍벽을 이루는 이슬람 세계의 중심지지.

↑ **알레포 전통 시장**
알레포의 시장은 서아시아에서 아름다운 시장으로 첫손 꼽혀.

↑ **다마스쿠스 한복판을 흐르는 바라다강**
연간 강수량이 200밀리미터에 불과하지만 서쪽의 산맥에서 흘러내리는 바라다강 덕분에 물이 풍족한 편이야.

↑ 알레포의 평화로웠던 거리 풍경

알레포는 다마스쿠스 못지않게 유서 깊은 상업 도시로, 시리아 제2의 도시야. 알레포의 옛 시가지는 유네스코 세계유산으로 지정되어 있어. 하지만 이 모든 것들이 전쟁으로 말미암아 잿더미로 변할 위기에 처해 있지.

↑ 알레포 중세 성채 앞의 살라딘 동상

↑ 폭격으로 부상당한 민간인을 옮기는 알레포 시민들

서아시아에서 손꼽히는 부자나라 레바논

면적은 한반도의 20분의 1, 인구는 600만 명쯤 되는 아주 작은 나라야. 국민의 54퍼센트는 이슬람교도, 40퍼센트는 크리스트교도야. 1970년대 이스라엘과 팔레스타인 분쟁에 휘말리면서 이슬람교 세력과 크리스트교 세력 간의 충돌로 극심한 내전을 겪었지. 하지만 1992년 결국 합의를 통해 내전을 끝냈고, 지금은 석유 없이도 1인당 국민 소득이 1만 5천 달러나 되는 서아시아에서 손꼽히는 부자 나라가 되었어. 서아시아에서 유일하게 삼권 분립이 확립된 민주주의 국가이기도 해.

◀ **장신구를 만드는 장인** 레바논은 보석 세공 기술이 뛰어나 외부에서 재료를 수입해 각종 장신구를 만들어 수출하고 있어.

▼ **국제도시 베이루트** 레바논의 수도이자 인구 200만 명의 최대 도시야. 레바논의 개방적인 경제 정책에 힘입어 서구의 금융 회사들이 이곳에 둥지를 틀었고, 현재 서구와 아랍 세계를 잇는 관문 역할을 톡톡히 하고 있어.

↑ **시돈의 십자군 성채** 중세 때 십자군이 이슬람 세력의 공격을 막기 위해 세운 거야.

↑ **티레의 항구** 티레는 한때 지중해 무역을 주름잡았던 페니키아인의 도시 국가였어.

↑ **베이루트의 노천카페**

★ 레바논산맥 산자락에서 염소를 기르는 모습
적당한 강수량과 온난한 날씨 덕분에 과일과 채소를 기르고 목축을 하기에 안성맞춤이야.

↓ 최고봉이 3,000미터를 넘는 레바논산맥의 삼나무
수천 년 동안 삼나무는 목재가 귀한 서아시아와 이집트에서 너무나 귀한 자원이었어. 오랜 벌목으로 지금은 옛 모습을 많이 잃었지만 한때는 레바논산맥 전체가 울창한 삼나무 숲이었지.

서아시아의 네 강국이 평화를 유지한 까닭은?

"지난번에 오늘 서아시아에서 펼쳐지는 흥미진진한 이야기를 해 주시겠다고 하셨잖아요. 그 말씀 믿어도 되는 거죠?"

장하다가 다짐을 받듯이 용선생에게 물었다.

"후후, 아무렴. 무대는 바빌로니아의 전성기가 지난 기원전 1500년 무렵의 서아시아야. 이 무렵에 서아시아에서는 4개의 강대국들이 팽팽하게 맞선 가운데, 그 틈바구니에서 작은 상업 도시들과 약소국들도 눈치껏 어느 정도 독립성을 유지하고 있었어. 먼저 강대국들부터 살펴볼까? 가장 먼저 소개할 나라는 히타이트야! 아나톨리아반도의 고원 지대에 자리 잡은 히타이트는 한때 전통의 강호 바빌로니아를 순식간에 정복해 버렸을 정도로 막강한 군사력을 가진 나라였어."

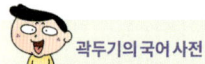

곽두기의 국어 사전

강호 강할 강(强) 호걸 호(豪). 실력이나 힘이 뛰어나고 강한 사람을 일컫는 말이야.

↑ 기원전 1500년 무렵의 서아시아

↓ 히타이트 전차병

히타이트는 전차와 철제 무기를 도입함으로써 서아시아 최강의 군사력을 갖게 돼.

"바빌로니아라면 메소포타미아에서도 최강국인데, 그 바빌로니아를 순식간에 정복했다고요?"

장하다의 눈이 동그래졌다.

"그렇단다. 그래서 주변 나라들도 히타이트를 매우 두려워했지. 두 번째로 소개할 나라는 바빌로니아야. 히타이트한테 된통 당하는 바람에 체면을 구기긴 했지만 히타이트가 내분으로 주춤하자 금세 국력을 회복했지. 하지만 그 와중에 메소포타미아 북부가 떨어져 나가는 바람에 전성기의 국력을 완전히 회복하지는 못했어."

"메소포타미아 북부가 떨어져 나가요?"

"그렇단다. 거기에 있던 아시리아가 세력을 키워 독립해 버렸거든."

곽두기의 국어 사전

내분 안 내(內) 어지러울 분(紛). 어떤 단체나 조직 안에서 자기들끼리 다투는 걸 말해.

서아시아에 최초의 국제 사회가 피어나다 **021**

왕수재의 지리 사전

시리아 메소포타미아 북부에서 동지중해 해안을 아우르는 지역을 시리아라고 해. 대부분이 건조한 사막이지만 메소포타미아와 지중해, 아나톨리아반도와 이집트를 잇는 길목에 자리 잡고 있어서 오아시스를 중심으로 상업 도시들이 발달했어. 지금 시리아라는 나라가 있어.

"아시리아요? 처음 듣는 이름인데 어떻게 갑자기 세력을 키웠다는 거죠?"

"아시리아는 티그리스강 상류에 있던 아슈르 사람들이 세운 나라야. 그동안 시리아 지역을 다스리던 미탄니라는 나라의 지배를 받았지만 미탄니가 히타이트한테 크게 한 방 먹고 헤매는 틈에 그 지배에서 벗어나 빠르게 성장했지. 마지막은 이집트야."

"이집트는 아프리카에 있잖아요?"

"그렇지만 이 시기에는 이집트도 나일강을 벗어나 서아시아로 진출하거든. 자, 이렇게 해서 히타이트, 바빌로니아, 아시리아, 이집트까지, 앞으로 이 지역을 이끌어 갈 4대 강대국을 모두 소개했어. 이 밖에 전성기가 지났지만 시리아 지역의 미탄니도 아직은 무시할 수 없는 강국이었지. 이 나라들은 서로 싸우기도 하고 이리저리 동맹을 맺기도 하면서 어느 정도 균형을 이루고 있었단다."

"히타이트, 바빌로니아, 아시리아, 이집트, 그리고 미탄니……."

선애가 중얼거리며 노트에 나라 이름을 적는 사이, 눈을 껌뻑거리고 있던 하다가 손을 번쩍 들었다.

"근데 선생님, 그중에서 누가 제일 세요? 결국엔 제일 센 나라가 전쟁을 해서 통일해 버릴 거잖아요."

그러자 두기가 깜짝 놀라며 용선생 쪽으로 눈길을 돌렸다.

"선생님, 하다 형 말대로 또 전쟁이 시작되는 거예요?"

두기의 물음에 용선생이 고개를 저었다.

"흠, 물론 전쟁은 늘 있었어. 하지만 옛날처럼 무조건 전쟁부터 하지는 않는단다. 각 나라의 힘이 엇비슷해서 함부로 전쟁을 벌이기도 부담스러웠고, 나라마다 교역에 많이 의존하게 되면서 평화를 유지할 필요가 생겼거든. 전쟁이 벌어져서 오가기가 위험해지면 교역이 움츠러드니까 말이야."

"왕이 장사도 해요?"

"왕이 직접 장사를 하지 않더라도 교역이 활발해지면 상인들한테서 걷는 세금 수입이 늘어날 거 아냐. 또 필요한 물건을 구하기도 쉽고. 그래서 왕들은 상인들이 마음 놓고 오갈 수 있도록 통행을 보장해 주고 전쟁도 삼갔던 거야."

"교역이 활발해진 특별한 이유라도 있나요?"

"청동기 재료를 비롯해서 외부에서 구해 와야 하는 물품의 종류가 많아지고 양도 늘어났기 때문이야. 상인들도 더 큰 이익을 얻을 수 있는 교역에 적극적으로 나섰지. 이렇게 해서 각 지역에서 나는 특산물들을 교환하는 촘촘한 교역망이 만들어지게 된단다."

"각 지역의 특산물을 교환하는 교역망이라고요?"

"그렇단다. 교역은 본래 각 지역의 특산물을 교환하는 거야. 각 지역의 대표적인 특산물을 꼽아 볼까? 먼저 메소포타미아 남부는 곡물과 모직물, 아나톨리아고원은 구리와 금을 비롯한 광물 자원, 이집트는 곡물과 누비아에서 가져온 황금과 상아, 동지중해 해안은 삼나무 목재, 이란고원은 청동기의 필수 재료인 주석이 대표적인 특산물이었지."

"지역마다 확실한 특산물이 있었네요?"

두기가 신기하다는 표정을 짓자 용선생이 웃으면 말했다.

"하하, 그래! 이렇게 특산물이 있는 반면에 자기 땅에서는 나지 않

왕수재의 지리 사전

누비아 이집트 남부에서 수단에 걸친 지역이야.

허영심의 상식 사전

상아 길게 튀어나온 코끼리의 엄니야. 옛날부터 고급 조각 재료로 많이 사용됐어. 지금도 상아를 노리는 밀렵꾼들 때문에 코끼리가 위기에 처해 있지.

서아시아에 최초의 국제 사회가 피어나다 **023**

▲ 레바논의 삼나무 숲 동지중해 해안을 따라 길게 뻗은 레바논 산맥은 울창한 삼나무 숲이었어. 지금은 삼나무를 마구 베어 내서 옛 모습을 찾아보기가 어려워.

는 물건들도 많았어. 이를 테면 이집트와 메소포타미아에서는 목재가 귀했고, 시리아의 상업 도시들과 메소포타미아 북부, 히타이트에서는 곡물이 부족했지. 그래서 자기네 특산물을 팔고 필요한 물건을 구입하는 원거리 교역이 점점 더 중요해진 거지."

"그런데 아무리 돈도 좋지만 어떻게 그렇게 멀리까지 왔다 갔다 해요?"

영심이의 말에 용선생이 빙긋 웃으며 말을 이어 나갔다.

"하하, 걱정 마. 기원전 1500년 무렵이 되자 곳곳에 중계 무역을 하는 상업 도시들이 생겨났거든. 상인들은 마치 계주 경기에서 바통을

허영심의 상식 사전

중계 무역 물건을 사서 이익을 붙여 그대로 넘기는 무역을 말해.

▲ 서아시아 일대의 주요 교역로와 교역 물품

넘기듯이 한 구간만 맡아 물건을 운반했어. 이런 방식으로 수천 킬로미터나 떨어진 발트해의 호박, 아프가니스탄의 청금석, 열대 아프리카의 상아가 서아시아까지 전해졌단다. 그런데 말이야, 이 상업 도시들은 머지않아 강대국들의 전쟁 목표가 되기 시작해."

용선생의 말에 아이들이 고개를 갸웃했다.

"그건 무슨 말씀이세요?"

"이 무렵 서아시아 지역의 왕들은 군대를 보내 도시와 교역로를 보호해 주는 대가로 상인들로부터 통행세나 상품세 등 각종 세금을 거뒀는데, 그 수입이 꽤 짭짤했거든. 그래서 강대국들이 서로 이런 상업 도시들을 차지하려고 군침을 흘리기 시작했다, 이 말씀이지."

"끙…… 저는 이제 전쟁은 그만둔 줄 알았어요."

"하하. 그보다는 전쟁의 목표가 바뀌었다는 말이 맞을 거야. 상대방을 멸망시키거나 무릎 꿇리는 게 아니라, 교역의 중심지와 교역로를 장악하는 게 새로운 목표가 된 거지. 이 당시 서아시아에서 중계 무역이 가장 발달했던 곳은 바로 동지중해 해안과 시리아 일대였어."

용선생이 지도상에 손가락으로 대략적인 위치를 짚었다.

"항구는 그렇다 치고 시리아는 뭐가 유리한 거죠?"

허영심의 상식 사전

호박 나무의 진액이 화석처럼 굳어진 것. 발트해의 특산물로 보석처럼 사용되었어.

청금석 푸른빛의 보석이야. 아프가니스탄 바닥샨이 유명한 생산지지.

↑ 고대 시리아 지역

"지도를 잘 보렴. 시리아는 메소포타미아와 이집트, 히타이트를 잇는 교통로의 가운데에 딱 자리를 잡고 있어. 또 좋은 항구들이 많은 동지중해 해안을 끼고 있어서 바닷길을 이용하기에도 유리했지. 한마디로 시리아는 서아시아 세계의 교통 요충지였던 거야. 그래서 시리아에는 이미 기원전 2000년 무렵부터 오아시스와 해안을 중심으로 중계 무역을 하는 상업 도시들이 들어섰지. 그런데 아까 말했듯이 기원전 1500년 무렵에는 미탄니라는 나라가 시리아의 상업 도시들을 지배하고 있었어."

"미탄니요? 4대 강대국에 포함되지도 못하는

나라가 알짜배기 땅을 차지하고 있다니, 왠지 좀 불안해지는데요."

허영심이 걱정스러운 표정을 지었다.

"안 그래도 미탄니가 힘이 약해지자 히타이트, 아시리아, 바빌로니아, 이집트 등 주변 강국들이 모두 시리아에 군침을 흘렸어. 그중에서도 제일 노골적으로 야심을 드러낸 나라는 히타이트였지."

용선생의 핵심 정리

기원전 1500년 무렵, 서아시아에서 원거리 교역이 중요해지고 히타이트, 바빌로니아, 아시리아, 이집트 등이 힘의 균형을 이룬 채 평화를 유지함.

철제 무기를 앞세운 신흥 강국 히타이트

"근데 히타이트는 어떻게 갑자기 강대국이 되었어요?"

"원래 히타이트 사람들은 북쪽에서 목축을 하던 사람들이었는데, 기원전 2000년 무렵에 아나톨리아반도로 내려와 원주민인 하티 족을 정복하고 하투샤를 차지했어. 뒤늦게 서아시아 세계에 발을 들여놓았던 거지. 그런데 그곳에는 금, 은, 구리 같은 금속이 풍부했어. 장삿속에 밝았던 아시리아 상인들은 아나톨리아반도에 정착촌을 건설해 놓고 아무것도 모르는 히타이트인들에게서 이런 금속들을 헐값에 사들여 바빌로니아나 이집트 같은 데다 비싼 값에 내다 팔았지. 땅 주인인 히타이트인들은 큰 이익을 보지 못하고 오히려 아시리아 상인들이 이익을 가져간 거야."

▲ 기원전 2000년 무렵에 시작된 인도·유럽어족의 대이동

"히타이트 사람들은 멍청하게 당하기만 했어요?"

"어쩔 수 없었단다. 세상 물정에 어두웠을 뿐 아니라 아직 제대로 된 나라도 없이 작은 집단으로 쪼개져 있어서 대항하기도 힘들었거든. 하지만 히타이트인들로서도 영 손해인 것만은 아니었어. 결과적으로 보면 아시리아 상인들로부터 쐐기 문자, 법률, 점토판 같은 메소포타미아의 선진 문물을 빠르게 도입했으니까 말이야."

"비싼 수업료를 내면서 배운 거군요."

 용선생의 세계사 돋보기

이때 바빌로니아는 함무라비왕이 활발한 정복 전쟁을 펼치던 전성기였어.

"그렇단다. 그러다 기원전 1700년 무렵에 아시리아가 남쪽의 바빌로니아에 정복당하면서 아시리아 상인들의 활동도 위축되었어. 때마침 하투샤의 히타이트 부족이 주변 부족들을 통합해 히타이트 왕국을 건설했지. 이때부터 100여 년에 걸쳐 아나톨리아반도의 대부분을 정복한 히타이트인들은 이번에는 교역 중심지인 시리아 지역으로 야금야금 세력을 넓혀 갔단다. 자연히 이곳을 지배하고 있던 바빌로니

↑ 아나톨리아반도에 건설된 아시리아 상인들의 정착촌과 활동

아와 대립하게 되었지. 기원전 1595년 히타이트 왕은 군사를 이끌고 바빌론으로 쳐들어가 무자비한 약탈을 자행했어. 어찌나 심했는지 결국 그로 인해 바빌로니아 제국이 멸망하고 말았대."

"아, 아까 히타이트가 바빌로니아를 무너뜨렸다고 한 게 이걸 말씀하신 거군요."

"그렇단다. 그런데 일이 묘하게 됐어. 바빌로니아 원정에서 돌아온 지 얼마 되지 않아 왕이 여동생에게 암살을 당하고 만 거야. 이때부터 히타이트는 왕위 다툼으로 극심한 혼란에 빠졌고, 그 틈에 바빌로니아가 부활했고, 숙적인 미탄니가 강국으로 부상했지."

"그러게 왜 함부로 다른 나라를 공격해."

영심이가 고소하다는 듯이 툭 내뱉었다.

용선생의 세계사 돋보기

청혼을 한 사람은 투탕카멘의 왕비였대. 투탕카멘이 죽은 뒤 왕비가 히타이트의 힘을 빌려서 권력을 유지하려고 했다는 거지. 하지만 히타이트 왕자가 이집트로 오는 길에 독살당하는 바람에 결혼은 이루어지지 못했어. 이집트 권력은 다른 가문에게 넘어갔고, 이집트와 히타이트는 시리아를 놓고 대립하다 일대 혈전을 벌이게 된단다.

"그래. 하지만 그런 가운데서도 히타이트는 왕위 계승 원칙을 확립하는 등 착실히 여러 가지 법과 제도들을 정비했어. 그리고 기원전 1350년 무렵, 시리아를 정복함으로써 다시 한번 서아시아 최강국으로 우뚝 서게 된단다. 콧대 높은 이집트의 왕실에서 히타이트의 왕자에게 청혼을 해 올 정도였지."

"이집트 왕실에서 청혼을 하다니, 히타이트의 기세가 정말 대단했나 봐요. 근데 도대체 히타이트의 막강한 힘은 어디서 나온 거죠?"

"뭐니 뭐니 해도 철제 무기와 가볍고 튼튼한 전차 덕분이라고 봐야겠지."

"철제 무기라뇨? 아직 청동기 시대 아닌가요?"

나선애가 노트를 앞장으로 넘기며 되물었다.

"하하, 그렇지. 하지만 히타이트는 세계 최초로 단단한 철을 만들 수 있는 기술을 가지고 있었단다. 사실 철이 발견된 건 그보다 1,000여

▼ **히타이트 왕국의 수도였던 하투샤 복원도** 해발 1,000미터의 험준한 고원에 자리 잡고 있을 뿐 아니라 둘레 8킬로미터의 이중 성벽으로 둘러싸인 난공불락의 요새였어. 현재 튀르키예 수도인 앙카라에서 동쪽으로 200킬로미터쯤 떨어져 있어.

년 전이었어. 하지만 그 당시에 철은 그다지 쓸모가 없었어. 날카롭긴 하지만 잘 부스러지고 금방 녹슬어서 도구로 만들 수가 없었던 거야."

"그럼 무기로 쓸 수 없잖아요?"

"그런데 히타이트 사람들은 뜨겁게 달군 쇠를 망치로 계속 두드리면 철이 점점 단단해지고 쉽게 녹슬지 않는다는 사실을 알아냈어. 이 기술이 굉장히 중요하다는 것을 직감한 히타이트 사람들은 혹여 기술이 밖으로 새 나갈까 봐 아예 철 수출을 금지하고, 자신들만 이 기술을 가지기로 했단다. 그때부터 히타이트 사람들은 청동기보다 훨씬 값싸면서도 가볍고 날카로운 철제 무기와, 다른 나라 전차보다 훨씬 더 빠른 속도로 적진을 휘젓는 가볍고 단단한 철제 전차로 무장하게 되었지. 이게 바로 히타이트 군사력의 원천이었던 거야. 그런데 히타이트가 시리아를 야금야금 먹어 들어오면서 시리아의 남쪽을 차지하고 있던 이집트와 딱 맞닥뜨리게 되었어."

▲ 하투샤성 '사자의 문' 유적

▲ 히타이트 제국의 팽창

용선생의 핵심 정리

기원전 1600년 무렵부터 히타이트가 철제 무기를 앞세워 강국으로 부상함. 기원전 1595년 바빌로니아는 히타이트의 약탈로 멸망함. 기원전 1350년 무렵 히타이트는 시리아 지역까지 정복함.

이집트가 서아시아로 진출하다

▲ 이집트 신왕국 영토

"흠, 이러다 이집트도 히타이트한테 당하는 거 아니에요?"

"이때는 이집트 신왕국 시대로 이집트 역시 강력한 군사력으로 넓은 영토를 차지하고 있을 때였거든."

"그렇다면 히타이트도 쉽게 이기지는 못하겠는걸요."

"그렇단다. 힉소스를 물리친 뒤 얼마 되지 않아 이집트 신왕국은 내친김에 동지중해 해안의 힉소스 본거지로 쳐들어가 그곳을 정복해 버렸어. 그때 자연스럽게 동지중해 해안 지역이 이집트의 손아귀에 들어왔지. 이집트가 처음으로 나일강을 벗어나 서아시아 세계의 일원이 된 거지. 그 상태에서 히타이트가 동지중해 해안을 따라 남하해 오면서 두 나라가 시리아에서 딱 마주치게 된 거야."

"그러고 보니 이집트를 서아시아로 끌어들인 게 힉소스인들이었군요?"

"후후, 그렇게 볼 수도 있겠는걸. 똑같은 의미에서 누비아인들을 이집트로 끌어들인 것도 힉소스인이었어."

"누비아? 누비아인은 또 누구예요?"

▶ 히타이트 철제 단검

"나일강 상류 쪽에 이집트와 붙어 있는 땅을 누비아라고 불렀어. 이집트의 지배를 받던 누비아는 이집트가 힉소스의 침략으로 혼란을 겪는 틈을 타서 독립 왕국을 세우고 거꾸로 이집트로 슬금슬금 밀고 들어왔어. 이집트 신왕국은 힉소스의 본거지를 공격하기 전에 먼저 남쪽의 누비아인들을 몰아내고 내친김에 누비아 땅으로 쳐들어가 그 땅을 정복했단다."

"몰아냈으면 됐지 쳐들어가서 정복을 한 이유라도 있나요?"

"교역 때문이지. 이집트는 황금과 상아, 몰약 같은 누비아의 특산물들을 지중해와 서아시아에 내다 팔아 큰 이익을 남기고 있었거든. 그래서 이집트는 이런 물건들을 독점하기 위해 누비아를 확실하게 굴복시켜 둘 필요가 있었던 거야. 하트셉수트 여왕이 푼트를 개척한 것도 아프리카에서 홍해로 들어오는 배들을 보호하기 위해서였고, 이집트가 서아시아로 진출한 것도 항구와 교역로, 상업 도시를 장악해 안정적인 수입을 얻기 위해서였어."

"그러니까 이집트도 교역을 위해 정복 전쟁을 펼친 거네요?"

"맞아. 이집트는 하트셉수트 여왕의 아버지인 투트모스 1세 때부터 서아시아로 진출하기 시작했어."

"오, 이제부터 이집트가 땅을 넓히겠군요!"

하다가 주먹을 불끈 쥐며 외쳤다.

"맞아. 이집트는 투트모스 1세 때부터 약 100년 동안 남쪽과 북쪽을 가리지 않고 무시무시한 기세로 팽창해 나갔어. 남쪽으로는 누비아를 완전히 정복하고, 북쪽으로는 투트모스 3세 때 시리아 일대의 상업 도시들을 정복해 이집트 역사상 가장 넓은 영토를 차지했지."

허영심의 상식 사전

몰약 몰약나무 수액을 굳혀서 만든 향료야. 향이 좋고 다양한 약효가 있어서 귀한 약재로 쓰였어.

왕수재의 지리 사전

푼트 고대 이집트에서 홍해 남쪽 해안과 아덴만 연안 지역을 가리키는 이름이야. 지금의 소말리아 지역이지.

장하다의 인물 사전

투트모스 1세 (재위 기원전 1520년~기원전 1492년) 이집트 신왕국 파라오로 남쪽으로 누비아 북부를 정복하고 북쪽으로 유프라테스강 상류까지 정복했어.

상하나의 인물 사전

투트모스 3세 (재위 기원전 1479년~기원전 1425년) 투트모스 2세의 아들로 계모 하트셉수트 여왕과 함께 이집트를 다스렸어.

서아시아에 최초의 국제 사회가 피어나다

고대 누비아 이야기

▲ **누비아 피라미드** 이집트의 영향을 받은 것이 분명하지만, 누비아만의 독특한 형태를 띠고 있어.

누비아는 나일강 상류, 지금의 수단 동북부 지방을 가리키는 지명이야. 누비아인은 바로 이곳에 살던 흑인이고. 누비아는 이집트와 붙어 있어서 이집트로부터 정치적, 문화적 영향을 많이 받았지. 물론 이집트한테도 누비아는 매우 중요했어. 이집트의 특산물인 상아와 황금은 사실 누비아가 공급해 주던 물품이었거든. 그래서 이집트는 늘 누비아를 자신들의 지배 아래 두려고 애썼지. 하지만 누비아가 마냥 호락호락하지만은 않았어. 이집트가 약해진 낌새가 있으면 어김없이 독립해 자신들만의 나라를 건설하곤 했거든. 그러다 놀랍게도 거꾸로 이집트를 지배한 적도 있었어. 바로 쿠시 왕국 때였지.

쿠시 왕국은 기원전 1000년 무렵, 이집트가 '바다사람들'의 침략으로 약해진 틈을 타 누비아인들이 세운 나라야. 쿠시의 왕은 상이집트를 정복하고 이집트 파라오를 겸할 만큼 막강한 세력을 자랑했지. 하지만 얼마 뒤 북쪽에서 아시리아가 쳐들어와 이집트를 정복했고, 쿠시 왕국은 이집트에서 물러날 수밖에 없었어. 쿠시 왕국은 그 과정에서 아시리아 인들로부터 철기 제작 기술을 배웠지. 이 기술은 이후 1,000년 동안 쿠시 왕국이 아프리카의 부강한 나라로 군림하는 데 큰 밑천이 되었대.

▲ 이집트를 다스렸던 누비아 출신의 파라오들

"우아~ 진짜 엄청나요!"

하다가 지도를 보고는 목소리를 높였다.

"그런데 잘나가던 이집트에 덜컥 급제동이 걸렸어."

"급제동이라니요?"

"새로 파라오로 즉위한 아멘호테프 4세와 사제 집단 사이에 큰 갈등이 일어났거든."

"엥? 어떻게 사제들이 감히 파라오랑 싸울 수 있어요?"

"거기엔 사정이 좀 있었단다. 신왕국 초기 파라오들은 테베의 수호신인 아몬 신 숭배를 퍼뜨려 이집트를 통합하려고 했어. 그래서 아몬 신을 모시는 신전의 사제들에게 갖가지 특혜를 줬지. 결국 아몬 신전

 장하다의 인물 사전

아멘호테프 4세
(재위 기원전 1353년 ~기원전 1336년) 사제들과 대립해 아케나텐으로 이름을 고치고 종교 개혁을 일으켰어.

↑ 하트셉수트 여왕 (기원전 1508년~기원전 1458년) 투트모스 1세의 딸로, 남편인 투트모스 2세가 죽은 뒤 어린 투트모스 3세와 함께 활발하게 정복 활동을 펼쳤어.

← 네페르티티
이집트 최고의 미인이라는 아케나텐의 왕비 네페르티티의 흉상이야. 이집트 최고의 걸작으로 꼽혀.

→ 투트모스 3세의 오벨리스크
오벨리스크는 돌을 다듬어 만든 뾰족한 사각기둥 탑이야. 원래 태양신을 상징하는 기념물로, 옆면에는 파라오의 업적을 새겼어.

사제들과 신전의 권력이 너무 커져 버린 거야. 백성들의 땅은 대부분 신전으로 넘어갔고, 사제들은 순진한 백성들에게 터무니없이 비싼 값으로 《사자의 서》나 부적 따위를 팔았어. 심지어 반강제로 토지를 기부하게 했지. 아멘호테프 4세는 이집트를 정상으로 돌려놓으려면 사제들에게 쏠린 권력을 되찾고, 신전의 땅을 백성들에게 돌려줘야 한다고 생각했어. 그래서 들고 나온 게 종교 개혁이었어."

"종교 개혁……? 그게 뭐예요?"

"말 그대로 종교를 확 뜯어고치자는 거지. 아멘호테프 4세는 아텐이라는 태양신을 들고 나왔어. 그리고 자기 이름부터 '아텐 신에게 도움이 되는 자'라는 뜻의 아케나텐으로 바꿔 버렸어. 그리고 아텐을 제외한 다른 신들은 모두 가짜 신이라고 주장하며 그 신들을 숭배하는 행위를 철저히 금지시켰단다. 자연히 아몬 신 숭배도 금지되었지."

"사제들이 가만있었어요?"

"당연히 거세게 반발했지. 아몬 사제들은 귀족들과 힘을 합쳐 파라오를 굴복시키려고 했어. 하지만 파라오는 물러서기는커녕 백성들에게 사제들의 횡포를 폭로하면서 아몬 신전의 토지를 빼앗고 사제들의 특권도 확 줄여 버렸어. 그뿐 아니라 파라오는 아예 새로운 수도를 건설해 아몬 사제들의 근거지인 테베를 떠나 버렸단다."

"새로운 수도요? 거기가 어딘데요?"

"아마르나라는 곳이야. 하지만 아케나텐의 시대는 오래가지 못했어. 아마르나로 옮겨 간 지 10여 년 만에 아케나텐이 갑자기 저세상으로 가 버렸거든. 뒤이어 아케나텐의 어린 아들이 파라오 자리에 올랐어. 그리고 새 파라오는 3년 뒤 수도를 도로 테베로 옮겨 아마르나는 버림받고 말았지."

▲ 아텐 신에게 봉헌하는 아케나텐왕 일가를 새긴 부조 남자인 파라오의 몸을 마치 여자처럼 부드럽게 묘사한 것이 인상적이야.

"다시 테베로 옮겼다고요? 혹시 도로 사제들이……?"

나선애의 걱정스러운 말에 용선생이 고개를 끄덕였다.

"그래, 그렇게 되었나 봐. 이때 실제로 나라를 다스린 건 사제와 귀족이었대. 그러다 새 파라오도 겨우 열여덟 살의 나이로 죽어서 왕가의 계곡 후미진 곳에 묻히고 말았지. 워낙 외지고 보잘것없어 보인 탓에 도굴꾼들조차 외면한 것이 다행이라면 다행이랄까."

"엥? 그게 무슨 말씀이신지?"

"신왕국 파라오들의 무덤 중에서 유일하게 도굴을 당하지 않은 무덤이 바로 이 소년 파라오의 무덤이었거든."

서아시아에 최초의 국제 사회가 피어나다 **037**

▲ 왕가의 계곡 투탕카멘 무덤 입구 모습이야. 이집트 신왕국의 왕들은 피라미드를 만드는 대신 왕가의 계곡 절벽에 굴을 파서 무덤을 만들었어.

그때 영심이의 눈빛이 반짝했다.

"아~! 이제 생각났다! 투탕카멘! 소년 파라오 투탕카멘! 맞죠? 텔레비전에서 본 적 있어요."

용선생이 고개를 크게 끄덕이며 흡족한 미소를 지었다.

"흐흐, 맞아. 어린 파라오는 바로 투탕카멘이야. 어린 파라오의 불행했던 일생 덕분에 오늘날 우리가 이집트의 뛰어난 예술 작품들을 감상할 수 있다니, 참 역설적이지? 이런 혼란을 겪는 사이에 투트모스 3세가 정복했던 시리아의 땅들은 국력을 회복한 히타이트가 야금야금 빼앗았어. 그러나 다행히 이집트도 혼란을 수습하고 다시 한 번 날아오를 준비를 한단다. 자, 이제 어떻게 될까? 시리아를 집어삼킨 히타이트는 아직도 배가 고프고, 혼란을 수습한 이집트는 잃어버린 땅을 되찾으려 하고."

> **용선생의 핵심 정리**
>
> 이집트 신왕국이 누비아와 시리아 일대를 정복해 이집트 역사상 최대 영토를 차지함. 파라오 아케나텐이 종교 개혁을 일으켰다가 실패함.

서아시아에서 처음으로 외교가 펼쳐지다

"그래서요? 그 뒤에 어떻게 됐어요?"

장하다가 기대에 찬 눈으로 의자를 바싹 당겨 앉았다.

"음~, 이때 서아시아의 정세는 아주 복잡했어. 무작정 군대를 앞세우기보다 크고 작은 나라들이 치열하게 외교전을 펼치며 어느 정도 균형을 유지하고 있었거든. 그래서 이때 인류 역사상 최초로 외교가 시작되었다고 말하는 학자들도 있단다."

"그래 봤자 강대국들이 마음만 먹으면 언제든지 약소국들을 집어삼킬 수 있잖아요."

"그렇게 간단하지가 않단다. 가령 그 약소국이 이집트와 동맹을 맺고 있다고 해 봐. 만약 히타이트가 그 약소국으로 쳐들어가면 이집트가 가만있겠니? 한편 약소국도 이집트만 믿고 있을 순 없었어. 히타이트가 쳐들어왔는데 이집트가 모른 척해 버리면 꼼짝없이 망하고 말 테니까 말이야. 그래서 이집트랑 동맹을 맺었어도 가급적이면

외교 바깥 외(外) 사귈 교(交). 자기 나라에 이익이 되도록 외국과 교섭하는 일을 뜻해.

히타이트의 비위를 맞춰 줄 필요가 있었지. 이런 일들이 모두 외교인 거야."

"에구, 살아남으려면 머리를 잘 써야겠군요."

하다가 고개를 끄덕였다.

"그렇지. 그래서 큰 나라는 작은 나라를 자기편으로 끌어들이려고 애쓰고, 작은 나라는 큰 나라 앞에서 일단 허리를 굽혀 체면을 살려 주었단다. 강대국들끼리도 왕따를 당하지 않으려고, 또 평소에 사이가 좋지 않은 나라를 왕따시키려고 치열한 외교전을 펼쳤지."

"근데, 그걸 어떻게 알아요?"

"아마르나에서 이때 여러 나라들이 이집트와 주고받은 외교 문서들이 무더기로 발견되었거든."

"아마르나라면, 아케나텐이 세웠던 이집트 수도 말씀인가요?"

"그렇단다. 아케나텐은 어떻게 해서든 전쟁보다 외교를 통해 평화를 유지하려고 애썼어. 그러다 보니 다른 나라들과 이런 외교 문서들을 활발히 주고받았지. 어떤 내용이 적혀 있는지, 바빌로니아 왕이 아케나텐에게 보낸 편지를 한번 볼까?"

> 내 형제, 이집트의 왕에게
>
> 나는 평안히 잘 지내고 있네. 그대와 그대의 나라도 평안하기를. 그대도 알다시피, 우리 조상들과 그대의 조상들은 서로 아름다운 선물을 주고받았네. 그런데 그대는 그대의 조상들이 보냈던 것보다 적은 금을 보냈네. 왜 적게 보내셨는가? 나는 신전을 짓느라 많은 금이 필요하다네. 더 많은 금을 보내 주게. 그대 역시 내 나라에 원하는 것이 있다면 말해 주게. 그렇다면 나도 선물을 보내 주겠네.
>
> 그대의 형제, 바빌로니아의 왕으로부터

"쳇, 형제라고 친한 척하면서 금을 보내 달라는 거잖아요? 속 보여."

"하하. 하트셉수트 여왕을 비롯한 이집트 신왕국의 파라오들은 교역에 엄청 신경을 많이 썼어. 그 덕분에 엄청난 부를 쌓았지. 아케나텐은 이러한 부를 이용해 평화를 유지하려고 애썼단다."

"그럼 누구든지 형제라고 부르면 금을 나눠 줬단 말이에요?"

"형제는 아주 민감한 호칭이야. 아무나 형제라고 불렀다가는 큰일 나지. 예를 들면 신흥 강국이었던 아시리아는 히타이트 왕을 형제라

서아시아에 최초의 국제 사회가 피어나다

▲ 카데시 전투에서 활약하는 람세스 2세
아부심벨 신전에 람세스 2세가 전차를 타고 적진을 누비는 모습이 새겨져 있어.

고 불렀다가 '건방지게 너 같은 애송이가 감히 나를 형제라고 불러?' 하고 핀잔을 들었어. 또 이집트 파라오가 아시리아 왕을 형제라고 부르자 바빌로니아 왕이 '아시리아가 나와 앙숙인 걸 뻔히 알면서 내 형제인 당신이 아시리아 왕을 형제라고 부르다니. 그렇다면 나도 아시리아 왕과 형제란 말이오?' 하며 불같이 화를 냈지."

"왕이란 사람들이 속이 좁아터져 가지고, 원."

허영심의 비아냥거림에 용선생이 빙긋 웃었다.

"워낙 네 편 내 편이 자주 바뀌다 보니 저런 호칭 하나에도 민감할 수밖에 없었지. 암튼 이렇게 편지로 금을 보내 달라는 것도 따지고 보면 큰 발전이야. 예전 같으면 앞뒤 가리지 않고 약탈을 하러 나섰을 게 틀림없거든. 그런데 이제 약탈 대신 외교를 통해 필요한 걸 얻으려고 하지 않니. 지금도 나라들 간에 서로 경제적인 지원을 주고받으면서 친하게 지내는 건 아주 흔한 일이지."

"그런데 결국 이집트랑 히타이트는 아무래도 심상치 않은 것 같은데요?"

"그래, 맞아. 기원전 1274년, 결국 두 나라가 한판 붙게 된단다. 람세스 2세 때였지. 람세스 2세는 동맹국을 보호한다는 명목으로 시리아 지역으로 군대를 이끌고 갔어. 그러자 히타이트 왕 역시 군대를 이끌고 내려왔지. 두 나라 군대는 카데시라는 곳에서 딱 맞닥뜨렸어."

"올 것이 왔군! 그래서 누가 이겼는데요?"

"무승부. 승패를 결정하지 못한 채 휴전 협정을 맺고 전쟁을 끝냈

장하다의 인물 사전

람세스 2세 (재위 기원전 1279년~기원전 1213년) 이집트 역사상 가장 위대한 파라오 중 한 명. 앙숙이던 히타이트와 평화 조약을 맺었어. 또 아부심벨 신전과 같은 거대한 건축물을 곳곳에 세웠지.

왕수재의 지리 사전

카데시 지금의 시리아에 있는 교통의 요충지야.

거든. 그런데 웃기는 건 람세스 2세와 히타이트 왕 모두 돌아가서는 자기가 이겼다고 떠벌렸다는 거야. 특히 람세스 2세는 자기가 신출귀몰한 활약을 펼쳐 하마터면 질 뻔했던 전쟁을 이겼노라고 신전 벽에 거창하게 부조를 새기는 등 엄청 선전을 해 댔지."

"거짓말을 했다고요?"

"뭐, 전쟁에서 그런 허풍은 늘 있는 일이란다. 전쟁에서 지면 백성들이 왕으로 인정해 주질 않거든. 그래서 다들 자기가 이겼다고 큰소리를 치기 마련이지. 어쨌든 이 전쟁을 계기로 히타이트와 이집트는

허영심의 상식 사전

부조 뜰 부(浮) 새길 조(彫). 평평한 면에 글자나 그림을 도드라지게 새긴 거야. 돋을새김이라고도 해.

일방적으로 상대를 이기기 힘들다는 걸 깨닫고 상대를 인정해 주기 시작했어. 그렇게 16년이 흐른 뒤였지. 두 나라는 아예 영원히 친구로 지내기로 맹세하고, 그 내용을 비석에 새겨서 나눠 가졌단다. 그 내용은 이랬어."

- 이집트와 히타이트는 서로 침략하지 않는다.
- 이집트가 적에게 침략당하면 히타이트는 지원군을 보낸다.
- 히타이트가 적에게 침략당하면 이집트는 지원군을 보낸다.
- 이집트의 도망자가 히타이트로 들어가면 히타이트는 이 자를 이집트에 넘겨준다.
- 히타이트의 도망자가 이집트로 들어가면 이집트는 이 자를 히타이트에 넘겨준다.
- 람세스는 하투실리의 아들이 왕이 되는 것을 보장하고 지지한다.
- 하투실리는 람세스의 아들이 왕이 되는 것을 보장하고 지지한다.
  - 이 조약에는 많은 신들이 함께하신다. 조약을 지키는 자에게 평안을, 조약을 깨는 자에게 저주를.

↑ 하투샤에서 발견된 이집트와 히타이트 간의 평화 조약 비문

"우아, 서로 침략을 하지 않는 정도가 아니라 다른 나라가 침략하면 군대를 보내 도와준다는 거잖아. 죄를 짓고 도망친 사람은 붙잡아 넘겨주고, 또 자기 후손이 왕이 될 수 있도록 도와주고. 완전 단짝 친구가

되었는데요?"

"그래, 두 나라의 약속은 사실 오늘날의 국제 조약과 크게 다르지 않아. 오랫동안 앙숙이었던 두 나라가 영원히 평화롭게 지내기로 약속했다는 것 자체가 놀랍지 않니? 그래서 뉴욕에 있는 유엔 본부에는 이 비석과 똑같이 생긴 복제품을 만들어 전시해 놨단다. 기나긴 전쟁 끝에 찾아온 평화의 소중함을 가슴 깊이 간직하자는 뜻이지."

 **용선생의 핵심 정리**

기원전 1274년, 시리아를 두고 이집트와 히타이트가 카데시 전투를 벌였으나 무승부. 이후 두 나라 사이에 평화 조약 체결.

'바다사람들'의 침략으로 청동기 문명이 막을 내리다

"그럼 이제 다 같이 잘 살 일만 남았네요. 전쟁도 끝났고, 평화 조약도 맺었으니까요."

두기가 한시름 놓았다는 듯 안도의 한숨을 내쉬자 용선생이 뒤통수를 긁적였다.

"이거 어쩌지. 사실 여태까지가 그나마 평화로운 시대였고 이제부터 진짜 엄청난 재앙이 찾아오거든."

"엥? 재앙이라고요?"

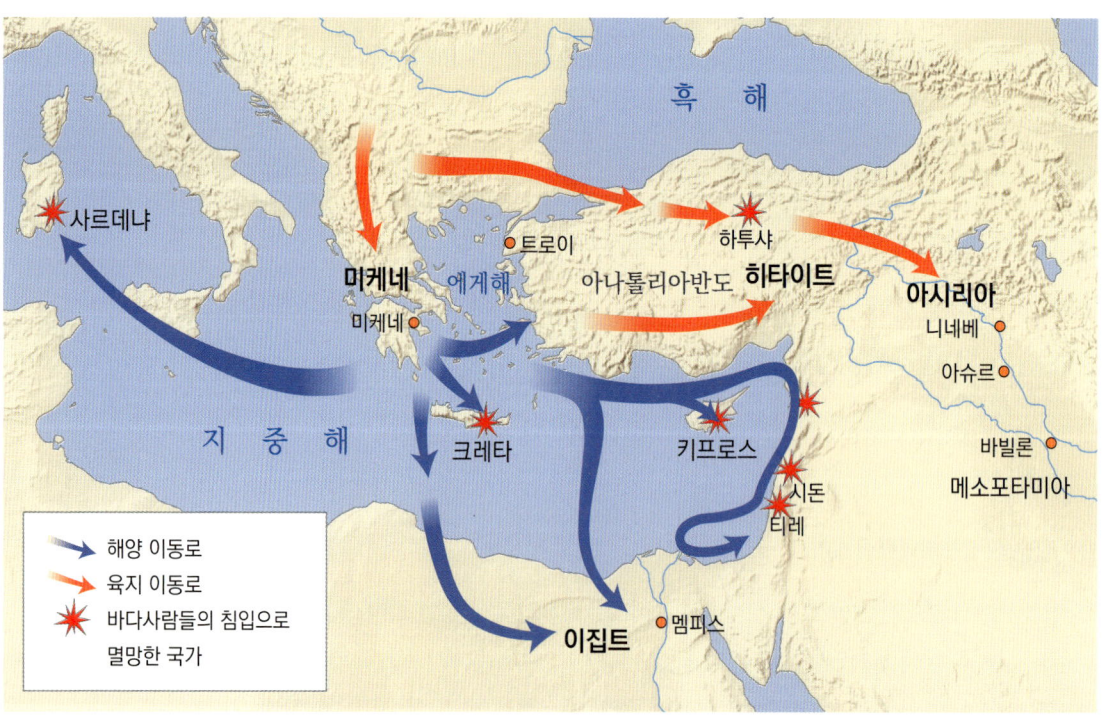

↑ 바다사람들의 침략

"응. 기원전 1200년 무렵이었어. 바다사람들이라고 불리는 이들이 항구는 물론 육지 깊숙한 곳까지 휩쓸고 다니면서 히타이트, 동지중해 해안의 수많은 상업 도시들, 이집트의 항구, 그리고 다음 시간에 배울 그리스와 에게해의 여러 도시들을 폐허로 만들어 버렸지. 그 와중에 히타이트와 아시리아는 멸망해 버렸고, 이집트만 간신히 살아남게 돼."

너무도 뜻밖의 설명에 아이들은 깜짝 놀랐다.

"바다사람들? 그 사람들이 누군데 그 난리를 쳐요?"

"사실 바다사람들이 누군지는 정확히 몰라. 단지 이집트에 기원전 1200년 무렵 '바다사람들'이 서아시아 해안 도시들을 습격해 쑥대밭으로 만들었다는 기록이 남아 있어서 그 사람들을 바다사람들이라고 부르고 있어."

"바다사람들? 바다에 사는 민족이 있었어요?"

"이집트인은 바다 저편에서 배를 타고 온 사람들을 통틀어 바다사람들이라고 불렀어. 사실 바다사람들이 처음 등장한 것은 이보다 훨씬 이전이었어. 람세스 2세가 카데시 전투 때 바다사람들을 용병으로 썼다는 기록이 있거든."

"근데 배를 타고 바다를 건너온 사람들이 왜 갑자기 해안 도시들을 공격해요?"

"무슨 일인지는 몰라도 아마 엄청나게 많은 사람들이 바다로 내몰릴 수밖에 없는 사정이 있었나 봐. 화산 폭발이나 기후 변화 때문에 고향을 떠날 수밖에 없었다거나, 또는 엄청 강력한 침략자가 쳐들어와서 고향에서 쫓겨났다거나 하는……. 이유는 정확히 모르지만 그

용선생의 세계사 돋보기

도리스인의 남하로 그리스에서 쫓겨난 미케네인들과, 그들에 의해 일어난 연쇄 이동으로 새로운 터전을 찾아 나선 사람들일 것으로 추측하지만 확실하지는 않아.

↑ **델타 전투** 기원전 1175년 신왕국의 파라오 람세스 3세는 하이집트의 델타 지역으로 침략해 온 바다사람들을 물리치고 이집트를 구했어. 한눈에 보기에도 당시 전투가 매우 격렬했다는 것을 알 수 있어.

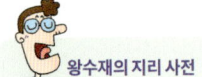
왕수재의 지리 사전

시칠리아 이탈리아반도의 남부 끝에 있는 커다란 섬. 현재 이탈리아 영토야. 지중해 한복판에 자리 잡고 있어서 전략적으로 매우 중요한 섬이었어.

도나우강 독일 남부 산악 지역에서 시작해 체코, 오스트리아, 헝가리, 세르비아, 루마니아, 불가리아 등을 거쳐 흑해로 흘러드는 긴 강이야. 영어로는 다뉴브강이라고 해.

리스, 시칠리아, 아나톨리아반도, 이탈리아, 심지어 멀리 도나우강에 살던 사람들까지 지중해로 몰려나와 떼를 지어 다니며 해안 도시를 약탈하고 해적질을 일삼았어. 때로는 해안 도시를 점령한 뒤 아예 눌러앉아 버리는 경우도 많았지."

"휴~, 완전 아수라장이 따로 없네요. 어디서 왔는지도 모르는 사람들한테 강대국들이 픽픽 쓰러지고, 수많은 도시가 순식간에 폐허로 변해 버리다니."

영심이가 시무룩한 얼굴로 한숨을 내뱉으며 말했다.

"그뿐 아니라 그렇게 활발했던 교역도 뚝 끊겨 버렸어. 장사를 하기에는 너무 위험했기 때문이지. 오가는 사람 없는 교역로에는 모래바람만 불고 문자 기록마저 거의 사라졌어. 빠르게 발전해 오던 서아

시아 세계 전체가 돌연 캄캄한 어둠 속으로 빠져들고 만 거야. 간신히 살아남은 이집트 역시 끝내 옛 영광을 회복하지는 못했단다."

"그럼 어떻게 되는 거죠? 설마 이대로 영영 끝나지는 않겠죠?"

허영심이 불안한 듯이 묻자 용선생이 고개를 살짝 끄덕였다.

"후후, 그럼. 역사는 절대로 끝나는 법이 없단다. 단지 하나의 시대가 끝날 뿐……."

"하나의 시대가 끝나다니요?"

"잘 생각해 보렴. 바다사람들의 침략이 있기 전 서아시아 세계는 청동기 문명의 절정기를 누리고 있었어. 그 절정기가 바다사람들의 침략으로 갑작스럽게 막을 내려 버린 거지."

"어, 가만. 청동기 시대 다음이 철기 시대니까, 그럼 이제 철기 시대가 시작되는 건가요?"

"그렇단다. 교역이 중단되는 바람에 더 이상 청동기를 만들기가 어려워지자 철제 무기가 널리 퍼지고 좋은 철을 만들기 위한 기술도 빠르게 발전하기 시작했거든. 철기의 가장 큰 장점은 재료가 흔해서 값이 싸다는 거였어. 거기에 질 좋은 철을 만드는 기술까지 개발되자 철기는 빠르게 청동기를 밀어냈어. 이제 말단 병사들까지 단단하고 날카롭고 녹슬지 않는 철제 무기로 무장했어. 철기는 농기구로도 각광을 받았지. 철제 농기구는 단단하고 잘 부러지지 않아 땅을 깊이 갈 수 있었고, 그만큼 수확량도 늘어났지."

곽두기의 국어 사전

각광 다리 각(脚) 빛 광(光). 원래 무대 아래에 설치해 배우의 다리를 비추는 조명을 뜻했어. 사회적 주목이나 관심을 끄는 것을 말해.

"아하, 그러니까 바다사람들의 침략으로 교역이 중단되면서 청동기 시대는 끝나고 철기 시대가 열렸다, 이 말씀이군요."

선애의 말에 용선생이 짝짝 박수를 쳤다.

서아시아에 최초의 국제 사회가 피어나다 **049**

"바로 그거란다. 100년 정도의 암흑기를 보낸 서아시아에서 점차 새로운 문명, 철제 무기와 철제 농기구를 본격적으로 사용하는 철기 시대가 시작되거든. 자세한 건 다음 시간에 배울 테니 다들 기대해! 애고고, 목 아프다! 오늘은 여기까지~."

용선생의 핵심 정리

기원전 1200년 무렵, 바다사람들이 서아시아 해안 도시들을 습격해 쑥대밭으로 만듦. 교역이 끊기고, 청동기 시대가 막을 내림.

나선애의 **정리노트**

1. ## 서아시아의 국제 사회
   - 히타이트, 바빌로니아, 아시리아, 이집트 네 강국이 힘의 균형을 이룸.
   - 원거리 교역이 활성화되며 시리아 지역엔 중계 무역을 하는 상업 도시가 발달
     → 상업 도시와 교역로를 장악하는 것이 전쟁의 새로운 목표가 됨!

2. ## 신흥 강국 히타이트와 이집트 신왕국
   ① 히타이트: 하투샤가 근거지. 바빌로니아를 무너뜨리고 시리아를 정복하며 급부상
      → 히타이트 군사력의 비결은 세계 최초의 철제 무기!
   ② 이집트 신왕국: 힉소스인을 몰아내고 동지중해 해안을 정복
      → 약 100여 년의 전성기. 여러 상업 도시들을 다스리며 번영을 누림!
   ③ 치열한 외교전을 벌이던 두 나라는 카데시 전투에서 충돌!
      → 세계 최초의 평화 조약이 맺어짐.

3. ## 바다사람들의 침략과 철기 시대의 시작
   - 기원전 1200년 무렵 바다사람들의 침략으로 서아시아 일대의 도시들이 몰락
     → 히타이트와 아시리아는 멸망하고 이집트만 살아남음.
       * 바다사람들: 이집트에서 붙인 이름. 정체는 확실하지 않음!
   - 원거리 교역이 중단되고 문자 기록마저 사라지며 암흑기가 찾아옴.
     → 교역 중단으로 청동기 제작이 어려워짐. → 제철 기술 개발로 철기 시대 시작!

세계사 퀴즈 달인을 찾아라!

1 다음 지도는 기원전 1500년 무렵의 서아시아 지도야. 각 영역에 알맞은 나라 이름을 써 보자.

① (   ) ② (   )

2 히타이트에 대한 설명으로 알맞은 것에 ○표, 알맞지 <u>않은</u> 것에 X표 해 보자.

○ 히타이트의 근거지는 하투샤였어. (   )

○ 바빌로니아에 정복당해 멸망했어. (   )

○ 히타이트 군사력의 비결은 튼튼한 철제 무기에 있었어. (   )

3 다음 설명을 읽고 빈칸에 들어갈 이름을 써 보자.

아멘호테프 4세는 사제에게 집중된 권력을 되찾고, 신전의 땅을 백성들에게 돌려줘야 한다고 생각했어. 그래서 아텐이라는 태양신 이외의 다른 신들은 모두 가짜 신이라고 주장하며 그 신들을 숭배하는 행위를 철저히 금지시켰지. 그리고 자신의 이름을 '아텐 신에게 도움이 되는 자'라는 뜻의 ○○○○으로 바꾸었단다.

(   )

5 바다사람들의 침략에 대해 <u>잘못</u> 설명한 친구는? (   )

 ① 이 일로 인해 활발했던 서아시아의 교역도 뚝 끊겼지.

 ② 교역의 중단으로 철기의 도입이 늦어져 청동기 시대가 계속되었어.

 ③ 기원전 1200년 무렵 침략하여, 동지중해의 많은 상업 도시들이 폐허가 됐대.

 ④ 바다사람들이 왜 서아시아로 갑자기 쳐들어왔는지는 아직도 확실하지 않아.

정답은 428쪽에서 확인하세요!

4 신왕국 시기의 이집트에 대한 설명으로 알맞은 단어를 골라 보자.

○ 카데시라는 곳에서 히타이트의 왕과 전투를 벌인 사람은 (람세스 2세 / 투트모스 1세)야.

○ (아멘호테프 4세 / 함무라비)는 종교 개혁을 실시하고 수도를 아마르나로 옮겼어.

○ 동지중해 연안의 (아시리아 / 힉소스) 본거지를 정복해 서아시아 세계의 일원이 되었어.

용선생 세계사 카페

투탕카멘 무덤의 황금빛 유물들

투탕카멘(재위 기원전 1332년~기원전 1323년)은 아홉 살에 아버지 아케나텐을 이어 파라오 자리에 올랐어. 하지만 병약했던 탓에 열여덟 살의 나이로 죽고 말았지. 이렇다 할 아무런 업적도 없이 일찌감치 생을 마감한 보잘것없는 파라오였던 거야. 하지만 지금 투탕카멘보다 더 유명한 파라오는 없어. 바로 투탕카멘의 무덤에서 쏟아져 나온 엄청난 유물들 때문이지.

소년 파라오의 죽음

투탕카멘이 늘 병약하긴 했지만 그렇게 빨리 죽을 줄은 아무도 몰랐어. 자신이 묻힐 무덤조차 만들기 전이었지. 다행히 왕가의 계곡에는 누군가를 위해 미리 만들어 놓은 빈 무덤이 하나 있었어. 파라오의 무덤으로는 너무 비좁고 보잘것없었지만 날짜에 맞춰 장례를 치르려면 어쩔 수가 없었지. 당연히 무덤에 넣을 부장품을 만들 시간도 없었어. 장례 담당자들은 궁리 끝에 몇 해 전에 죽은 아케나텐의 왕비 무덤에 넣었던 부장품들을 꺼내 재활용하기로 했어.

↑ **투탕카멘의 무덤에 그려진 벽화** 왕비 앙케세나멘이 투탕카멘에게 꽃을 바치는 모습이야.

↑ **무덤 내부 모습** 투탕카멘의 무덤을 처음 발견했을 때 유물이 쌓여 있던 모습을 재현한 광경이야.

돌볼 이 없는 무덤

투탕카멘에게는 자식이 없었기 때문에 실권을 쥐고 있던 재상이 왕위에 올랐어. 파라오 자리가 다른 가문으로 넘어간 거야. 이제 투탕카멘의 무덤을 돌볼 이는 없었어. 세월이 흐르며 무덤의 입구가 무너졌고, 그 위를 새로운 무덤을 파느라 쪼아 낸 돌 조각들이 덮였어. 큰 홍수에 떠밀려 온 흙더미도 쌓였지.
그곳에 파라오의 무덤이 있었다는 기억도 흔적도 깨끗이 사라지고 만 거야.

➜ 투탕카멘의 황금 관
투탕카멘의 미라를 넣었던 황금 관이야. 순금 110킬로그램으로 만들었대.

⬅ 투탕카멘의 황금 가면
미라의 얼굴에 씌웠어. 이마에 상이집트를 상징하는 독수리와 하이집트를 상징하는 코브라 장식이 붙어 있어.

➜ 가슴 장식
황금과 보석으로 만들었어. 가운데 연두색 풍뎅이는 리비아 사막에서 나는 천연 수정으로 만들었어.

055

도굴되지 않은 최초의 파라오 무덤

수천 년 세월이 흐른 1922년, 영국인 고고학자 하워드 카터는 왕가의 계곡에서 파라오들의 무덤을 발굴하는 작업을 하고 있었어. 땅 밑에 뭔가가 있다는 것을 직감한 그는 고대 이집트에 관심이 많았던 어떤 영국 귀족의 후원으로 발굴에 착수했고, 마침내 이집트 유일의 도굴되지 않은 온전한 파라오의 무덤이 그 휘황찬란한 모습을 고스란히 세상에 드러냈단다.

투탕카멘의 무덤에서는 황금 가면을 비롯해 황금 마차, 황금 관 등 무려 5,800여 점의 유물들이 쏟아져 나왔어. 이 보잘것없는 파라오의 무덤이 이럴진대 오래 군림했던 파라오들의 거대한 무덤들에는 애초에 얼마나 화려하고 많은 부장품들이 묻혔을까? 사람들은 놀란 입을 다물 수가 없었지.

← **황금 의자** 등받이에 왕과 왕비의 모습이 새겨져 있고, 의자 앞다리에 사자 얼굴이 장식되어 있어. 의자의 다리도 사자의 다리 모양을 하고 있어.

↑ **황금 전차** 황금으로 만든 갑옷과 활, 전차 등도 무덤에 묻혀 있지만 정작 투탕카멘은 전쟁에 나선 적이 없대.

← 투탕카멘 무덤 발굴 모습

↑ 황금 유물함 미라로 만든 파라오의 장기를 담은 카노푸스 단지가 보관되어 있어.

파라오의 저주

파라오의 무덤 입구에는 "사자의 안녕을 방해하는 자에게 저주가 있으리라!"라는 문구가 새겨져 있어. 신의 이름으로 도굴꾼들을 겁주기 위한 거지. 하지만 이런 도굴을 막기 위한 노력도 도굴꾼들의 탐욕 앞에서는 아무런 소용이 없었어. 파라오의 무덤들은 무덤이 만들어진 당시에 이미 진부 도굴되고 말았으니까.

투탕카멘의 무덤에도 이 구절이 적혀 있었어. 그런데 공교롭게도 한창 발굴이 진행 중이던 1923년에 발굴을 후원했던 귀족이 그만 세상을 떠나고 만 거야. 말하기 좋아하는 신문들은 '투탕카멘의 저주'라고 떠들었고, 투탕카멘의 발굴에 참여한 사람들이 모두 저주를 받아 일찍 죽었다는 소문이 전 세계에 퍼졌지. 하지만 그건 아무런 근거 없는 헛소문일 뿐이었어. 조사를 해 보니 하워드 카터를 비롯한 대부분의 사람들이 아무런 이상 없이 수십 년간 잘 살다 죽은 것으로 밝혀졌거든.

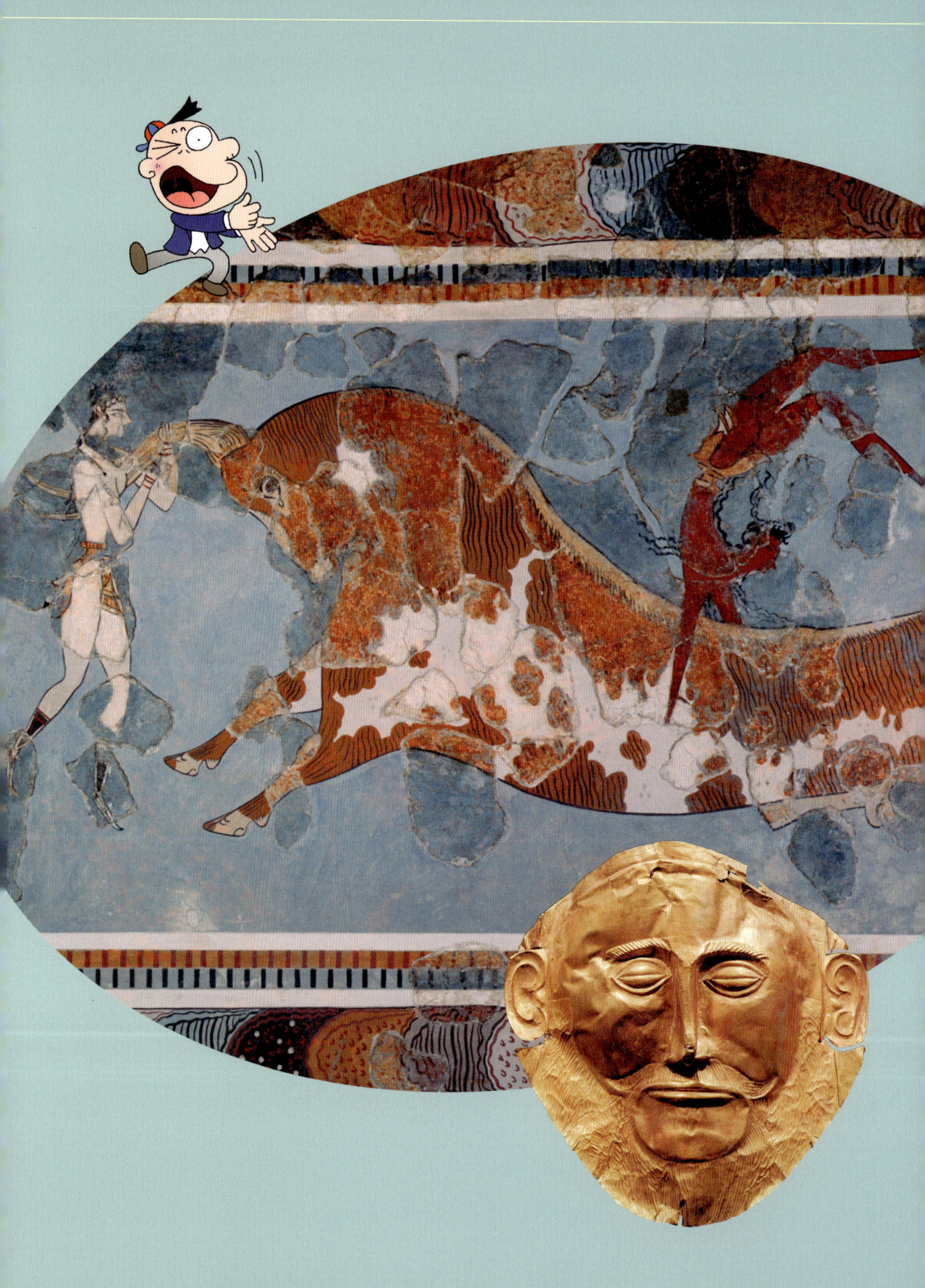

2교시

지중해 곳곳에서 문명이 태동하다

지중해는 유럽, 아프리카, 서아시아로 둘러싸인,
말 그대로 땅 한가운데 있는 바다야.
일찍부터 바닷길을 이용한 교역이 활발해
서아시아와 유럽, 아프리카가 만나
서로의 문화를 나누는 만남의 광장이었지.
이번 시간에는 지중해를 무대로 꽃핀
미노스, 미케네, 페니키아 문명에 대해 알아보고,
마지막으로 유일신 신앙으로 인류 역사에 큰 영향을 끼친
이스라엘의 역사까지 살펴볼 거야.

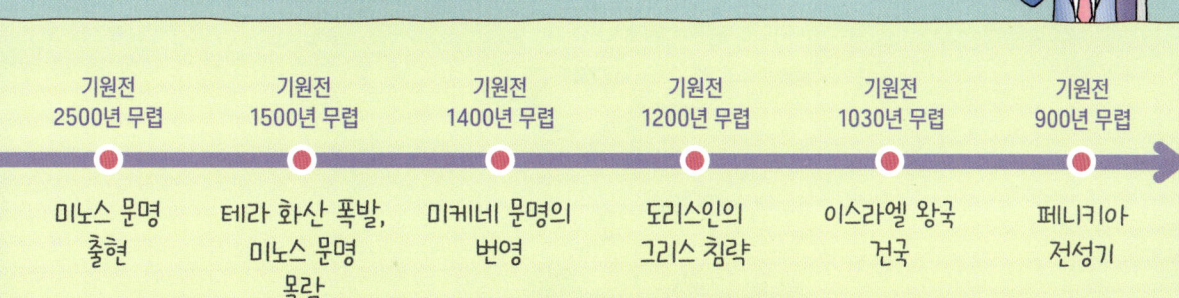

기원전 2500년 무렵	기원전 1500년 무렵	기원전 1400년 무렵	기원전 1200년 무렵	기원전 1030년 무렵	기원전 900년 무렵
미노스 문명 출현	테라 화산 폭발, 미노스 문명 몰락	미케네 문명의 번영	도리스인의 그리스 침략	이스라엘 왕국 건국	페니키아 전성기

트로이
미케네와 대립했던 도시 국가. 트로이 전쟁의 무대이기도 해.

미케네
미노스 문명의 뒤를 이어 에게해의 해상 교역을 장악했어.

크레타섬
에게해 남쪽 끝에 있는 큰 섬. 미노스 문명의 무대야.

유럽 문명의 두 뿌리 크레타와 이스라엘을 가다

유럽 문명이 첫걸음을 뗀 에게해, 크리스트교와 이슬람교로 이어지는 유일신 신앙이 확립된 가나안 땅. 그곳에는 지금 그리스의 크레타섬과 이스라엘이 자리 잡고 있어. 세계 역사에 크나큰 영향을 미친 그곳에서는 지금 사람들이 어떤 모습으로 살고 있을까? 먼저 에게해의 크레타섬으로 가 보자.

문명의 징검다리 크레타섬

크레타섬은 그리스 영토에서 가장 큰 섬이야. 면적은 제주도의 4배쯤 되고 남북으로는 좁지만 동서로는 260킬로미터나 되는 긴 섬이지. 현재 60만 명의 주민이 주로 농업과 관광업에 종사하며 살고 있어. 크레타섬은 따뜻한 기후와 맑은 하늘, 적절한 강우와 비옥한 토양이 어우러져 농사가 아주 잘되는 곳이야. 올리브와 포도를 비롯한 과일과 채소가 많이 생산되지. 전체적으로 산이 대단히 많고, 2,000미터가 넘는 높은 산도 3개나 돼. 북쪽에는 해안을 따라 평야가 펼쳐져 있어서 옛날부터 도시와 항구가 발달했어. 제일 큰 도시는 헤라클리온으로 미노스 왕국의 크노소스 왕궁 유적이 근처에 있어.

↑ 크레타섬 내륙의 올리브와 포도 농장
키가 큰 것은 올리브나무, 작은 것은 포도나무야.

↑ 주 해산물인 문어 크레타섬에서는 옛날부터 문어가 많이 잡혔어. 잡은 문어를 빨랫줄에 널어 말리는 모습이 이색적이야.

↑ 어선들이 정박해 있는 헤라클리온 미노스 왕국의 항구였고, 지금도 크레타섬에서 가장 큰 항구 도시야. 앞에 보이는 성벽은 중세 때 베네치아 군사들이 쌓았다고 해서 베네치아 성벽이라고 불러.

유대인의 나라 이스라엘

이스라엘은 1948년 옛 가나안 땅에 건설된 유대인 국가야. 면적은 한반도의 10분의 1, 인구는 약 830만 명 정도야. 1인당 국민 소득은 3만 5천 달러로 선진국 수준이지. 국기 속의 별은 다윗의 별이라고 부르는 유대교의 상징이야. 솔로몬왕이 이스라엘의 번영을 이끈 시절 왕국의 문장으로 삼았다고 전해져. 북부는 연간 강수량이 800밀리미터에 달하지만 남쪽으로 갈수록 건조한 사막으로 변해서 남부의 네게브 사막이 국토의 2분의 1을 차지하고 있어. 반면 북부의 골란고원은 겨울에 눈이 내리기도 해. 유대인이 국민의 75퍼센트, 아랍인이 20퍼센트를 차지하며, 헤브라이어와 아랍어를 공용어로 사용해. 국민의 75퍼센트는 유대교, 18퍼센트는 이슬람교, 2퍼센트는 크리스트교를 믿어.

◀ **예루살렘 신시가지의 밤 풍경**
이스라엘의 헌법상 수도 예루살렘은 지중해와 사해 사이 해발 700미터의 고원 지대에 자리 잡고 있어. 예루살렘은 '평화의 땅'이라는 뜻이지만 평화로웠던 적은 드물어. 유대교, 크리스트교, 이슬람교에서 모두 성지로 여기는 곳이어서 서로 이곳을 차지하려는 분쟁이 끊이질 않았지.

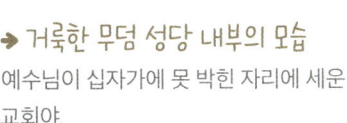

↑ 눈 내린 겨울의 통곡의 벽
예루살렘 성전이 파괴된 뒤 유대인들이 이 벽 앞에서 통곡했다고 해서 통곡의 벽이라 불러. 뒤로 보이는 황금색 지붕은 이슬람교의 성지인 바위의 돔으로, 예언자 무함마드가 가브리엘 천사와 함께 하늘로 올라갔다고 전해지는 바위 위에 지은 이슬람 사원이야.

→ 거룩한 무덤 성당 내부의 모습
예수님이 십자가에 못 박힌 자리에 세운 교회야.

↖ 집단 농장 키부츠
이스라엘 건국 이전부터 많은 유대인들이 가나안 땅으로 돌아왔는데, 이들은 키부츠라는 대규모 집단 농장을 조직해 황무지를 개간하고 주변 아랍인들로부터 스스로를 지켰어. 현재 전체 농민의 20퍼센트 가까이가 키부츠에 소속되어 있어.

↓ 이스라엘 최대 도시이자 경제 중심지 텔아비브
섬유, 화학, IT산업 등이 발달한 이스라엘 최대의 공업 공업 도시이자, 국제법상 수도이기도 해. 현재 인구는 43만 명 정도지만, 주변 인구를 합하면 예루살렘의 4배나 되는 400만 명 정도가 모여 살고 있지.

➜ **이스라엘 다이아몬드 거래소**
다이아몬드 산업은 전체 수입의 15퍼센트, 수출의 35퍼센트 정도를 차지할 만큼 이스라엘 경제에서 큰 비중을 차지하고 있어.

⬇ **다이아몬드 품질 검사를 하는 모습**
이스라엘은 수입한 다이아몬드 원석을 최첨단 기술을 이용해 가공해서 전 세계에 수출해.

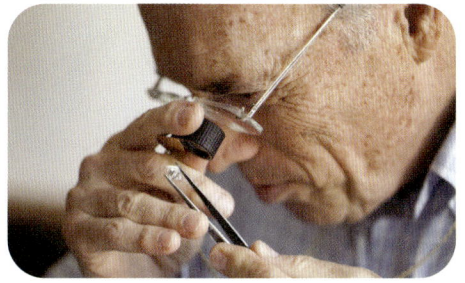

⬆ **이스라엘과 팔레스타인 자치 지구인 서안 지구를 분리하고 있는 장벽**
서안 지구는 요르단강 서쪽에서 이스라엘 사이에 있는 땅을 가리키는데, 3차 중동 전쟁 때 이스라엘이 점령했어. 1994년 이스라엘은 이곳을 팔레스타인 자치 지구로 인정한 이후에도 서안 지구 안의 유대인 정착촌을 보호한다는 구실로 군대를 주둔시키고 있어.

⬆ **장벽을 지키는 이스라엘 군인에게 돌팔매질을 하고 있는 팔레스타인 소년들**
3,000년 전 소년 장사 다윗은 필리스티아의 장군이었던 거인 골리앗을 돌팔매로 쓰러뜨렸어. 이제 골리앗의 후손인 팔레스타인 소년들이 돌팔매로 이스라엘군을 공격하고 있어.

신화 속에서 발견한 미노스 문명

"얘들아, 오늘은 가볍게 옛날이야기부터 시작해 볼까?"
"옛날이야기요? 좋죠!"
옛날이야기라는 말에 아이들이 요란하게 환호성을 질렀다.

▼ 지중해 지도

"옛날, 아주 먼 옛날, 그리스 남쪽에 있는 크레타라는 섬에 미노스 왕국이라는 나라가 있었어. 미노스 왕국은 일대에서 가장 막강한 나라여서 이웃 나라들은 모두 그 앞에 무릎을 꿇고 조공을 바쳤지."

용선생은 이야기를 이어 나가면서 지중해 지도를 화면에 띄웠다.

"그런데 미노스 왕국에는 한 가지 골칫거리가 있었단다. 포세이돈의 저주 때문에 왕비에게서 괴물이 태어난 거야. 괴물의 이름은 미노타우로스였어. 몸뚱이는 사람인데 얼굴은 황소이고, 또 소의 꼬리가 달려 있었지. 미노타우로스는 어찌나 힘이 세고 난폭한지 걸핏하면 온 나라를 난장판으로 만들고 심지어 사람들을 마구 죽이기까지 했어. 결국 미노스의 왕은 한번 들어가면 절대로 나올 수 없는 복잡한 미궁을 만들고 거기에 미노타우로스를 가두어 버렸단다. 그리고는 미노타우로스를 달래기 위해 해마다 아테네의 소년 소녀 일곱 쌍을 제물로 바쳤어."

허영심의 상식 사전

포세이돈 그리스 신화에 나오는 바다의 신이야.

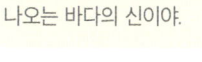

곽두기의 국어 사전

미궁 헤멜 미(迷) 집 궁(宮). 미로로 얽힌 궁전이라는 뜻이야.

"아무 상관도 없는 아테네의 소년 소녀들을 제물로 바쳤다고요?"

나선애가 눈을 동그랗게 뜨며 물었다.

"미노스 왕국이 워낙 막강하다 보니 이웃 나라들은 그냥 시키는 대로 보내는 수밖에 없었단다. 그때 아테네에 테세우스라는 용감한 왕자가 살았어. 제물을 보낼 때가 되자 테세우스는 자신이 미노타우로스의 제물로 가겠노라고 나섰지. 괴물 미노타우로스를 죽여 더 이상 애꿎은 백성들이 희생되지 않도록 하겠다는 거였어."

"어머, 멋져. 진짜 용감한 왕자님이네."

용선생의 말에 허영심이 두 손을 가슴에 모으며 눈을 깜박거렸다.

"근데 한 가지 문제가 있었단다. 미궁이 너무나 복잡한 미로여서 괴물을 죽이는 데 성공하더라도 빠져나올 수가 없다는 거였지. 이때 용감한 테세우스 왕자를 보고 한눈에 반해 버린 미노스 왕국의 공주 아리아드네가 한 가지

▼ **그리스 도자기** 테세우스가 미노타우로스를 죽이는 장면이 그려져 있어.

지중해 곳곳에서 문명이 태동하다 **069**

꾀를 냈어. 바로 미궁 입구의 기둥에 실을 묶은 뒤 실을 풀면서 미궁 속으로 들어가는 거였지."

"오, 정말 기가 막힌 생각인데요. 그러면 미노타우로스를 죽인 뒤 실을 따라 나오면 길을 잃을 염려가 없잖아요."

"바로 그거야. 아리아드네의 꾀 덕분에 테세우스는 미노타우로스를 죽이고 미궁을 무사히 탈출했대."

"휴~, 성공이다."

혹시나 하는 마음으로 간을 졸였던 허영심이 안도의 한숨을 내쉬자 왕수재가 툭 내뱉었다.

"몸뚱이는 사람이고 얼굴은 황소라니, 딱 애들이나 좋아할 괴물 이야기네요."

"하하. 물론 미노타우로스는 상상 속의 괴물이지. 하지만 이야기의 무대인 미노스 왕국은 진짜로 있었던 나라란다."

용선생의 말에 아이들의 눈이 휘둥그레졌다.

"네? 그럼 왕자님도 진짜로 있었어요? 공주님도요?"

◆ 크노소스 궁전 복원도
왕궁 가운데에 드넓은 안뜰이 있고, 그 뜰을 둘러싸고 왕과 왕족의 방, 제사를 지내는 방, 업무를 보는 방이 배치되어 있어.

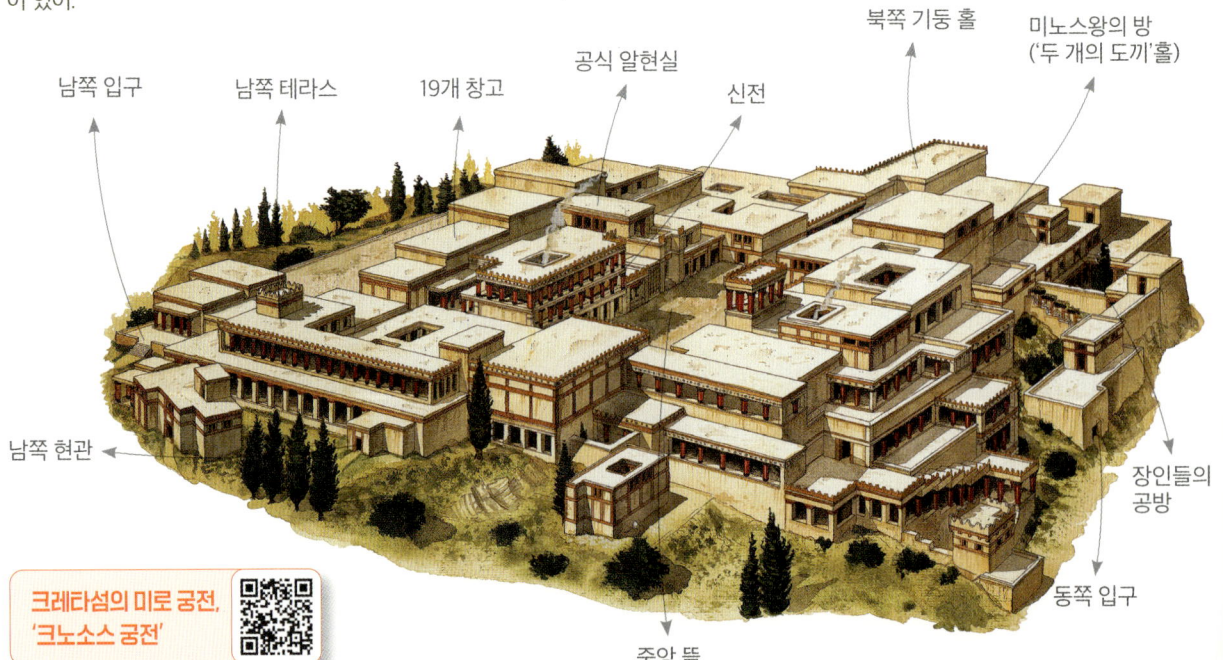

크레타섬의 미로 궁전, '크노소스 궁전'

"미궁도 진짜예요?"

용선생은 대답 대신 모니터에 웅장한 건물 그림을 띄웠다.

"이건 미노스 왕국의 궁전인 크노소스 궁전의 모습이야. 남아 있는 유적을 바탕으로 원래의 모습을 그대로 재현해 본 거지."

"우아, 일단 크기가 장난 아닌데요?"

"방이 천 개가 넘고 각종 물건들을 보관하는 수많은 창고와 행사장이 딸려 있었지. 그래서 그냥 왕궁이 아니라 하나의 도시로 보기도 한단다. 더 놀라운 건 기원전 1700년 무렵에 지었다고는 도저히 믿기지 않는 현대적인 시설들이 있다는 거야. 환기 시설, 수세식 화장실, 상수도까지 갖추고 있었으니 말 다 했지."

"헉! 기원전 1700년 무렵에 지은 건물이 환기 시설에 수세식 화장실, 상수도까지 갖췄다고요?"

"그렇단다. 정말 깜짝 놀랄 만한 수준이었지. 그래서 이 왕궁을 처음 발굴한 아서 에번스라는 고고학자는 이 왕궁이 미궁의 전설에 나오는 미노스왕의 궁전이 틀림없다고 생각하고는 이 문명을 미노스 문명이라고 불렀어."

"미노스 문명이라고요?"

"응, 미노스 문명은 기원전 2500년 무렵부터 기원전 1400년 무렵까지 크레타섬을 중심으로 에게해에서 꽃핀 청동기 문명이야. 미궁 전설은 왕궁을 방문했다가 그 거대한 규모에 놀란 그리스 사람들이 지어낸 이야기일 거라고 생각하는 사람들도 많단다. 그리스와 크레타의 수준 차이가 그 정도로 엄청났다는 말이지."

"그런데 선생님, 어떻게 바다에 떨어져 있는 섬나라에서 그리스보

↑ 크노소스 궁전의 남쪽 입구

곽두기의 국어사전

발굴 필 발(發) 팔 굴(掘). 흙이나 돌 더미에 묻혀 있는 것을 찾아냄.

↑ 아서 에번스 영국의 고고학자로 1900년 무렵 크노소스 궁전을 발굴했어.

지중해 곳곳에서 문명이 태동하다 **071**

다 먼저 문명을 발달시킬 수 있었던 거죠?"

나선애가 이해할 수 없다는 듯이 고개를 갸웃하며 물었다.

용선생의 핵심 정리

기원전 2500년에서 기원전 1400년, 크레타섬을 중심으로 에게해에서 꽃핀 청동기 문명이 미노스 문명. 아서 에번스라는 고고학자가 미노타우로스 신화의 무대인 크노소스 궁전을 발굴함.

크레타섬은 지중해의 징검다리

"크게 두 가지 이유가 있어. 하나는 크레타섬이 당시 문명이 가장 먼저 발달했던 메소포타미아, 이집트와 가까웠기 때문이야. 메소포타미아와 이집트로부터 청동기, 도자기, 과학 기술 등을 그리스보다 훨씬 더 빨리 수입해 모방하면서 미노스 문명을 발전시킬 수 있었거든. 또 한 가지 이유는 바로 사방이 바다로 둘러싸여 있다는 거야."

➔ **동지중해 바닷길과 해류**
크레타는 지중해 해상 교역의 요충지에 자리 잡아 중계 교역으로 번영을 누렸어.

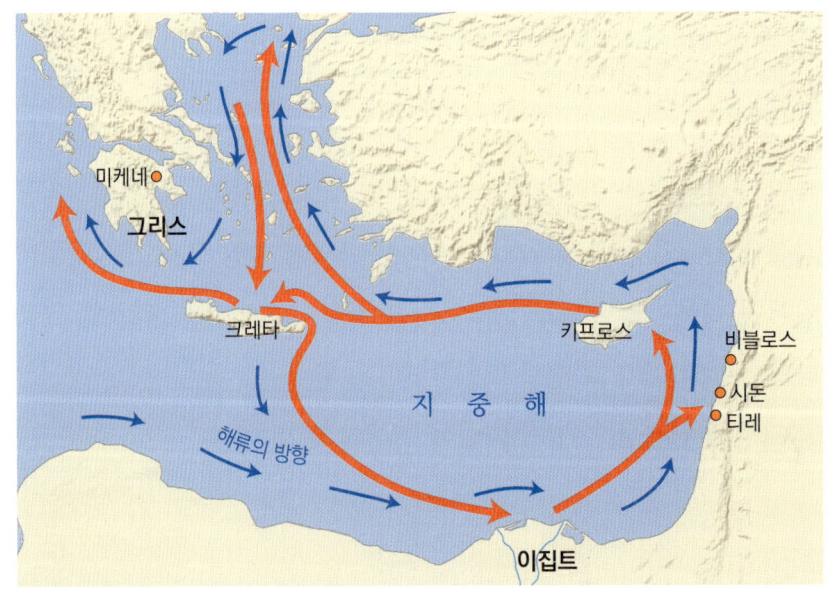

그 말에 왕수재가 눈이 휘둥그레졌다.

"바다 때문에 사방이 꽉 막혀 버리면 문명이 발달하기에 오히려 불리한 거 아닌가요?"

"하하, 그렇지가 않단다. 바다로 둘러싸여 있는 쪽이 외부와 교류하기에 더 유리했기 때문이지. 옛날에는 도로가 발달하지 않아 육지로는 많은 짐을 실어 나르기가 어려웠어. 짐을 잔뜩 실은 수레를 끌고 제대로 된 길도 없는 울퉁불퉁한 산길을 넘는다고 생각해 봐. 어때, 가능할까? 하지만 바다 위에서는 달라. 바람이나 해류를 잘 이용하면 많은 짐을 훨씬 더 수월하게 운반할 수 있거든. 더구나 지중해는 바닷물의 흐름이 늘 일정하고 바람도 잔잔한 편이야. 그러다 보니 당시 지중해를 둘러싼 지역에서는 바닷길을 이용한 교역이 매우 활발했단다."

"그러다 폭풍이라도 만나면 어떡해요. 한 방에 꼬르륵 가라앉을 텐데?"

허영심이 걱정스러운 표정을 지었다.

"크레타가 번영을 누릴 수 있었던 것은 바로 그 때문이었단다. 옛날 조선술이나 항해술로는 단번에 지중해를 건너기가 어려웠어. 그래서 모든 배들은 여차하면 육지로 피할 수 있도록 해안선을 따라 항해하거나 지중해에 흩어져 있는 수많은 섬들을 징검다리 삼아 지중해를 건넜지. 그중에서도 가장 크고 안전한 징검다리가 바로 크레타섬이었어. 에게해 입구에 딱 자리 잡고 있어서 모든 배들이 지나가는 길목인 데다가 항구까지 발달해 있었기 때문이지."

"그렇게 배가 들어오면 뭐가 좋은데요?"

▲ 미노스 도자기
(기원전 2100년대~기원전 1700년대) 메소포타미아와 이집트의 도자기를 모방해 만든 크레타의 도자기는 특산품이자 인기 상품이었어.

곽두기의 국어사전

조선술 만들 조(造) 배 선(船) 방법 술(術). 배를 만드는 기술이야

항해술 배 항(航) 바다 해(海) 방법 술(術). 바다에서 배를 모는 기술이야.

"일단은 배를 타고 온 상인들에게 크레타의 특산물들을 팔 수 있었지."

"에이, 그래 봤자 섬나라일 뿐인데 무슨 특산물이 난다고."

"허허, 그렇지 않단다. 크레타는 질 좋은 올리브와 포도를 생산하는 데 안성맞춤이었어. 비가 적절하게 오고 땅이 비옥하고 햇살이 좋아 과일 맛이 아주 좋았거든. 또 미노스의 장인들이 만든 도자기는 얇고 가벼우면서도 단단해서 최고급품으로 여겨졌지. 하지만 그보다 더 큰 수입원은 중계 무역이었어. 지중해 일대에서 물건을 팔려는 상인이나 사려는 상인들은 모두 크레타로 모여들었어. 그리스도 아마 자신들이 생산한 올리브와 포도를 크레타 사람들을 통해 지중해 일

대로 내다 팔았을 거야. 크레타 사람들은 이런 물건들을 사서 이익을 붙여 되팔아 엄청난 부를 쌓았지. 그리고 이 과정에서 도자기 굽는 법, 청동기 만드는 법 같은 이집트와 메소포타미아 일대의 앞선 문물들을 보고 배울 수 있었어."

"에이, 그러니까 결국 앞선 문명을 베꼈다는 거잖아요."

"그대로 모방만 한 건 아니었어. 미노스인들은 드넓은 바다를 무대로 삼았던 만큼 이집트나 메소포타미아와 달리 자유롭고 활기찬 미노스 문명만의 뚜렷한 색깔이 있었거든. 또 선문자라고 하는 자신들만의 문자를 만들어 사용하기도 했어."

↑ 미노스인들의 선문자가 새겨진 원판
미노스인들의 문자는 아직 해독이 되지 않아 무슨 뜻인지는 알 수가 없어.

"미노스 문명이 어쨌기에 자유롭고 활기차다고 하는 거죠?"

"크노소스 궁전에서 발견된 벽화들을 보면 무슨 말인지 단박에 알 수 있을 거야."

용선생은 모니터에 그림 몇 점을 차례대로 띄웠다.

"이건 황소의 뿔을 잡고 날아올라 황소의 등을 짚고 한 바퀴 돈 뒤 가뿐하게 착지를 하는 장면이야. 이런 서커스 공연을 했던 거지."

▼ 황소의 등에서 공중제비를 도는 사람

지중해 곳곳에서 문명이 태동하다

↑ 권투하는 소년

↑ 여왕의 방 돌고래 벽화

"이게 설마? 말도 안 돼."

그림을 보는 순간 아이들은 그만 말문이 막혀 버렸다.

"맨날 전쟁 그림만 그린 이집트나 메소포타미아와는 전혀 다른데요?"

허영심이 고개를 절레절레 흔들었다.

"드넓은 바다가 외적을 막아 주었기 때문에 미노스에서는 전쟁이 벌어진 적이 거의 없었단다. 그래서 크노소스 궁전에는 아예 궁전을 둘러싼 성벽도 없었지. 말하자면 미노스 문명의 평화롭고 밝은 분위기 역시 바다가 준 선물이었던 셈이지. 적어도 기원전 1500년 무렵까지는 그런 평화가 유지되었어."

"그럼 그 이후엔 누가 쳐들어와요?"

장하다의 물음에 용선생이 고개를 가로저었다.

"아니. 미노스 문명을 몰락시킨 건 사람이 아니라 무지막지한 자

← 뱀의 여신상

연의 힘이었어. 크레타섬 바로 북쪽에서 테라 화산이 폭발한 거야. 섬의 일부가 뚝 끊어져 사라져 버릴 정도로 어마어마한 폭발이었지. 화산재가 하늘과 도시와 들판을 뒤덮어 여러 해 동안 태양이 사라졌고, 작물이 자라지 못했어. 또 화산 폭발로 말미암은 거대한 쓰나미가 해안의 항구와 상업 도시들을 깡그리 휩쓸어 가 버렸지. 테라 화산 폭발을 계기로 미노스 문명은 급격히 내리막길로 접어들었어. 그리고 그 틈을 타서 미케네가 에게해의 새로운 지배자로 떠오른단다."

"미케네? 미케네는 또 어딘데요?"

낯선 이름에 아이들이 인상을 찌푸리며 용선생을 바라보았다.

왕수재의 지리 사전

쓰나미 지진이 일어난 뒤 그 충격으로 바닷물이 수십 미터 높이로 솟구쳐 올라 그대로 해안을 덮치는 현상이야. 지진 해일이라고도 하지.

용선생의 핵심 정리

크레타섬은 동지중해 교통의 요지에 위치. 이집트와 메소포타미아의 앞선 문물을 받아들여 문명을 발전시킴.

❖ **산토리니 마을** 미노스 문명을 침몰시킨 테라 화산의 잔해 위에 세워진 마을로, 지금은 세계적인 관광지야.

미케네가 에게해의 새로운 지배자로 떠오르다

"미케네는 그리스의 남쪽 펠로폰네소스반도에 있던 도시 국가야."

"도시 국가요? 거기에도 도시 국가가 있어요?"

"그리스는 곳곳에 험준한 산들이 자리 잡고 있어서 통일된 나라가 등장하기가 어려웠어. 그러다 보니 골짜기마다 도시 규모의 작은 독립국들이 들어서 있었지. 훗날 그리스의 전성기를 이끌게 되는 아테네나 스파르타도 모두 이런 도시 국가였단다. 하지만 미노스 문명 전성기에 그리스 도시 국가들은 그 속국이나 다름없는 처지였어. 아테네가 미노스에 소년 소녀들을 제물로 바쳤던 것만 봐도 알 수 있지. 미케네는 펠로폰네소스반도에서는 제일 크고 강한 도시였어."

"그래 봤자 미노스에 비하면 별 볼 일 없는 약소국이잖아요. 그런 나라가 어떻게 에게해를 장악했죠?"

곽두기가 이해가 안 된다는 듯이 물었다.

"미노스가 이집트와 메소포타미아 문명을 흡수했듯이 미케네 사람들도 미노스의 앞선 문물을 스펀지처럼 쪽쪽 빨아들였거든. 미노스인들이 쓰던 문자를 약간 고쳐서 자신들의 문자를 만들고, 청동기 제작 기술과 배 만드는 기술도 배웠지. 그런데 미케네 사람들은 특히 강력한 전사를 기르고 우수한 무기를 만

↑ 에게해의 문명들 미케네는 기원전 1400년 무렵 크레타를 정복하고 에게해 교역을 장악했어.

드는 데 열심이었어. 그렇게 힘을 키운 미케네인들이 미노스가 약해진 틈을 타서 해상 교역의 요충지인 크레타섬을 정복해 버렸지."

"아하, 그래서 크레타를 통해서 에게해의 해상 교역을 장악했다, 이 말씀이군요."

> **나선애의 세계사 사전**
> 해상 교역 바닷길을 통해 이루어지는 교역을 말해.

◀ 미케네 왕궁 요새
미노스와 달리 미케네는 전쟁이 끊이지 않아 이런 튼튼한 성벽을 쌓았어.

- 뒷문
- 기둥의 집
- 메가론(그리스 건축 양식으로 난로가 있는 안방과 현관이 있는 앞방으로 구성되는 건물)
- 사자의 문
- 왕실 묘지
- 전사들이 그려진 도자기가 발견된 곳
- 경사로

▲ 사자의 문
두 마리 사자로 장식된 미케네 성의 정문이야.

▲ 아가멤논의 황금 가면
장례 때 시신의 얼굴을 덮는 데 쓰였어.

▲ 미케네의 도자기
미케네의 도자기에는 칼을 든 전사나 말이 끄는 전차가 많이 그려져 있어. 미노스 문명에서는 볼 수 없었던 모습이야.

지중해 곳곳에서 문명이 태동하다

왕수재의 말에 용선생이 크게 고개를 끄덕였다.

"그렇단다. 미케네인들은 크레타를 근거지로 삼아서 에게해의 해상 교역을 장악했어. 동지중해 일대에서는 미케네 상인들의 배가 닿지 않는 곳이 없을 정도였지. 미케네 역시 미노스처럼 뛰어난 도자기를 만들었어. 또 미케네의 청동 무기는 튼튼하기로 명성이 자자했지. 미케네인들은 그리스 북부와 이탈리아에까지 진출해 정착지들을 건설하는 등 활동 무대를 점점 넓혀 갔어. 그야말로 미케네의 전성기였지. 그런데 에게해 건너편 아나톨리아반도에도 아주 오래전부터 해상 교역으로 번영을 누리던 도시가 있었어. 이름 하여 트로이!"

"어머, 트로이? 그리스랑 트로이가 싸웠던 트로이 전쟁의 그 트로이 말씀인가요?"

낯익은 이름에 나선애가 반가운 목소리로 물었다.

"하하, 그래. 트로이 전쟁의 그 트로이야. 트로이 전쟁은 미케네가 빠르게 세력을 불려 나가면서 에게해의 두 세력이 맞부딪친 전쟁이야. 10년 동안 두 나라가 팽팽히 맞섰지만 결국에는 '트로이 목마'라는 꾀를 낸 미케네의 승리로 끝났지. 하지만 이 무렵 느닷없이 미케네의 전성기가 막을 내리고 그리스는 또다시 암흑으로 빠져들고 만단다."

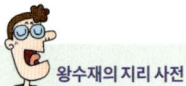

왕수재의 지리 사전

트로이 아나톨리아반도 해안에 있었던 고대 도시야.

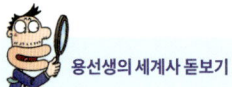

용선생의 세계사 돋보기

기원전 1200년대 중반에 미케네와 트로이가 벌인 전쟁. 그리스의 시인 호메로스가 쓴 《일리아스》와 《오디세이아》에 전쟁의 전말이 자세하게 서술되어 있어.

용선생의 핵심 정리

펠로폰네소스반도의 도시 국가 미케네가 크레타를 정복하고 에게해 해상권을 장악함. 트로이 전쟁에서 승리함.

도리스인의 침입으로 그리스가 암흑에 빠져들다

용선생의 말에 아이들이 술렁였다.

"어디서 또 화산이라도 폭발하나요?"

"그건 아니고, 이번엔 외적의 침입이 문제였어."

"외적이라니요? 트로이도 물리친 마당에 아직도 외적이 남아 있었어요?"

"이번에 온 외적은 멀리 북쪽에서 내려온 도리스인이었어. 도리스인들은 정확히 무슨 이유인지는 모르지만 기원전 1200년 무렵부터 북쪽에서 물밀듯이 그리스로 밀고 내려오기 시작했어."

"지난 시간에는 히타이트도 북쪽에서 내려왔다고 하더니, 도리스인들도 북쪽에서 내려왔단 말이에요?"

"그렇단다. 사실 뿌리를 따지자면 그리스로 내려간 도리스인, 아나톨리아반도로 내려간 히타이트인, 예전에 인도로 들어갔던 아리아인, 그리고 나중에 배우게 될 페르시아인은 모두 인도·유럽어족에 속하는 종족이야. 인도·유럽어족은 원래 흑해 북쪽의 초원에서 유목을 하며 살았는데, 기원전 2000년 무렵부터 사방으로 흩어져 이동하기 시작했지. 실은 미케네인들도 기원전 1900년 무렵에 그리스로 내려온 인도·유럽어족이었어."

"도대체 왜 다들 고향을 버리고 남의 땅으로 들어가서 소란을 일으키는 거죠?"

"아까 말했듯이 정확한 이유는 아무도 몰라. 기후가 나빠졌을 수도 있고, 가축 수가 늘어나 더 넓은 초지가 필요했을 수도 있지. 어쨌든

 용선생의 세계사 돋보기

인도·유럽어족은 언어의 한 갈래로, 오늘날 인도인, 대부분의 유럽인, 페르시아인, 그리스인들이 쓰는 언어가 여기에 속해. 그래서 이들을 한꺼번에 묶어 인도·유럽어족이라고 불러.

이들은 철제 무기와 가벼운 철제 전차를 앞세워 토착민들을 제압했는데, 도리스인들 역시 마찬가지였어. 아직 청동기를 쓰고 있던 미케네인들로서는 이들을 막아 낼 방법이 없었지. 미케네인들은 성벽을 높이고 더 두껍게 쌓는 등 안간힘을 썼지만 겨우 100년 만에 그리스 대부분이 도리스인의 손아귀에 넘어가고 말았어."

"휴, 철제 무기가 정말 무섭긴 무섭네요."

장하다가 새삼 놀랐다는 듯이 한숨까지 내뱉었다.

"암, 무섭지. 그토록 기세등등하던 미케네가 순식간에 쑥대밭이 되고 그리스가 캄캄한 암흑시대로 떨어지고 말았으니까 말이야."

"암흑시대요? 미케네가 망했다고 해가 안 떠오르기라도 해요?"

"그만큼 문명이 한참 뒷걸음질을 쳤다는 뜻이지. 그도 그럴 것이 도리스인은 싸움에는 이골이 났지만 해상 교역에 대해서는 아무것도 몰랐어. 자연히 그리스의 해상 교역은 거의 중단되었고, 다른 나라 상인들의 발길도 완전히 끊겼지. 이렇게 외부 세계와 단절되어 버렸으니 문명이 후퇴할 수밖에 없었던 거야. 이때를 암흑시대라고 부르는 또 한 가지 이유는 이 시기에 대한 기록이 아예 없기 때문이야. 도리스인에게는 아직 문자가 없었고 이집트나 서아시아도 그리스와 접촉이 중단되는 바람에 그리스에 대해 아무런 기록도 남기지 못했거든. 결국 이 시기의 그리스는 아무것도 알 수 없는 시대, 즉 캄캄한 시대였던 거야."

"근데 선생님, 설마 미케네 사람들이 모두 죽은 건 아니겠죠?"

허영심이 조심스럽게 물었다.

"물론이지. 많은 사람들이 죽고 도리스인의 노예가 되었지만 살아

남은 사람도 많았을 거야. 특히 해안가에 살거나 해상 교역에 종사했던 많은 미케네 사람들은 배를 타고 바다로 달아났을 것으로 여겨지고 있지."

"해상 교역도 사라졌는데 바다로 나가서 어떻게 먹고살아요?"

"글쎄다, 뭘 했을까? 해적이 되거나, 동지중해 곳곳의 상업 도시들을 약탈하거나, 살 곳을 찾아 정착하거나 했을 거야. 혹시 지난 시간에 바다사람들 이야기했던 거 기억나니?"

"물론이죠. 어머! 혹시 그 바다사람들이……?"

"그래. 그렇게 생각하는 사람들도 많단다. 도리스인에게 삶의 터전을 빼앗긴 미케네인들이 다른 해안 도시를 공격하거나 그 땅을 빼앗고, 미케네인들에게 삶의 터전을 빼앗긴 사람들이 또 다른 도시들을 공격하고, 이런 연쇄적인 충돌이 벌어지면서 지중해 바다가 대혼란에 빠져들고……. 그렇게 해서 그리스뿐만 아니라 오리엔트 세계 전체가 암흑시대로 빠져든다는 시나리오지."

용선생의 핵심 정리

기원전 1200년 무렵부터 북쪽에서 도리스인이 침입해 들어와 미케네 멸망, 그리스가 암흑시대에 접어듦.

페니키아가 지중해 해상 교역을 장악하다

용선생의 세계사 돋보기

페니키아는 자주색이라는 뜻의 그리스어에서 유래했어. 자주색 염료로 물들인 천이 이곳의 특산물이었기 때문에 그런 이름이 붙었어.

"그럼 이제 지중해의 해상 교역은 끝장이 난 거예요?"

"너무나 혼란이 심해 아마 한동안은 아무도 바다로 나갈 수가 없었을 거야. 하지만 혼란이 어느 정도 가라앉자 다시 교역이 시작되었어."

용선생은 모니터에 지도 한 장을 띄웠다.

"지도 오른쪽에 페니키아라고 적혀 있지? 지중해의 다음 주인공은

▲ **페니키아의 해상 교역** 페니키아인들은 지중해는 물론 대서양으로 나가 아프리카 서해안과 영국까지 항해했어.

바로 이곳에 살던 사람들이었어."

"어? 거긴 지금의 레바논 아니에요?"

"오호, 아주 잘 기억하고 있구나. 이곳은 날씨가 온화하고 강수량도 적당해서 서아시아에서 살기 좋은 곳으로 꼽혀. 자연히 오래전부터 사람들이 농사를 지었는데 기원전 3000년 무렵부터는 해안에 항구를 건설해 교역 활동에도 열심히 참여했지. 그러다 암흑시대를 맞아 주변 강대국들이 힘을 잃자 페니키아 상인들이 직접 지중해 곳곳으로 활동 무대를 넓히기 시작했어. 암흑시대가 끝날 때쯤 페니키아 상인들은 지중해 전체를 장악하고 지브롤터 해협을 빠져나가 아프리카 서해안과 영국까지 가서 교역을 할 정도로 막강한 세력으로 성장해 있었지."

용선생이 지도를 짚어 가며 차근차근 설명해 주자 아이들이 감탄

왕수재의 지리 사전

지브롤터 해협 지중해와 대서양을 잇는 좁은 통로 같은 바다. 가장 좁은 곳은 거리가 12킬로미터밖에 안 돼. 모로코와 에스파냐 사이에 있어.

▲ 삼나무가 그려져 있는 레바논 국기
레바논 국기에는 삼나무가 그려져 있어. 나무가 귀한 이집트와 서아시아에서 삼나무 목재는 건물을 짓거나 배를 만들 때 없어서는 안 되는 귀중한 자원이었어.

사를 연발했다.
 "우아, 옛날 미노스나 미케네와는 비교도 안 될 만큼 엄청나다."
 "그러게. 에게해에서 왔다 갔다 하던 때와는 차원이 다른걸."
그때 나선애가 차분한 목소리로 물었다.
 "선생님, 근데 페니키아 상인들은 어떻게 암흑시대를 이겨 내고 성공을 거둘 수 있었던 거죠?"
 "호오, 아주 좋은 질문인걸. 가장 큰 비결은 아마도 다른 어디서도 구할 수 없는 페니키아만의 특산물들이었을 거야. 그중에서도 첫째는 삼나무 목재였지."
 "아! 지난 시간에도 나왔어요. 레바논 산맥이 울창한 삼나무 숲이었고, 메소포타미아랑 이집트 같은 나라에서 삼나무 목재가 귀한 대접을 받았다고 하셨어요."
 "그래. 페니키아에 항구가 건설된 것도 삼나무 목재를 실어 나를 배를 대기 위해서였지. 이때도 삼나무 목재는 여전히 페니키아의 대표 상품들 가운데 하나였단다. 그런데 이 무렵 새롭게 떠오른 페니키아의 대표 상품은 바로 자주색으로 물들인 옷감이었어."
 "엥? 다른 데서는 자주색 옷감을 못 만들었어요?"
곽두기가 고개를 갸우뚱했다.
 "응. 자주색 옷감은 페니키아 앞바다에서만 잡히는 소라고둥에서 뽑은 천연 염료로 염색해서 만들었어. 워낙 색깔이 아름다운 데다가 양이 적어서 그야말로 부르는 게 값이었지. 어찌나 귀했는지

허영심의 상식 사전
염료 염색 재료, 즉 옷감 따위를 염색할 때 쓰는 물감이야.

왕이 아니면 구할 수 없다고 해서 페니키아의 자주색은 '제왕의 색'으로 불릴 정도였단다. 게다가 페니키아는 섬세하고 아름다운 공예품으로도 유명했어. 일찍부터 상인들이 몰려들다 보니 각지에서 재료를 들여와 가공해서 파는 수공예가 발달한 덕분이었지. 특히 페니키아의 유리 공예품은 지중해 일대에서 최고의 명품 대접을 받았어."

"천혜의 항구와 귀한 특산물, 거기에 뛰어난 공예 기술까지. 페니키아가 성공한 데는 다 이유가 있었군요."

나선애가 고개를 끄덕이자 용선생도 빙그레 웃었다.

"그래. 한 가지가 더 남았어. 바로 지중해를 안마당처럼 누비고 다닐 수 있는 항해술이지. 미노스나 미케네 문명의 경우에는 항해술이 발달하지 못해 겨우 눈에 보이는 곳까지만 갈 뿐 멀리까지 갈 수가 없었어. 하지만 페니키아 상인들은 다른 별들은 그때그때 위치가 달라지지만 북극성만은 1년 365일 늘 같은 자리에 있다는 걸 깨달았어. 그래서 한밤중에도 북극성을 기준으로 항해할 방향을 정해 이동했지. 또 지중해 곳곳을 샅샅이 누비는 동안 계절에 따른 바람의 방향이며, 바닷물의 흐름까지 속속들이 파악했어. 페니키아 상인들이 지중해는 물론 대서양까지 항해할 수 있었던 데는 바로 이런 지식들이 밑바탕이 되었단다."

"히야, 정말 아는 것이 힘이군요."

"그런데 말이야, 이 과정에서 페니키아 상인들이 후손들

← 페니키아 유리병

허영심의 상식 사전

북극성 북쪽 하늘에 떠 있는 별로, 바닷사람들이 항로의 방향을 잡는 기준으로 삼았던 매우 중요한 별이야.

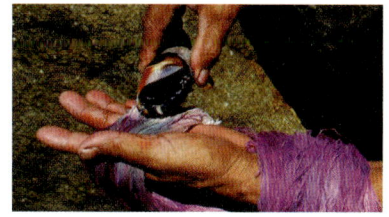

↑ 소라고둥으로 염색하기
소라고둥의 살을 누르면 자주색 즙이 나와. 이 즙으로 천을 보랏빛으로 물들이지.

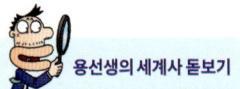

용선생의 세계사 돋보기

소리를 나타내는 기호를 알파벳이라고 해. 페니키아 문자는 그림 문자나 쐐기 문자와 달리 소리를 나타내는 기호였어. 영어의 a, b, c, d…와 한글의 ㄱ, ㄴ, ㄷ, ㄹ…, ㅏ, ㅑ, ㅓ, ㅕ… 가 모두 알파벳이지.

에게 정말 귀중한 선물을 하나 남긴단다. 너희들에게도 그 선물이 전해졌어."

"에이, 우리가 무슨 선물을 받았다고 그러세요?"

왕수재가 뜬금없다는 표정을 짓자 용선생이 수재의 책상 위를 가리켰다.

"하하, 그 단어장에 쓰인 영어 알파벳이 바로 페니키아 상인들이 준 선물이란다."

"네? 페니키아 상인들이 영어를 발명하기라도 했단 말씀인가요?"

"영어가 아니라 영어 알파벳을 말하는 거야. 페니키아 상인들이 그리스 상인들과 거래하는 과정에서 페니키아 문자가 그리스로 전해지고, 그리스 문자가 로마로 전해지고, 로마 문자가 영국으로 퍼져서 오늘날의 영어 알파벳이 되었거든. 그러니까 페니키아 문자가 영어 알파벳의 할아버지뻘이 되는 거지."

페니키아 문자	고대 그리스 문자	영어 알파벳
✶	✶	A
目	日	H
W	∿	M
△	▷	R
W	⋛	S

↑ 페니키아 문자가 그리스 문자를 거쳐 영어 알파벳으로 변하는 과정

"쳇, 말씀을 듣고 나니 갑자기 페니키아 상인들이 엄청 싫어지는데요. 골치 아픈 영어 공부를 해야 하는 게 다 페니키아 상인들 때문이라는 거잖아요."

장하다가 툴툴대자 용선생은 하다를 향해 씩 웃었다.

"후후, 오히려 페니키아인들에게 고맙다고 해야 하지 않을까? 페니키아 문자가 아니었으면 지금쯤 그림 문자나 쐐기 문자를 배우느라 골머리를 싸매고 있을지도 모르니까 말이야."

용선생의 말에 장하다가 급히 고개를 흔들었다.

↑ 티레의 페니키아 유적 티레는 비블로스, 시돈과 함께 페니키아의 대표적인 항구 도시였어.

"헉, 그게 그렇게 되나? 그렇다면 그냥 페니키아 상인들한테 고맙다고 할게요. 전 그림은 정말 소질 없다고요."

"흐흐. 페니키아 상인들은 그리스가 오랜 잠에서 깨어나 다시 기지개를 켜는 데도 큰 영향을 미쳤어. 그리스는 지중해의 중요한 교역품인 올리브와 포도, 포도주 생산지였거든. 페니키아 상인들은 이런 물품들을 구하려고 그리스의 해안 지역을 드나들었고, 그 과정에서 그리스인들도 차츰 해상 교역을 다시 시작하게 되었지. 그리고 얼마 뒤에는 페니키아와 치열한 경쟁을 펼치며 다시 한 번 지중해 해상권을 장악하게 되지."

유럽은 페니키아 공주의 이름?

유럽은 영어 알파벳으로 Europe라고 써. 그리스 식으로 읽으면 에우로페지.
근데 말이야, 에우로페는 원래 페니키아의 공주 이름이었대. 어느 날 에우로페가 한가롭게 바다를 산책하고 있었는데, 그만 제우스의 눈에 띄고 말았어. 제우스는 그리스의 최고신이면서 못 말리는 바람둥이였지. 제우스는 궁리 끝에 흰 황소로 변해 에우로페에게 접근했어. 그 황소가 제우스일 거라고는 상상도 못 한 에우로페는 아무런 거리낌 없이 황소에게 다가갔어. 하지만 그 순간 제우스는 에우로페를 등에 태우고 바다 건너 크레타로 달아났지. 그 뒤부터 페니키아인들은 에우로페 공주가 떠나간 바다 건너 땅을 에우로페라고 불렀대. 말하자면 유럽이란 이름을 페니키아 사람들이 지어 주었던 거지.

➡ 〈에우로페를 납치하는 제우스〉 1600년대 네덜란드 화가 렘브란트의 작품이야.

➡ 그리스의 2유로짜리 동전 속 에우로페

"그리스에게는 미노스가 첫 번째 스승, 페니키아가 두 번째 스승이었군요."

 **용선생의 핵심 정리**

페니키아는 특산물인 자주색 염료와 삼나무 목재, 유리 공예품을 앞세워 지중해 해상권 장악. 영어 알파벳의 조상인 페니키아 문자를 퍼뜨림.

머나먼 가나안 땅

"자, 이번에는 마지막으로 헤브라이 민족의 역사를 공부할 차례야. 헤브라이 민족이 세운 나라는 지금까지 공부했던 나라들에 비하면 정말 작은 나라였어."

"에이, 그럼 그냥 건너뛰면 안 될까요? 안 그래도 공부해야 할 나라들이 너무 많은데, 헤헤."

작은 나라라는 말에 하다가 툭 내뱉었다.

"하하, 하지만 절대 시시하지는 않아. 왜냐하면, 헤브라이 민족의 신앙은 인류의 역사에 그 어떤 큰 나라보다도 훨씬 더 큰 영향을 미쳤거든."

"헤브라이 민족의 신앙이 뭔데 그렇게 엄청난 영향을 미친 거죠?"

"너희들 혹시 유일신이라고 들어 봤니?"

용선생이 질문을 던진 뒤 아이들을 휘둘러보았지만 서로 얼굴만 멀뚱멀뚱 바라볼 뿐이었다.

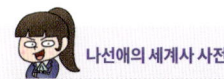 **나선애의 세계사 사전**

헤브라이 민족 지금의 이스라엘 민족을 말해. 유대인이라고도 불러.

"하하, 좋아. 그럼 하느님은?"

"하느님은 크리스트교에서 믿는 신이잖아요."

"좋아, 그럼 딱 한 가지만 더. 크리스트교에서는 다른 신을 인정하니?"

"에이, 크리스트교에서는 신은 하나뿐이라고 하잖아요. 그런데 어떻게 다른 신을 인정하겠어요."

"바로 그거야. 유일신은 하나밖에 없는 신, 즉 하느님을 말해. 헤브라이 민족은 다른 신은 모두 가짜고 신은 하느님뿐이라는 유일신 신앙을 가지고 있었단다."

"그건 다른 종교도 마찬가지 아닌가요? 다 자기네 종교에서 믿는 신만 믿잖아요."

"그래, 지금은 유일신을 믿는 사람이 많지만 옛날에는 그렇지 않았단다. 그리스 신화를 생각해 봐. 제우스, 아폴로, 헤라……, 신이 얼마나 많으니? 또 나무에도 신이 있고, 하늘에도 신이 있고, 태양과 달에도 신이 있다고 믿는 게 보통이었어. 이런 걸 다신교라고 하지. 그런데 유독 헤브라이 민족만은 다른 신은 다 가짜고 하느님만 진짜 신이며, 하느님이 모든 걸 다스린다고 믿었지."

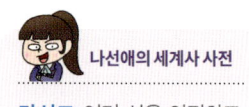

다신교 여러 신을 인정하고 믿는 종교야.

"그건 그렇다 치고, 헤브라이인들의 유일신 신앙이 역사에 어떤 영향을 미쳤다는 거죠?"

"하하, 놀라지 마! 유대인들의 종교인 유대교는 물론이고 세계에서 가장 많은 사람들이 믿고 있는 크리스트교와 이슬람교도 모두 이 헤브라이 민족의 유일신 신앙에서 갈라져 나왔단다. 자, 그럼 이 민족의 역사에 대해 좀 알아보기로 할까? 너희들《구약성서》라고 들어 봤니?"

용선생의 질문에 왕수재가 손을 번쩍 들었다.

"예수님이 탄생하기 이전까지 하느님의 계시를 모아 둔 성서가 《구약성서》입니다. 예수님이 탄생하신 이후의 일을 기록한 성서는 《신약성서》이고요."

왕수재의 똑 부러진 대답에 용선생이 짝짝짝 박수를 쳤다.

"하하, 아주 정확해. 한 가지만 더 덧붙이자면 《구약성서》는 원래 헤브라이 민족의 종교였던 유대교의 경전이었다는 거야. 크리스트교에서는 여기에 예수님 이후의 일을 기록한 《신약성서》를 추가했지. 그래서 유대교에서는 《구약성서》만 믿고, 크리스트교에서는 둘 다 믿는단다."

"그런데 역사 공부 한다면서 《구약성서》는 왜요?"

"《구약성서》에는 하느님의 계시와 함께 헤브라이 민족의 역사가 기록되어 있거든. 우리가 헤브라이 민족의 초기 역사에 대해 알 수 있는 것도 대부분 《구약성서》 덕분이지."

곽두기의 국어 사전

계시 일깨울 계(啓) 보일 시(示). 일깨워 보여 준다는 뜻이야. 종교적으로는 신이 인간의 힘으로 알 수 없는 진리를 전해 주는 것을 계시라고 해.

"에이, 자기들이 기록한 옛날이야기를 어떻게 다 믿어요?"

"물론 그대로 다 믿을 수는 없지. 하지만 헤브라이인들은 그것들이 모두 사실이라고 철썩같이 믿고 있단다. 다른 자료가 없으니 일단 거기에 의존할 수밖에 없기도 하고. 《구약성서》에 따르면 헤브라이 민족 최초의 조상은 아브라함으로 원래 메소포타미아 남부의 우르라는 도시에 살았대. 그런데 어느 날 밤 아브라함 앞에 하느님이 나타나서 가족을 이끌고 가나안 땅으로 가라고 명령하셨지."

용선생은 모니터에 지도 한 장을 띄웠다.

▲ 《구약성서》에 나온 헤브라이 민족의 이동 경로
헤브라이 민족은 아브라함 때 가나안으로 이동했어. 그 뒤 극심한 가뭄으로 이집트로 들어가 살다가 모세 때 이집트를 탈출했대.

"바로 여기, 페니키아 밑에 있는 이곳이 가나안이야."

"하느님이 정든 고향을 떠나 그 먼 곳까지 가라고 하신 이유가 뭐죠?"

"《구약성서》에는 그냥 하느님이 떠나라고 했다고만 나와. 그런데 기원전 2100년 무렵부터 메소포타미아 지역은 황폐해지고 있었어. 아마 그 때문에 아브라함 가족도 그곳을 떠날 수밖에 없었고, 하느님의 계시로 가나안을 목적지로 삼은 것이 아닐까 짐작하고 있지."

"그러니까 먹고살기 위해 메소포타미아의 우르를 떠나 가나안으로 이사를 간 거군요."

"그런 셈이지. 아브라함은 가족을 이끌고 강을 따라 계속 북쪽으로 올라가서 시리아에서 한동안 머물다가 마침내 가나안에 도착했어. 가나안에 정착한 아브라함은 뒤늦게 자식을 얻었고, 그 자식들이 또 자식들을 낳았지. 아브라함의 후손들은 그렇게 수가 늘어났고 한동안 가나안에서 행복하게 잘 살았대. 그런데 또 문제가 생겼어."

용선생의 세계사 돋보기

《구약성서》에 따르면 아브라함은 여든이 넘어서 여종이었던 하갈에게서 첫째 아들 이스마엘을 얻었고, 아내인 사라에게서 둘째 아들 이삭을 얻었대.

"이번엔 또 무슨 문제예요?"

"가나안 지역에 여러 해 동안 가뭄이 계속된 거야. 곡식이 말라 죽고 가축들이 죽어 나가자 견디다 못 한 헤브라이인들은 살 곳을 찾아 한 사람 두 사람 남쪽으로 내려가기 시작했어."

"남쪽에 가면 뭐가 있는데요?"

▲ 하란의 전통 가옥 아브라함은 가나안으로 가는 도중에 여러 해 동안 이곳에 머물렀어. 하란의 가옥은 수천 년 전과 크게 달라지지 않았다니, 아마 아브라함도 이런 집에서 살았을 거야.

"지도를 보렴. 가나안에서 해안을 따라 죽~ 내려가면 어디가 나와?"

"우아, 이집트다. 이집트의 나일강 삼각주! 여긴 농사가 잘되는 곳이잖아요. 그래서 헤브라이인들이 이곳으로 간 거군요."

나선애가 고개를 끄덕이는데 갑자기 왕수재가 끼어들었다.

"그렇단다. 헤브라이인들은 그때부터 그곳에 뿌리를 내리고 살았어. 하지만 혼란에서 벗어난 이집트가 헤브라이인들을 핍박하기 시작했지. 이방인인 헤브라이인의 수가 계속 늘어나는 것이 영 달갑지 않았거든. 더구나 이집트는 예전에 이방인인 힉소스의 지배를 받은 적도 있어서 헤브라이인들을 경계할 수밖에 없었지. 차츰 헤브라이인들은 모두 이집트인의 노예 신세로 떨어지고 말았어. 모세가 등장한 것은 바로 이 무렵이었단다."

용선생의 세계사 돋보기

모세가 이스라엘 민족을 이끌고 이집트를 탈출해 가나안 땅에 도착하기까지의 흥미진진한 이야기가 용선생 세계사 카페에 실려 있으니 꼭 읽어 보렴.

나선애의 세계사 사전

필리스티아 오늘날 팔레스타인 사람들의 조상이야.

▼ **미켈란젤로의 모세상**
모세는 기원전 1300년 무렵에 살았던 이스라엘 민족의 지도자야.

"아, 모세! 저 알아요. 이스라엘 사람들을 이끌고 이집트를 탈출하잖아요."

"그래, 모세는 야훼의 계시를 받아 이스라엘 민족을 이끌고 이집트를 탈출해 가나안 땅으로 들어간 지도자야. 그때 있었던 일을 적은 게 바로 《구약성서》의 〈이집트 탈출기〉란다."

"히야, 드디어 노예 신세에서 벗어났군요."

"그래. 하지만 가나안으로 가는 길은 그다지 순조롭지가 않았어. 모세와 하느님을 의심하는 사람들 때문에 광야에서 무려 40년 동안 헤맸지. 더 큰 문제는 가나안에 와 보니 살기 좋은 해안의 평야 지대에는 이미 필리스티아라는 민족이 떡하니 터를 잡고 살고 있었던 거야. 필리스티아 사람들은 암흑시대에 이곳에 들어와 정착한 바다사람이었어. 몸집이 큰 데다 철제 무기로 무장을 해서 이스라엘 사람들로서는 감당하기 어려운 상대였지. 이스라엘 사람들은 어쩔 수 없이 해안 지대를 포기하고 근처 산지로 올라가 자리를 잡은 뒤 기회를 노리기로 했지."

"아휴, 정말 첩첩산중이다."

"그러네요 선생님, 이스라엘 사람들이 나라를 세우긴 세웠어요?"

아이들이 안타까운 나머지 한숨과 함께 한마디씩 뱉었다.

용선생의 핵심 정리

《구약성서》에 따르면, 아브라함이 우르에서 가나안 땅으로 이주. 모세가 이집트에서 노예로 살던 이스라엘 민족을 탈출시켜 가나안 땅으로 인도함.

이스라엘 사람들이 나라를 세우다

용선생의 세계사 돋보기
한 명의 우두머리 아래 모여 있는 집단이나 부족을 지파라고 해. 이스라엘 조상인 야곱의 열두 아들에게서 12지파가 나왔대.

곽두기의 국어 사전
판관 판단할 판(判) 벼슬 관(官). 재판관이라는 뜻이야.

"음, 이스라엘 민족은 나라를 세우지 못하고 12개의 지파로 나눠진 상태에서 필요할 때만 서로 협력하며 살고 있었어."

"그럼, 왕도 없었어요?"

"그렇단다. 이때 이스라엘의 지도자를 판관이라고 불렀어. 평소에는 재판관 역할을 하다가 전쟁이 일어나면 군사 지휘관 역할까지 했지."

"그럼 왕이랑 어떻게 달라요?"

"판관은 12지파 전체를 장악할 만큼 권력이 강하지 못했어. 말을 듣지 않아도 손쓸 방법이 없었지. 이래저래 이스라엘은 하나로 힘을 모으기가 힘들었어."

"에구, 필리스티아라는 막강한 적이 눈앞에 있는데 단결도 안 되면 어떻게 해."

"이스라엘 사람들도 그렇게 생각했나 봐. 그래서 다른 나라들처럼 자기들도 왕을 세우기로 하고, 처음으로 사울이라는 사람을 왕으로 뽑았어."

"어째 좀 싱거워. 그냥 사람들이 모여서 당신이 왕 하시오, 이랬다는 거잖아."

"좀 그렇지? 게다가 사울은 뛰어나지 못한 왕이었어. 필리스티아의 압박에 제대로 대처하지 못했거든. 너희들 혹시 다윗과 골리앗

↑ 다윗과 골리앗의 싸움

이야기 들어 봤니?"

"네, 알아요. 소년 장사 다윗이 돌팔매로 골리앗이라는 거인을 죽이는 이야기잖아요."

"그래. 그 이야기가 바로 이때 이스라엘과 필리스티아가 싸운 이야기란다. 골리앗은 필리스티아의 장군으로 키가 3미터가 넘었대. 그리고 다윗은 하찮은 양치기에 불과했지. 이스라엘 군사들은 전쟁이 벌어질 때마다 골리앗 때문에 엄청 애를 먹었는데 다윗이 돌팔매로 적장인 골리앗을 죽였던 거야. 이스라엘 사람들 사이에서 다윗의 인기가 하늘 높은 줄 모르고 치솟았어. 결국 다윗은 이스라엘의 두 번째 왕이 되었어. 다윗은 이스라엘을 통일하고, 영토를 넓혀 이스라엘 왕국을 강대국으로 만들었지."

▲ 다윗과 솔로몬 시대의 이스라엘 영토

"흠~, 별 볼 일 없던 나라가 강대국이 되다니 진짜 하느님이 도와주셨나?"

나선애가 혼자 중얼거리는 말을 용선생이 얼른 받았다.

"응, 그랬나 봐."

"네? 에이, 설마요."

"《구약성서》에 따르면 진짜 그랬대. 이스라엘 사람들은 이집트를 탈출해 가나안으로 올 때 하느님과 계약을 맺었어. 사람들은 십계명을 비롯해 하느님이 정한 계율을 따르고, 하느님은 이스라엘 민족을

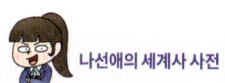

나선애의 세계사 사전

십계명 이집트를 탈출해 가나안으로 오던 도중에 시나이산에서 모세가 야훼로부터 받은 10개의 계명이야.

▲ **예루살렘 성전의 모형** 예루살렘 성전은 황금과 온갖 조각들로 화려하게 장식되어 있었대. 하지만 안타깝게도 오늘날엔 전해지지 않아. 이 모형은 약 천 년 후 재건된 제2성전의 모습이래.

장하다의 인물 사전

솔로몬왕 이스라엘의 세 번째 왕. 한 사내아이를 두고 서로 자기 아들이라고 다투는 두 여인 중에서 진짜 어머니를 가려낸 명판결로 유명하지. 군사 지휘관으로도 매우 뛰어나서 유프라테스 강까지 영토를 넓혀 이스라엘의 최전성기를 열었어.

보살피기로 말이야. 그런데 진짜로 이스라엘 사람들이 계율을 어기면 어김없이 나쁜 일이 생기고, 열심히 반성하고 계율을 잘 따르면 좋은 일이 생겼어. 그러면서 이스라엘 사람들은 점점 더 확고하게 하느님을 믿게 되었지. 그래서 이스라엘 사람들은 모세의 인도로 가나안까지 온 것도, 가나안 땅에 이스라엘 민족의 나라를 세운 것도 모두 다 하느님 덕분이라고 여겼어. 다윗의 뒤를 이은 솔로몬왕은 하느님께 감사드리는 의미로 페니키아의 뛰어난 건축 기술자들을 데려와 예루살렘에 거대하고 화려한 성전을 지었지."

용선생의 설명에 두기가 고개를 갸우뚱했다.

"그럼 이제 이스라엘이 큰 나라가 된 건가요?"

"그래. 사실 이때가 이스라엘의 전성기였어. 하지만 다른 큰 나라들에 비하면 새 발의 피에 불과해. 더구나 솔로몬왕이 죽은 지 얼마 되지 않아 자기들끼리 티격태격하다가 나라가 둘로 쪼개지고 말거든. 이렇게 해서 북쪽에는 이스라엘 왕국이, 남쪽에는 유대 왕국이 들어서게 된단다. 자연히 이스라엘의 힘은 형편없이 쪼그라들고 말았지. 그러다 북부의 이스라엘 왕국은 기원전 722년에 아시리아에 멸망당했어. 또 남쪽의 유대 왕국은 기원전 587년에 바빌로니아 왕국에 멸망당하고 사람들은 모두 바빌로니아로 끌려간단다. 이때부터 이스라엘 민족은 아주 짧은 시기를 제외하면 2,000년 넘게 나라 없는 백성으로 온갖 고난을 겪게 되지."

"에구, 얼마나 힘들게 나라를 세웠는데 그렇게 허무하게 망하다니."

장하다가 바람 빠진 풍선 같은 표정을 지었다.

"좀 안타깝지? 하지만 나라는 망했어도 이들이 남긴 유일신 신앙은 유대교, 크리스트교, 이슬람교로 갈라져 전 세계 40억 명 이상이 믿는 종교로 발전한단다. 나라는 망했는데 종교는 살아남았으니 참 희한하지? 그 이야기는 앞으로 천천히 배우게 될 거야. 참, 이스라엘과 필리스티아는 지금도 서로 으르렁거리며 싸우고 있단다."

"헉? 그건 또 무슨 말씀이세요? 수천 년이 지났는데, 아직도 싸워요?"

아이들의 눈이 휘둥그레졌지만 용선생은 어깨를 으쓱할 뿐 유유히 책을 챙기기 시작했다.

↓ 이스라엘의 분열

"그렇다니까. 하지만 그건 아주 먼, 먼 훗날의 얘기니까. 자, 오늘은 여기까지. 얘들아, 이만 안녕~!"

 **용선생의 핵심 정리**

이스라엘 왕국이 건설되고, 솔로몬왕 시절에 전성기를 누림. 솔로몬왕 이후 이스라엘 왕국은 이스라엘과 유대 왕국으로 분열됨. 기원전 722년에 이스라엘 왕국이 아시리아에 멸망, 기원전 587년에는 유대 왕국이 바빌로니아에 멸망당함.

나선애의 **정리노트**

1. ### 미노스와 미케네 문명
   - **미노스 문명**: 에게해의 크레타섬을 중심으로 발생. 해상 교역을 통해 부를 쌓음.
   - **미케네 문명**: 그리스의 도시 국가. 미노스의 문물을 받아들이고 힘을 키움.
     → 크레타섬을 정복하고 에게해의 무역을 장악함.
   - 기원전 1200년 무렵 도리스인의 침입으로 미케네 멸망 → 이후 그리스는 암흑시대

2. ### 지중해를 장악한 페니키아
   - **페니키아**: 동지중해의 항구 도시를 중심으로 활동. 뛰어난 항해술로 지중해 전체를 장악
     → 삼나무 목재, 자주색 염료 등의 특산물로 유명함.
   - * **페니키아 문자**: 오늘날 알파벳의 기원이 됨.

3. ### 유일신 신앙을 남긴 헤브라이 민족
   - **유일신 신앙**: 다른 신은 모두 가짜. 진짜 신은 하나뿐이라는 신앙 ↔ 다신교
   - 유일신 신앙을 가진 헤브라이 민족은 오랜 역경 끝에 가나안에 정착. 이스라엘을 건국
     * 《구약성서》를 통해 헤브라이 민족의 신앙과 초기 역사에 대해 알 수 있음!
   - 이스라엘이 멸망한 후에도 유일신 신앙은 훗날 크리스트교와 이슬람교의 성립에 영향을 주었음.

세계사 퀴즈 달인을 찾아라!

1 미노스 문명과 미케네 문명에 대한 설명으로 알맞은 것에 ○표, 알맞지 <u>않은</u> 것에 X표 해 보자.

○ 크레타섬에서 발달한 미노스 문명은 여러 지역과 교역을 하면서 발전했다. (   )

○ 그리스 남쪽의 미케네 문명은 크레타섬을 정복하고 에게해 해상권을 장악했다. (   )

○ 미노스와 미케네 문명 모두 오늘날 알파벳의 기원이 된 문자를 사용했다. (   )

2 다음 중 서로 관련 있는 것끼리 바르게 연결해 보자.

① 미노스 문명   •   • ㉠ 크노소스 궁전

② 미케네 문명   •   • ㉡ 유일신 신앙

③ 페니키아   •   • ㉢ 항해술

④ 헤브라이 민족 •   • ㉣ 트로이 전쟁

3 미노스 문명의 유물로 옳지 <u>않은</u> 것은? (   )

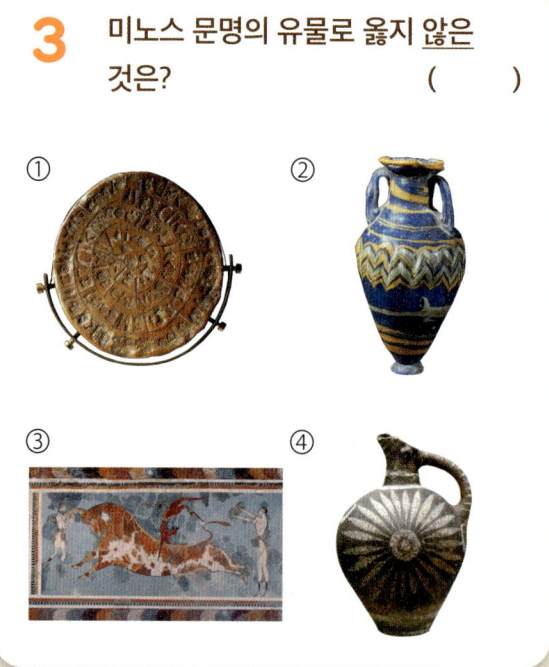

4 다음 지도에 표시된 영역에 알맞은 문명의 이름을 써 보자.

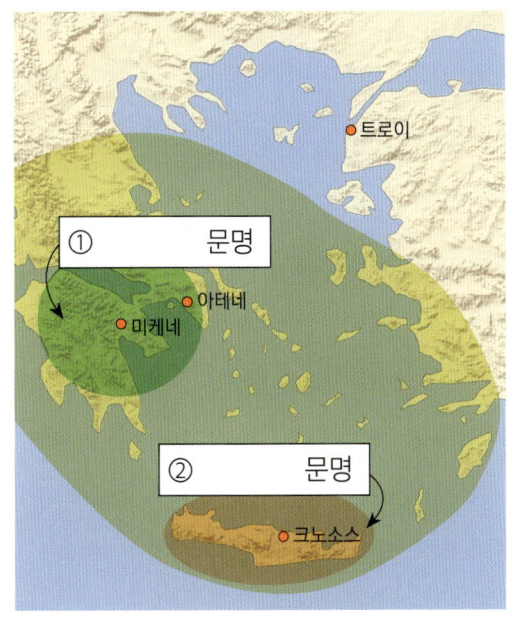

① (　　　　　) ② (　　　　　)

6 헤브라이 민족에 대한 설명으로 알맞은 것에 ○표, 알맞지 않은 것에 X표 해 보자.

○ 헤브라이인은 여러 신을 믿는 다신교 민족이었어. (　　)

○ 이스라엘은 솔로몬왕 때 철제 무기를 갖춘 도리스인의 침입으로 멸망했어. (　　)

○ 모세는 이스라엘 민족을 이집트에서 탈출시켜 가나안 땅으로 이끈 지도자야. (　　)

정답은 428쪽에서 확인하세요!

5 페니키아인에 대해 잘못 설명한 친구는? (　　)

 ① 삼나무 목재와 자주색 염료가 특산물이었어.

 ② 오늘날 알파벳의 기원이 된 문자를 사용했어.

 ③ 북쪽에서 도리스인이 침입해 들어와 멸망했어.

 ④ 지중해를 무대로 활발한 교역 활동을 전개했어.

용선생 세계사 카페

그리스 최고의 이야기꾼
호메로스가 들려주는 트로이 전쟁 이야기

호메로스가 누구야?

호메로스는 기원전 800년 무렵에 그리스에 살았던 이야기꾼이었어. 그리스 곳곳을 돌아다니며 사람들을 모아 놓고 옛날부터 전해 오는 재미있는 신화나 전설을 들려주는 것이 직업이었지. 이 당시 이야기꾼들은 암송하기 쉽고 듣기 좋도록 마치 노래 부르듯이 운율에 맞춰 이야기를 들려주었는데 호메로스 역시 마찬가지였지.

호메로스의 최고 인기 레퍼토리는 트로이 전쟁 이야기였어. 수많은 영웅들이 등장하고 세상의 인간과 신이 죄다 두 편으로 갈려 싸운 이 흥미진진한 이야기는 계속 입에서 입으로 전해 왔지. 호메로스는 트로이 이야기를 두 편으로 나누었어. 전편은 그리스와 트로이 사이의 전쟁 이야기, 후편은 전쟁이 끝난 뒤 그리스로 돌아오던 길에 오디세우스라는 그리스 장군이 바다에서 겪는 모험 이야기였지.

이야기꾼 호메로스는 무슨 이유에서인지 자신의 이야기를 문자로 기록하기로 했어. 입 밖으로 나오는 순간 바람 속으로 사라져 버리는 자신의 이야기가 허망했을 수도 있고, 후세 사람들이 자신의 이야기를 영원히 기억해 주기를 소망했을 수도 있지. 마침 페니키아 문자를 모방한 편리한 문자가 만들어져 점점 널리 퍼지기 시작할 때였어. 호메로스는 노래 부르듯이 말하는 평소의 이야기 투를 그대로 글로 옮겼지. 전편에는 《일리아스》라는 제목을 달았어. 트로이의 옛 이름이 일리온이니 '트로이 이야기'라는 뜻이지.

↑ 〈호메로스와 길잡이 소년〉
장님이었던 호메로스가 개와 길잡이 소년의 도움을 받아 산을 넘고 있어.

또 후편에는 오디세우스의 이야기라는 뜻으로 《오디세이아》라는 제목을 달았어. 이렇게 해서 위대한 서사시인 《일리아스》와 《오디세이아》가 탄생했단다. 호메로스의 작품들은 그리스 최초이자 최고의 서사시로 꼽혀. 그래서 이 작품들을 암흑시대의 끝이자 새로운 문명의 출발점으로 보기도 한단다.

《일리아스》 이야기

어느 날 트로이의 왕자 파리스는 제우스에게서 세상에서 가장 아름다운 여신을 가려 달라는 부탁을 받았어. 여신들은 서로 자신을 뽑아 달라며 파리스에게 달콤한 약속을 했는데, 파리스는 세상에서 가장 아름다운 여인과 결혼하도록 해 주겠다고 약속한 아프로디테를 뽑았지. 아프로디테가 말한 여인은 제우스의 딸이자 스파르타의 왕비인 헬레네였어. 파리스는 아프로디테의 도움을 받아 헬레네를 납치해 트로이로 돌아왔어.

◀ 〈파리스의 심판〉
파리스가 세상에서 가장 아름다운 여신을 판정하는 장면이야. 1600년대 활동한 화가 루벤스가 그린 작품이지.

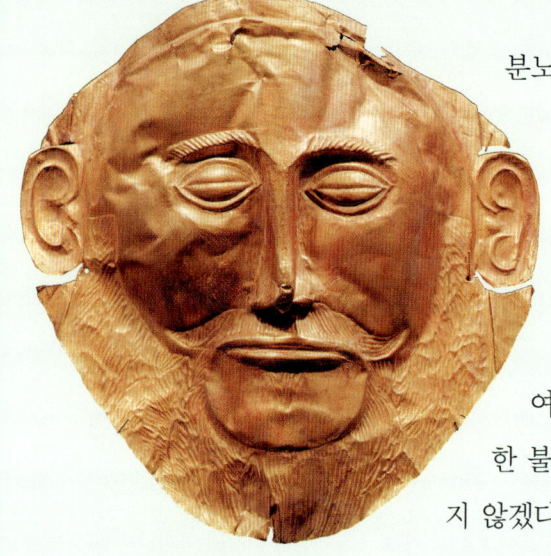

↑ 아가멤논의 황금 가면
황금 가면은 장례 때 시신의 얼굴을 덮는 데 쓰는 것으로, 실제 아가멤논의 것이라는 증거는 없어.

↓ 아킬레우스와 파트로클로스 아킬레우스가 친구 파트로클로스의 상처를 치료해 주고 있어. 그리스 도자기에 그려진 그림이야.

분노한 스파르타의 왕 메넬라오스는 형인 미케네의 아가멤논왕에게 도움을 요청했고, 아가멤논은 그리스 연합군을 구성하고 자신이 총사령관이 되어 트로이로 쳐들어갔어. 그리스 최고의 장수인 아킬레우스를 앞세운 그리스군은 트로이의 동맹군들을 쳐부수며 승승장구했지. 그런데 아킬레우스가 전리품으로 얻은 여인을 아가멤논왕이 가로채면서 두 사람 사이에 심각한 불화가 생기고 말았어. 화가 난 아킬레우스는 더는 싸우지 않겠다며 전장에서 철수해 버렸단다. 이때부터 그리스군은 기세를 잃고 오히려 트로이군에게 역공을 당하는 처지가 되고 말았지. 뒤늦게 아가멤논왕이 아킬레우스를 찾아가 사과하며 전장으로 돌아와 달라고 요청했지만 아킬레우스는 꿈쩍도 하지 않았어. 그런 상황에서 전쟁은 결판이 나지 않고 계속 이어졌지. 세상의 모든 나라가 그리스 편과 트로이 편으로 나뉘고, 신들마저 두 편으로 나뉘었지. 신들은 자기편이 불리하면 어떻게든 도와줬기 때문에 전쟁은 끝날 줄을 몰랐지. 그러던 어느 날이었어. 트로이군이 바닷가에 진을 치고 있는 그리스군을 거세게 몰아붙이기 시작했어. 그리스군의 배 몇 척에는 이미 불이 붙은 상태였지. 전쟁이 시작된 뒤로 그리스군이 맞은 최대의 위기였어. 그리스군의 거듭된 요청에도 아킬레우스가 계속 전투에 나가지 않자, 그리스군은 많은 사상자를 내면서 크게 열세에 몰리게 되었지. 그러자 파트로클로스가 아킬레우스의 갑옷을 입고 전투에 참가하겠다고 했어. 아킬레우스의 용맹을 익히 아는 트로이군이 아킬레우스의 갑옷만 봐도 후퇴할 것이라고 생각한 거야.

아킬레우스는 자신의 둘도 없는 친구의 간절한 부탁을 거절할 수 없어서 자신의 갑옷을 빌려주었어. 대신 아킬레우스는 파트로클로스에게 트로이군이 후퇴해도 뒤쫓지 말라고 신신당부했단다. 하지만 파트로클로스는 아킬레우스의 당부를 잊고 후퇴하는 트로이군을 뒤쫓아 트로이성까지 쳐들어갔고, 그만 트로이의 왕자 헥토르의 창에 찔려 목숨을 잃고 말았어.

친구의 죽음에 분노한 아킬레우스는 복수를 다짐했고, 헥토르와의 일대일 대결에서 승리했지. 아킬레우스는 장례를 지낼 수 있도록 적장의 시신을 돌려주던 관례도 아랑곳하지 않고 헥토르의 시신을 전차에 매단 채 트로이성을 빙빙 돌았어. 신들은 아킬레우스의 행동에 분노했지. 아킬레우스는 신들의 분노를 전하는 어머니 테티스의 간곡한 설득에 못 이겨 헥토르의 시신을 돌려보냈어.

헥토르가 죽은 지 사흘째 되는 날이었어. 형 헥토르의 복수를 다짐하던 파리스는 아폴론 신의 활을 빌려 불사신이던 아킬레우스의 유일한 약점인 발뒤꿈치를 명중시켰어. 흔히 아킬레스건이라고 부르는 곳이지. 그렇게 해서 아킬레우스 역시 목숨을 잃었지.

◆ 〈아킬레우스의 승리〉 아킬레우스가 전차 뒤에 헥토르의 시신을 매달고 트로이성을 돌고 있어.

↑ **트로이 목마** 트로이 사람들이 목마를 성안으로 들이고 있어.

그리스 최고의 장군 아킬레우스를 잃은 그리스군은 심각한 고민에 빠졌지. 그때 그리스의 장군 오디세우스가 한 가지 꾀를 냈어. 바로 '트로이 목마' 아이디어였지. 그리스군은 거대한 목마를 만들어 안에 뛰어난 군사들을 숨겼어. 또 목마에 '그리스군이 철수하면서 아테네 여신에게 바치는 선물'이라 글귀를 새기고, 트로이성 안에 심어 놓은 첩자에게는 목마를 성안으로 들이면 그리스군을 물리칠 수 있다는 헛소문을 퍼뜨리도록 시켰어. 모든 트로이 사람들이 그 말을 믿고 목마를 성안으로 들이려 했지만 오직 한 사람 트로이의 제사장 라오콘이 그리스의 계략이라며 반대했지. 그러자 바다에서 두 마리 뱀이 나타나 라오콘과 그의 두 아들을 칭칭 감아 죽였어. 사람들은 라오콘이 신의 노여움을 산 것이라고 여기고 서둘러 목마를 성안으로 들였대.

트로이 사람들은 승리를 자축하며 밤새 술을 마

↑ **미코노스에서 발견된 토기에 새겨진 목마 그림**
기원전 670년 무렵의 것으로 현재까지 발견된 것 중에서 가장 오래된 트로이 목마 그림이야.

시고 곯아떨어졌어. 그날 밤 목마에 숨어 있던 그리스 군사들이 조용히 목마에서 내려와 성안에 불을 지르고 성문을 열었지. 이미 성 앞에 와 대기하고 있던 그리스군이 일제히 공격해 들어왔어. 10년을 끌었던 트로이 전쟁은 그렇게 트로이의 처참한 패배로 막을 내렸단다.

트로이 전쟁이 전설이 아니라 역사로 밝혀진 것은 하인리히 슐리만이라는 독일인 고고학자 덕분이었어. 어릴 적에 읽은 트로이 이야기를 사실로 굳게 믿은 슐리만은 사업가로 큰돈을 번 뒤 뒤늦게 공부에 몰두했대. 그리스어와 고고학 등 트로이를 찾는 데 필요한 공부였지. 어느 정도 준비가 되자 그는 직접 발굴에 뛰어들었고, 마침내 아나톨리아반도 해안 지역에서 트로이의 유적을 찾아냈어. 그는 늘 《일리아스》를 안내자로 삼아 발굴에 임했는데, 실제로 그가 발굴한 유적은 대부분 거기에 적혀 있는 그대로였어. 트로이 유적에서는 기원전 1250년 무렵 도시가 불탄 흔적까지 확인되었단다.

↑ **하인리히 슐리만** (1822년~1890년) 트로이를 발굴한 독일 고고학자야.

↓ **트로이 유적** 트로이 전쟁이 벌어졌던 시기의 모습이 고스란히 남아 있어.

| 용선생 세계사 카페 |

이스라엘 민족의 영웅 모세 이야기

이집트의 왕자

모세는 기원전 1300년에서 기원전 1200년 사이에 이집트에서 태어났어. 이집트 신왕국의 위대한 파라오인 람세스 2세가 활약하던 때와 얼추 비슷한 시기지. 그런데 불행히도 그때는 이집트에서 헤브라이인에 대한 핍박이 극심할 때였어. 파라오는 헤브라이인 사내아이는 태어나는 즉시 모두 죽이라는 명령까지 내려 놓은 상태였지.

모세의 어머니는 아기 모세를 바구니에 담아 나일강에 떠내려 보내며 누군가가 발견해 키워 주기를 간절히 기도했어. 아기 모세를 태운 바구니는 천천히 나일강을 따라 떠내려갔고, 마침 강변으로 소풍 나온 이집트 공주의 눈에 띄었지. 아들이 없던 공주는 아기 모세를 왕궁으로 데려가 아들로 삼았단다. 모세는 이집트 왕궁에서 귀한 신분으로 부러울 것 없이 살았어. 그런데 마흔 살 되던 해 사건이 벌어졌어. 한 이집트 귀족이 헤브라이인 소년을 매질하는 것을 보고는 분개해 그 이집트 귀족을 죽인 거야. 살인을 저질렀으니 붙잡히면 사형에 처해질 것이 분명했어. 모세는 그길로 멀리 사막으로 도망쳤고, 그곳에서 결혼해 아이들을 낳고 살았어. 모세의 나이 여든이 되던 어느 날 모세 앞에 하느님이 나타났어. 하느님은 모세에게 이집트로 돌아가 동족인 헤브라이인을 구하라고 명령했지.

▼ 나일강에서 아기 모세를 건지는 이집트 공주 1600년대 프랑스 화가 니콜라 푸생의 작품이야.

이스라엘 민족을 이끌고 이집트를 탈출하다

이집트로 돌아간 모세는 파라오에게 이스라엘 백성을 풀어 달라고 간청했어. 하지만 파라오는 거절했지. 그러자 하느님은 미리 경고했던 열 가지의 재앙을 차례로 내렸고, 그제야 파라오도 더는 버티지 못하고 이스라엘 민족이 이집트를 떠나도록 허락했지.

▲ 〈홍해의 기적〉
모세의 인도에 따라 이스라엘 백성들이 바닥이 드러난 홍해를 건너고 있어.

모세는 한시라도 빨리 이집트를 벗어나기 위해 서둘렀어. 언제 파라오의 마음이 변할지 모르기 때문이었지. 아니나 다를까 변심한 파라오가 군대를 보내 모세 일행을 뒤쫓기 시작했어. 모세 일행의 앞에는 홍해 바다가 길을 막고 있었지. 아슬아슬한 위기의 순간 모세의 기도에 하느님이 응답했어. 모세가 지팡이로 바닷물을 치자 홍해 바다가 좌우로 쩍 갈라진 거야. 이스라엘 백성은 갈라진 바다를 무사히 건넜어. 뒤쫓아 온 파라오의 군대는 도로 닫힌 바닷물에 휩쓸리고 말았지.

시나이산에서 십계명을 받다

이집트에서 홍해를 건너면 시나이반도야. 가나안으로 가기 위해서는 꼭 거쳐야 하는 곳이지. 모세는 혼자 시나이산에 올랐어. 하느님으로부터 계시를 받기 위해서였지. 하지만 하느님은 좀체 나타나지 않았어. 산에 오른 지 40일째 되는 날이었어. 어둠 속에서 간절히 기도를 하고 있는데 멀리서 관목 덤불이 불타는 것이 보였어. 이상한 낌새를 느낀 모세가 가까이 다가가자 거기에 하느님의 전령이 서서 손가락으로 한 곳을 가리켰어. 전령이 가리키는 곳에는 글자가 새겨진 반반한 석판 하나가 놓여 있었어.

▲ 십계명이 새겨진 석판을 부수는 모세
1600년대 네덜란드 화가 렘브란트의 그림이야.

① 나 이외의 다른 신을 섬기지 말라.

② 우상을 섬기지 말라.

③ 하느님의 이름을 함부로 부르지 말라.

④ 안식일을 거룩히 지키라.

⑤ 부모를 공경하라.

⑥ 살인하지 말라.

⑦ 간음하지 말라.

⑧ 도둑질하지 말라.

⑨ 이웃에 대하여 거짓 증언을 하지 말라.

⑩ 네 이웃의 재물을 탐하지 말라.

〈유대교 십계명〉

이것이 하느님이 살면서 지키라고 하신 10가지 명령, 즉 십계명이야. 십계명은 유대교뿐 아니라 크리스트교에서도 아주 중요한 계율로 여겨. 그래서 크리스트교가 퍼지면서 서구인들의 도덕 기준으로 자리 잡았지.

모세가 죽고 이스라엘 사람들이 가나안 땅을 밟다

일행을 이끌고 가나안 땅 가까이까지 간 모세는 먼저 12명의 정찰대를 보내 가나안의 형편을 알아 오게 했어. 그들이 돌아와서 이렇게 말했어. "과연 가나안 땅은 기름져 사람이 살기 좋습니다. 그런데 거기에는 무시무시하게 강한 원주민들이 이미 살고 있습니다." 그 말을 듣고 두려움에 사로잡힌 사람들은 이집트로 돌아가자며 모세의 명령을 거역했어. 화가 난 모세는 '너희들은 가나안을 차지할 자격이 없다.'고 꾸짖은 뒤 사람들을 이끌고 사막으로 돌아갔어. 그때부터 이스라엘 사람들은 사막에서 40년 동안 방황했고, 그사이에 이집트를 탈출한 사람들은 모두 죽었지. 모세는 그 자식들을 이끌고 다시 가나안으로 향했어. 멀리 가나안 땅이 내려다보이는 요르단강 언덕에서 모세는 이스라엘 사람들을 불러 모아 놓고 가나안 땅에서 반드시 지켜야 할 법을 전한 뒤 여호수아를 자신의 후계자로 정했어. 모세는 일행에서 벗어나 조용히 느보산으로 올랐어. 눈앞에 신께서 약속한 가나안 땅이 펼쳐져 있었지. 모세는 조용히 눈을 감고 다시는 뜨지 않았어. 모세 나이 120세 때였지.

여호수아의 인도 아래 이스라엘 사람들은 필리스티아 사람들이 차지하고 있는 해안 지역을 피해 가까운 산지에 자리를 잡고, 서서히 힘을 길렀어. 그리고 기원전 1000년 무렵 다윗왕이 다스릴 때 마침내 필리스티아를 제압하고 전성기를 맞게 된단다. 이스라엘 사람들은 3,000년이 지난 지금도 모세를 민족을 구하고, 삶의 터전으로 인도하고, 율법을 전한 영웅으로 존경하지.

그런데 모세가 실제 인물인지, 이집트 탈출 이야기가 실제로 있었던 일인지는 여전히 밝혀지지 않았어. 《구약성서》 말고는 모세와 이집트 탈출 이야기를 뒷받침할 만한 다른 기록이 전혀 없기 때문이지. 심지어 온갖 일들을 꼼꼼히 기록하기로 유명한 이집트 기록에도 한마디 언급이 없어. 그래서 많은 사람들은 이 이야기가 이스라엘 사람들이 지어 낸 건국 신화에 불과하다고 주장해. 하지만 《구약성서》에 서술된 당시의 정세와 지리는 실제와 아주 비슷하다는 것을 근거로 모세와 이집트 탈출 이야기가 실제로 있었던 일이라고 주장하는 사람들도 적지 않단다.

↑ 광야에서 하느님이 내려 준 음식인 만나를 줍는 이스라엘 백성들

3교시

제국의 시대가 열리다

바다사람들의 침략으로 긴 암흑시대에 빠져들었던 서아시아 세계는
기원전 1000년 무렵부터 서서히 잠에서 깨어나기 시작했어.
그리고 아시리아, 바빌로니아, 페르시아가 차례로
서아시아 전체를 아우르는 거대한 제국을 건설하게 되지.
이번 시간에는 이들이 어떻게 다양한 민족과 종교,
문화를 아우르는 제국을 건설했는지,
또 인류에게 어떤 유산을 남겼는지 알아보기로 하자.

기원전 750년 무렵	기원전 671년	기원전 612년	기원전 587년	기원전 550년	기원전 522년
쿠시 왕국, 이집트 정복	신아시리아, 서아시아 통일	신아시리아 멸망, 신바빌로니아의 전성기	유대 왕국 멸망	키루스 2세, 페르시아 제국을 세움	다리우스 1세 즉위, 페르시아의 전성기

역사의 현장 지금은?

페르시아 제국의 후예 이란의 오늘

이란은 사우디아라비아, 이집트와 함께 이슬람권을 대표하는 나라야.

면적은 한반도의 8배쯤 되고, 인구도 8,300만 명이나 되는 큰 나라지. 서방 세계와의 오랜 대립으로 경제 발전이 늦어져 1인당 국민 소득은 5,000달러 정도에 불과해.

남쪽의 자그로스산맥과 북쪽의 엘부르즈산맥으로 둘러싸인 고원 지대에 자리 잡고 있으며, 내륙은 거의 불모의 사막 지대야. 그러나 북쪽에는 푸르른 숲이 우거져 있고, 높은 산봉우리엔 만년설이 쌓여 있지.

국민의 51퍼센트는 페르시아인, 18퍼센트는 튀르키예인, 7퍼센트는 쿠르드인이야. 주로 페르시아어와 페르시아 문자를 사용하지만 튀르키예어와 아랍어를 사용하는 사람들도 있어. 또 국민의 90퍼센트가 소수파인 시아파 이슬람교를 믿는단다.

이란의 수도 테헤란

수도 테헤란은 인구가 800만 명이 넘는 이란 최대 도시야. 뒤로 보이는 엘부르즈산맥은 최고봉인 다마반드산의 높이가 백두산의 2배인 5,670미터나 되는 험난한 산맥이야. 오랜 옛날부터 이 산맥 남쪽을 따라 동서 교역로가 형성되었고, 테헤란은 그 교역로에 자리 잡은 상업 도시였대. 제1차 세계 대전 이후 들어선 팔레비 왕조가 이란의 수도로 정했어.

▲ 테헤란 전경

▲ 카라지강
연간 강수량이 200밀리미터에 불과하지만 엘부르즈산맥에서 흘러내리는 계곡물과 지하수, 서쪽으로 흐르는 카라지강 덕분에 물이 크게 부족하지는 않아.

▲ 아자디 타워
건국 2,500주년을 기념해 건설한 높이 45미터의 탑으로 테헤란의 상징물이야.

페르시아 제국의 후예

페르시아 제국의 후예를 자처하는 이란은 문화적 자부심이 대단히 강해. 그래서 대부분의 이슬람권 나라들이 아랍어를 쓰는 데 비해 이란은 페르시아 문자를 사용하지. 심지어 숫자도 세계 공통인 아라비아 숫자 대신 페르시아 숫자 기호를 사용해.

⬆ 페르시아 숫자

⬅ 페르시아어와 영어로 표기된 도로 표지판

➡ 페르시아 숫자로 쓴 5,000. 하트 모양의 기호는 5, ·은 0을 나타내는 기호야.

일련번호는 194783

⬆ **이란의 5,000 리알 지폐** 페르시아 숫자가 적힌 이란의 지폐야. 지폐 속 인물은 호메이니라는 사람이지.

세계 4위의 산유국

이란은 세계 석유 매장량 4위 국가야. 수출도 세계 10위 안에 드는 대표적인 산유국이야. 그뿐 아니라 가스 매장량도 엄청나지. 당연히 석유 산업은 이란 경제에서 절대적인 비중을 차지하고 있어. 이란은 앞으로 석유 수출과 생산을 더욱 늘려 그 자금으로 경제를 발전시킬 계획이야.

↑ 이란의 정유 공장

➔ 10년 동안이나 지속된 가뭄으로 말라 죽은 과수원의 나무들

최근 이란은 가뭄과 그에 따른 사막화로 큰 고통을 겪고 있어. 물 부족으로 농사를 짓지 못하는 땅이 늘어나 식량과 과일 생산이 급감했거든. 그래서 지금은 필요한 식량 대부분을 수입해 온단다.

혁명으로 탄생한 나라

현재의 이란 공화국은 1979년 종교 지도자인 호메이니가 혁명을 일으켜 팔레비 왕조를 무너뜨리고 세운 나라야.

호메이니와 그 지지자들은 서방 세력이 이란의 석유 자원을 빼앗아 가고 팔레비 왕조가 그 꼭두각시 노릇을 하며 권력을 유지하고 있다고 생각했거든. 혁명 이후 서방 세력을 대표하는 미국과 긴장 관계가 이어지고 있어. 특히 핵무기 개발을 둘러싸고 미국의 제재로 경제적으로도 힘든 상황을 겪기도 했어.

▼ 1979년 이란 혁명 당시 거리를 가득 메운 군중들

↑ 잠카란 사원

이란은 대표적인 시아파 이슬람 국가야. 그래서 사우디아라비아를 비롯해 수니파가 다수인 아랍권 국가들과 그다지 사이가 좋지 않단다. 사진은 시아파 이슬람교의 성지인 잠카란 사원이야.

↑ 이란 혁명의 주역 호메이니

최초로 서아시아를 통일한 신아시리아 제국

↑ **반란을 일으킨 엘람을 파괴하는 아시리아군**
위는 도시를 파괴하는 모습, 아래는 농사를 짓지 못하도록 소금을 뿌리는 모습이야.

"얘들아, 혹시 전에 서아시아 세계에 대해 배운 거 기억나니?"

용선생의 질문에 나선애가 얼른 노트를 뒤적였다.

"4개의 강대국인 히타이트, 아시리아, 바빌로니아, 이집트가 싸우기도 하고 교류도 하다가 바다사람들이 쳐들어오면서 암흑시대가 시작됐다고 하셨어요. 기원전 1200년쯤 말이죠."

"그래. 교역로가 끊기고 번성했던 도시들이 폐허로 변했지. 근데 이 암흑시대의 혼란을 뚫고 부활의 신호탄을 쏘아 올린 나라가 있었으니, 바로 아시리아야."

"엥? 아시리아도 망했다고 하셨잖아요."

왕수재의 말에 용선생이 고개를 끄덕였다.

"그래, 망했었지. 지금 말하는 아시리아는 새로운 아시리아야. 그래서 신아시리아라고도 부르지. 아시리아는 기원전 859년 무렵부터 점차 세력을 넓혀 기원전 700년쯤에는 서아시아 최강국으로 우뚝 서게 된단다. 지도를 한번 볼까?"

"우아, 저게 다 아시리아 땅이라고요?"

"그렇단다. 아시리아는 역사상 처음으로 이집트와 바빌로니아를 동시에 지배한 대제국이었단다. 서아시아 최초의 통일 제국이지."

"근데 아시리아는 어떻게 갑자기 그렇게 강해진 거죠?"

"신아시리아 제국을 만들어 낸 일등 공신은 10만 명이 넘는 상비군이었어. 평소에 말타기, 활쏘기 같은 군사 훈련을 받다가 왕의 명령이 떨어지면 즉각 전쟁터로 출동할 수 있었지. 전쟁이 터지면 제대로 훈련도 받지 못한 농민들을 끌어 모아 군대를 급조해 싸우던 다른 나라들과는 차원이 달랐지. 또 하나는 직접 말을 타고 싸우는 아시리아의 기병이었어."

"어? 기병은 다른 나라에도 있지 않나요?"

"아직 다른 나라에서는 말이 끄는 전차를 타고 싸웠지. 하지만 아시리아의 기병은 서아시아에서 최초로 직접 말 등에 올라타 활을 쏘고 창을 휘둘렀어. 이렇게 하면 전차보다 훨씬 더 빠르기 때문에 눈 깜짝할 사이에 적진

곽두기의 국어 사전

상비군 항상 상(常) 갖출 비(備) 군사 군(軍). 항상 준비가 갖추어져 있는 군대. 언제든지 출동할 수 있도록 늘 한곳에 머물며 훈련을 하는 군대야.

↑ **서아시아를 제패한 아시리아**
아시리아는 막강한 군사력을 앞세워 최초로 서아시아를 통일하고 대제국을 건설했어.

➜ **성을 공격하는 아시리아 군대** 아시리아인들이 성을 공격하는 모습이야. 움직이는 공성탑 위에 궁병들이 올라가서, 높은 곳에서 활을 쏴 성안의 적을 곤경에 빠트린 사이 공성추로 성벽이나 성문을 부수었지. 때로는 성벽 아래로 땅굴을 파서 성벽을 무너뜨리는 방법을 쓰기도 했대.

나선애의 세계사 사전

공성추 단단한 통나무나 쇳덩이를 이용해 성벽이나 성문을 때려 부수는 장비야.

곽두기의 국어 사전

궁병 활 궁(弓) 병사 병(兵). 활을 쏘는 병사야.

을 쑥대밭으로 만들 수 있었지."

"그럼, 적들이 그냥 성안에서 버티면 어떻게 해요?"

"그래서 아시리아 사람들은 성안에서 버티는 적을 공격할 장비도 개발했단다. 커다란 돌덩이를 날려서 성벽을 파괴하는 투석기나, 단단한 통나무나 쇳덩이를 이용해 성문과 성벽을 부수는 공성추, 궁병이 올라가 성안으로 화살을 날릴 수 있는 이동식 공성탑 등이지. 거기에 아시리아 병사는 가벼우면서도 날카로운 철제 무기까지 갖추고 있었어."

"크~. 상비군에 말을 직접 타고 싸우는 기병대와 각종 공성 무기들, 거기에 철제 무기까지……. 정말 무시무시했겠어요."

"근데 제 생각엔 군대만 강하다고 제국을 건설할 수는 없을 것 같아요. 당장은 무릎을 꿇더라도 틈만 나면 반란을 일으킬

수 있잖아요."

나선애의 말에 용선생도 고개를 끄덕였다.

"그래서 아시리아는 아예 반란을 일으킬 생각도 하지 못하도록 무시무시한 공포 정치를 폈단다. 아시리아의 왕은 해마다 군대를 이끌고 주변 나라들을 돌며 조공을 바치도록 했는데, 조금이라도 저항하면 무자비한 약탈과 살육을 저질렀어. 정복한 민족들을 사방으로 뿔뿔이 흩어 버리고, 곳곳에 감시자를 보내 혹여 반란을 일으킬 낌새가 없는지 감시하도록 했어. 그러다 뭔가 낌새가 보이면 모조리 붙잡아와 잔혹한 방법으로 씨를 말려 버렸어. 서아시아 사람들에게 아시리아는 그야말로 공포 그 자체였던 거야."

"아휴, 듣기만 해도 오싹해요. 만날 누가 감시하고, 조금 이상하다 싶으면 군대가 와서 사람들을 마구 죽이고……."

허영심이 눈살을 찌푸리며 중얼거렸다.

"흐흐, 그래. 하지만 이런 식의 공포 정치가 오래갈 수는 없었어. 참다못한 여러 민족들이 반란을 끊임없이 일으켰거든. 아시리아는 군대를 보내 반란을 일으킨 도시를 무시무시하게 응징했지. 하지만

제국의 시대가 열리다

▲ 니네베의 네르갈 문
니네베의 도서관에서 《길가메시 서사시》를 비롯한 2만여 점의 점토판이 발견되었어.

그럴수록 반란 세력은 점점 더 불어났어. 결국 기원전 612년, 아시리아는 반란군에 멸망당하고 만단다. 서아시아를 통일한 지 겨우 60년 만이었지."

"제가 그럴 줄 알았어요. 사람들을 그렇게 괴롭히는 나라가 오래갈 리가 없죠."

"근데, 얘들아. 놀랍게도 아시리아는 이 당시 세계에서 가장 큰 도서관을 지은 나라이기도 해. 신아시리아 제국의 전성기를 이끌었던 아슈르바니팔왕은 수도인 니네베에 커다란 도서관을 짓고 거기에 메소포타미아의 역사와 신화를 기록한 점토판을 수집해 보관하도록 했거든. 오늘날 우리가 메소포타미아의 역사를 자세히 알 수 있는 것도 이 니네베 도서관 유적에서 2만 점이 넘는 점토판이 발견된 덕분이란다. 《길가메시 서사시》가 적힌 점토판도 바로 이곳에서 발굴됐고, 수메르어와 아카드어 사전도 발견되었지."

▼ 니네베 상상화 니네베는 신아시리아 제국 말기의 수도였어. 이곳에서 쏟아져 나온 2만 7천 점의 점토판 덕분에 서아시아의 고대 역사를 자세히 알 수 있게 되었지.

◆ 아슈르바니팔왕
신아시리아 제국의 전성기를 연 왕이야. 최초로 서아시아에서 체계적으로 서적을 갖춘 도서관을 세웠지.

곽두기가 고개를 갸웃거리며 중얼거렸다.

"그냥 포악한 사람들인 줄만 알았는데, 꼭 그런 것도 아니네."

 용선생의 핵심 정리

기원전 700년 무렵, 신아시리아 제국이 서아시아를 통일하고 공포 정치를 폄. 기원전 612년, 반란군에게 멸망당함.

신아시리아 제국 멸망 이후의 서아시아 세계

"선생님, 그런데 그렇게 막강했던 아시리아군을 물리칠 정도면 보통 반란군은 아닐 것 같은데, 대체 어디서 온 사람들이죠?"

장하다가 손을 번쩍 들고 질문을 던졌다.

제국의 시대가 열리다 **133**

→ 신아시리아 제국 멸망 이후 서아시아

"좋은 질문이다. 아시리아를 멸망시킨 반란군은 바빌로니아와 메디아 연합군이었대."

"메디아? 그건 처음 듣는 나라인데요?"

"메디아는 카스피해 북쪽에서 메소포타미아 동쪽의 이란고원으로 이주해 온 인도·유럽계 민족이 세운 나라야. 크게 보면 지금 이란 사람들의 먼 조상이지. 이들은 기원전 700년 무렵부터 빠른 속도로 세력을 키워 불과 수십 년 만에 이란고원 전체와 중앙아시아를 아우르는 거대한 나라가 되었어. 그러자 아시리아의 지배에서 벗어날 기회를 노리고 있던 바빌로니아가 메디아에 함께 손잡고 아시리아를 무너뜨리자고 제안한 거야. 아시리아의 땅과 재물을 노리던 메디아도 흔쾌히 그 제안을 받아들였어. 이미 끊임없는 반란에 시달려 온 아시리아는 결국 이 두 나라의 공격을 받고 멸망하고 말았지. 그리고 서아시아의 주도권은 전통의 강자인 바빌로니아와 신흥 강자인 메디아로 넘어가게 돼."

"이야, 바빌로니아도 참 끈질기군요."

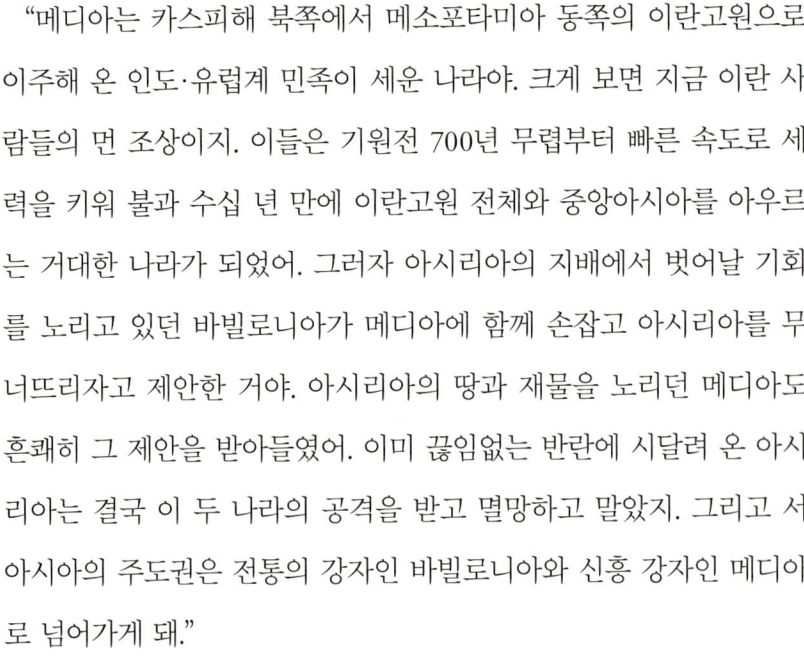

"그렇단다. 옛날 함무라비왕의 바빌로니아와 구분하기 위해 이때 부활한 바빌로니아를 신바빌로니아라고 부르기도 한단다. 바빌로니아는 아시리아가 차지하고 있던 넓은 땅을 고스란히 물려받아 순식간에 대제국으로 발돋움했지. 한편 메디아는 아나톨리아반도 쪽으로 계속 세력을 넓혀 가다가 먼저 그곳에 자리 잡고 있던 리디아와 맞닥뜨리게 돼."

"리디아요?"

"응. 아나톨리아반도 서부에서 중계 무역으로 번영을 누리던 나라야. 세계 최초로 금화와 은화를 만든 나라로 유명하지. 리디아는 풍부한 경제력을 이용해 함부로 깔볼 수 없는 막강한 군사력을 갖추고 있었어."

▲ 리디아의 금화
서아시아와 지중해에서 널리 사용되었어.

설명을 듣던 나선애가 차분히 되짚었다.

"그러니까 아시리아가 멸망한 뒤 바빌로니아, 메디아, 리디아, 이렇게 세 나라가 팽팽하게 맞섰던 거군요."

"그렇지. 또 하나의 주요 세력은 이집트야."

"아, 그러고 보니 신왕국 때부터 이집트가 서아시아로 진출했었지!"

"그래. 하지만 이 무렵 이집트는 예전 같지는 않았어. 기원전 750년 무렵부터 쿠시 왕국의 지배를 받아 쿠시 왕국의 왕이 이집트 파라오를 겸하고 있었거든."

"한 수 아래로 보던 누비아에게 당한 셈이군요."

"그렇단다. 하지만 얼마 안 가 이번에는 아시리아

용선생의 세계사 돋보기

쿠시 왕국은 기원전 1000년쯤 이집트 남쪽의 누비아인이 세운 나라야.

◀ 이집트를 지배한 쿠시 왕국의 파라오 아시리아의 침략에 맞서 싸웠던 쿠시 출신의 흑인 파라오. 두꺼운 입술과 움푹 들어간 눈두덩으로 미루어 흑인임을 알 수 있어.

제국의 시대가 열리다 **135**

의 지배를 받게 된단다. 아시리아의 팽창을 저지하려고 이스라엘 왕국과 동맹을 맺는 등 갖은 애를 썼지만 실패하고 말았지. 이스라엘 왕국의 반란을 진압한 아시리아 군대가 곧장 아프리카까지 쳐들어와 이집트를 한입에 집어삼킨 거야."

"에구구, 이제 보니 이집트도 사연이 많았네요."

"여기서 끝이 아니야. 신아시리아 제국이 멸망한 뒤에는 바빌로니아와 싸우게 되거든. 이집트는 이번에도 헤브라이 민족과 동맹을 맺고 바빌로니아를 막아 보려고 했지만 역시 실패했어."

"이집트가 완전 동네북이 됐네요, 동네북."

"하지만 이런 상황이 이집트 사람들에게 꼭 나쁜 것만은 아니었어. 우선 쿠시 왕국의 지배에서 벗어났고, 교역이 활발해지면서 경제적으로도 활기를 되찾았기 때문이지. 게다가 나일강의 강물이 불어나 농사도 계속 풍년이 들었어. 옛날 전성기 때와 비교할 수는 없지만 바다사람들의 침략 이후 오랫동안 계속됐던 혼란에서 벗어나 차츰 안정을 찾아갔던 거지."

"휴~, 그나마 다행이네요."

아이들이 고개를 끄덕이자 용선생은 지도를 바라보며 말을 이어 나갔다.

용선생의 핵심 정리

신아시리아 제국 멸망 후 신바빌로니아가 신아시리아 제국의 자리를 이어받음. 한편 이란고원의 메디아는 아나톨리아반도까지 진출하여 리디아와 맞닥뜨림.

신아시리아 제국의 공포 정치를 대물림한 신바빌로니아 제국

"그런데 이 네 나라 중에서 최강국은 단연 신바빌로니아 제국이었어. 바빌로니아는 오랫동안 문화와 역사의 중심지였던 메소포타미아와 동지중해 해안 지역을 차지해. 먼 옛날 함무라비왕 시절 이후 1,200년 만에 다시 한번 전성기를 맞이한 거지."

"1,200년 만에 완벽하게 부활한 거군요."

나선애가 팔짱을 낀 채 중얼거리듯 말했다.

▲ 신바빌로니아 제국

▼ **바빌론 복원도** 유적과 기록을 바탕으로 컴퓨터로 복원한 바빌론의 모습이야. 정말 거대한 도시지? 뒤쪽의 높다란 지구라트가 그 유명한 바벨탑, 다리를 건너 도시로 들어가는 입구에 설치된 파란색 문이 이슈타르의 문이지.

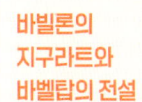 

바빌론의 지구라트와 바벨탑의 전설

"그런데 말이야, 신바빌로니아 제국은 신아시리아 제국의 공포 정치와 철저한 감시 제도를 그대로 따라 했어. 저항하면 무자비한 약탈과 살육으로 응징하고, 반란을 일으킬 우려가 있는 민족은 사방으로 흩어 버렸지. 바빌로니아에 격렬하게 저항했던 유대인들을 바빌론으로 끌고 간 것도 그 때문이야."

"자기들도 아시리아한테 그렇게 당했으면서 그걸 그대로 따라하다니, 쩝."

"어쨌든 아시리아가 쓴 방법이 제국을 다스리는 데 효과적이었기 때문이지. 덕분에 바빌로니아도 역사상 최고의 전성기를 누렸지. 바빌로니아의 전성기를 이끌었던 네부카드네자르 2세는 웅장한 바빌론 도성을 새로 건설했어. 도시를 빙 둘러 해자를 두르고, 해자 안쪽

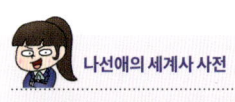

나선애의 세계사 사전

해자 적의 침입을 막기 위해 성 밖을 둘러 파서 못으로 만든 곳이야. 보통 강물을 끌어들여 채워.

바빌론 유수(幽囚)

기원전 587년, 유대 왕국은 이집트의 지원을 받아 바빌로니아에 맞섰다가 멸망당하고 말았어. 이때 유대인들은 바빌론에 포로로 끌려가 50년 동안 고난을 겪는데, 이 사건은 《구약성서》에도 잘 기록되어 있지. 유대인들은 약 50년 후 페르시아의 키루스 대왕에 의해 바빌론에서 풀려나 고향으로 돌아갔어. 그런데 이때 유대인 포로들 가운데는 고향으로 돌아가지 않고 바빌론에 눌러앉은 사람들도 꽤 많았대. 그사이에 상인이나 고리대금업자로 성공을 거둬 바빌론을 떠날 수가 없었기 때문이지. 낯선 땅에서 상업과 금융업으로 자리를 잡아 가는 유대인들의 전통은 이때부터 시작되었대.

↑ 바빌론으로 끌려가는 유대인들

으로 높다란 성벽을 쌓았지. 성벽이 어찌나 두툼했는지 성벽 위로 마차 2대가 교차해 달릴 만큼 넓은 길이 나 있었단다. 도시 안으로도 바둑판 모양으로 반듯반듯하게 운하를 판 뒤 티그리스강과 연결해 도시 사람들에게 물을 공급하고, 운하를 이용해 물자를 쉽게 운송할 수 있도록 했지."

"저렇게 큰 도시라면 사람도 많이 살았겠네요?"

"전성기의 바빌론은 인구가 20만 명이 넘는 세계에서 가장 크고 가장 부유한 도시였어. 그러다 보니 서아시아는 물론 이집트와 그리스, 심지어 인도에서까지 상인들이 온갖 진귀한 물품들을 싣고 바빌론으로 몰려들었어. 그야말로 세계 제일의 국제도시였지. 그뿐만이 아니었어. 네부카드네자르 2세는 바빌론에 누구도 따라 할 수 없는 높고 화려한 건축물을 지어 세상 사람들의 기를 꺾어 놓으려고 했어."

"도대체 어떤 건축물인데, 건축물로 세상 사람들의 기를 꺾어요?"

"흠~, 하나씩 살펴볼까. 자, 첫 번째는 공중 정원!"

"공중 정원? 정원이 공중에 떠 있었다는 말씀이에요?"

장하다가 눈을 동그랗게 뜨며 물었다.

"흐흐. 정확히 말하자면 높이가 30미터쯤 되는 거대한 건물이야. 외국에서 수입해 온 온갖 화초와 나무들을 심어 정원을 꾸몄지. 평평한 평야 위로 싱그러운 녹색의 숲이 우

↓ 공중 정원
네부카드네자르 2세는 메디아 공주였던 왕비를 위해 공중 정원을 지어 고향을 그리는 마음을 위로해 주었대.

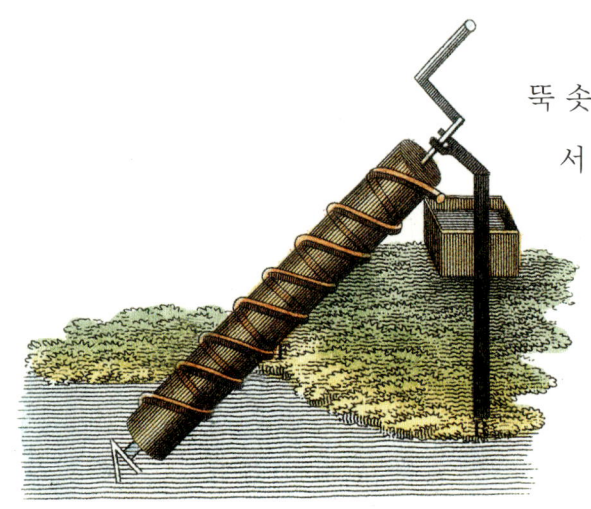

▲ 나사 모양의 수동 펌프

뚝 솟아 있으니 마치 하늘에 떠 있는 것처럼 보여서 공중 정원이라고 불렀대."

"바빌론은 비도 많이 안 오는 곳이잖아요? 나무에 물은 어떻게 줘요?"

"그게 제일 큰 수수께끼란다. 거대한 나사처럼 생긴 수동 펌프를 돌려서 물을 끌어 올렸을 것으로 추측하지만 확실하지는 않거든. 자, 두 번째는 바벨탑……."

"바벨탑? 성서에 나오는 바벨탑 말씀인가요?"

아는 이름이 나오자 두기가 혹시나 하며 되물었다.

"응, 바로 그 바벨탑이야. 바빌론의 수호신인 마르두크를 모시는 거대한 지구라트로 가로세로 각각 90미터, 높이가 98미터쯤 됐지."

"90미터? 우아!"

용선생의 말에 장하다가 깜짝 놀랐다.

"그래, 오늘날로 치자면 거의 30층 빌딩 높이에 해당하지. 바빌론에서 한창 지구라트를 짓고 있을 때 수많은 유대인들이 바빌론에 포로로 끌려왔어. 유대인들은 다양한 민족들이 모여 사는 바빌론의 거대한 지구라트를 보고 충격을 받아 바벨탑 이야기를 지어냈고, 훗날 그 이야기가 성서에 기록되어 오늘날까지 전해졌지. 마지막은 이슈타르 문이야."

"이슈타르? 이슈타르가 뭐데요?"

"이슈타르는 아름다움과 풍요를 상징하는 여신이야. 네부카드네자르 2세는 바빌론 도성의 출입구에 14미터 높이의 웅장한 문을 만들

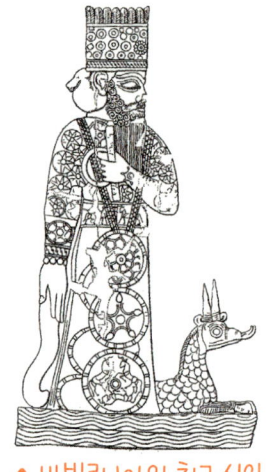

▲ 바빌로니아의 최고 신인 마르두크 신
바빌로니아의 수호신이었다가 메소포타미아 전체의 주신이 되었어.

고, 이 여신의 이름을 따서 이슈타르 문이라고 이름을 붙였어. 이슈타르 문과 이 문으로 이어지는 길의 벽면에는 온통 값비싼 푸른색 타일을 붙였고, 그 위에 사자와 오록스, 그 밖에 온갖 상상 속의 동물들을 새겨 놓았지. 아마 바빌론을 방문한 사람이라면 도성으로 향하는 첫걸음부터 그 거대하고 화려한 모습에 넋을 잃고 잔뜩 주눅이 들었을 거야."

"휴~. 이제 바빌론이 얼마나 부유했는지, 바빌로니아 제국이 얼마나 대단한 나라였는지 좀 알 것 같아요."

"하지만 바빌로니아의 영광은 그리 오래가지 못했어. 아시리아의 정책을 고스란히 물려받은 바빌로니아 제국은 아시리아가 멸망해 간 길조차 그대로 따라갔거든. 지나친 공포 정치로 말미암아 나라 안팎에서 반란과 전쟁이 끊이지 않았고, 거기에 전염병과 가뭄까지 겹치자 순식간에 몰락하고 말았지. 바빌로니아가 영광을 누린 시기는

제국의 시대가 열리다

70년도 채 되지 않는단다."

"그럴 줄 알았어요. 사람들을 괴롭히는 나라가 오래갈 리가 없죠."

"흐흐. 그 말이 맞다. 바빌로니아를 몰락시킨 건 메디아 출신의 정복자였어. 이 정복자는 곧 아시리아와 바빌로니아의 뒤를 이어서 서아시아를 호령하는 대제국을 건설했지만 이 정복자는 앞선 제국들과는 180도 다른 정책을 편 덕분에 오늘날까지도 위대한 왕으로 칭송을 받는단다. 이 정복자의 이름은 키루스, 그가 세운 나라는 페르시아였어."

> **용선생의 핵심 정리**
>
> 신바빌로니아가 신아시리아 제국의 공포 정치를 그대로 따라 하고, 네부카드네자르 2세가 공중 정원으로 유명한 바빌론 도성을 건설함.

↑ **오록스** 서아시아의 야생 들소로 못 말리게 사나웠대.

↑ **무슈후슈** 바빌로니아의 용으로, 뱀의 머리와 몸통, 사자의 앞발, 독수리의 발톱을 가진 상상 속의 동물이야.

↓ 이슈타르 문 복원도

↑ 이슈타르 문의 사자

키루스 대왕, 칼과 관용으로
페르시아 제국을 건설하다

"페르시아? 어디서 들어 본 이름인데?"

"그렇지? 사실 오늘날의 이란이 바로 페르시아의 후예란다. 페르시아에서 이란으로 나라 이름을 바꾼 게 100년 전이거든. 키루스가 처음 나라를 세운 뒤 페르시아는 언제나 서아시아 강국의 자리를 굳게 지켰어. 더러 외세의 침략을 받아 무너지기도 했지만 그때마다 불사신처럼 되살아나곤 했지."

"그렇게 대단한 나라가 어디서 갑자기 나타난 거죠?"

장하다의 질문에 용선생은 모니터에 지도 한 장을 띄운 뒤 손가락으로 남쪽의 험준해 보이는 산지를 짚었다.

"바로 여기 파르스란 곳이야. 파르스는 신아시리아 제국의 지배를 받았고, 아시리아가 멸망한 뒤로는 메디아의 지배를 받았어. 키루스는 원래 파르스의 왕이었는데, 메디아의 내분을 이용해 오히려 메디아를 정복해 버렸지. 페르시아는 바로 파르스와 메디아가 합쳐진 나라로, 파르스인의 나라라는 뜻이야."

"아하, 그러니까 파르스와 메디아가 합쳐져서 페르시아가 된 거군요."

"그렇단다. 그 뒤 키루스 대왕은 약 20년에 걸쳐서 리디아와 바빌로니아를 차례로 정복했고, 중앙아시아까지 정복해 나갔어. 서쪽으로는 지중해, 북쪽으로

용선생의 세계사 돋보기

파르스는 고원 남동부의 지명이자, 그곳 사람들을 가리키는 이름이야. 파르스인 역시 메디아인과 마찬가지로 인도·유럽계의 유목민이야.

↑ 메디아와 파르스 메디아는 이란고원의 북서쪽, 파르스는 남동쪽에 자리 잡고 있었어.

제국의 시대가 열리다 143

캅카스산맥 카스피해와 흑해 사이에 있어. 만년설을 이고 있는 해발 5,000미터 이상의 높은 봉우리들이 즐비한 험준한 산맥이지. 이 산맥을 중심으로 조지아, 아제르바이잔, 아르메니아, 터키, 러시아 등이 서로 등을 맞대고 살아.

는 캅카스산맥, 동쪽으로는 인더스강에 이르는 모든 땅이 키루스의 지배 아래 놓이게 되었지. 그야말로 거대한 제국을 건설한 거지."

"와, 갑자기 그렇게 강한 나라가 되다니 무슨 비결이라도 있었나요?"

"있었지. 첫 번째 비결은 역시 군사력이야. 페르시아도 아시리아처럼 항상 전술 연구를 게을리하지 않는 나라였거든. 대표적인 예가 바로 리디아와의 전쟁 때 등장한 낙타 기병이지. 리디아는 원래 막강한 기병으로 이름이 높았는데, 키루스 대왕은 낙타 기병으로 리디아의 기병 부대를 손쉽게 무찔렀단다."

"낙타가 말보다 빨라요?"

▲ **키루스 대왕**
서아시아와 중앙아시아를 정복해 페르시아 대제국을 건설했어. 아시리아나 바빌로니아와 달리 관용 정책을 편 것으로 유명해.

아이들이 아리송한 표정으로 묻자 용선생은 고개를 좌우로 흔들었다.

"그건 아니야. 다만 말들은 낙타가 내뿜는 특유의 냄새를 싫어한대. 그래서 페르시아의 낙타 기병들이 들이닥치자 리디아의 말들이 뒷걸음질을 쳤고, 그 바람에 페르시아가 전쟁에서 승리할 수 있었지."

"히야, 동물들의 성질까지 전쟁에 이용하다니, 대단하다!"

"여기에 불사신이라고 불리는 무적의 보병 부대도 빼

불사신 아니 불(不), 죽을 사(死), 몸 신(身). 죽지 않는 몸이란 뜻이야.

◀ **리디아의 왕 크로이소스를 붙잡은 키루스**
키루스는 전쟁에서 진 크로이소스를 극진히 대하며 평생 조언자로 삼았어.

놓을 수 없어. 불사신 부대는 파르스, 엘람, 메디아인으로만 구성된 최정예 보병 부대였어. 정원이 딱 1만 명인데, 전사자가 생기면 곧바로 채워 넣어 언제나 1만 명을 유지했지. 그래서 절대로 죽지 않는 부대라는 뜻으로 불사신 부대라고 불렀던 거야. 불사신 부대는 상비군으로 명령이 떨어지면 출동할 수 있는 만반의 준비를 갖추고 있었지."

"결국 페르시아 역시 막강한 군사력을 갖추고 있었던 거군요."

"그렇지. 하지만 키루스 대왕에게는 아시리아와 바빌로니아 제국에는 없었던, 군대보다 더 강력한 무기가 있었어. 그건 바로 정복한 민족의 관습과 종교를 인정해 주는 관용 정책이었지."

> **곽두기의 국어사전**
>
> **관용** 너그러울 관(寬), 용서할 용(容). 남의 생각이나 잘못을 너그럽게 용서하고 인정해 주는 태도야.

"에이, 선생님도. 그렇게 무시무시한 공포 정치를 펴도 반란을 일으키는데 관용 정책을 펴면 당장 반란이 일어날 텐데요."

"하하, 그렇지 않단다. 페르시아의 막강한 군대가 안전하게 지켜 주고 종교와 관습까지 인정해 주는데 굳이 반란을 일으킬 이유가 없잖아. 그래서 그동안 강압적이고 폭력적인 지배에 지친 서아시아의 여러 민족들은 오히려 키루스 대왕을 두 팔 벌려 환영했단다. 심지어 바빌론 사람들도 성문을 활짝 열고 키루스 대왕을 맞이했대."

▶ **페르시아의 궁전 벽에 새겨진 불사신 부대** 평상시에는 창과 활로 무장한 채 제복 차림으로 궁전의 경비를 서고, 전쟁이 나면 갑옷과 방패로 무장하고 전장에 나섰어.

➡ **키루스 대왕의 원통형 인장** (22.5cm×10cm)
세계 최초의 인권 선언문으로 불리기도 해. 키루스 대왕이 바빌로니아를 정복한 뒤 바빌로니아의 강압 통치로 고통을 겪은 사람들에게 자유와 행복을 주었다는 내용을 찰흙판에 새겨 원통으로 말아 보관했어.

곽두기의 국어 사전

신상 귀신 신(神) 모양 상(像). 신의 모습을 새긴 조각상을 말해.

"히야, 그 정도면 진짜 관용 정책이 칼보다 더 강한 무기였다고 볼 수 있겠는걸요."

"키루스 대왕이 바빌로니아를 정복했을 때 바빌론의 창고에는 서아시아 곳곳에서 빼앗아 온 신상들이 가득 쌓여 있었어. 그때만 해도 정복의 징표로 정복한 도시의 수호신 신상을 빼앗아 오는 게 일종

의 관습이었거든. 또 수호신 신상을 빼앗긴 도시는 자기 도시에서 제사를 지내지 못하고 바빌론까지 와서 제사를 지내야 했지. 키루스 대왕은 이 신상들을 원래의 주인에게 모두 돌려주고, 제사를 지내는 것도 허락해 줬어. 그뿐만 아니라 포로로 끌려온 사람들이나 강제로 고향을 떠나야 했던 사람들을 모두 고향으로 돌아갈 수 있게 해 주었어. 바빌론에 끌려와 포로 생활을 하던 유대인들도 마침내 고향으로 돌아갈 수 있게 되었지."

▲ 키루스 대왕을 만난 유대인들 키루스 대왕은 유대인들이 고향으로 돌아가 새로운 성전을 짓고 하느님에게 예배를 드릴 수 있도록 허락했지.

"어머, 어머! 키루스 대왕님, 너무 멋져요!"

허영심이 오랜만에 감탄사를 연발했다.

"그래, 유대인들도 키루스 대왕을 구세주라 부를 정도로 감격했지. 또 그동안 아시리아와 바빌로니아 제국의 압제에 시달렸던 모든 민족들이 키루스 대왕에게 찬사를 보냈어. 훗날 세계를 정복한 알렉산드로스 대왕도 키루스를 존경해 그의 무덤까지 찾아갔다는 이야기가 전해 온단다."

 **용선생의 핵심 정리**

기원전 550년, 키루스가 메디아 왕위를 차지하고 페르시아 제국을 세움. 리디아, 바빌로니아를 정복한 뒤 유대인들을 고향으로 돌려보내고 관용 정책을 폄.

제국의 시대가 열리다 **147**

다리우스 대왕이
페르시아 제국의 전성기를 열다

"하지만 키루스 대왕이 세상을 떠난 뒤 페르시아는 조금씩 삐그덕거리기 시작했단다."

"엥, 왜요?"

곽두기의 국어 사전

서슬 쇠붙이나 유리 조각의 날카로운 부분을 뜻하는 말로 강하고 날카로운 기세를 가리켜.

"페르시아에는 한 가지 골칫거리가 있었거든. 바로 옛날 메디아의 사제들이었어. 키루스 대왕의 서슬에 숨죽이고 있던 사제들이 키루스 대왕이 죽고 나자 슬슬 고개를 들기 시작한 거야. 사제들은 새로운 왕이 이집트로 원정을 떠난 틈을 노려 반란을 일으켰어. 설상가상으로 소식을 듣고 급히 돌아오던 왕이 중간에 사고로 죽고 말았지."

"어떻게 세운 나라인데, 도둑놈들 같으니라고."

장하다가 주먹을 불끈 쥐며 씩씩거렸다.

"하하, 너무 걱정 마. 어지러운 시대에 영웅이 등장하는 법이잖아."

곽두기의 국어 사전

난세 어지러울 난(亂) 인간 세(世), 즉 어지러운 세상이라는 뜻이야.

"헤헤, 그런 걸 난세의 영웅이라고 하죠. 그런데 그 영웅은 누군데요?"

"다리우스! 다리우스는 키루스 대왕의 사위로 불사신 부대 대장이었어. 이집트에서 돌아온 다리

▶ **다리우스 1세**
키루스 대왕의 관용 정신을 계승해 페르시아 제국의 전성기를 열었어.

우스는 사제들의 반란을 진압한 뒤 페르시아 제국의 왕이 되었단다. 다리우스는 이참에 사제들의 세력을 아예 뿌리 뽑기로 했지."

"어, 어떻게요? 설마 공포 정치로 돌아가는 건 아니겠죠?"

곽두기가 걱정스레 묻자, 용선생이 고개를 가로저었다.

"당연히 아니지. 다리우스 대왕은 뜻밖의 해결책을 들고 나왔어. 바로 조로아스터교라는 새로운 종교를 받아들이기로 한 거야."

"조로아스터교? 그건 무슨 종교죠?"

"조로아스터교는 이란고원에서 활동했던 조로아스터라는 사람이 창시한 유일신 종교란다. 자연히 메소포타미아보다 파르스 같은 이란고원 쪽에 먼저 퍼졌지. 메소포타미아의 신들은 보통 폭풍의 신, 불의 신, 물의 신 등 눈에 보이는 자연을 대표하는 신이었어. 그런데 조로아스터교에서 섬기는 아후라 마즈다 신은 눈에 보이는 자연물을 대표하는 신이 아니라 우주를 창조하고 다스리는 오직 하나뿐인 최고의 신이었단다."

용선생의 말에 나선애가 고개를 갸우뚱했다.

"근데 조로아스터교가 어떻게 해결책이 되는데요?"

"다리우스 대왕은 조로아스터교를 받아들이기로 하고 곳곳에 조로아스터교 사원을 짓는 등 적극적으로 지원했어. 그리고 자신은 최고신이자 유일신

조로아스터교는 세상을 선과 악의 대립으로 보고, 선한 신인 아후라 마즈다가 악한 신을 물리치고 세상에 질서를 가져온다고 믿는 종교야. 조로아스터교는 처음에 이란고원의 유목민들이 믿다가, 페르시아에서 받아들이면서 서아시아와 중앙아시아에서 가장 큰 종교가 되었어. 유대교, 크리스트교, 심지어 불교에도 큰 영향을 미쳤대. 불을 숭배하는 것처럼 보여서 배화교라고도 해.

→ 조로아스터교의 상징 파라바하르
사람은 지혜를, 날개는 앞으로 나아가는 힘을 상징한대.

제국의 시대가 열리다　**149**

나선애의 세계사 사전

아후라 마즈다 조로아스터교의 유일신으로, '지혜의 신'이라는 뜻이래.

인 아후라 마즈다의 계시를 받아 메디아의 가짜 예언자들을 몰아내고 페르시아의 왕이 되었다고 선전했지. 이러한 내용을 돌에 새겨 놓았단다."

"뭐라고 새겨져 있는데요?"

"우선 그림부터 볼까? 맨 위에 조로아스터교의 상징이 있지? 왼쪽에서 세 번째가 다리우스 대왕이고, 그 뒤는 불사신 부대의 병사들이야. 다리우스 대왕의 발밑에는 반란을 일으킨 메디아의 제사장이 깔려 있어. 그리고 그 앞으로 팔이 뒤로 묶인 채 서 있는 사람들은 사제들의 반란에 협조한 여러 민족들의 왕이야. 그러니까 아후라 마즈다의 계시를 받아 반란자들을 완전히 제압했음을 보여 주는 그림이지. 비문의 글도 내용은 똑같아. '나는 왕들의 왕 다리우스다. 나는 선한 신이자 절대자이신 아후라 마즈다의 계시를 듣고, 아후라 마즈다의 선물을 받아 거짓을 이야기한 메디아의 예언자들을 물리치고

▼ **베히스툰 비문**
바빌로니아와 당시 페르시아의 수도였던 엑바타나를 잇는 고대 도로 옆 석회암 절벽에 3개 언어로 새겨져 있어.

왕이 되었다.'라는 내용이 3개 언어로 새겨져 있지."

"음, 말하자면 아후라 마즈다 신이 자신을 왕으로 정했다, 이런 뜻이겠군요."

왕수재의 말에 용선생이 요란하게 손뼉을 쳤다.

"하하, 바로 그거야. 그 뒤에도 다리우스 대왕은 조로아스터교를 앞세워 왕권을 강화하고, 페르시아 제국의 전성기를 열어젖힐 수 있었지. 지도로 한번 살펴볼까?"

"아시리아나 바빌로니아보다 훨씬 커요!"

"그렇단다. 다리우스 대왕은 동쪽으로는 인더스강 유역과 중앙아시아, 서쪽으로는 그리스 북쪽의 트라키아, 북쪽으로는 캅카스산맥, 남쪽으로는 이집트까지 페르시아의 영토를 넓혔어. 그야말로 당시로서는 세계 최대의 제국이었지."

"그런데 이 넓은 땅을 무슨 수로 다스려요? 한 번 오가는 데만도 한참 걸릴 것 같은데······."

"좋은 질문이야. 이 넓은 제국을 통치하는 건 당연히 만만치 않은

← 전성기의 페르시아 제국 영토

제국의 시대가 열리다

일이었어. 다리우스 대왕은 제국 전체를 23개 구역으로 나누고, 각 구역마다 친척이나 믿을 만한 신하를 보내서 통치하게 했어. 그리고 이들을 감시하기 위한 감찰관도 보냈어. 이들을 '왕의 눈', '왕의 귀'라고 불렀지. 그뿐 아니라 수도인 수사에서 지중해의 사르디스까지 무려 2,700킬로미터에 달하는 고속도를 건설했어. 이름하여 '왕의 길'!"

"왕의 길이요? 왕만 다니는 길이라는 뜻인가요?"

"하하, 왕만 다니는 길이 아니라 왕이 닦은 길이라는 뜻이야. 넓은 영토를 다스리려면 지방 구석구석까지 왕의 명령이 빠르게 전달되어야 하지. 또 반란이 일어나면 군대도 출동해야 하고. 그래서 큰 제국들은 도로를 닦는 일을 중요하게 여겼어. 페르시아는 왕의 길 위에 25킬로미터마다 역참을 설치하고 역참마다 갈아탈 수 있는 말을 대기시켜 놓았거든. 그 덕분에 왕명을 전하는 전령은 수사에서 사르디스까지 걸어서 석 달 넘는 거리를 불과 일주일 만에 달릴 수 있었어. 그리고 멀리 떨어진 지방에서 전쟁이나 반란이 일어나도 불사

> **나선애의 세계사 사전**
>
> **역참** 말을 갈아탈 수 있는 초소라는 뜻이야. 전령이나 관리, 여행자들의 여행을 돕기 위해 설치된 일종의 휴게소지. 역참에는 항상 말과 식사, 숙소가 준비되어 있었어.

신 부대가 재빨리 출동해 진압할 수 있었지."

"흠. 이제 웬만하면 반란을 일으킬 엄두도 못 내겠어요."

"아마도 그랬겠지? 왕의 길은 왕명 전달뿐 아니라 원거리 상인들의 교역로로도 이용되었어. 상인들을 노리는 강도들도 군사들이 지키는 왕의 길은 함부로 넘볼 수 없었기 때문에 상인들은 예전보다 훨씬 더 안전하고 빠르게 이동할 수 있었고, 덕분에 교역도 훨씬 더 활발해졌지."

"길을 닦는 게 정말 중요한 일이었네요."

"페르시아는 이후로도 계속 키루스 대왕의 관용 정신을 그대로 지켜 나갔어. 페르시아 제국은 제국 안의 여러 민족들에게 자유롭게 저마다의 고유한 관습과 종교를 지킬 수 있도록 해 줌으로써 평화를 유지했고, 이러한 평화는 제국의 번영을 일구는 밑거름이 되었지. 말하자면 관용은 제국을 건설할 때만이 아니라 제국이 번영하는 데에도 큰

제국의 시대가 열리다

 **용선생의 세계사 돋보기**

페르세폴리스는 다리우스 대왕 때 본격적으로 건축하기 시작해 그 아들인 크세르크세스 1세 때 완성한 도시야. 훗날 알렉산드로스 대왕이 이곳을 정복한 뒤 노새 2만 마리와 낙타 5천 마리를 동원해 궁전에 있던 보물을 약탈해 갔다고 해.

도움이 되었던 거야. 자, 그러면 마지막으로 페르시아의 수도 페르세폴리스를 구경해 보기로 할까? 지금은 다 무너져 폐허가 되었지만, 남아 있는 유적만 보더라도 페르시아가 얼마나 크게 번영을 누렸는지 단박에 알 수 있지."

 **용선생의 핵심 정리**

기원전 522년, 다리우스가 왕위에 오름. 조로아스터교를 국교로 삼고 페르시아 제국의 전성기를 엶. 왕의 길을 닦은 것도 이때.

입이 떡 벌어지는 페르세폴리스의 위용

"어? 조금 전에 수사가 수도라고 하셨잖아요."

"그래. 페르시아는 수도를 여러 차례 옮겼어. 키루스 대왕은 메디아

↓ 페르세폴리스 전경

⑤ 다리우스의 궁전   ④ 100개의 기둥이 있는 궁전

의 수도였던 엑바타나를 수도로 삼았고, 다리우스 대왕은 수사로 수도를 옮겼지. 페르세폴리스는 다리우스 대왕이 파르스에 지은 수도로, 처음부터 제국의 중요한 행사를 치르고 외국의 사신들을 맞이할 목적으로 지은 도시였어. 그런 만큼 서아시아를 호령했던 대제국의 향기를 물씬 느낄 수 있는 유적지지. 지금은 폐허가 되었지만 차근차근 둘러보며 그 안에 숨어 있는 이야기들을 들춰 보면 또 다른 재미를 느낄 수 있을 거야. 자, 입구에서부터 천천히 둘러보기로 하자."

용선생은 모니터에 거대한 페르세폴리스 유적 사진을 띄운 뒤 손가락으로 한 곳을 가리켰다.

"여기가 바로 페르세폴리스로 들어가는 입구야. 페르세폴리스는 11미터 높이의 기단 위에 지어진 도시야. 그래서 지그재그로 된 계

▲ ① 페르세폴리스 입구

곽두기의 국어 사전

기단 터 기(基) 마루 단(壇). 건물의 터보다 한 층 높게 쌓은 단을 말해.

페르시아 제국의 영광, 페르세폴리스

① 페르세폴리스 입구
② 만국의 문
③ 대접견실

▲ ② 만국의 문

곽두기의 국어 사전

알현 뵐 알(謁) 뵐 현(見). 지체 높은 분을 찾아뵙는다는 뜻이야. 주로 임금을 만난다는 뜻으로 쓰여.

곽두기의 국어 사전

접견 접할 접(接) 볼 견(見). 윗사람이 공식적으로 아랫사람을 만나는 걸 말해.

단을 올라가야 페르세폴리스로 들어갈 수가 있어. 아마 페르세폴리스를 방문한 사신들은 높은 기단을 마주하는 순간부터 엄청난 위압감을 느꼈을 거야."

"입구에서부터 기를 꺾어 놓으려고 작정했나 보다."

"계단을 올라서면 페르세폴리스의 정문인 만국의 문이 기다리고 있어."

"만국의 문이요?"

"응, 모든 나라의 사신이 이 문을 지나 페르시아 왕을 알현하러 온다고 해서 만국의 문이라고 불렀지. 만국의 문에서 유명한 것은 양쪽에 딱 버티고 서서 만국의 문을 지키는 두 마리의 라마수야. 메소포타미아 지방에서 왕궁이나 신전을 지키는 수호신으로 여겼대."

"머리는 사람 같고 날개가 달려 있네요!"

"그래. 신기하게 생긴 상상의 동물이지. 자, 세 번째로 둘러볼 곳은 대접견실이야."

"아, 이곳이 왕이 사신들을 만나는 곳이군요."

두기가 얼른 끼어들었다.

"그렇단다. 대접견실은 페르시아의 왕이 사신들을 만나는 곳이었어. 현재는 건물 기단과 기둥 13개만 남아 있는데, 기둥의 높이가 무려 21미터나 돼. 오늘날 건물로 치면 대략 7층 높이에 달

➔ **아시리아 궁전의 라마수 부조** 라마수는 사람의 얼굴, 황소나 사자의 몸뚱이, 독수리의 날개를 가진 상상의 동물이야. 서아시아에서는 여러 동물의 특징을 섞은 상상의 동물을 만들어 수호신으로 삼았어.

하니 얼마나 웅장한 건물이었는지 짐작이 되지? 대접견실에서 눈길을 끄는 것은 페르세폴리스의 백미로 꼽히는 조공 행렬이야. 바로 이거지."

용선생은 사람들이 길게 줄을 서 있는 듯한 부조 사진을 띄웠다.

"저 사람들이 다 조공을 바치러 온 사신들이에요?"

↑ ③ 대접견실

"그렇단다. 28개나 되는 나라의 사신들이 저마다 자기 나라 특산물들을 가져와 조공으로 바치려고 줄을 서 있는 모습이지. 자세히 보면 나라마다 의복과 머리 모양, 가져온 특산물이 다 달라. 오른쪽 위는 포도주를 가져온 아르메니아 사신, 그 뒤는 양을 끌고 오는 아시리아 사신이야. 또 그 아래는 리넨 천을 가져온 이집트 사신이고, 그 앞쪽은 나귀에 향료를 싣고 온 인도 사신이지. 이렇게 여러 속국들을 거느리고 있었기 때문에 페르시아 제국의 왕은 스스로를 왕들의 왕이라는 뜻으로 '샤 한 샤'라고 불렀단다."

 허영심의 상식 사전

리넨 아마라는 풀의 껍질로 만든 실로 짠 옷감이야. 눈처럼 희고 시원할 뿐 아니라 윤기가 있어서 서아시아와 이집트에서 일찍부터 옷감으로 이용했어.

↑ 조공 행렬 부조

아시리아 사신 / 아르메니아 사신 / 이집트 사신 / 인도 사신

제국의 시대가 열리다

▲ ④ 100개의 기둥이 있는 궁전

"히야, 정말 전 세계에서 조공을 하러 왔군요."

"자, 이번에 살펴볼 곳은 '100개의 기둥이 있는 궁전'이야."

"우아! 기둥이 100개씩이나 된다고요?"

"이곳은 한 변이 무려 70미터나 되는 정사각형의 거대한 방이었어. 제국의 행정 구역을 다스리는 관리들과 장군들이 모여 회의를 하거나 연회를 여는 곳이었기 때문에 굉장히 넓었지. 지금은 밑부분만 남아서 기둥이 있었던 자리를 알려 주고 있어. 마지막으로 둘러볼 곳은 바로 다리우스 대왕의 궁전이야. 다리우스 대왕은 페르세폴리스에 머무는 동안에는 이 궁전에서 생활했지."

"왕의 궁전이니 엄청 화려하게 꾸며 놓았겠죠?"

"아마 그랬을 거야. 하지만 지금은 다 허물어지고 기둥 일부와 부조만 남아 있어. 다리우스 궁전에서 제일 유명한 건 궁전 기단에 새겨져 있는 근위병 부조야."

"아, 무기랑 복장이 아까 본 불사신 부대랑 똑같은데요."

나선애의 세계사 사전

근위병 왕이나 높은 사람을 가까이서 호위하는 병사들이야.

▼ ⑤ 다리우스의 궁전

▲ 다리우스 궁전의 근위병 부조

"그래, 아마 평소에는 이런 복장으로 궁을 지켰나 봐. 또 하나 재미있는 건 바로 '황소를 사냥하는 사자'야."

"어머, 신성한 궁전에 왜 이렇게 끔찍한 걸……?"

"여기엔 나름의 의미가 있단다."

"무슨 의미요?"

▲ 황소를 사냥하는 사자

"메소포타미아 지역에서 황소는 겨울, 사자는 봄을 상징한대. 사자가 황소를 사냥하는 건 겨울이 가고 봄이 왔다는 뜻이지. 페르세폴리스에는 곳곳에 사자가 황소를 사냥하는 모습이 새겨져 있는데, 그건 페르시아 왕이 페르세폴리스에서 새해를 맞는 축제를 벌였기 때문이야."

"휴~, 아깝다."

제국의 시대가 열리다 **159**

모니터의 사진들을 뚫어지게 쳐다보던 허영심이 길게 한숨을 토해 냈다.

그러자 영문을 모르는 두기가 물었다.

"누나, 뭐가 아깝다는 거야?"

"생각해 봐. 만약 페르세폴리스가 무너지지 않았다면 얼마나 멋졌 겠니? 그래서 하는 소리지."

"하긴."

그때 두기가 갑자기 뭔가 생각난 듯이 용선생을 쳐다보며 물었다.

"선생님, 페르세폴리스는 왜 저렇게 다 무너져 버린 거예요?"

"흠~. 그 이야기를 하기 전에 먼저 해야 할 이야기가 있어. 바로 페르시아와 그리스의 싸움이지."

"에이, 그리스가 서아시아와 중앙아시아, 심지어 이집트까지 정복 한 대제국 페르시아한테 상대가 되겠어요?"

"그래. 사실 페르시아 제국한테 그리스는 한주먹거리도 안 되는 꼬 맹이나 다름없었어. 그런데 이 꼬맹이한테 페르시아가 큰 굴욕을 당 했지. 페르세폴리스를 저렇게 만든 것도 그리스였단다."

"헉, 꼬맹이 그리스한테 당해서 저렇게 됐다는 말씀인가요?"

"그렇단다. 꼬맹이한테 거인이 당하는 이야기, 재미있겠지? 다음 시간에는 그 이야기가 흥미진진하게 펼쳐질 거야. 자, 그럼 오늘은 여기까지~! 얘들아, 안녕~!"

> **용선생의 핵심 정리**
>
> 다리우스 대왕이 페르시아 제국의 새로운 수도 페르세폴리스를 건설함.

나선애의 정리노트

1. **서아시아 최초의 통일 제국 신아시리아**
   - 기원전 700년 무렵 서아시아를 최초로 통일한 신아시리아 제국
   - 10만 명이 넘는 상비군, 막강한 기병, 공성 무기, 철제 무기 갖춤
   - 피정복민을 철저히 감시하고 잔혹한 형벌로 통치하는 공포 정치 실시
     → 여러 민족의 끊임없는 반란을 이기지 못하고 멸망함.

2. **신아시리아 멸망 이후의 서아시아**
   - 메디아 : 이란고원에 세워진 신흥국. 아시리아 멸망에 기여
   - 리디아 : 아나톨리아고원에서 중계 무역으로 번영. 세계 최초의 금화와 은화를 제작!
   - 이집트 : 쿠시 왕국의 지배에서 벗어나 활기를 되찾음.
   - 신바빌로니아 제국 : 아시리아의 공포 정치를 이어받아 전성기를 누림.

3. **관용 정신으로 탄생한 대제국 페르시아**
   - 파르스 출신의 키루스 대왕이 메디아와 리디아, 바빌로니아를 차례로 정복하며 건국
   - 피정복민의 문화와 종교, 관습을 존중하는 관용 정책 실시
     → 서아시아의 수많은 민족을 지배하는 대제국으로 성장!

4. **다리우스 대왕과 페르시아의 전성기**
   - 다리우스 대왕은 조로아스터교를 국교로 정해 왕권을 강화
   - 제국을 관통하는 왕의 길과 역참 제도 정비 → 왕의 명령이 구석구석 닿게 됨.
     * 페르세폴리스 : 페르시아의 수도. 서아시아를 호령한 페르시아의 위용을 느낄 수 있는 곳!

세계사 퀴즈 달인을 찾아라!

1 신아시리아 제국에 대한 설명으로 옳지 <u>않은</u> 것은? ( )

① 최초로 서아시아를 통일했다.
② 여러 민족의 끊임없는 반란으로 멸망했다.
③ 우수한 철제 무기와 기병을 갖추고 있었다.
④ 피정복민의 문화를 인정하는 관용 정책을 펼쳤다.

2 신바빌로니아 제국에 대한 설명으로 알맞은 것에 ○표, 알맞지 <u>않은</u> 것에 X표 해 보자.

○ 수도 바빌론은 세계 각국의 상인들이 몰려드는 국제도시였다. ( )

○ 바빌론의 건축물 중 '공중 정원'은 다리우스 대왕이 건설한 것이다. ( )

○ 신바빌로니아 제국은 관용 정책을 통해 100년 넘게 전성기를 누렸다. ( )

3 페르시아 제국에 대한 설명으로 옳지 <u>않은</u> 것은? ( )

① 키루스 대왕이 주변국을 정복하고 세운 나라야.
② 다리우스 대왕 때 조로아스터교를 국교로 삼았어.
③ 피정복민을 가혹하게 탄압하는 공포 정치를 실시했어.
④ 명령이 떨어지면 바로 출동할 수 있는 상비군 불사신 부대가 있었어.

4 다음은 누구에 대한 설명일까?
( )

- 제국 전체를 23개의 구역으로 나누어 각 구역마다 믿을 만한 사람을 보내서 통치하게 했다.
- 왕의 명령이나 군대를 빠르게 보낼 수 있는 '왕의 길'을 건설했다.

① 키루스
② 다리우스
③ 함무라비
④ 아후라 마즈다

5 빈칸에 들어갈 알맞은 말을 써 보자.

○○○○○○는 다리우스 대왕이 파르스에 지은 페르시아의 새로운 수도이다. 처음부터 제국의 중요한 행사를 치르고 외국의 사신들을 맞이할 목적으로 지어졌다.

( )

6 다음 중 '왕의 길'에 대해 잘못 설명한 친구는? ( )

 ① 왕만 다닐 수 있는 길이야.

 ② 이 길 덕분에 교역이 더욱 활발해졌어.

 ③ 관리에게 숙소와 말을 제공하는 역참을 설치했어.

 ④ 왕의 명령을 전달하고 군대를 빨리 보내기 위해 만들었어.

정답은 428쪽에서 확인하세요!

용선생 세계사 카페

헤로도토스가 전하는 키루스 대왕 이야기

메디아 왕의 꿈

메디아의 왕에게는 딸만 하나 있었어. 어느 날 메디아 왕은 공주의 오줌에 온 아시아가 물에 잠기는 꿈을 꿨어. 사제를 불러 해몽을 해 보라고 하자 그 사제는 장차 공주의 자식이 아시아를 정복할 꿈이라고 대답했지. 메디아 왕은 그렇다면 공주의 아들이 자신의 나라와 왕 자리도 빼앗을 거라고 생각했어. 되도록 공주와 멀리 떨어져 있는 것이 좋겠다고 생각한 왕은 공주를 파르스의 한 작은 부족의 부족장에게 시집보내 버렸지. 한동안 공주를 잊고 있던 메디아 왕은 어느 날 또다시 이상한 꿈을 꿨어. 공주의 배에서 자라난 포도나무가 온 아시아를 뒤덮는 꿈이었지. 사제를 불러 해몽을 해 보라고 하자 사제는 또다시 공주의 자식이 아시아를 정복할 꿈이라고 대답했어. 이 무렵 공주는 아기를 임신해 출산을 앞두고 있었지. 두려움에 사로잡힌 왕은 공주의 아기를 없애 버리기로 결심하고 공주를 궁궐로 불러들였어. 그리고 하르파고스라는 신하에게 공주가 아기를 낳는 즉시 아기를 안고 나가 죽이라고 명령했지.

▶ 키루스 대왕의 어린 시절
양치기 부부가 늑대의 젖을 빨고 있는 아기 키루스를 발견하는 장면이야. 키루스가 늑대의 젖을 먹고 자랐다는 잘못 알려진 전설을 바탕으로 이탈리아 화가 안토니오 마리아 바살로가 그린 그림이야.

목숨을 건진 아기 키루스

공주가 낳은 아기를 안고 나온 하르파고스는 차마 아기를 죽일 수 없었어. 아기가 불쌍하기도 했지만 혹시 외동딸인 공주가 왕위를 물려받게 된다면 자기가 큰 벌을 받을 거라고 생각했지. 마침 궁궐의 외양간을 돌보던 소치기 아내가 아이를 낳았는데 그만 아기가 죽고 말았다는 이야기를 들었어. 하르파고스는 소치기에게 아기를 넘겨주고 대신 소치기의 아기를 받아 아기를 죽였다고 보고했어. 한편 소치기는 아기 키루스를 자기 아들로 삼아 애지중지 길렀어.

왕이 사실을 알게 되다

십 년이 넘는 세월이 흘렀어. 키루스는 비록 소치기의 아들이었지만 몸과 말에 위엄과 기품이 서려 있었어. 또래 아이들과 놀이를 할 때도 언제나 왕 역할을 도맡았지. 또래 중에는 귀족 아들도 한 명 있었는데 그런 키루스가 영 고까웠어. 결국 둘 사이에 싸움이 벌어졌고, 귀족 아들이 키루스에게 흠씬 두들겨 맞았지. 아들에게 자초지종을 전해 들은 귀족은 뭔가 짚이는 데가 있었고 즉시 왕에게 달려가 보고했어. 왕은 소년 키루스를 궁궐로 불러들였고, 얼굴을 보는 순간 단번에 자신의 핏줄임을 알아보았지. 하지만 아무런 말 없이 왕은 소년 키루스를 궁궐에 머물게 했어.

키루스가 고향으로 돌아가다

하르파고스에게는 키루스 또래의 아들이 있었어. 왕은 하르파고스에게 아들을 키루스의 동무로 삼도록 궁궐로 보내라고 일렀지. 하르파고스는 아무런 의심 없이 아들을 궁궐로 보냈어. 어느 날 왕은 하르파고스를 만찬에 초대했고, 하르파고스 앞에 특별히 맛있어 보이는 음식이 놓였어. 하르파고스가 접시를 비우자 뚜껑이 덮인 접시 하나가 새로 놓여졌어. 뚜껑을 연 하르파고스는 그만 얼어붙고 말았어. 거기에 자기 아들의 머리가 놓여 있었던 거야. 그러나 재빨리 상황을 파악한 하르파고스는 감정을 드러내지 않고 침착하게 왕에게 사죄하며 물러났어. 차마 자신의 핏줄을 죽일 수가 없었던 왕은 사제를 불러 키루스를 어찌하면 좋을지 물었어. 사제들은 키루스가 이미 왕 놀이에서 왕이 되었으므로 이제 꿈의 효력은 끝났다고 대답했어. 왕은 안심하고 키루스를 파르스에 있는 딸 부부에게로 돌려보냈어.

하르파고스의 복수

파르스에서 키루스는 아버지를 이어 부족장이 되었어. 그동안 원한에 사무친 하르파고스는 왕에 대해 나쁜 소문을 퍼뜨리는 한편 폭정을 저지르는 왕을 내쫓자며 동조자를 모으고 있었지. 하르파고스는 키루스에게 은밀히 편지를 보냈어. 키루스가 메디아로 쳐들어오면 내부에서 적극적으로 돕겠다는 내용이었지. 키루스는 메디아의 지배를 받고 있던 모든 부족들에게 편지를 보내 함께 반란을 일으키자고 제안했어. 키루스는 군대를 이끌고 메디아로 향했어. 하르파고스의 속셈을 전혀 눈치채지 못했던 왕은 하르파고스를 메디아군 대장에 임명했지. 하르파고스는 성문을 활짝 열어 키루스를 맞아들였고, 힘을 합해 왕을 공격했어. 왕은 죽었고, 키루스가 메디아의 왕이 되었지.

키루스의 죽음

서아시아를 통일한 키루스는 중앙아시아로 군사를 돌렸어. 지금의 볼가 강 동쪽에는 토미리스 여왕이 다스리는 마사게타이라는 유목 부족이 있었어. 강력한 군사력을 가지고 있어서 키루스 대왕이 이끄는 페르시아군도 쉽게 정복하지 못했지. 그러던 어느 날 전투 중에 페르시아군이 토미리스 여왕의 아들을 포로로 잡았어. 토미리스는 '아들을 보내 주면 페르시아군이 무사히 떠날 수 있도록 해 주겠다. 만약 아들을 돌려보내지 않으면 피에 물리도록 만들어 주겠다.'라고 했어. 그런데 그 와중에 그만 여왕의 아들이 자결하고 말았어. 토미리스 여왕은 페르시아에 복수를 다짐했지. 얼마 후 마사게타이군은 기어코 페르시아군을 참혹하게 패배시켰어. 키루스 대왕 역시 이 전투에서 전사하고 말았지. 토미리스 여왕은 키루스 대왕의 시신을 찾아내 머리를 잘라 피가 가득 담긴 가죽 부대에 담갔지. 이렇게 해서 토미리스 여왕은 피에 물리도록 해 주겠다는 맹세를 지켰고, 대제국을 건설한 위대한 정복자 키루스는 한 여인의 복수심 앞에 머리 잘린 시신이 되고 말았대.

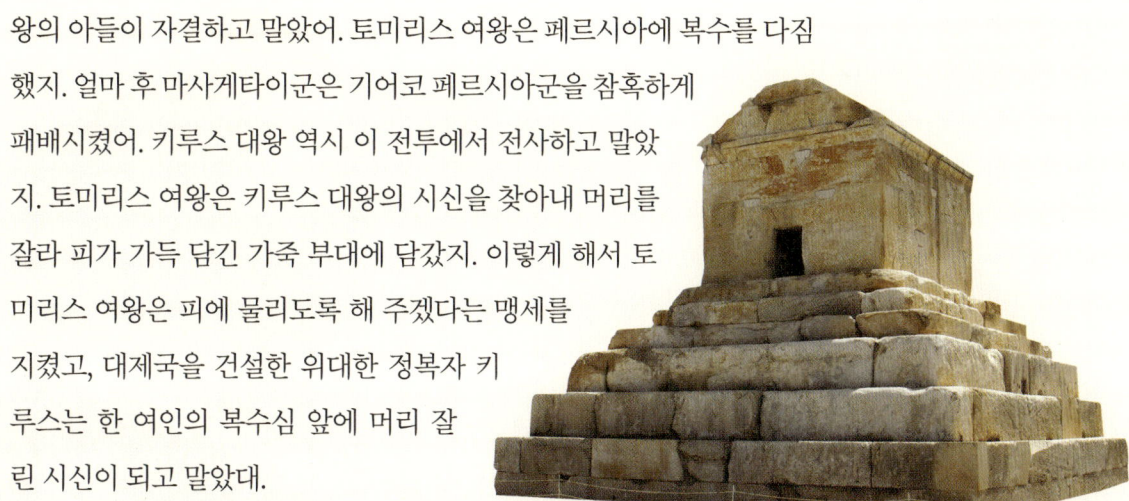

↑ **이란의 파사르가다이에 있는 키루스의 무덤**
대제국 왕의 무덤답지 않게 너무나 소박해서 키루스의 무덤을 방문한 알렉산드로스 대왕은 진정 이것이 키루스의 무덤이냐고 몇 번이나 물었대.

↑ **토미리스 여왕과 키루스**
전설에 따르면 마사게타이의 토미리스 여왕은 피가 가득 담긴 항아리에 키루스의 머리를 집어넣었대. 1600년대 유럽의 유명한 화가 루벤스의 그림이야.

4교시

그리스에 찾아온 폴리스의 전성시대

도리스인의 침입으로 기나긴 암흑시대를 맞이했던 그리스.
그리스 문명은 기원전 800년에 이르러서야
다시 부활의 기지개를 켜기 시작했어.
해안가의 평야와 산골짜기를 중심으로 번성한 수백 개의 도시 국가,
즉 폴리스가 바로 주인공이었지.
오늘은 그리스에 찾아온 폴리스의 전성시대에 대해 알아보자.

기원전 800년 무렵	기원전 776년	기원전 700년 무렵	기원전 594년	기원전 490년	기원전 480년
그리스의 암흑시대 끝	제1차 올림피아 제전 개최	스파르타, 펠로폰네소스반도 남부 장악	솔론의 개혁, 아테네의 번영	페르시아 전쟁 시작, 마라톤 전투	아테네, 살라미스 해전 승리

살라미스
페르시아 원정군의 2차 침략에서 아테네 해군이 페르시아 해군을 크게 무찌른 곳이야.

이 오 니 아 해

올림피아
고대 올림픽이 열렸던 도시. 그리스의 모든 폴리스들은 4년마다 한 번씩 이곳에 모여 운동 경기를 벌였어.

○ 시라쿠사

스파르타
강인하고 용감한 전사들의 나라로, 아테네와 쌍벽을 이루었어.

지 중 해

역사의 현장 지금은?

서양 문명의 요람, 그리스를 가다

그리스는 오랫동안 오스만 제국의 지배를 받다가 1829년에 독립했어. 제1차 세계 대전 후 튀르키예와 영토 협정을 통해 에게해 섬들 대부분이 그리스 영토가 되었어.

그리스는 생각보다 작은 나라야. 면적은 우리나라의 1.3배, 인구는 5분의 1인 1,000만 명에 불과하거든. 또 산업화가 늦어 1인당 국민 소득도 1만 8천 달러 정도로 유럽에서는 후진국에 속하지. 국민의 98퍼센트가 그리스 정교를 믿고, 그리스어를 사용해. 농업과 관광업이 그리스 경제에서 큰 비중을 차지하고 있어.

아테나 여신의 도시 아테네

아테네는 고대 그리스 문명을 이끈 도시 국가로, 지금은 그리스의 수도이자 인구 400만 명의 최대 도시이기도 해. 파르테논 신전을 비롯한 고대 그리스의 유적 덕분에 많은 관광객이 찾고 있지만, 공업도 발달해서 그리스 공업 생산의 60퍼센트 이상을 책임지고 있어. 여름에는 우리나라보다 덜 덥고, 겨울에는 아무리 추워도 5도 이하로 떨어지는 날이 거의 없지. 아테나 여신을 수호신으로 삼았기 때문에 도시 이름을 아테네로 지었대.

↑ 아테네의 아크로폴리스 전경

➡ 피레우스항
세계적으로 손꼽히는 큰 항구로 1년에 4만 척의 배와 20만 명의 승객이 이곳을 거쳐가. 아테네가 지중해를 주름 잡던 시기에 아테네의 무역항이자 해군 기지였어.

지중해의 관광 대국

고대 그리스 문명의 유산과 에게해의 아름다운 경관은 한 해 2,600만 명이나 되는 관광객을 끌어들이고 있어. 그리스 국민 총생산의 20퍼센트를 관광 산업이 차지한다니 대단하지.

◀ 올림픽 성화 채화
그리스는 고대 올림픽의 발상지였어. 오늘날에도 고대 올림픽 경기가 열렸던 올림피아의 신전에서 태양 광선으로 올림픽 성화를 채화해.

◀ 아크로폴리스로 올라가는 길
아테네의 주요 관광지인 아크로폴리스 가는 길은 언제나 관광객으로 붐벼.

척박한 자연환경

그리스는 국토의 80퍼센트가 황량한 산지이고, 얼마 안 되는 평원도 토양이 거칠고 자갈이 많아. 또 연간 강수량도 400밀리미터에 불과하고, 그나마도 대부분 겨울에 내려. 그래서 일찍부터 그리스 사람들은 산비탈을 개간해 올리브와 포도를 많이 재배했어. 올리브유와 포도주는 도자기와 함께 그리스의 가장 중요한 수출품으로 고대 그리스가 해상 강국으로 성장하는 기반이 되었어.

▲ 해안가 산비탈에 자리 잡은 올리브 과수원

↑ **에게해의 보석 산토리니 마을** 파란 지붕과 하얀 벽이 푸른 바다와 매우 잘 어울리지. 원래 이곳은 3,500년 전 대폭발을 일으켜 크레타 문명을 멸망시킨 테라 화산이었어.

← **그리스 요리**
과일과 채소를 듬뿍 넣은 샐러드, 신선한 해산물, 치즈, 그리고 올리브유와 와인. 지중해의 자연이 준 건강한 재료들의 맛을 그대로 살린 지중해 요리의 원조가 바로 그리스래.

→ **신의 선물이라 불리는 그리스산 올리브유**

암흑기가 끝나고 그리스 곳곳에 폴리스들이 번성하다

"얘들아, 지난번에 그리스에 암흑시대가 도래했던 거 기억나니?"

용선생의 물음에 나선애가 얼른 손을 들었다.

"도리스인의 침입으로 그리스와 외부 세계의 교역이 단절됐어요. 또 문자로 된 기록이 없어서 무슨 일이 있었는지 도통 알 수도 없고요. 그래서 암흑시대라고 한다고 하셨어요."

"오, 아주 잘 기억하고 있구나. 도리스인이 그리스를 완전히 정복한 기원전 1100년부터 호메로스가 서사시 《일리아스》와 《오디세이아》를 쓴 기원전 800년 무렵까지의 300년 정도의 시기를 그리스의 암흑시대라고 한단다."

"엥? 책 두 권 나왔다고 암흑시대가 끝나나요?"

"이 시기를 암흑시대라고 하는 건 문명의 발전이 중단된 시대라는 뜻도 있지만, 그 시기 동안 무슨 일이 있었는지 알 수 없는 시대라는 뜻도 있어. 그런데 호메로스의 서사시 덕분에 당시에 그리스가 어땠는지 알 수 있게 되었지. 그래서 이때부터 그리스의 암흑시대가 끝났다고 하는 거란다."

"근데 선생님, 암흑시대라고 해서 300년 동안이나 그냥 폐허로 남아 있지는 않았겠죠?"

"물론이지. 문자 기록이 없을 뿐이지 암흑시대에도 사람들은 부지런히 살아가고 있었어. 처음에 도리스인들은 농사를 짓고 가축을 기르기에 유리한 내륙에 자리를 잡았어. 반면에 도리스인들에게 밀려난 미케네인들은 해안의 좁은 평야에 옹기종기 모여 살았지. 차츰 바다가 안정되자 페니키아 상인들이 그리스의 해안을 드나들었어. 아마 그리스의 특산물인 올리브와 포도 등을 구입하기 위해서였을 거야. 덕분에 그리스도 다시 외부 세계와 접촉하기 시작했지."

▲ 호메로스와 길잡이 소년
호메로스는 기원전 800년쯤 트로이 전쟁에 관한 서사시 《일리아스》와 《오디세이아》를 썼어.

"아, 페니키아 상인들! 기억나요!"

"그래. 지중해에 다시 활력을 불어넣은 게 바로 페니키아 상인들이었고, 그 덕분에 그리스가 암흑시대에서 벗어나게 된단다. 미케네인들이 페니키아의 알파벳을 받아들여서 문자 기록을 남기기 시작하거든. 에게해 곳곳에 어느새 수천 명에서 수만 명의 사람들이 모여 사는 폴리스가 생겨난 것도 이 무렵이었어."

"폴리스?"

그리스에 찾아온 폴리스의 전성시대

▲ **그리스의 대표적인 폴리스들** 기원전 800년 무렵 에게해의 대표적인 폴리스들이야. 이 밖에도 200개가 넘는 폴리스들이 있었어.

"고대 그리스의 도시 국가를 폴리스라고 해. 자체적으로 군사, 행정, 치안 조직을 갖춘 독립 국가지. 오늘날 경찰(Police), 정치(Politics) 같은 영어 단어도 폴리스에서 갈라져 나온 거야. 암튼 그리스 본토와 에게해 섬들에는 수백 개나 되는 크고 작은 폴리스들이 생겨났어."

"수백 개씩이나요?"

폴리스가 수백 개나 된다는 말에 장하다가 눈을 휘둥그렇게 떴다.

"그리스는 산이 많고 수천 개나 되는 섬들로 이루어져 있어서 한 나라로 통일이 되기가 어려웠어. 그래서 수많은 작은 나라로 쪼개져 있었지. 그런데 암흑시대 동안 이 폴리스들끼리 죽기 살기로 싸웠어. 폴리스들은 저마다 높다란 언덕에 단단한 요새를 지어 놓고 여차하면 그곳으로 도망쳐 적에 맞섰지. 자연히 이곳에 신전을 비롯한 폴리스의 주요 시설들이 들어섰단다. 그리스 폴리스의 중심지인 아크로폴리스가 언덕 위에 자리 잡게 된 것도 이 때문이었어."

"얼마나 전쟁이 많이 일어났으면 언덕 위가 도시의 중심지가 되었을까?"

"그래서 폴리스들은 적과 맞서 도시를 지키는 전사들을 가장 중요하게 생각했어. 전사 중에서도 기병이 더 대우를 받았어. 가벼운 무장만 걸친 보병보다 싸움에 더 크게 도움이 되었거든. 근데 옛날에는 무기와 갑옷, 말까지도 자기 돈으로 장만하는 게 보통이었어. 그리스

용선생의 세계사 돋보기

원래는 도시의 주요 시설이 자리 잡은 언덕 위의 요새를 폴리스라고 불렀어. 그러다 폴리스가 도시 전체를 가리키게 되면서 언덕을 아크로폴리스로 부르게 되었대.

◀ 고대 아테네의 모습을 상상한 그림

가운데 신전을 비롯한 주요 시설이 있는 언덕이 아크로폴리스야. 아크로폴리스는 전쟁이 나면 요새로도 사용해서 군사 시설과 성벽도 갖췄지. 대부분의 시민들은 언덕 아래에 마을을 이루고 살았어.

도 마찬가지였지. 그런데 그 비용이 평민들은 꿈도 꿀 수 없을 만큼 비쌌단다."

"그럼 평민들은 기병이 될 수 없었겠네요."

"맞아, 평민들은 보병으로 전쟁에 참여할 수밖에 없었지. 땅을 가진 지주이자 많은 재산을 가진 귀족만이 기병이 될 수 있었어. 그 결과 전쟁을 통해 얻은 땅이나 노예 같은 전리품도 귀족들이 더 많이

그리스에 찾아온 폴리스의 전성시대 **179**

▲ 도자기에 그려진 전사들
폴리스의 시민들은 전쟁에 나가 싸우는 걸 영광으로 여겼어. 그래서 용맹한 전사들을 묘사한 작품들이 많단다.

가져갔고, 자연히 귀족들의 권력도 더 커졌단다."

"암튼 전쟁이 잦았던 탓에 귀족 전사들이 재산을 모으고 권력도 잡았다, 이 말씀이죠?"

나선애가 확인하듯이 되물었다.

"그렇단다. 근데 더 놀라운 건 그리스의 폴리스들이 걸핏하면 서로 싸웠으면서도 4년에 한 번씩 모여 운동 경기를 벌이며 단합을 꾀했다는 거야."

 **용선생의 핵심 정리**

기원전 800년 무렵, 그리스가 암흑기에서 벗어남. 폴리스들 간의 치열한 전쟁 때문에 각 폴리스는 언덕 위에 요새를 짓고, 그 안에 주요 시설들을 배치. 이것이 곧 아크로폴리스의 기원.

고대 올림픽은 그리스 폴리스들의 화합의 축제

"네? 걸핏하면 싸우면서 웬 단합?"

허영심이 피식 웃었다.

 **곽두기의 국어 사전**

동족 의식 같을 동(同), 겨레 족(族). 같은 핏줄을 이어받은 민족으로 생각했다는 말이야.

"그리스 사람들은 자신들이 한 뿌리에서 나왔다는 동족 의식을 가지고 있었어. 폴리스는 달라도 모두 그리스어를 썼고, 같은 신들을 믿었기 때문이지."

"혹시 그 신들이 제우스랑 아폴론 같은 그리스 신화에 나오는 신들을 말씀하시는 건가요?"

곽두기가 혹시나 하는 마음으로 물었다.

"그렇단다. 그 운동 경기도 제우스랑 밀접한 관련이 있어. 너희들도 알겠지만 제우스는 그리스 신들 중에 으뜸가는 신으로 모든 그리스인들이 떠받드는 신이었지. 그리스의 올림피아라는 폴리스에는 제우스를 모시는 성지가 있었는데, 이곳에서는 4년에 한 번씩 제우스에게 큰 제사를 지냈어. 재미있는 건 제사 의식 중에 폴리스들 간의 운동 경기가 포함되어 있다는 거야. 그래서 그리스의 폴리스들은 모두 이 제사에 자신들의 대표 선수를 파견해 승부를 겨뤘지. 올림피아 제전은 기원전 776년에 처음 열린 이후 차츰 그리스의 모든 폴리스들이 참가하는 축제로 발전했어. 경기 종목도 처음에는 단거리 달리기 하나뿐이었지만 창던지기, 원반던지기, 레슬링, 전차 경주, 멀리뛰기 등 여러 종목이 추가되었지. 그리스 사람들은 올림피아 제전이 열

곽두기의 국어 사전

제전 제사 제(祭) 의식 전(典). 국가나 사회가 벌이는 큰 행사. 원래는 제사 의식을 가리키는 단어였어.

그리스에 찾아온 폴리스의 전성시대

피에르 드 쿠베르탱

(1863년~1937년) 프랑스의 명문 귀족 출신으로 근대 올림픽을 창시한 인물이야. 영국에서 스포츠를 교육에 적극 활용하는 것에 감명을 받아 고대 올림픽을 부활시키기로 결심했대.

리는 동안에는 전쟁도 멈췄을 만큼 올림피아 제전을 아주 중요하게 생각했대."

"우아, 운동 경기 때문에 전쟁까지 멈추다니, 대단한걸요."

"올림피아 제전은 그냥 운동 대회가 아니라 그리스의 모든 폴리스들이 4년마다 한 번씩 만나 단합을 다지는 축제였지. 그래서 올림피아 제전이 열리는 동안에는 전쟁도 멈췄던 거야."

"선생님, 그리스의 올림피아 제전이랑 지금 4년마다 열리는 올림픽이랑 같은 거예요?"

"고대 올림피아 제전은 기원후 393년을 끝으로 막을 내렸어. 그런데 쿠베르탱이라는 프랑스 귀족이 고대 올림피아 제전을 부활시키자는 운동을 벌여 1896년 아테네에서 제1회 근대 올림픽을 개최하는

▼ **파나티나이코 경기장** 제1회 근대 올림픽이 열린 아테네의 올림픽 스타디움. 전체를 대리석으로 지었대.

데 성공한단다. 그 뒤 4년마다 올림픽을 개최하게 되었어. 횟수를 거듭하며 참가국과 경기 종목이 늘어나 오늘날과 같은 올림픽의 모습을 갖추게 되었지. 올림픽을 '세계인의 축제', '평화의 축제'라고 부르는 건 그 안에 스포츠 경기를 통해 폴리스들의 화합을 도모했던 고대 올림피아 제전의 정신이 녹아 있기 때문이야."

"싸울 땐 싸워도 4년에 한 번씩 만나 단합을 도모하자는 거군요?"

"하하, 바로 그거야. 올림피아 제전을 통해 단합하는 법을 익힌 덕분에 그리스인들은 차츰 지중해를 주름잡는 세력으로 성장해 나가게 된단다."

용선생의 핵심 정리

그리스 사람들은 한 뿌리에서 나왔다는 동족 의식을 가지고 4년에 한 번씩 올림피아 제전을 개최함. 모든 폴리스들이 참여하는 축제로 발전.

↑ 원반 던지는 사람

폴리스가 번영을 누리고 시민의 힘이 커지다

"어? 페니키아 상인들이 지중해를 주름잡고 있다고 하셨잖아요."

"페니키아는 신아시리아 제국의 지배를 받는 바람에 서서히 힘을 잃었어. 바다 건너편에 있는 그리스인들에게는 기회였지. 그리스인들은 기원전 800년 무렵부터 암흑시대에서 벗어나 지중해 곳곳으로 진출해 식민 도시를 건설하기 시작했어."

"헉! 식민지는 왜요? 왜 식민지를 세워요?"

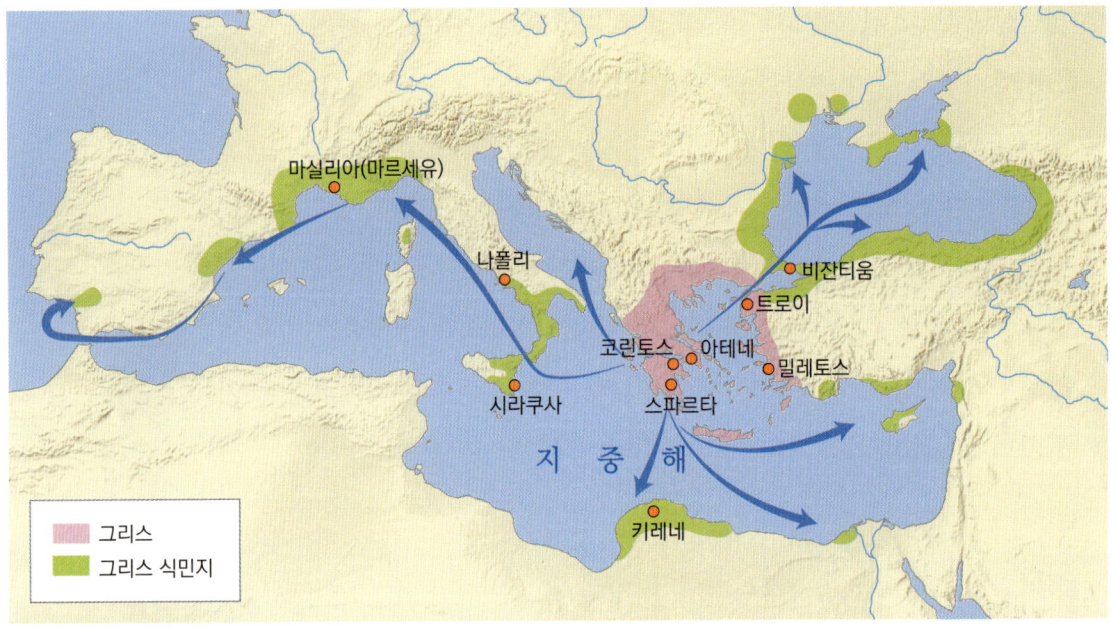

↑ 지중해의 그리스 식민 도시들

"그리스는 산이 많고 평야가 적은 나라라서 많은 인구가 살 수 없어. 그래서 인구가 늘어나면 새로운 땅을 찾아 옮겨 갈 수밖에 없었단다. 그리스인들은 에게해 건너편의 흑해 연안, 서쪽의 이탈리아 남부 해안, 북아프리카 해안, 심지어 멀리 오늘날의 프랑스 남부 지방에까지 진출해 새로운 식민지 폴리스들을 건설했어. 그런데 고향 폴리스와 식민지 폴리스는 마치 엄마와 딸처럼 밀접한 관계였어. 전쟁을 할 때는 동맹군이 되어 주고, 평소에는 무역 파트너가 되어 주는 등 지중해 세계의 치열한 경쟁 속에서 서로 도움을 주고받았던 거야. 그런 와중에 페니키아의 해상 활동이 움츠러들자 그 빈자리를 그리스 상인들이 잽싸게 파고들었는데, 이때 이미 지중해 전역에 흩어져 있는 식민 도시들이 그리스 상인들의 활동에 큰 도움이 되었지. 특히 해안과 섬에 자리 잡은 폴리스들이 해상 무역을 통해 빠르게 성장했어. 대표적인 폴리스가 바로 아테네야. 아테네는 비교적 넓은 들과 피레우스라는 훌륭한 항구를 가지고 있었기 때문에 지중해 해상 무역의 주역으로 떠오를 수 있었단다."

"길었던 암흑시대의 어둠이 걷히고 그리스의 황금시대가 도래하다, 짜잔!"

두기가 신나는지 활짝 웃었다.

"그런데 그리스의 폴리스들이 해상 무역으로 번영을 누리면서 그동안 폴리스를 지탱해 온 사회 질서에 뚜렷한 변화가 일어나기 시작한단다."

"변화라니, 무슨 변화요?"

"예전에는 땅을 가진 지주들이 최고였어. 하지만 해상 무역이 활발해지면서 평민 계급인 상인과 장인들이 크게 성장한 거야. 이때 장인들은 그리스의 특산물인 포도주, 올리브유, 도자기는 물론 온갖 공예품들을 생산하고, 상인들은 이렇게 만들어진 특산물들을 배에 실어 해외에 내다 팔아 큰돈을 벌었지. 이들은 또 많은 일꾼들을 고용하고, 세금도 많이 냈어. 말하자면 평민들도 돈을 많이 벌었고, 폴리스를 위해 많은 기여를 한 거야."

"그래도 폴리스를 지키는 건 귀족이잖아요."

"하하, 그것도 이제 옛말이란다. 해상 무역이 활발해지면서 갑옷이나 무기가 싸져 평민들도 어지간하면 자기 돈으로 얼마든지 장만할 수 있었거든. 또 큰 상인들은 자신의 군사를 거느리기도 했어. 해상 무역에서 해적이나 경쟁자에게 지지 않으려면 강력한 무력이 필요했기 때문이지. 한편 전쟁이 소수의 귀족 기병들끼리의 전투에서 팔랑크

▲ 그리스 중장보병
온몸을 보호하는 갑옷과 방패, 장창, 단검으로 중무장한 그리스 보병은 지중해 세계에서 용맹하기로 명성이 자자했어.

 나선애의 세계사 사전

팔랑크스 진형 그리스 보병의 전통적인 진형이야. 무거운 철제 갑옷과 방패로 중무장한 보병이 사각형으로 밀집하여 방패로 적의 공격을 막으면서 긴 창으로 상대를 공격하는 진형이지.

스 진형끼리의 전투로 바뀌면서 전쟁의 규모가 커지게 되자 귀족들의 힘만으로는 전쟁을 치를 수 없게 되었어. 당연히 귀족들은 팔랑크스 진형의 주력 부대인 중장보병으로 참전할 평민들에게 도움을 요청했고, 평민들도 적극적으로 전쟁에 참여하게 되었지. 사실 이제는 귀족보다 평민의 힘이 더 커졌어."

"어머! 그럼 이제 귀족들이 큰소리 못 치겠네요?"

"바로 그거야. 여태까지 귀족들은 자신들이 폴리스를 보호한다는 명분을 앞세워 권력을 독차지하고, 자기들한테 유리한 쪽으로 정치를 해 왔어. 힘없는 평민들은 귀족들이 아무리 횡포를 부려도 울며 겨자 먹기로 따를 수밖에 없었지. 하지만 이제 사정이 달라진 거야. 전투의 핵심인 중장보병이 될 평민들은 '우리도 폴리스의 정치에 참여하겠다!' 하고 들고일어났단다."

"맞아요! 하긴 평민들도 폴리스를 위해 싸우고 세금도 꼬박꼬박 바치는데 귀족들만 권력을 갖는 건 불공평해!"

"내 생각도 그래. 책임이 있으면 권리도 있어야지."

"본래 그리스의 폴리스들은 대부분 귀족들이 모인 회의에서 중요한 사항들을 결정했어. 그런데 평민들의 힘이 커지면서 귀족들 중에서 평민들의 요구를 들어주겠다며 자기편으로 끌어들인 뒤 그 힘을 이용해 다른 귀족들을 몰아내 버리고 마치 왕처럼 혼자 폴리스를 다스리는 사람이 나타났어. 바로 참주라고 부르는 사람이지."

"폴리스도 나라인데, 혼자서 폴리스를 다스린다면 왕 아닌가요?"

"비슷하지만, 조금 달라. 일단 아들한테 자신의 자리를 물려줄 수가 없고, 또 평민의 지지를 잃으면 쫓겨날 수도 있었거든. 귀족들은

곽두기의 국어 사전

참주 주제넘을 참(僭), 주인 주(主). 주는 임금이야. 그러니까 참주는 왕이 아니면서 주제넘게 왕처럼 구는 사람이라는 뜻이지. 비합법적인 방법으로 권력을 차지하고 휘두른 지배자를 의미해.

저마다 평민의 지지를 얻어 참주 자리에 오르려고 기회를 노렸어. 그리고 일단 참주가 되면 평민의 지지를 유지하려고 애썼지. 이러다 보니 평민의 힘이 점점 더 커져 이제 평민이 폴리스의 주요 관직들을 차지하기도 했고, 폴리스 운영에 참여할 권리도 점점 늘어났어."

두기가 고개를 끄덕였다.

"귀족의 힘은 점점 쪼그라들고, 평민의 힘은 점점 더 커지고. 참주가 평민의 요구를 다 들어줬으니 평민이랑 참주가 사이가 좋았겠군요."

그런데 뜻밖에 용선생이 고개를 저었다.

"꼭 그렇지는 않아. 나중에 평민은 직접 폴리스를 다스리겠다며 참주마저 몰아내 버리거든. 그러고는 모든 시민이 평등한 권리를 가지면서 직접 폴리스 운영에 참여하는 제도를 만들었지. 그게 바로 고대 그리스의 민주주의 제도란다."

"민주주의라고요? 그리스에서 민주주의를 했다고요?"

"왜, 놀랐니? 지금 우리가 누리는 민주주의가 고대 그리스에서부터 시작되었단다. 고대 그리스 민주주의 제도의 가장 큰 특징은 모든 시민이 직접 폴리스의 운영에 참여한다는 점이었어."

"시민이 한두 명도 아닌데 모두 참여했다고요?"

"그렇단다. 폴리스의 중요한 일들은 시장이 열리는 도시 한가운데의 광장에서 모든 시민이 참여해 토론을 벌인 뒤 투표를 해서 결정됐어. 이 광장을 아고라라고 불러. 아고라는 시민에게 자신의 주장을 설득하기 위해 연설하는 사람들, 그 연설을 듣는 청중들, 삼삼오오 모여 토론을 벌이는 시민들로 늘 북적였지."

용선생의 세계사 돋보기

고대 그리스 민주주의는 모든 시민들이 직접 참여하는 직접 민주주의였어. 반면에 우리나라를 비롯해 오늘날 대부분의 민주 국가들은 국민이 대표를 선출하고, 그 대표들이 국민들을 대신해 정책을 결정하는 간접 민주주의를 택하고 있어.

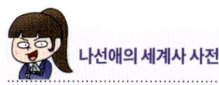

나선애의 세계사 사전

아고라 아고라는 원래 시장이 열리는 광장이녔어. 민주주의가 정착되면서 아고라는 토론과 집회 장소로서 더 큰 의미를 갖게 되었어. 폴리스의 시민들은 아고라에 모여 폴리스의 정책들에 대해 토론을 벌이는 것이 일상이 되었지.

"우아, 정말 놀라워요. 보통은 왕이 멋대로 결정하거나 귀족끼리 회의를 열어서 결정했는데, 폴리스에서는 시민들이 토론을 해서 정책을 결정하다니."

"바로 이 민주주의에서 그리스의 힘이 나왔다고 해도 과언이 아니야. 폴리스의 시민은 자신이 폴리스의 주인이라고 생각했기 때문에 폴리스를 지키기 위해서라면 기꺼이 목숨을 바칠 각오가 되어 있었단다."

"와, 정말 대단해. 수천 년 전에 모든 사람들이 평등하게 참여하는 민주주의를 하다니."

장하다가 감탄사를 내뱉자 용선생이 애매한 표정으로 고개를 살짝 기울였다.

"흠~. 정확히 말하면 모든 사람은 아니고 모든 시민이란다."

"에이, 모든 사람이나 모든 시민이나 그게 그거 아니에요?"

하지만 용선생은 단호하게 고개를 저었다.

"아주 큰 차이가 있어. 아테네의 예를 보면 시민은 폴리스 전체 인구의 10퍼센트밖에 안 되거든."

"엥? 고작 10퍼센트라고요?"

"그렇단다. 20세 이상의 성인 남성만이 시민으로서 폴리스 운영에 참여할 권리를 가졌어. 노예와 외국인은 당연히 시민이 아니고, 어린아이와 여성도 시민이 아니었지. 그러니까 정치에 참여할 수 있었던 시민은 모든 사람이 아니라 10퍼센트밖에 안 되는 소수의 사람들이었던 거야."

"에이, 어쩐지……."

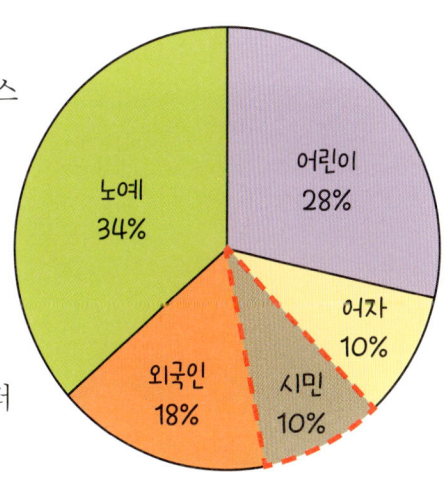

↑ 기원전 400년대 아테네의 인구 구성
시민권을 가진 시민은 전체 인구의 10퍼센트밖에 안 됐어.

용선생의 설명에 아이들이 실망한 표정을 지었다.

"하하, 하지만 실망할 일은 절대 아니야. 왕 한 사람 또는 극소수 귀족들이 멋대로 다스리는 게 보통인 다른 나라들과는 하늘과 땅 차이니까 말이야. 그리스의 폴리스 가운데서도 민주주의가 특히 잘 발달되었던 곳이 바로 아테네란다. 지금부터 아테네에서 어떻게 민주주의가 발전하는지 살펴보도록 하자."

용선생의 핵심 정리

그리스 상인들이 활발히 해상 무역을 벌이고, 각지에 식민 도시를 건설함. 평민의 힘이 커지면서 시민이 직접 정치에 참여하는 민주주의 제도가 시작됨.

아테네에서 민주주의가 꽃피다

↑ **아테네** 아테네는 그리스의 아티카반도에 위치한 도시 국가였어.

"안 그래도 미노스 문명 때부터 자꾸 아테네라는 이름이 나와서 궁금했거든요."

본격적으로 아테네에 대해 알아보자는 말에 나선애가 반색했다.

"하하, 그래. 아테네는 미노스 문명과 미케네 문명이 지중해를 주름잡던 시기부터 그리스를 대표하는 도시였어. 그리스 다른 곳보다 비교적 들이 넓고 질 좋은 포도와 올리브가 생산되었기 때문이지. 아테네는 그리스 민주 정치를 대표하는 폴리스지만 그리스가 암흑시대에서 벗어나 해상 활동을 벌이기 시작하는 기원전 800년 무렵까지도 여전히 전사 출신의 귀족이 다스리는 폴리스였어. 귀족들은 조상한테 물려받은 넓은 땅에서 포도와 올리브 농장을 운영하며 부유한 생활을 누렸고, 폴리스의 중요한 일은 자기들끼리 회의를 열어 결정했지. 물론 농사를 짓는 건 전쟁에서 잡아 온 포로나 돈을 주고 사 온 노예였어. 평민은 작은 땅뙈기에 농사를 지어 겨우 입에 풀칠을 하며 살았지. 그런데 자꾸 노예가 늘어나자 평민이 점점 살기가 어려워졌어."

용선생의 말에 허영심이 고개를 갸우뚱했다.

"어? 노예가 늘어나면 왜 평민이 살기가 힘들어져요?"

"예를 들어 올리브 농사를 짓는다고 하자. 귀족들은 노예를 이용해 대규모로 농사를 지어. 생산비가 적게 드니 자연히 평민보다 싸게 올

▼ 올리브 농사를 짓는 아테네 농민들 아테네 농민은 곡물 대신 올리브나 포도 농사를 지어 그걸 팔아 생계를 꾸렸어.

➔ 아테네의 도자기 포도주나 올리브유를 담는 데 사용했던 아테네의 도자기야.

리브를 팔 수 있지. 이러다 보니 평민은 손해를 보면서 싼값에 올리브를 팔아야 했어. 손해가 늘면서 빚도 쌓여 갔고 끝내는 귀족에게 땅을 팔고 떠나거나 심하면 노예로 전락했지. 귀족은 점점 더 부자가 되고 평민은 아무리 열심히 일해도 먹고살 수가 없으니 평민의 불만은 폭발 직전이었어."

"열심히 일해도 살 수가 없다니, 이게 말이나 되나요?"

"한편 도시에서는 해상 무역을 통해 큰돈을 번 상인과 장인의 입김이 세졌어. 이들은 자신들의 요구를 들어줄 귀족 지도자를 참주로 밀어 올렸지."

"음, 아까 배웠던 대로네요."

"그래. 그런데 귀족들도 가만히 당하고만 있지는 않았어. 암살과 폭동, 협박 등 갖은 수단을 동원해 참주가 등장하는 걸 막으려고 했지. 결국 참주를 앞세워 귀족들을 몰아내려는 평민 세력과 참주의 등장을 막으려는 귀족 세력이 팽팽히 맞서는 바람에 여차하면 내란이라도 벌어질 판이었어."

아이들은 침을 삼키며 용선생의 다음 설명을 기다렸다.

"이런 아슬아슬한 상황에서 솔론이 아테네의 지도자로 선출되었어. 명문 귀족 출신의 장군이자 상인이었던 탓에 귀족과 평민 모두로부터 지지를 받았기 때문이지. 솔론은 대대적인 개혁을 실행에 옮겼어."

"어떤 개혁을 했는데요?"

"첫째, 아테네 시민의 빚을 모두 없애 주었어. 둘째, 빚 때문에 노예가 된 농민을 모두 평민으로 돌려보냈어. 셋째, 앞으로도 빚을 이유

곽두기의 국어 사전

내란 안 내(內) 어지러울 란(亂). 나라 안에서 권력을 차지하려고 벌이는 싸움이야.

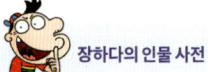
장하다의 인물 사전

솔론 (기원전 638년~기원전 558년) 명문 귀족 출신의 상인. 귀족과 평민 양쪽의 지지를 받아 아테네의 지도자로 선출된 뒤 대대적인 개혁 정책을 폈어.

로 아테네 시민을 노예로 삼는 걸 금지했어. 심지어 솔론은 외국에 노예로 팔려 간 시민을 구해 오기 위해 기금을 모으기도 했지."

"우아, 가난한 평민이나 노예들에게는 완전 천사였겠다."

"솔론은 아테네의 상공업을 발전시키는 데도 힘썼어. 올리브유 수출을 적극적으로 지원했지. 이를 계기로 아테네는 올리브유 산업이 활기를 띠었을 뿐 아니라 올리브유를 담는 데 필요한 도자기 산업까지 덩달아 급성장한단다. 이렇게 제작된 아테네의 도자기는 그리스뿐 아니라 지중해 최고의 명품으로 이름을 떨치게 되지. 상공업이 발달하면서 도시에 일손이 많이 필요해지자 땅이 없는 가난한 농민과 해방된 노예는 죄다 일자리를 찾아 도시로 몰려왔지. 자연히 아테네의 인구도 급성장했단다."

"솔론이 정말 대대적인 개혁을 한 거군요."

"그렇단다. 원래 농업 위주의 폴리스였던 아테네가 훗날 지중해 해상 무역의 주역으로 발돋움할 수 있었던 데는 솔론의 개혁이 큰 역할을 했지."

아이들이 고개를 끄덕이자 용선생은 신이 나서 설명을 이었다.

"또 있어. 솔론은 평민이 폴리스의 관직에 진출할 수 있는 길을 넓혀 주었어. 아테네 시민을 재산에 따라 네 등급으로 나눈 뒤 등급에 따라 관직에 오를 수 있는 기회를 준 거야."

"엥? 그럼 부자들만 높은 관직에 오를 수 있다는 거잖아요. 너무 불공평해요."

> 귀족들이 빚을 빌미로 가난한 농민들을 죄다 노예로 삼고 있으니 큰일이군. 이참에 그리스인은 노예로 삼지 못하도록 법으로 금지시켜 버려?
>
> 솔론

용선생의 세계사 돋보기

재산에 따라 정치에 참여할 권리가 주어졌다고 해서 '금권 정치'라고 해.

용선생의 세계사 돋보기

예전에는 귀족들의 모임에서 먼저 안건을 정하고 민회에서 토론했기 때문에 정작 평민들에게 이득이 되는 정책이 통과될 수 없었어. 그러나 솔론은 민회의 모든 안건을 시민들로 구성된 400인 회의를 거치도록 만들어서 평민들의 권리를 확대시켰어.

"우리가 보기에는 불공평하지. 하지만 귀족으로 태어나지 못한 평민도 돈만 있으면 관직에 오를 수 있었으니 당시에는 큰 발전이었어. 게다가 시민들로 구성된 400인 회의를 만들어 평민들에게 도움이 될 안건을 민회에 직접 제안하도록 해 줬단다."

"이야, 솔론은 역시 평민들 편이었나 봐요."

"하지만 많은 평민들은 솔론의 개혁을 못마땅하게 여겼어."

"어머! 왜요, 다 평민을 위한 개혁으로 보이는데?"

"평민들은 솔론이 귀족의 땅을 몰수해 평민들에게 나누어 주길 바랐거든. 평민이 보기엔 솔론의 개혁이 좀 미지근했던 거야. 결국 솔론은 귀족과 평민 모두로부터 지지를 잃고 권력을 내려놓을 수밖에 없었단다. 이때 솔론을 몰아내는 데 앞장선 사람은 한때 솔론의 절친한 동지였던 페이시스트라토스였어. 평민들의 지지를 받아 아테네의 지도자로 선출된 페이시스트라토스는 무력을 동원해 귀족 세력을 몰아내 버리고 아테네의 권력을 독차지했어."

장하다의 인물 사전

페이시스트라토스
(기원전 600년?~기원전 527년) 무력을 동원해 아테네의 지도자가 된 페이시스트라토스는 솔론의 개혁을 충실히 실행해 아테네의 번영을 이끌었어.

"앗! 참주다!"

"그래, 참주가 등장했어."

"그럼, 페이시스트라토스도 평민 편이었겠네요?"

요즘 도시 빈민 문제가 심각해. 가난한 농민들이 도시로 몰리지 않도록 하려면 군대를 동원해서라도 귀족들 땅을 몰수해서 농민들에게 나눠 줘야 해.

또 상공업을 지원해 일자리도 더 늘려야겠고…

페이시스트라토스

▲ **아테네의 제우스 신전** 지금은 흔적만 남은 이 신전도 페이시스트라토스 시절 아테네에 세워졌단다.

"응. 페이시스트라토스는 솔론보다 더 평민을 위한 개혁 정책을 펼쳤어. 제일 먼저 한 일이 귀족의 토지를 빼앗아 농민들에게 나누어 주는 일이었어."

"귀족들이 가만있었어요?"

"솔론과 달리 페이시스트라토스는 반대하는 세력을 군대를 동원해 깔아뭉개 버렸기 때문에 귀족들도 어쩔 수 없었단다. 그래도 가난한 사람들이 아테네로 밀려들자 대대적인 토목 공사를 벌이고, 솔론과 마찬가지로 상공업을 적극적으로 지원해 이들에게 일자리를 만들어 주었지. 덕택에 아테네는 하루가 다르게 부강해졌어. 시민들은 입을 모아서 페이시스트라토스를 찬양했지."

"근데 가만 보니까 참주가 다스리는 게 최고인걸요!"

"흠, 하지만 페이시스트라토스가 죽은 뒤 아테네 시민들은 참주 정치가 얼마나 위험한지 뼈저리게 느끼게 된단다."

"왜요? 무슨 일이 있었는데요?"

"페이시스트라토스를 이어 그의 두 아들이 차례로 아테네의 참주가 되었어. 그런데 아버지와는 달리 이들은 자기 욕심만 챙기고, 군대를 동원해 시민들을 괴롭히기 일쑤였지. 결국 아테네의 시민들은 힘을 모아 참주를 몰아내고 클레이스테네스를 새로운 지도자로 선출했어. 클레이스테네스는 여러 가지 개혁을 실시해 아테네 민주 정치의 기틀을 닦은 인물이란다."

"클레이스테네스가 무슨 일을 했는데요?"

"우선은 또다시 참주가 등장하는 걸 막기 위해 도편 추방제라는 제도를 만들었어."

"도편 추방제? 그게 뭔데요?"

"응, 해마다 시민들에게 깨진 도기 조각에 혹시 참주가 될 수 있는 위험 인물의 이름을 적어 내도록 한 제도야. 그래서 6,000표 이상 이름이 나온 사람은 10년 동안 아테네에서 추방했어. 도기 조각에 이

어떻게 하면 또다시 참주가 등장하는 걸 막을 수 있을까? 제일 좋은 건 위험 인물을 찾아내 미리 추방해 버리는 건데……

클레이스테네스

장하다의 인물 사전

클레이스테네스 (기원전 566년~기원전 493년) 도편 추방제를 실시해 참주의 등장을 막고, 500인 회의를 만들어 더 많은 시민들이 정치에 참여할 수 있게 했어.

름을 적어 내게 해 추방했다고 해서 도편 추방제라고 한단다."

"근데, 왜 도기 조각이지?"

"종이가 없고 제일 흔해 빠진 게 도기 조각이니까 그런 거 아닐까?"

"시민들한테 밉보였다가는 죄 없이 쫓겨날 거 같은데요?"

왕수재는 잘 납득이 안 되는 모양이었다.

"실제로 그런 경우도 있었대. 하지만 참주한테 된통 당해 본 아테네 시민들은 이런 방법을 써서라도 독재자가 나타나는 걸 막고 되도록 많은 사람이 정치에 참여해야 한다고 생각했어. 그래서 클레이스테네스는 400인 회의를 500인 회의로 확대했지."

"휴~, 알고 보니 아테네에서도 민주주의가 그냥 얻어진 게 아니었네요."

장하다가 이마의 땀을 닦으며 고개를 절레절레 저었다.

▲ **도편 추방제에 쓰인 도기 조각** 투표에서 많은 표를 얻은 사람은 10년간 아테네를 떠나야 했단다.

곽두기의 국어 사전

독재자 홀로 독(獨) 결정 할 재(裁). 모든 권력을 가지고 모든 일을 혼자 마음대로 처리하는 사람을 가리켜.

 **용선생의 핵심 정리**

귀족과 평민의 대립 속에서 차츰 평민의 권리가 강화되고 민주주의가 뿌리내리게 됨. 기원전 487년에는 참주의 등장을 막기 위해 도편 추방제가 도입됨.

병영 국가의 길을 걸은 스파르타

곽두기의 국어사전

병영 국가 병사 병(兵) 진영 영(營). 즉 병사들이 모여 생활하는 곳을 병영이라고 해. 병영 국가는 군대처럼 조직되어 있는 국가를 말하지.

"그런데 말이지, 아테네와 함께 그리스를 대표하는 폴리스였던 스파르타는 아테네와 정반대였어. 스파르타는 모든 시민이 군인이고, 폴리스 전체가 군대나 다름없는 병영 국가였거든."

"엥? 왜 그렇게 다른 거죠?"

"그 이유는 조금 이따 설명해 줄게. 먼저 스파르타의 특이한 제도부터 알아보자. 제일 먼저 눈에 띄는 건 왕이 두 명이라는 거야."

"네? 나라는 하나인데 왕이 둘이라고요?"

"그렇단다. 워낙 전쟁이 잦았기 때문에 왕이 전쟁에 나가 있을 때 폴리스를 다스릴 왕이 또 한 명 있어야 했기 때문이지. 또 나라의 주요한 정책은 두 명의 왕과 60세가 넘는 원로 28명이 결정했어."

"시민들은 아무런 권리도 없어요?"

용선생의 세계사 돋보기

이처럼 극소수의 사람이 정치를 도맡아 하는 제도를 과두정이라고 해. 소수의 우두머리들이 하는 정치라는 뜻이지.

"그렇진 않았어. 30세가 넘은 시민으로 이루어진 민회가 있었거든. 시민들은 민회에서 원로원의 결정에 대해 찬반으로 의견을 낼 수 있었지. 하지만 대개는 왕과 원로원이 결정한 내용을 충실히 지키며 60세까지 군인으로 살았어."

"엥? 할아버지가 될 때까지 군인으로 살았다고요?"

장하다가 생각도 하기 싫다는 듯이 몸을 부르르 떨었다.

"스파르타가 이렇게 한 건 원주민의 반란을

▲ **스파르타** 그리스에서 손꼽히는 곡창 지대인 펠로폰네소스반도 남부에 자리 잡고 있었어.

▸ 펠로폰네소스반도 남부의 평원
그리스의 다른 지역과 달리 꽤 넓은 평원이 펼쳐져 있어.

막아야 했기 때문이었어."

"원주민의 반란이라고요?"

"응. 스파르타는 암흑시대였던 기원전 1100년 무렵에 그리스로 내려온 도리스인이 만든 폴리스란다. 아테네와 달리 스파르타는 좁은 해안 지대가 아니라 펠로폰네소스반도 내륙의 넓고 비옥한 평야 지대였지. 스파르타는 암흑시대 내내 계속 정복 전쟁을 벌여 기원전 700년 무렵에는 펠로폰네소스반도 남부 지역을 거의 장악했지. 스파르타인들은 정복한 땅의 원주민을 노예로 부려 농사를 지었어. 견디다 못한 원주민은 대대적으로 반란을 일으켰고, 스파르타는 천신만고 끝에 간신히 반란을 진압했지. 놀란 스파르타는 이때부터 원주민의 반란을 막는 걸 제일 중요한 과제로 여겼어. 스파르타가 아테네와 반대로 병영 국가가 된 것도 그 때문이었어."

"아무리 그래도 모든 시민이 평생 군인으로 살아야 한다는 건 너무한 거 아니에요?"

왕수재의 지리 사전

펠로폰네소스반도 그리스의 남부에 혹처럼 붙어 있는 커다란 반도야. 그리스 본토와 달리 내륙에 넓고 비옥한 평야가 펼쳐져 있어.

↑ **스파르타인의 시중을 드는 원주민**
원주민은 철저히 노예로 취급받았고, 사는 곳을 마음대로 떠날 수도 없었어. 스파르타인이 실수로 원주민을 죽이더라도 죄가 되지 않을 정도였지.

↑ **스파르타의 노예였던 원주민** 스파르타인에게 정복당한 원주민을 헤일로타이라고 부르는데, 이들은 노예처럼 모든 육체 노동을 도맡았어.

왕수재의 말에 용선생이 고개를 저었다.

"사정이 그렇게 만만하지가 않았단다. 원주민의 인구는 스파르타인의 10배나 됐거든. 조금이라도 방심했다가는 단숨에 끝장이 날 수 있었지. 스파르타인들은 원주민을 철저히 짓밟아 아예 대항할 엄두도 내지 못하게 만들어야 했어. 너희들 혹시 스파르타식 훈련이라는 말 들어 봤니?"

"음, 네. 무슨 학원 광고에서 봤어요. 스파르타식 교육으로 반드시 점수를 올려 준다고."

하다의 말에 용선생이 빙긋 웃었다.

"그 스파르타식 교육이 바로 스파르타의 군사 훈련에서 따온 말이란다."

"으아, 그래요? 스파르타 군사 훈련이 어땠길래요?"

"진짜 스파르타식 훈련이 어땠는지 한번 알아볼까? 우선 스파르타인들은 일곱 살이 되면 남자아이의 경우 가족을 떠나 훈련소로 들어갔어. 추위에 강해야 한다며 옷도 주지 않고 신발도 주지 않았지. 언제나 알몸에 맨발로 훈련을 받아야 했어. 머리도 빡빡 밀었지. 그리고 매일같이 혹독한 군사 훈련과 신체 단련에 매달렸단다."

"헉! 일곱 살이면 겨우 유치원생이잖아요."

"또 희생정신과 예의를 익히게 하려고 지혜롭고 많은 공을 세운 어른으로부터 글을 읽고 쓰는 법, 음악과 무용, 공공 예절 같은 지식도 배우게 했어. 모든 시민을 최고의 전쟁 기술과 교양, 희생정신을 갖춘 시민으로 기르려고 했던 거야. 스무 살이 되면 훈련소를 졸업하고 정식으로 군대에 들어가는데, 거기서도 몇십 명 단위로 팀을 짜서 서른 살이 될 때까지 함께 먹고 생활하며 훈련을 거듭했지."

"으으, 잠깐만요. 훈련 기간 13년에, 다시 군대 생활 10년. 으악~!"

"하하, 아직 끝난 게 아니야. 서른 살이 된 남성은 비로소 스파르타 시민으로 인정받게 돼. 하지만 결혼을 하고 아이를 낳아 가정을 꾸린

뒤에도 60세까지 계속 군인으로 복무하며 군사 훈련을 받아야 했어. 한마디로 모든 스파르타 사람은 걸음마를 시작할 때부터 늙어서 움직일 수 없을 때까지 군인으로 살았던 거야."

"아무리 반란이 무서워도 평생 군인으로 살아야 하다니 너무 심한 거 아냐?"

나선애가 입술을 곱씹으며 중얼거렸다.

"물론 우리로서는 이해하기 어렵지만, 스파르타인들은 혹독한 훈련을 통과해 시민이 되었다는 데 굉장한 자긍심을 가졌대. 그래서 스파르타 시민들은 늘 시민다운 행동을 유지하려고 애썼어. 스파르타에서는 범죄를 저지르거나, 명예를 더럽히면 시민의 자격을 박탈해 버렸지. 아테네와 전혀 다른 길을 걸었던 스파르타가 아테네와 함께 그리스를 대표하는 강력한 폴리스로 성장할 수 있었던 데는 스파르타인의 이런 자긍심이 큰 역할을 했단다."

 **용선생의 핵심 정리**

아테네와 달리 스파르타는 두 명의 왕과 28명의 원로가 나라의 중요한 정책을 결정. 원주민의 반란을 억제하기 위해 '스파르타식'으로 불리는 강력한 병영 국가를 유지함.

그리스가 페르시아에게 승리를 거두다

이야기를 잠시 멈춘 용선생은 갑자기 팔짱을 끼며 짐짓 목소리를 내리깔았다.

"자, 이렇게 여러 폴리스가 나름대로의 방식으로 발전을 거듭하던 그리스는 기원전 500년 무렵에 절체절명의 위기에 처하게 된단다. 서아시아를 통일한 대제국 페르시아, 기억하지? 바로 그 페르시아가 대군을 이끌고 그리스로 쳐들어온 거야."

"페르시아? 아, 생각났다! 지난 시간에 말씀하셨던 꼬맹이와 거인의 싸움!"

장하다가 지난 시간에 용선생이 슬쩍 흘렸던 이야기를 떠올렸다.

"사실 페르시아는 그리스한테 별 관심도 없었어. 문제는 아나톨리아반도의 서쪽 해안에 있는 이오니아 지방이었단다. 이오니아 지방에는 그리스인이 세운 식민 도시가 많았는데, 키루스 대왕 때 모두 페르시아 제국한테 정복당했어. 이 식민 도시들이 50년쯤 뒤인 다리우스 대왕 때 대규모로 반란을 일으킨 거야."

"어머, 왜 반란을 일으켜요? 페르시아는 정복한 지역에 관용 정책을 폈잖아요?"

"아무리 관용 정책을 펴도 페르시아 왕에게 세금을 바치고, 걸핏하면 전쟁에 동원되는 게 뭐가 좋겠니. 게다가 페르시아가 임명한 그리스인 참주들이 페르시아의 비위를 맞추느라 현지 주민을 억압하자 현지 주민의 불만이 컸지. 이런 상태에서 밀레토스의 그리스인 참주가 처벌받을 위기에 처하자 거꾸로 반란을 선동했고, 여기에 다른 그리스 식민 도시들이 가세하면서 반란이 커졌던 거야."

↑ 이오니아 지방 아나톨리아반도 서쪽 해안 지방으로 이곳의 폴리스들은 대부분 그리스의 식민 도시였어.

▲ 밀레토스 밀레토스는 이오니아에서 가장 큰 폴리스였어. 사진 속 건물은 밀레토스에 있는 아폴론 신전 유적이란다.

"반란은 이오니아 사람들이 일으켰는데 왜 엉뚱하게 아테네로 쳐들어온 거죠?"

"그건 아테네가 이오니아의 반란을 도왔기 때문이야. 아테네는 페르시아가 이오니아 지방을 발판으로 삼아 지중해 해상 무역을 장악하는 것을 경계했어. 그래서 이오니아의 반란을 도와 페르시아의 해상 진출을 막으려고 했던 거지. 하지만 아테네의 지원에도 불구하고 반란군은 막강한 페르시아군에 진압되고 말았어. 다리우스 대왕은 다시는 반란을 일으키지 못하도록 그리스 세력의 본거지인 아테네를 박살 내 버리기로 결심했지."

"다리우스 대왕? 페르시아 제국의 전성기를 열었던 다리우스 대왕 말씀인가요?"

"맞아, 바로 그 다리우스 대왕이야."

"그렇다면 페르시아 제국이 제일 막강할 땐데! 그리스 진짜 큰일 났다."

"기원전 490년, 기록에 따르면 동지중해의 키프로스섬에서 약 20만 명의 페르시아군이 600척의 배에 나눠 타고 아테네를 향해 출발했어. 원정군은 에게해에 흩어져 있는 섬들을 차례차례 점령하며 그리스 본토를 향해 항해해 갔지. 페르시아군의 목적지는 아테네 근처에 있는 마라톤 평원! 평야가 넓게 펼쳐져 있어서 페르시아 군대의 자랑인 기병대가 위력을 보여 주기에 적합한 곳이었지. 아테네군으로서도 아테네를 지키려면 이곳에서 반드시 페르시아군을 막아 내야 했어."

왕수재의 지리 사전

마라톤 평원 아테네에서 40킬로미터 남짓 떨어진 동쪽 해안 지방의 지명이야.

"이걸 어째. 아테네, 큰일 났네요."

"발등에 불이 떨어진 아테네는 스파르타를 포함한 여러 폴리스에 지원군을 요청했어. 하지만 가까운 폴리스 한 곳에서 1,000명의 지원군을 보낸 게 전부였어. 결국 아테네는 모든 시민이 죽을 각오로 싸우기로 하고, 중장보병 9,000명을 마라톤 평원으로 보냈지."

"다 합해서 겨우 1만 명? 페르시아군은 20만 명인데? 아이고, 망했다."

장하다가 안타깝다는 듯 고개를 설레설레 흔들었다.

"마라톤 평원에 도착한 아테네군은 삼면에서 페르시아군을 포위하는 형태로 진을 쳤어. 그리고 바다를 등지고 있었던 페르시아군을 향해 돌격했지. 두 군대

↑ 아테네와 마라톤 평원

▲ **마라톤 전투 기록화** 페르시아군의 사망자는 6,400명인 데 비해 아테네군의 사망자는 채 200명도 되지 않았지.

는 오랜 시간 서로 밀고 밀리는 치열한 전투를 벌였어. 그러던 중 페르시아군의 좌우 부대가 아테네군에 패해 바닷가로 도망가기 시작했어. 이 틈을 놓치지 않고 아테네의 중장보병이 대열을 갖추어 긴 창으로 페르시아군을 무차별 공격하면서 전세가 급격히 아테네로 기울었지."

"어, 페르시아군이 진 거예요?"

"응, 페르시아군은 아테네군에 포위당해 대패했어. 페르시아군은 허겁지겁 배로 돌아가 아티카반도를 돌아서 아테네를 직접 공격하려고 했지만, 마라톤에서 승리한 아테네군이 쉬지도 않고 도시로 돌아와 방비를 갖춘 걸 보고 그만 페르시아로 돌아가야만 했단다. 페르시아와 싸움에서 아테네가 승리를 거둔 거야."

마라톤 경기의 유래

마라톤 전투에서 승리한 아테네군은 아테네로 페이디피데스라는 전령을 보내 아테네군의 승리 소식을 전하게 했어. 전령은 이 기쁜 소식을 한시라도 빨리 전하기 위해 아테네까지 쉬지 않고 달려갔고, 도착해 '아테네가 승리했다!'는 한마디를 외치고는 숨을 거두었지. 이 일을 기념하기 위해 마라톤에서 아테네까지의 거리인 42.195킬로미터를 달리는 마라톤 경기가 시작되었대. 하지만 마라톤의 유래에 대한 이 이야기가 사실이 아니라는 말도 있어. 페이디피데스는 마라톤 전투가 있기 전 원군을 청하기 위해 아테네에서 스파르타로 파견됐던 전령이라는 거야. 어쨌든 이 전설은 제1회 근대 올림픽 마라톤 경기의 바탕이 되었어. 우승자는 그리스의 목동인 스피리돈 루이스였지. 폭발적인 관심을 모았던 마라톤 경기에서 우승한 스피리돈에게 그리스 국왕은 소원을 말하면 무엇이든 들어주겠다고 약속했어. 그러자 목동은 물을 나를 수 있는 마차와 힘센 말 한 마리면 충분하다고 대답했대.

↑ 1992년 바르셀로나 올림픽 금메달리스트인 황영조 선수

"와! 아테네가 거대한 제국을 물리친 거네요."

"그래, 1차전은 이겼어. 하지만 어디까지나 마라톤 전투는 예고편에 불과했단다. 꼭 10년 만인 기원전 480년, 이번에는 다리우스의 아들 크세르크세스가 직접 육군 170만 명과 1,200여 척의 함선을 이끌고 다시 한 번 육로와 해로 양면으로 그리스를 공격해 왔어."

"우아, 그리스를 완전히 쓸어버리려고 작정을 했나 봐."

"사실 100만 명이 넘는 군대는 과장이고 실제로는 대략 20만 명이 쳐들어왔을 거야. 그리스도 페르시아의 침략을 어느 정도 예상하고 있었어. 그래서 아테네와 스파르타를 중심으로 그리스의 거의 모든 폴리스가 동맹을 맺고 대비를 하고 있었지. 동맹군의 지휘는 스파르타와 아테네가 분담해 육군은 스파르타가, 해군은 아테네가 맡기로 했어. 스파르타의 레오니다스왕은 그리스 연합군 5,200명을 이끌고 테르모필레라는 해안의 협곡에 진을 치고 페르시아군을 기다렸어. 테르모필레는 해안의 좁은 고갯길이어서 적은 군사로 많은 수의 적

↑ 페르시아 전쟁 요약 정리
① 이오니아의 반란: 기원전 499년. 밀레토스가 주도한 반란을 아테네가 지원.
② 마라톤 전투: 기원전 490년. 아테네의 중장보병이 페르시아군에 대승을 거둠.
③ 테르모필레 협곡 전투: 기원전 480년. 스파르타의 레오니다스왕이 이끄는 결사대가 페르시아 대군을 3일간 막아 냄.
④ 살라미스 해전: 기원전 480년. 아테네 해군이 살라미스 해협에서 페르시아 해군을 몰살시킴.

◆ 테르모필레 전투
레오니다스왕이 이끈 300명의 결사대를 소재로 만든 영화 <300>의 한 장면이야.

을 막아 내기에 유리한 곳이었거든."

"아무리 그래도 5,000명 대 수십만 명인데 싸움이 되겠어요?"

"그래, 정말 말도 안 되지. 페르시아 궁수들이 일제히 화살을 쏘면 화살이 하늘을 새까맣게 뒤덮어 대낮에도 해가 보이지 않을 정도였지. 하지만 레오니다스와 군사들은 테르모필레 고개를 틀어막은 채 3일 동안이나 페르시아의 맹렬한 공격을 버텨 냈어. 그런데 배신자 한 명이 페르시아군에 다른 길을 알려 줬어. 페르시아군에 포위당한 레오니다스는 300명의 결사대를 이끌고 한 명도 남김없이 전사할 때까지 페르시아군에 맞서 장렬히 싸웠지."

"그럼, 그리스군이 진 건가요?"

허영심이 걱정스러운 표정으로 묻자 왕수재가 얼른 끼어들었다.

"다 죽었으면 진 거지."

그러자 용선생이 의미심장한 미소를 지었다.

↑ 레오니다스왕의 동상
스파르타에 세워져 있어.

왕수재의 지리 사전

살라미스섬 아테네에서 16킬로미터 떨어진 곳에 있는 작은 섬이야. 아테네의 높은 곳에 올라가면 그 모습이 보일 정도로 가까운 곳이지.

"아직 끝난 게 아니야. 아테네가 이끄는 해군이 있잖아. 스파르타가 시간을 끄는 동안 아테네는 시민들을 모두 배에 싣고 살라미스섬으로 피난을 갔어. 페르시아군이 아테네에 들어갔을 때 이미 아테네는 텅텅 비어 있었지. 뒤늦게 사태를 파악한 크세르크세스왕은 화풀이 삼아 도시를 모조리 불태워 버렸단다. 크세르크세스는 아테네의 항복을 받아 내 아테네를 완전히 굴복시키려고 했어. 그러려면 아테네 해군이 지키는 살라미스섬을 점령해야 했지. 크세르크세스는 함대를 총출동시켜 살라미스로 향했어. 하지만 그건 바로 아테네 해군이 준비한 함정이었지."

나선애의 세계사 사전

삼단노선 물을 젓는 노가 3단으로 배치된 배를 가리켜. 젓는 힘이 아주 뛰어나 빠른 속도를 낼 수 있었어.

"함정? 무슨 함정인데요?"

"바다 자체가 함정이었어. 아테네와 살라미스섬 사이의 살라미스 해협은 물살이 아주 빨라서 페르시아 함선들처럼 덩치 큰 배는 조종하기가 어려웠거든. 반면에 그리스의 삼단노선은 덩치는 작지만 힘

↓ 그리스의 삼단노선

↑ 살라미스섬의 살라미스 해전 기념 조각상

이 좋아 빠른 물살에도 전혀 떠밀리지 않고 원하는 대로 조종을 할 수가 있었지. 또 그리스 배는 뱃머리가 단단해서 적선의 옆구리를 들이받아 침몰시키는 것이 특기였어. 아테네 시민들이 살라미스섬으로 도망친 것은 페르시아 함대를 이곳으로 유인하기 위해서였지. 역시나 살라미스 해협으로 접어들자마자 페르시아 함대들이 방향을 잃고 허우적거리기 시작했어. 그때 아테네 해군의 삼단노선이 일제히 페르시아 함선의 옆구리를 향해 돌진했지. 곳곳에서 우지끈, 빠지직 하는 소리가 나고, 그와 동시에 옆구리가 부서진 페르시아 함선이 바다 밑으로 가라앉았어. 결국 페르시아 해군은 이 전투에서 전멸을 당하다시피 하고 말았단다."

↑ 헤로도토스
(기원전 484년~기원전 425년)
그리스의 역사가. 《역사》라는 책에 그리스·페르시아 전쟁에 대해 상세한 기록을 남겼어.

"페르시아가 아테네 계획에 완전히 휘말린 거네요."

"게다가 해군의 전멸로 페르시아 군대는 바닷길을 통한 식량 수송마저 막혀 버렸어. 수십만이나 되는 대군이 꼼짝없이 굶주릴 처지가 된 거지. 결국 크세르크세스는 일부 군대만 남기고 철수해야 했어. 기원전 479년, 그리스는 다시 한 번 동맹군을 조직해 그리스에 남아 있던 페르시아군을 공격해 대승을 거두었지. 이렇게 해서 페르시아의 그리스 원정은 또다시 참담한 실패로 끝나고 만단다."

용선생의 핵심 정리

그리스 연합군이 그리스·페르시아 전쟁에서 대제국 페르시아를 물리침. 기원전 490년, 마라톤 평원에서 마라톤의 기원이 된 마라톤 전투가 벌어졌음.

아테네가 민주주의의 황금기를 맞이하다

"대제국 페르시아의 침략을 막아 낸 그리스는 이제 거칠 것이 없었어. 특히 승리의 주역이었던 아테네의 기세는 하늘을 찔렀지. 전쟁은 아테네의 민주주의가 한층 발전하는 계기가 되었어. 갑옷이며 무기를 구입할 수 있는 중산층은 중장보병으로, 그마저 없는 가난한 시민은 맨 몸뚱이로도 가능한 노잡이로 전쟁에서 혁혁한 공을 세워 그만큼 목소리를 낼 수 있는 기회가 늘어났거든. 페르시아 전쟁이 끝난 이후 아테네의 민주주의는 부유한 시민만이 아니라 모든 시민이 참여하는 민주주의로 발전했어."

"흠, 이제야 진정한 민주주의가 시작되는군."

왕수재가 목소리를 깔며 말했다.

"그래. 이때 아테네의 지도자는 페리클레스였어. 훌륭한 인품과 뛰어난 연설로 시민들의 열렬한 지지를 받았지. 누구보다 민주 정치를 신봉했던 페리클레스는 가난한 시민도 아테네 최고 관직을 맡을 수 있도록 법을 고쳤어. 그리고 열흘에 한 번꼴로 모든 시민이 참석하는 민회를 열어서 아테네의 중요한 일들을 결정했지. 또 관직을 맡은 사람에게는 수당을 주도록 했어."

↓ 페리클레스
(기원전 495년?~기원전 429년) 아테네 민주주의의 황금기를 이끌었어.

"수당? 그럼 여태까지는 관리들이 수당도 안 받았다는 건가요?"

"그렇단다. 그래서 하루하루 먹고살기 바쁜 가난한 사람들은 누가 관직을 맡으라고 해도 맡을 수가 없었지. 하지만 페리클레스의 개혁 덕택에 가난한 사람도 먹고살 걱정 없이 관직을 맡을 수 있게 되었어. 페리클레스가 아테네를 이끌던 시기를 아테네 민주주의의 황금기라고 부른단다."

"에이, 말이 민주주의지, 그 옛날에 무슨 민주주의겠어요? 호호."

"페리클레스가 아테네 시민들에게 행한 유명한 연설을 들어 보면 아마 생각이 달라질걸. 2,500년이 지난 지금도 역사상 최고의 연설로 꼽힐 만큼 명연설이지."

용선생이 컴퓨터를 만지작거리자 스피커에서 묵직하면서도 카랑카랑한 목소리가 흘러나왔다.

용선생의 세계사 돋보기

'페리클레스의 추도 연설'로 알려진 연설이야. 전쟁에서 전사한 시민들을 위한 추도식에서 행한 연설이지. 그리스의 역사가 투키디데스는 《펠로폰네소스 전쟁사》에 이 연설을 기록해 후세에 전했어.

오늘 우리는 아테네를 위해 목숨을 바친 위대한 시민들을 기리기 위해 이곳에 모였습니다. 이들이 지키고자 했던 아테네는 어떤 나라인가요?

우리의 정치 체제는 다른 나라의 제도를 흉내 낸 것이 아닙니다. 오히려 우리의 제도가 다른 나라의 모범이 됩니다. 소수가 독점하지 않고 다수가 정치에 참여하는 이 제도를 민주주의 체제라고 합니다. 민주주의 체제에서는 모든 시민이 똑같은 권리를 갖습니다. 예를 들어 공무원을 뽑을 때도 그 사람의 능력과 업적을 따지지 출신 가문을 따지지 않습니다. 가난하다고, 가문이 별 볼 일 없다고 해서 길이 막히는 일은 없습니다.

우리는 개인 생활에서도 완벽한 자유를 누리며 살고 있습니다. 그런 가운데서 일상의 피로를 씻어 주는 교양과 오락, 축제도 충분히 즐기고 있습니다. 자녀 교육에서도 우리는 스파르타와 다릅니다. 스파르타는 어릴 적부터 엄격한 훈련을 실시해 용기를 기르도록 합니다. 하지만 우리 아테네는 자유로운 분위기에서 자녀들을 키우면서도 그들은 위기가

그리스에 찾아온 폴리스의 전성시대

닥쳤을 때 절대 물러서지 않습니다. […] 우리는 절박함 속에서도 아름다움을 사랑하고, 지식을 존중합니다.

우리는 부를 추구하지만, 그것은 더 많은 가능성을 얻기 위한 것이지 결코 부를 자랑하기 위한 것이 아닙니다. 우리는 가난을 부끄러워하지 않는 대신 가난을 극복하려는 노력을 게을리하는 것을 몹시 부끄러워합니다. […] 아테네에서 정치에 관심이 없는 시민은 조용한 성품을 가진 자가 아니라 시민으로서의 자격이 없는 자입니다.

모든 면에서 우리 아테네는 그리스의 학교입니다. 아테네의 시민 한 사람 한 사람은 명예와 경험, 뛰어난 자질을 갖춘 완성된 인격을 가지고 있습니다.

시민 여러분! 아테네는 모든 도시의 모범이며, 아테네인은 세계에서 가장 앞서가는 문명인입니다. 이 아테네를 지키기 위해 안타깝게도 전쟁에서 기꺼이 많은 사람들이 목숨을 바쳤습니다. 우리 아테네는 살아남은 자와 죽은 자의 모든 후손들에게 반드시 그 희생에 따라 보상할 것입니다.

↑ 전사자를 위한 추도식에서 연설하는 페리클레스

"짝, 짝, 짝!"
"우아! 페리클레스 정말 멋져!"
"이게 바로 페리클레스가, 아니 모든 아테네인이 꿈꿨던 민주주의였어. 지금의 민주주의와 비교해도 전혀 손색이 없는 훌륭한 민주주의지."
"2,500년 전에 저런 민주 정치를 하다니, 정말 대단해요. 연설도 너무나 감동적이고요."

▲ 파르테논 신전의 페디먼트 장식
건물 입구 위쪽의 삼각형 부분을 페디먼트라고 하는데, 그리스 로마 시대에는 여기에 조각 장식을 하는 경우가 많았어. 파르테논 신전의 동쪽 페디먼트에는 제우스의 머리에서 아테네의 수호신인 아테나 여신이 탄생하는 장면이 정교하게 조각되어 있어.

기둥 위의 가로대를 장식한 조각으로 신들 앞에서 행진하는 기병들의 모습이 담겨 있어.

신전 안에는 사제들만 들어갈 수 있었어. 일반 시민들은 신전 바깥에서 기도와 제사를 올렸어.

▲ 아테나 여신 복원상
신전 안에는 높이 10미터에 달하는 커다란 아테나 여신의 신상이 모셔져 있었어.

▲ 파르테논 신전 복원도
페리클레스 시대에 지어진 파르테논 신전은 아테네의 수호신 아테나 여신에게 바쳐진 신전이야. 그리스의 상징이자 가장 아름다운 건축물로 손꼽히지.

◀ 아크로폴리스 정상에 우뚝 솟아 있는 파르테논 신전

파르페논 신전의 놀라운 건축 기법

▲ 디오니소스 극장 아테네의 아크로폴리스에 있어. 최대 1만 7천 명까지 수용할 수 있는 큰 극장이었지. 이 극장에서 공연된 소포클레스의 <오이디푸스왕>, 에우리피데스의 <트로이의 여인들> 같은 연극들은 훗날 서양 연극의 기원이 되었어.

"페리클레스가 아테네를 통치한 30년 동안 아테네의 국력은 절정에 달했어. 지중해 최강인 아테네 해군 덕택에 상인들은 마음껏 바다를 누볐고, 역사에 길이 남을 화려한 신전과 건축물, 항구를 잇달아 건설했지. 또 페리클레스가 문화와 예술을 적극적으로 후원한 덕분에 아테네는 명실상부한 그리스 문화의 중심지로 자리를 굳혔어. 아고라에서는 위대한 철학자들이 열띤 토론을 펼쳤고, 원형 극장에서는 서양 연극의 기원이 되는 연극을 활발하게 공연했지. 그러나 그럴수록 아테네에 대한 불만의 소리도 점점 높아져 갔단다."

"어? 그건 왜요? 아테네가 다른 폴리스들을 못살게 굴기라도 했나요?"

"하하, 그건 다음 시간에 공부하게 될 거야. 자, 애들아. 오늘은 여기까지 하자꾸나. 안녕~!"

> 용선생의 핵심 정리
>
> 그리스·페르시아 전쟁의 승리 후 페리클레스가 아테네 민주주의의 전성기를 이끌었음. 파르테논 신전도 이때 건설됨.

나선애의 정리노트

1. 번성하는 폴리스

- **폴리스**: 고대 그리스에 발달한 도시 국가를 가리키는 말
  - → **아크로폴리스**: 폴리스의 중심지. 언덕 위에 지어진 요새와 신전 등으로 구성
  - → **아고라**: 시민들의 연설과 토론, 시장이 열리는 도시 중심의 광장
- 폴리스끼리는 크고 작은 전쟁이 많았지만 같은 그리스어를 쓰고 같은 신을 믿음.
  - → 4년에 한 번은 전쟁을 멈추고 올림피아 제전을 개최함.

2. 고대 그리스 민주주의의 탄생

- 해상 무역을 통해 부자가 된 평민이 전쟁에 참여 → 평민의 힘이 커짐.
  - → 평민들의 지지를 얻은 귀족인 참주가 등장해 폴리스를 다스림.
  - → 참주를 몰아내고 모든 시민이 폴리스 운영에 참여하는 민주주의 제도가 탄생
- * 성인 남성 시민만 참여할 수 있는 한계가 있음.

3. 아테네의 민주 정치 발전 과정

솔론	아테네 시민의 빚 탕감, 상공업 진흥 400인 회의 → 재산을 기준으로 참정권 부여(금권 정치)
페이시스트라토스	평민의 지지를 받아 귀족들을 무력으로 제압(참주 정치)
클레이스테네스	도편 추방제 실시 → 참주의 등장을 막음 400인 회의를 500인 회의로 확대

4. 그리스·페르시아 전쟁과 그 영향

- **1차 침입**: 이오니아 반란을 계기로 시작. 아테네가 마라톤 전투에서 승리
- **2차 침입**: 테르모필레 협곡에서 스파르타가 맞섬. 아테네가 살라미스 해전에서 승리
- 페르시아 전쟁 이후 아테네는 페리클레스의 지도 아래 민주주의의 황금기를 맞이함!
  - → 관직 수당 지급, 민회 중심의 직접 민주주의 확대

세계사 퀴즈 달인을 찾아라!

1 빈칸에 들어갈 알맞은 말을 써 보자.

○ 고대 그리스에 발달한 도시 국가를 ○○○ 라고 한다. ( )

○ 도시 중심의 광장 ○○○에서는 시민들의 연설과 토론이 벌어졌다. ( )

○ 폴리스의 언덕 위에는 요새와 신전으로 구성된 ○○○○○○가 있었다. ( )

3 아테네의 민주 정치 발전 과정의 순서로 알맞은 것은? ( )

① 참주 정치 - 도편 추방제 - 금권 정치
② 금권 정치 - 도편 추방제 - 참주 정치
③ 금권 정치 - 참주 정치 - 도편 추방제
④ 도편 추방제 - 참주 정치 - 금권 정치

2 고대 그리스에 대한 설명으로 알맞은 것에 ○표, 알맞지 않은 것에 X표 해 보자.

○ 그리스의 폴리스들은 모두 다른 언어를 사용하였다. ( )

○ 아테네에서는 노예와 외국인을 제외한 성인 남녀가 모두 정치에 참여했다. ( )

○ 그리스의 폴리스들은 4년에 한 번은 전쟁을 멈추고 올림피아 제전을 개최했다. ( )

4 클레이스테네스가 무능한 참주가 등장하는 것을 막기 위해 매년 실시한 이 제도는 무엇일까?

(   )

6 아테네의 정치가 한 명이 자신의 정책을 소개하고 있어. 이 사람은 누구일까?   (   )

> 우리 아테네에서는 아무리 가난한 사람일지라도 최고의 관직을 맡을 수 있도록 법을 고쳤지. 그리고 열흘에 한 번꼴로 모든 시민이 참석하는 민회를 열어서 폴리스의 중요한 일을 결정한다네. 그리고 관직을 맡은 사람에게는 수당을 챙겨 줬지.

① 솔론
② 페리클레스
③ 클레이스테네스
④ 페이시스트라토스

5 그리스·페르시아의 전쟁에 대한 설명으로 알맞지 <u>않은</u> 것은?   (   )

① 테르모필레 협곡 전투를 계기로 시작되었다.
② 아테네가 마라톤 전투와 살라미스 해전에서 승리하였다.
③ 페르시아 전쟁 이후 아테네에 파르테논 신전이 건설되었다.
④ 페르시아 전쟁을 승리로 이끈 페리클레스가 아테네 민주주의의 전성기를 이끌었다.

정답은 428쪽에서 확인하세요!

용선생 세계사 카페

그리스 신화는
서양 예술의 마르지 않는 샘

신들의 왕 제우스를 비롯해 올림포스산에 머물며 세상을 다스리는 그리스의 12주신들. 한 번 정도는 들어 본 적 있지? 그리스 신화는 기원전 800년대 무렵에 각 폴리스들이 섬기던 여러 수호신들을 신들의 왕 제우스를 중심으로 하는 하나의 가계도로 정리함으로써 탄생했어. 얼마 후에는 스파르타의 선조인 헤라클레스와 아테네를 건설한 테세우스 같은 영웅도 가계도에 흡수되면서 그리스 신화는 모든 그리스인들의 마음속에 뿌리를 내리게 되었단다.

그리스 신들의 가장 큰 특징은 인간과 너무나 닮았다는 점이야. 그리스 신들은 인간처럼 사랑하고, 화내고, 때로는 질투심에 사로잡혀 실수를 저지르고, 뒤늦게 후회하지. 힘과 지혜를 두루 갖춘 신과 영웅들이 실수하고 좌절을 겪는 모습은 수많은 예술가의 상상력을 자극했어. 그래서 그리스 신화를 소재로 한 많은 걸작이 탄생했지.

그리스 신화의 신들이 사는 올림포스산
해발 2,919미터의 올림포스산 꼭대기는 항상 안개가 끼고 바람이 거세어서 사람들이 올라가기가 어려웠대.

그리스 신들의 계보도

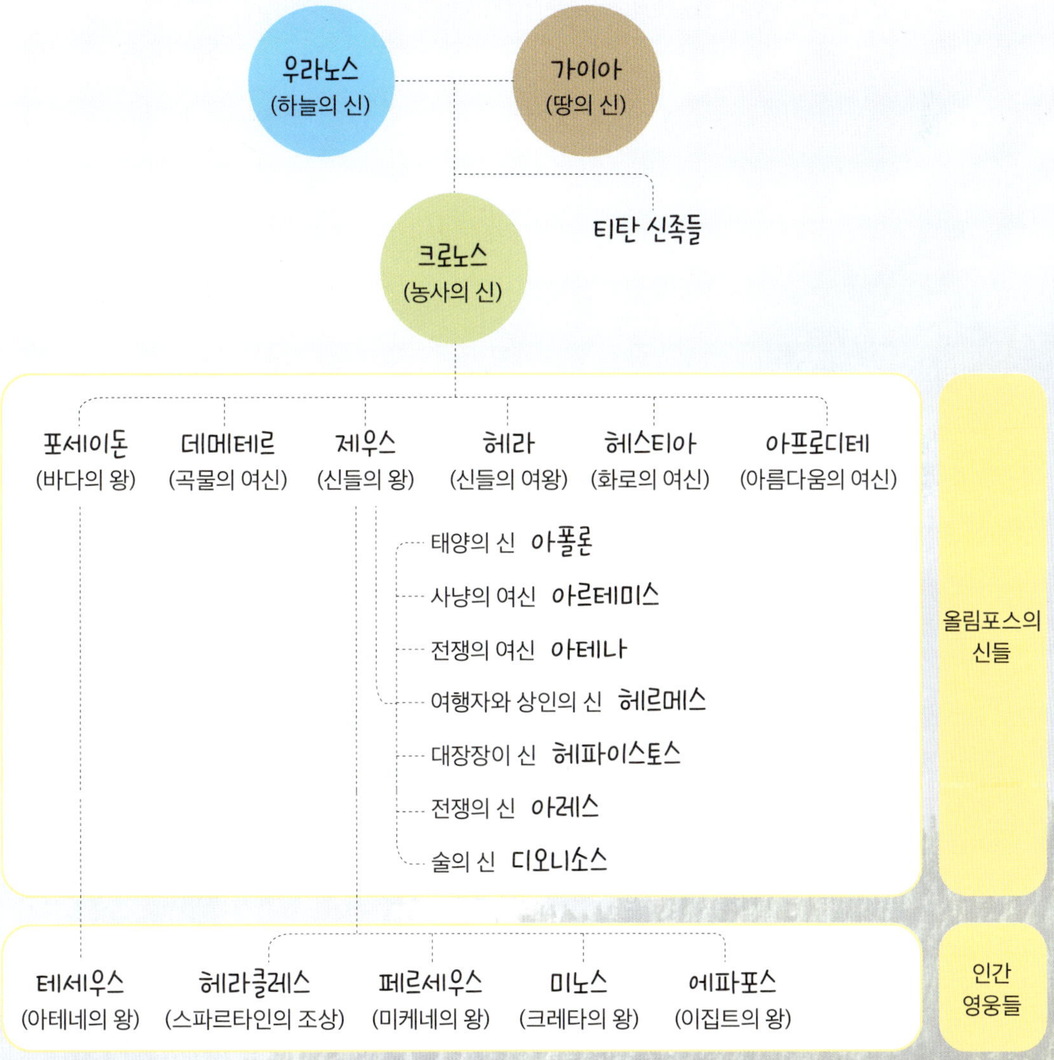

- 우라노스 (하늘의 신)
- 가이아 (땅의 신)
  - 티탄 신족들
  - 크로노스 (농사의 신)

올림포스의 신들
- 포세이돈 (바다의 왕)
- 데메테르 (곡물의 여신)
- 제우스 (신들의 왕)
  - 태양의 신 아폴론
  - 사냥의 여신 아르테미스
  - 전쟁의 여신 아테나
  - 여행자와 상인의 신 헤르메스
  - 대장장이 신 헤파이스토스
  - 전쟁의 신 아레스
  - 술의 신 디오니소스
- 헤라 (신들의 여왕)
- 헤스티아 (화로의 여신)
- 아프로디테 (아름다움의 여신)

인간 영웅들
- 테세우스 (아테네의 왕)
- 헤라클레스 (스파르타인의 조상)
- 페르세우스 (미케네의 왕)
- 미노스 (크레타의 왕)
- 에파포스 (이집트의 왕)

아폴론과 다프네

이탈리아 조각가 베르니니의 작품이야. 에로스의 장난으로 사랑에 빠진 태양의 신 아폴론과 그를 피해 달아나는 요정 다프네의 모습을 묘사하고 있어. 다프네는 아폴론에게 붙잡히기 직전에 월계수로 변신했대. 작품에서 손과 머리칼, 다리가 월계수로 변하고 있어.

켄타우로스를 죽이는 테세우스

이탈리아 조각가 안토니오 카노바의 작품으로 문명이 야만을 이기는 걸 표현했대. 테세우스는 아테네를 건설한 영웅이야.

지구를 떠받치고 있는 아틀라스

아틀라스는 티탄족 신으로 올림포스 신들과의 전쟁에서 패한 뒤 지구를 떠받치는 형벌을 받았어. 여기서 지도책을 뜻하는 영어 단어 아틀라스가 나왔어.

파리스의 심판

화가 루벤스의 작품이야. 헤라(오른쪽), 아프로디테(가운데), 아테나(왼쪽) 중에 누가 가장 아름다운지 판정해 달라는 부탁을 받은 트로이의 왕자 파리스가 여신들의 모습을 꼼꼼히 살펴보고 있어. 세 여신은 저마다 자신을 뽑아 주면 선물을 주겠다고 약속했는데, 파리스는 세상에서 가장 아름다운 여인과 결혼하게 해 주겠다고 약속한 아프로디테를 선택했단다. 루벤스는 이 주제로 여러 번 그림을 그렸어.

비너스의 탄생

르네상스 시대의 화가 보티첼리의 작품이야. 아름다움의 여신 아프로디테는 바다 위의 거품에서 탄생한 뒤 서풍을 타고 그리스로 왔대. 이 그림은 바로 아프로디테 여신의 탄생 장면을 묘사하고 있어. 왼쪽에서 서풍의 신 제피로스가 입김으로 바람을 불고 있고, 오른쪽에는 봄의 여신이 옷가지를 준비하고 있어. 로마에서는 아프로디테를 베누스라고 불렀고, 베누스를 영어로 비너스라고 해.

네메아의 사자를 잡는 헤라클레스

화가 루벤스의 작품이야. 헤라클레스는 그리스 신화에 나오는 최고의 인간 영웅으로 제우스와 인간 여인 사이에서 태어났어. 스파르타인들은 자신들을 헤라클레스의 후손으로 여겼어.

용선생 세계사 카페

이오니아 상인 탈레스와 자연 철학 이야기

자연 철학은 자연을 연구하는 철학이야. 오늘날의 과학은 관찰과 실험에 의해 증명되는 엄격한 사실을 추구하지만, 그리스 시대에는 아직 이런 기법과 도구들이 발달하지 않아 생각이나 추리가 큰 역할을 했다는 점이 다르지. 자연 과학이 아니라 자연 철학이라고 부르는 것도 그 때문이야. 자연 철학은 과학의 발달에 많은 영감과 디딤돌을 제공했는데, 그 시작은 이오니아 지방이었어.

페르시아 전쟁의 불씨가 되었던 이오니아 지방은 그리스에서 아나톨리아로 들어가는 관문이야. 그래서 먼 옛날부터 많은 그리스 상인들이

↑ **튀르키예의 마르마라 항구** 이오니아라고 불렸던 아나톨리아 서해안은 지금도 에게해와 아나톨리아를 잇는 배들로 언제나 복작거려.

이곳으로 건너가 정착했지. 도리스인이 그리스를 침략했을 때 그리스 사람들은 또 한 번 대규모로 이오니아로 옮겨 갔고, 그것을 계기로 밀레토스와 같은 대도시들이 등장했어.

이오니아는 토박이와 그리스인, 외국 상인들이 뒤섞여 살아가는 곳이었어. 자연히 종교나 관습보다 객관적인 사실을 중요하게 여기는 분위기가 만들어졌지. 이오니아에서 자연 철학이 발달한 데는 이런 배경이 있었단다.

자연 철학의 전통을 확립한 탈레스

'왜 그런지 한번 알아봅시다.' 그리스 자연 철학의 밑바탕에는 이런 생각이 깔려 있어. 바로 이런 생각을 처음 확립한 사람이 이오니아 상인 탈레스였지. 탈레스는 사업을 하는 틈틈이 '왜 그런지 알아보기 위해' 철학과 수학을 연구했어. 비례식으로 피라미드 높이를 알아낸 것은 대표적인 사례야. 탈레스는 여러 번의 실험 결과, 사물의 높이에 비례해 그림자의 길이가 달라진다는 점을 알아내고는 피라미드 옆에 조그만 막대를 세워 그 그림자의 길이와 피라미드 그림자의 길이를 재서 피라미드의 높이를 계산해 냈어. 또 달이 지구와 태양의 중간에 끼어들이 태양 빛을 가리는 것이 일식이라는 사실을 알아내고는 옛날부터 쌓아 온 천문 관측 기록을 이용해 언제 일식이 일어날지를 예측하기도 했지.

↑ 탈레스 (기원전 624년?~기원전 545년?)

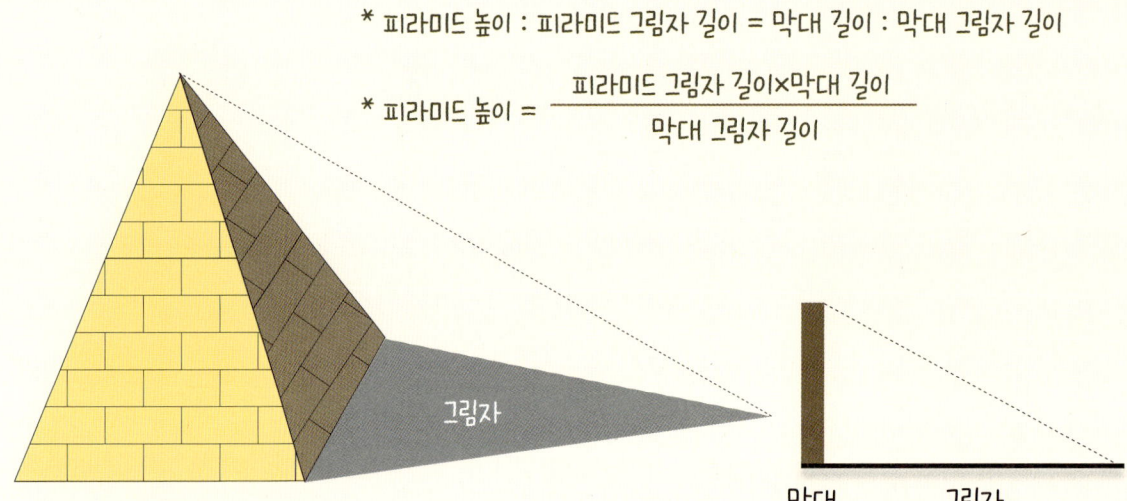

만물의 근원은 물?

탈레스는 자연에 존재하는 물질들이 어떻게 생겨났을까를 깊이 생각해 보았어. 신이 자연을 창조했다는 말은 도저히 믿기지가 않았거든. 그는 모든 사물들을 계속 파고들어 가면 어떤 공통된 근본 물질이 있고, 그 근본 물질이 변화해서 사물들이 만들어졌을 거라고 생각했지. 탈레스는 근본 물질이 물이라는 결론을 내렸어. 만물의 근원이 물이라니, 좀 황당하지? 하지만 탈레스가 살았던 시대를 생각해 봐. 그때 모든 사람들이 세상 만물을 신과 신화로 설명했어. 탈레스는 그런 생각에서 과감하게 벗어나 자연의 존재를 논리적으로 설명하려고 시도했던 거야. 탈레스 이후로 많은 철학자들이 근본 물질을 알아내려고 노력했어. 그 결과 아낙시메네스는 공기, 헤라클레이토스는 불, 데모크리토스는 원자를 근본 물질이라고 주장했지. 우리가 아는 원자라는 단어가 처음 만들어진 게 바로 이때야. '사물을 쪼개고, 쪼개고, 쪼개면 더 이상 쪼갤 수 없는 작은 알갱이가 된다. 이것이 원자다. 자연 만물은 이 원자가 다양하게 결합되어 만들어졌다.' 어때, 그럴듯하지 않니? 이처럼 자연을 객관적으로 탐구하려고 했던 학문을 자연 철학이라고 부른단다.

그리스의 자연 철학은 근대 과학의 밑거름

이오니아의 반란이 실패로 끝나자 이오니아인들은 그리스로 이주했어. 자연스럽게 이오니아의 자연 철학도 그리스로 전파되었지. 그리스에서 꾸준히 발전하던 자연 철학은 아테네의 철학자 아리스토텔레스로 이어졌어. 아리스토텔레스는 자연에 존재하는 사물들이 어떻게 움직이고 어떻게 변화하는지를 관찰하고, 거기에 자신의 연구 결과를 더해 《자연학》이라는 책을 썼어. 이 책은 로마와 중세 시대를 거쳐 근대에까지 유럽 지식인들의 교과서 역할을 했어. 뉴턴과 라이프니츠 같은 위대한 과학자들도 아리스토텔레스의 책으로부터 큰 영향을 받았지. 이처럼 이오니아에서 시작된 자연 철학은 근대 과학으로 이어졌단다.

5교시

알렉산드로스 대왕과 헬레니즘 시대

그리스 북부에 마케도니아라는 나라가 있었어.
다른 그리스 나라들에 비해 훨씬 가난하고 문화 수준도 낮은 나라였지.
하지만 단 두 세대 만에 마케도니아는 그리스의 강자로 떠올랐어.
마케도니아의 알렉산드로스 대왕은 그 여세를 몰아
대제국 페르시아까지 무너트리며 역사상 최대 제국을 건설했지.
오늘은 알렉산드로스 대왕의 원정이 어떤 놀라운 변화를 가져왔는지 알아보자.

기원전 477년	기원전 431년	기원전 356년	기원전 334년	기원전 330년	기원전 323년
델로스 동맹 결성	펠로폰네소스 전쟁 발발	마케도니아, 그리스를 장악	알렉산드로스의 페르시아 원정 시작	페르시아 제국 멸망	알렉산드로스 사망, 제국의 분열

페르가몬

알렉산드로스의 보물 창고로 불리던 헬레니즘의 중심지.

이수스 평원, 가우가멜라 평원

알렉산드로스 대왕이 페르시아 제국을 몰락시킨 전투가 벌어졌어.

마케도니아
· 펠라
· 테베
· 코린토스 · 아테네
· 페르가몬
· 사르디스
· 밀레토스

흑해

지중해

★ 이수스
시리아
★ 가우가멜라
· 엑바
· 바빌론

유프라테스강
티그리스강

· 비블로스
· 시돈
· 티레
· 예루살렘

· 알렉산드리아
· 멤피스

이집트

나일강

아라비아반도

코린토스 지협

아티카반도와 펠로폰네소스 반도 사이의 좁은 육지. 교통과 전략의 요충지로 이곳을 두고 아테네와 스파르타가 대립했어. 지금은 동서 바다를 잇는 운하가 뚫려 있어.

알렉산드리아

알렉산드로스 대왕이 자신의 이름을 따서 이집트에 세운 항구 도시. 헬레니즘 문화의 중심지였어.

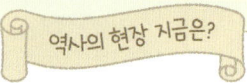

알렉산드로스 대왕의 고국 마케도니아가 어디야?

셋으로 쪼개진 마케도니아

마케도니아는 그리스어로 '키 큰 족속'이라는 뜻이래. 옛 마케도니아는 현재 셋으로 쪼개져 있어. 첫째는 그리스의 마케도니아주, 둘째는 마케도니아 공화국, 셋째는 불가리아 서남부 지역이야.

현재 각 지역 사람들은 대체로 인종도 다르고 언어도 달라. 그렇지만 하나같이 알렉산드로스 대왕을 영웅으로 숭배하고, 마케도니아 제국의 역사에 무한한 자부심을 느낀단다. 마케도니아 제국의 역사를 공유하고 있는 이 세 곳의 사람들은 오늘날 어떻게 살아가고 있을까? 차례대로 한 곳씩 살펴보기로 하자.

그리스 북부의 마케도니아주 〈마케도니아 제국의 심장이 있었던 곳〉

마케도니아 왕국의 수도가 바로 이곳에 있었어. 마케도니아주는 마케도니아와 트라키아 일부가 합쳐진 행정 구역이야. 현재 그리스에서 두 번째로 큰 주로, 우리나라의 3분의 1 정도의 면적에 240만 명의 인구가 살고 있지. 1900년대 초에는 이슬람교도와 유대인이 인구의 절반 이상을 차지했지만, 지금은 그리스인이 90퍼센트 가까이 돼. 지중해성 기후의 영향을 받아 여름보다 겨울에 강수량이 많아. 그리스 남부에 비해 겨울에는 더 춥고 눈도 더 많이 내려.

↑ 눈 덮인 올림포스산
그리스 신화의 12주신이 사는, 그리스인들이 성스러운 산으로 여기는 올림포스산이 바로 이곳 마케도니아에 있어.

→ 마케도니아주의 주도 테살로니키 구시가지
에게해 북부의 항구 도시로 아테네에 이은 그리스 제2의 도시. 오스만 제국이 500년 동안이나 이곳을 발판으로 발칸반도를 지배했기 때문에 곳곳에 오스만 제국의 흔적이 남아 있어.

↑ 아리스토텔레스 대학 마케도니아에는 아리스토텔레스의 이름이 들어간 시설들이 많아. 아리스토텔레스가 마케도니아인의 영원한 슈퍼스타인 알렉산드로스 대왕의 가정 교사였기 때문이지.

➜ 마케도니아의 대표적인 음식 부가짜
겉은 바삭바삭하고 속에는 치즈와 달걀, 밀가루를 섞어 만든 달콤한 크림이 들어 있지. 마케도니아는 물론 그리스와 발칸반도 전체에서 아침 식사용 빵으로 아주 큰 인기를 누리고 있어.

← 알렉산드로스 동상

마케도니아 공화국 〈마케도니아라는 이름은 절대 포기할 수 없다〉

마케도니아 공화국은 1991년 옛 유고슬라비아에서 분리 독립했어. 로마, 오스만 제국, 세르비아, 유고슬라비아의 지배를 차례로 받은 끝에 마침내 오랜 염원이었던 독립 국가를 건설한 거지. 하지만 마케도니아라는 이름을 지키기가 쉽지 않았어. 유엔에 가입할 때 마케도니아를 나라 이름으로 쓰는 것을 그리스가 격렬히 반대했거든.

결국 '마케도니아 구 유고슬라비아 공화국'을 정식 이름으로 쓰기로 합의했어. 마케도니아는 우리나라의 4분의 1정도 되는 면적에 인구가 200만 명 정도 되는 작은 나라야. 1인당 국민 소득은 5,000달러지. 그리스보다는 훨씬 낮지만 발칸반도의 다른 나라들과는 비슷해. 마케도니아인이 인구의 60퍼센트, 알바니아인이 25퍼센트를 차지하며 튀르키예인, 세르비아인, 루마니아인 등이 나머지를 차지하지. 공용어는 마케도니아어야. 마케도니아는 1,400년 가까이 동로마 제국의 영토였기 때문에 국민들 대부분이 그리스 정교회를 믿어.

← 독립 20주년 기념 불꽃놀이
마케도니아 국민들이 마케도니아 광장에 모여 불꽃놀이를 즐기고 있어.

237

↑ **수도 스코페와 바르다르강 석조 다리** 스코페는 마케도니아 공화국의 최대 도시이자 수도야. 인구는 50만 명 정도고, 도심을 가로지르는 바르다르강의 석조 다리는 도시의 상징물이지.

← **성 판텔레이몬 수도원**
12세기에 세워진 성 판텔레이몬 수도원이야. 교회와 학교를 겸하며 이 지역의 문화적 구심점 역할을 했어.

불가리아의 마케도니아 <마케도니아는 옛이야기>

국토의 52퍼센트가 숲인 곳, 아름다운 자연이 가장 귀중한 자원인 곳, 수많은 국립 공원과 보호 구역 지정으로 자연을 보호하는 곳, 바로 불가리아에 있는 마지막 마케도니아야.

여기에는 32만 명 정도의 주민이 살고 있는데, 대부분 불가리아인이고, 언어도 불가리아어를 사용해.

↑ 안개 낀 블라고에브그라드 이 지방의 중심 도시로, 로마 시대부터 온천으로 유명한 휴양지였어.

↑ 피린산
그리스와의 국경 근처에 있는 해발 2,900미터가 넘는 높은 산이야. 옛 마케도니아 방식대로 살아가는 산골 마을들이 곳곳에 자리 잡고 있어. 마케도니아가 오스만 제국에 맞서 독립 투쟁을 벌일 때는 독립투사들의 은신처였어.

↑ 스트루마강
옛날 마케도니아와 트라키아의 경계선이었어.

델로스 동맹의 맹주 아테네

"지난 시간에는 그리스가 아테네와 스파르타를 중심으로 똘똘 뭉쳐서 페르시아의 침략을 막아 내고, 아테네에서 민주 정치가 활짝 꽃피는 모습을 봤지?"

"네, 페리클레스가 이끄는 아테네가 전성기를 맞이했다는 이야기도 하셨어요."

"그래. 하지만 아테네를 비롯한 그리스의 폴리스들은 여전히 불안했어. 페르시아 제국이 언제 또 침략해 올지 몰랐거든. 특히 지중해를 무대로 해상 무역으로 먹고사는 폴리스들의 걱정이 컸지. 그래서 페르시아 전쟁이 끝난 직후, 아테네의 주도 아래 250여 개 폴리스의 대표들이 에게해의 델로스섬에 모였어. 이들은 장차 있을지도 모를 페르시아의 침략에 맞서 동맹을 결성하고, 동맹에 참여한 폴리스들한테서 회비를 거둬 델로스섬에 마련된 금고에 보관하다가 여차하면 군비로 쓰기로 했지."

"유비무환! 당연히 미리 대비를 해야죠!"

"이 동맹을 델로스 동맹이라고 해. 동맹국들은 외적의 침입이 있을 경우에 서로 돕고, 나아가 페르시아의 지배 아래 있는 이오니아의 도시들도 해방시키기로 다짐했지."

"선생님, 근데 스파르타도 참여했어요?"

나선애의 물음에 용선생이 고개를 저었다.

"아니. 스파르타는 빠졌어."

> **곽두기의 국어 사전**
>
> **군비** 군사 군(軍) 쓸 비(費). 군사에 쓰이는 비용을 말해. 주로 무기와 장비, 보급품 등을 마련하는 데 쓰였지.

▼ **델로스** 서울의 여의도만 한 조그만 섬이야. 하지만 쌍둥이 신인 태양의 신 아폴론과 달의 여신 아르테미스가 태어난 그리스 최고의 성지지. 델로스에서 동맹을 결성한 것도 그만큼 이곳이 신성한 장소였기 때문이었어. 오랫동안 아테네의 지배를 받았으며, 국제 무역항으로도 유명했어. 섬 전체가 유네스코 세계유산으로 지정되어 있는데, 지금은 주민은 살지 않고 유적 발굴 작업이 계속되고 있어.

▲ 델로스 동맹과 펠로폰네소스 동맹

"같이 페르시아에 맞서 싸웠는데 왜 빠져요?"

"여러 가지 이유가 있어. 스파르타는 농업이 중심이었기 때문에 바다에는 별 관심이 없었어. 아마 페르시아가 바다로만 쳐들어왔으면 스파르타는 굳이 페르시아랑 싸우지도 않았을 거야. 게다가 스파르타는 펠로폰네소스 동맹이라는 또 다른 동맹의 우두머리였어."

"펠로폰네소스 동맹이라고요?"

"응. 주로 펠로폰네소스반도에 있는 폴리스들이 가입한 동맹이지. 원주민들이 반란을 일으키거나 외부의 침략을 받을 경우 서로 군사를 보내 돕기로 한 동맹이었어. 그렇지 않아도 아테네가 마치 폴리스들의 대장처럼 제멋대로 행동해서 신경이 잔뜩 곤두선 스파르타로서는 굳이 델로스 동맹에 가입할 이유가 없었던 거야."

"잠깐만요! 아테네가 뭘 맘대로 하는데요?"

"델로스 동맹에 가입한 폴리스들이 회비를 거둬서 군비를 마련하기로 했잖아. 전쟁이 일어날 때를 대비한 긴급 자금이지. 이 자금을 아테네가 관리했어. 또 동맹군 역시 아테네군의 지휘를 받았지. 군비도 군대도 사실상 아테네의 손아귀에 들어간 셈이야. 더 큰 문제는 아테네가 델로스섬의 금고를 멋대로 아테네로 옮기고는 그 돈으로 아테네 관리들의 수당을 주고 도시 건축 사업을 벌이는 등 마치 자기 돈처럼 썼다는 거야. 아테네의 상징인 파르테논 신전도 실은 델로스 동맹의 기금으로 지은 거란다."

▲ 사자들의 테라스
낙소스 사람들이 성지인 델로스섬의 아폴로 신전에 바친 대리석 사자상이야.

"전쟁에 대비해 모은 돈을 자기들 멋대로 썼다고요?"

"그러게 말이다. 그러니까 아테네는 델로스 동맹을 핑계 삼아 그리스의 여러 폴리스들을 자기 마음대로 쥐락펴락하고 있었던 거야. 동맹 회비는 아테네에 바치는 세금, 동맹군은 아테네에 동원된 군대였던 셈이지. 이때가 바로 페리클레스의 지도 아래 아테네 민주주의가 황금기를 보낼 때였어."

"이제 보니 페리클레스는 아테네 시민들한테는 영웅이었을지 몰라도 다른 폴리스들한테는 폭군이나 다름없었군요."

나선애의 말에 허영심이 맞장구를 쳤다.

"그러게. 지난번 연설에 완전 감동했었는데, 쩝."

"델로스 동맹은 평등한 폴리스들의 동맹이 아니었어. 아테네가 압

도적인 힘을 바탕으로 동맹을 주도하고, 나머지가 거기에 따르는 불평등한 동맹이었지. 하지만 그렇다고 해서 아테네를 비난할 수만은 없어. 사실상 기금과 군사의 대부분을 아테네가 책임졌거든. 그리고 아테네의 막강한 해군 덕분에 다른 폴리스들도 지중해에서 마음 놓고 장사를 할 수 있었지. 하지만 아테네의 힘이 커질수록 스파르타와의 기 싸움도 점점 더 팽팽해졌어. 그러다 결국 '빵!' 터지고 말았지."

"터지다니, 뭐가요?"

"바로 전쟁이야. 이제 그리스의 패권을 두고 모든 그리스인들이 아테네 편과 스파르타 편으로 나누어 대판 싸우게 된단다."

"에구, 페르시아가 물러가니까 자기들끼리 싸우네."

왕수재가 혀를 끌끌 찼다.

용선생의 핵심 정리

페르시아 전쟁에서 승리한 뒤 그리스는 아테네를 중심으로 한 델로스 동맹과 스파르타를 중심으로 한 펠로폰네소스 동맹으로 분열됨.

스파르타와 아테네가 끝장 승부를 벌이다

"그리스 본토와 펠로폰네소스반도는 코린토스 지협이라는 좁은 땅으로 이어져 있어. 코린토스 지협은 펠로폰네소스반도와 그리스 본토를 잇는 유일한 길목인 데다가 그리스의 동쪽과 서쪽 바다에 모두 접하고 있어서 교통과 교역의 요충지였지. 이곳에 자리 잡은 코린토스라는 폴리스는 해상 무역에 진출해 점차 활동 영역을 넓히며 번영을 누리고 있었어. 자연히 아테네와 경쟁하게 되었고, 그러다 보니 펠로폰네소스 동맹의 일원이 되었지. 코린토스가 세력을 확장하면서 델로스 동맹의 일원인 케르키라를 공격하자 아테네가 여기에 끼어들었단다."

"아니, 왜요?"

왕수재의 지리 사전

지협 땅 지(地), 골짜기 협(峽). 두 개의 땅을 연결하는 띠 모양의 좁은 땅을 부르는 말이야.

알렉산드로스 대왕과 헬레니즘 시대 **245**

↑ 펠로폰네소스 전쟁
(기원전 43년~기원전 404년) 스파르타와 아테네 사이에 벌어진 펠로폰네소스 전쟁은 27년 동안이나 지속되었어.

"일단 케르키라는 델로스 동맹의 일원이었고, 게다가 아테네의 그리스 서부 거점이기도 했거든. 코린토스는 혼자 아테네를 감당하기 어렵다고 판단해서 스파르타에 펠로폰네소스 동맹이 힘을 합해 아테네와 싸워야 한다고 설득했어. 그리고 평소에 아테네에 감정이 안 좋았던 다른 동맹국들까지 가세했지. 마침내 스파르타도 펠로폰네소스 동맹의 우두머리로서 아테네와 전쟁을 하기로 결심했어. 기원전 431년 스파르타가 이끄는 펠로폰네소스 동맹군이 아테네를 향해 쳐들어갔어. 무려 27년 동안이나 지속된 펠로폰네소스 전쟁이 막을 올린 거야."

"드디어 터졌구나. 근데 아테네는 스파르타보다 육군이 약하잖아요?"

장하다가 오랜만에 눈빛을 빛내며 물었다.

"하다 말대로 아테네는 스파르타보다 육군이 약해. 대신 해군은 지중해 최강이었지. 페리클레스는 아테네 시민들을 모두 성안으로 피난시키고 바다를 통해 동맹국으로부터 식량을 공급받으면서 바다에서 스파르타의 해군을 상대하기로 전략을 세웠어. 전쟁은 페리클레스의 작전대로 흘러갔어. 스파르타는 강력한 육군을 앞세워서 단숨에 아테네를 무너뜨리고 전쟁을 끝내 버릴 작정이었지만 아테네 시민들은 식량을 보급받으며 굳세게 버텼지. 한편 아테네는 스파르타가 지배하던 원주민들의 반란을 부추기고 지원하며 스파르타가 스스로 무너지기를 기다렸어. 이 작전이 먹히면서 전쟁은 아테네에 유리하게 흘러갔단다."

▲ 케르키라섬 펠로폰네소스 전쟁의 발단이 되었던 케르키라섬 해안의 모습. 현재 10만 명가량의 주민이 살고 있어.

"얄밉겠다. 성벽 안에서 버티기라니……."

"그런데 아테네에 전혀 예상치 못한 위기가 닥쳤어. 바로 아테네 성안에 전염병이 퍼진 거야. 오랫동안 많은 사람들이 좁은 성안에서 버티느라 위생과 건강 상태가 나빠진 가운데 한번 전염병이 돌자 걷잡을 수 없이 확 퍼져 버렸지. 수많은 시민들이 손쓸 새도 없이 죽어 나갔어. 그리고 아테네 시민들이 그토록 열렬히 사랑했던 페리클레스마저 전염병에 걸려 죽고 말았지. 이때부터 승리의 기운이 조금씩 스파르타 쪽으로 기울기 시

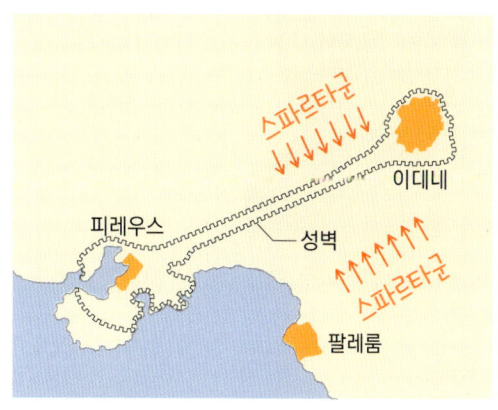
▲ 페리클레스의 식량 보급 작전 항구와 아테네 성 사이에 성벽을 쌓아 보급로를 확보했어.

▲ 펠로폰네소스 전쟁을 묘사한 도기 그림
아테네와 스파르타의 전쟁은 27년간이나 치열하게 이어졌어. 결국 막대한 피해를 입은 두 나라는 함께 몰락하고 말았단다.

작했단다. 하지만 아테네 해군을 격파하지 못하는 한 결코 아테네를 함락할 수는 없었어."

"그럼 어떡해요? 갑자기 해군을 만들 수도 없고."

"스파르타는 페르시아 제국한테 도움을 청하기로 했어."

"누, 누구한테요?"

아이들이 몹시 놀란 표정을 지었다.

"약점인 해군을 보강해 전쟁을 끝내려면 페르시아의 도움을 받는 수밖에 없다고 판단한 거지. 기원전 404년, 페르시아의 지원을 받은 스파르타 해군은 마침내 아테네 해군을 격파했고, 아테네는 성문을 열고 나와 항복했어. 스파르타는 아테네의 성벽을 완전히 허물어 버리고, 전쟁의 책임을 물어 1,500명의 아테네 시민들을 처형했어. 그동안 아테네의 횡포에 시달렸던 델로스 동맹 회원국들도 곳곳에서 반란을 일으켜 아테네의 지배에서 벗어났지. 안타깝게도 한번 무너진 아테네는 다시는 일어서지 못했어. 찬란했던 아테네의 황금기가 막을 내린 거야."

▲ 그리스의 역사가 투키디데스
(기원전 460년?~기원전 400년) 아테네와 스파르타 사이에 벌어진 전쟁의 전 과정을 《펠로폰네소스 전쟁사》에 기록했어.

"전쟁이 끝난 건 다행이지만……. 뭔가 좀 찜찜해."

허영심이 고개를 저으며 쓰게 입맛을 다셨다.

"좀 그렇지? 더 나쁜 건 펠로폰네소스 전쟁이 승자인 스파르타에도 몰락의 계기가 되었다는 거야."

"네? 이겼는데 왜요?"

"사실 아테네뿐 아니라 대부분의 폴리스들이 펠로폰네소스 전쟁으로 큰 타격을 입었어. 승자인 스파르타 역시 마찬가지였지. 전쟁이 끝난 뒤 스파르타는 그리스의 주도권을 쥐긴 했지만 오랜 전쟁으로 국력이 약해진 탓에 사실상 그리스 전체를 지배할 힘을 잃어버렸단다. 거기에 많은 폴리스들이 스파르타의 강압적인 지배에 반발해 반란을 일으켰지. 폴리스들은 걸핏하면 페르시아에 달려가 손을 벌렸는데, 페르시아는 옳다구나 하고 이쪽저쪽 번갈아 지원하며 그리스의 폴리스들이 자기들끼리 피터지게 싸우도록 유도했어. 결국 스파르타도 이 혼란의 와중에 몰락하고 말았지."

"이러다가 페르시아가 정말로 그리스를 집어 삼키는 거 아닌가요?"

곽두기가 걱정스러운 표정으로 말하자 용선생이 손바닥을 좌우로 흔들었다.

"아니, 그 반대야. 오히려 그리스가 페르시아를 잡아먹거든."

"엥? 무슨 수수께끼 같은 말씀이신지."

갑작스러운 용선생의 말에 아이들은 어안이 벙벙해졌다.

"하하, 이제부터 잘 들어 보렴. 스파르타가 몰락한 뒤 그리스의 패권은 테베를 거쳐 마케도니아의 손으로 넘어갔어."

"응? 마케도니아?"

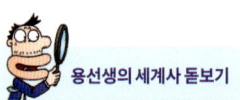

용선생의 세계사 돋보기

테베는 그리스 중부 내륙에 위치한 폴리스야. 페르시아 전쟁 때에는 페르시아 편에 섰고, 펠로폰네소스 전쟁에서는 스파르타의 동맹국이었어. 펠로폰네소스 전쟁 이후 그리스의 패권을 손에 쥐었지만 얼마 안 있어 마케도니아에 멸망당해.

용선생의 핵심 정리

델로스 동맹과 펠로폰네소스 동맹 사이에 펠로폰네소스 전쟁(기원전 431년~기원전 404년)이 벌어짐. 스파르타가 승리했으나 전쟁 후유증으로 스파르타 역시 쇠퇴.

마케도니아 왕국이 그리스를 장악하다

용선생은 모니터에 지도 한 장을 띄웠다.

"여기가 마케도니아야. 그리스에서 제일 북쪽에 자리 잡고 있지. 그 북쪽에는 이민족이 사는 트라키아 지방이 있고, 그 동쪽 끄트머리에는 페르시아로 건너가는 좁은 다르다넬스 해협이 놓여 있지. 무역도 활발하지 못해서 주로 농업에 의존해 살았어. 자연히 그리스에서 제

왕수재의 지리 사전

다르다넬스 해협 북쪽의 흑해와 남쪽의 지중해를 잇는 좁은 바다야. 이 해협을 경계로 동쪽은 아시아, 서쪽은 유럽이지.

▲ 마케도니아와 그리스, 페르시아 제국의 위치

일 뒤떨어질 수밖에 없었지. 그런데 이 변두리 나라가 아버지와 아들에 걸쳐 딱 두 세대 만에 세계를 정복하고 강력한 제국을 건설한단다."

"앗! 생각났다! 알렉산드로스 대왕! 세계를 정복한 알렉산드로스 대왕이 마케도니아 왕이었어요! 맞죠?"

"하하, 정답이야. 알렉산드로스 대왕이 바로 마케도니아 왕이었어. 마케도니아가 강국으로 발돋움한 것은 그의 아버지인 필리포스 2세 때부터였단다. 왕자 시절에 그리스 최강국 테베에 인질로 가 있었던 필리포스 2세는 테베의 팔랑크스 진형을 눈여겨보았어. 훗날 마케도니아의 왕이 된 필리포스 2세는 팔랑크스 진형을 개량해 테베의 창

→ 필리포스 2세 그리스 제2의 도시이자 마케도니아 지방의 항구 도시인 테살로니키에 세워져 있는 필리포스 2세 동상이야. 필리포스 2세는 마케도니아 왕국을 개혁해 세계 제국의 기틀을 닦은 인물이야.

보다 2배나 더 긴 창을 도입했어. 이렇게 긴 창을 쓰려면 많은 훈련이 필요했지만 일단 훈련이 되면 적군은 가까이 접근하기조차 어려웠지. 마케도니아의 기병대 역시 용맹하기로 유명했어. 귀족의 자제들로 구성된 기병대는 전장에 나가면 항상 앞장서서 적진을 휘저었지. 필리포스 2세는 잘 훈련된 중장보병을 이용해 그리스의 폴리스들을 하나하나 점령해 나갔어. 그리고 마침내 테베마저 물리치고 그리스의 패권을 손에 쥐게 된단다. 하지만 필리포스 2세는 거기에 만족하지 않았어. 필리포스 2세의 꿈은 좁은 그리스를 벗어나 동쪽의 광대한 세상을 향하고 있었거든."

"동쪽의 광대한 세상이라면, 페르시아를 말씀하시는 거예요?"

"그렇단다. 필리포스 2세는 북쪽의 트라키아를 치고, 해협을 건너 페르시아 제국까지 정복할 생각이었지."

↑ **마케도니아의 중장보병** 다른 그리스 중장보병들이 쓰는 창의 2배가 넘는 4미터 길이의 장창을 사용했어.

"꿈 한번 거창한걸요."

"필리포스 2세는 먼저 코린토스 동맹을 결성해 그리스 내부를 안정시켰어. 코린토스 동맹은 회비도 거두지 않고 자치도 보장해 주었기 때문에 대부분의 폴리스들이 흔쾌히 가입했지. 그리스가 안정되자 필리포스 2세는 본격적으로 페르시아 원정 준비에 들어갔어."

"대제국 페르시아와의 대결이라니, 어떻게 됐을지 궁금해요!"

"그런데 웬걸, 출발을 코앞에 둔 상태에서 필리포스 2세가 그만 부하의 손에 암살을 당하고 만단다."

"그럼 페르시아 원정은 물 건너간 거예요?"

"아니, 조금 늦춰진 것뿐이야. 필리포스 2세의 아들 알렉산드로스가 있었거든. 스무 살의 젊은 알렉산드로스가 왕위에 오르자 테베가 반란을 일으켰어. 알렉산드로스는 테베를 공격해 순식간에 도시를 박살 내고 시민들을 죄다 노예로 팔아 버렸어. 그리스 폴리스들에게 함부로 반란을 일으키지 말라는 경고였지. 이렇게 내부를 정리한 알렉산드로스는 마침내 아버지의 못다 이룬 꿈을 이루기로 결심했어."

곽두기의 국어 사전

원정 멀 원(遠), 칠 정(征). 멀리 전쟁을 하러 간다는 뜻이야.

용선생의 핵심 정리

마케도니아의 필리포스 2세가 테베를 눌러 그리스의 패권을 장악하고, 코린토스 동맹을 결성해 그리스를 안정시킴.

동쪽으로 거대한 원정을 떠나다

"알렉산드로스는 젊고 야심만만한 왕이었어. 왕자였을 때부터 《일리아스》와 《오디세이아》, 또는 그리스 신화에 나오는 주인공들처럼 자신도 영웅이 되기를 꿈꿨지. 거기다 뛰어난 학식도 갖추었어. 왕자 시절에 위대한 철학자 아리스토텔레스를 스승으로 모시고 학문을 익혔거든. 그 덕분인지 알렉산드로스는 늘 그리스 문명을 동경했고, 온 세상에 그리스 문명을 전파하는 전도사를 자처했어."

"젊고 용감하고 똑똑한 왕이라니, 완전 제 이상형인데요. 호호."

오랜만에 허영심의 볼이 발개졌다.

"기원전 334년, 알렉산드로스는 그리스 연합군을 이끌고 바다를 건너 페르시아로 향했어."

"히야, 그럼 이제 원정 시작인가요?"

"물론이지. 알렉산드로스의 군사는 5만 명의 보병, 6,000명의 기병으로 이루어진 대군이었지. 페르시아도 알렉산드로스의 군사가 오고 있다는 소식을 듣고 나름 대비를 했어. 당연히 바다를 건너자마자 양측 사이에 한판 싸움이 벌어졌지. 알렉산드로스는 이 전투에서 대승을 거두었어. 알렉산드로스는 곧장 이 지역 페르시아 총사령부라고 할 수 있는 사르디스를 점령하고, 잇달아 해안의 주요 도시들을 차례로 정복했어. 겨우 반년 만에 이오니아 지방의 도시들이 모조리 알렉산드로스에게 무릎을 꿇었지. 알렉산드로스는 시리아와 레반트를 거쳐 이집트로 향했어."

"아니, 페르시아는 강대국이라면서 알렉산드로스에게 당하고만 있

사르디스 아나톨리아반도 서부에 위치한 도시야. 다리우스 대왕이 왕의 길 서쪽 종점으로 삼았을 만큼 중요한 도시였어.

고르디우스의 매듭

아나톨리아반도에는 고르디움이라는 도시가 있었어. 오늘날 튀르키예의 수도인 앙카라에서 그리 멀지 않은 곳이지. 이 도시에는 한 가지 예언이 전해 내려왔어. 신전 기둥에 '고르디우스의 전차'를 묶어 놓은 매듭을 푸는 자가 세계를 정복한다는 것이었지. 고르디움을 정복한 뒤 그 예언에 대해 전해 들은 알렉산드로스는 자신이 매듭을 풀겠다며 신전으로 향했어. 알렉산드로스는 구름처럼 몰려든 구경꾼들을 헤치고 신전 기둥으로 다가갔어. 과연 전차를 묶어 놓은 매듭은 도저히 풀 수 없을 만큼 복잡했어. 그러자 알렉산드로스는 조금도 망설이지 않고 칼을 들어 매듭을 내리쳐 버렸지. 매듭은 동강 났고, 전차는 기둥에서 풀려났어. 알렉산드로스는 이렇게 선언했어.

"자, 보라. 내가 고르디우스의 전차를 기둥에서 풀어 주었다. 그러니 내가 세상을 정복할 것이다."

고르디우스의 매듭은 고정 관념에 얽매이지 않는 알렉산드로스의 성격과 기상을 잘 보여 주는 일화지.

↑ 고르디우스의 매듭을 끊는 알렉산드로스

었어요?"

"알렉산드로스가 들이닥쳤을 때 페르시아의 왕 다리우스 3세는 제국의 수도인 페르세폴리스에 머물고 있었어. 뜻밖의 소식을 듣고 화들짝 놀란 다리우스 3세는 이듬해 봄 직접 대군을 이끌고 와서 그리스군의 후방에 있는 이수스 평원을 점령했어. 그리스군의 보급로를 끊어 버린 거지. 이미 레반트 지역을 거쳐 이집트를 향해 가고 있던

허영심의 상식 사전

보급로 식량과 무기, 의약품 등 군사들에게 꼭 필요한 물품들을 운송하는 길을 보급로라고 해. 보급로가 끊기면 전투를 할 수 없기 때문에 군인들에게는 생명선이나 다름없지.

그리스군은 화들짝 놀랐어. 어쩔 수 없이 알렉산드로스는 군사들을 이끌고 이수스 평원으로 되돌아왔어. 하지만 거기에는 다리우스 3세가 이끄는 페르시아 정예군 25만 명이 이미 진을 치고 그리스군을 기다리고 있었지. 병력 차이는 5배. 누가 봐도 페르시아의 승리가 확실해 보였어."

"그런데도 결국 알렉산드로스가 이겼다는 거예요? 대체 어떻게?"

"알렉산드로스는 페르시아군의 총사령관인 다리우스 3세만 제거하면 페르시아군이 대혼란에 빠질 거라고 생각했어. 그래서 중장보병에게 정면에서 페르시아군과 대치하도록 해 놓고 자신은 직접 기병대를 이끌고 페르시아군의 측면을 급습했어. 후방에서 전투를 지휘하던 다리우스 3세는 그리스 기병대의 기습에 혼비백산했지. 왕이 황급히 도망치자 총사령관을 잃은 페르시아군의 진영은 모래알처럼 흩어져 버렸어. 그리스군은 이때를 놓치지 않고 총공격을 가해 대승을 거두었지. 엄청난 수적 열세를 극복하고 페르시아 정예군을 상대

곽두기의 국어사전

혼비백산 넋 혼(魂) 날 비(飛) 넋 백(魄) 흩어질 산(散). 너무 놀라 혼백이 마구 어지럽게 흩어진다는 뜻이야.

↓ **다리우스 3세**
아케메네스 왕조 페르시아 제국의 마지막 왕이야.

↓ **이수스 전투를 묘사한 모자이크 벽화** 로마 시대인 기원전 100년 무렵의 작품으로 폼페이에서 발견되었어. 말을 타고 들이닥치는 알렉산드로스 대왕과 전차를 돌려 황급히 달아나는 다리우스 3세의 모습이 실감 나게 묘사되어 있어.

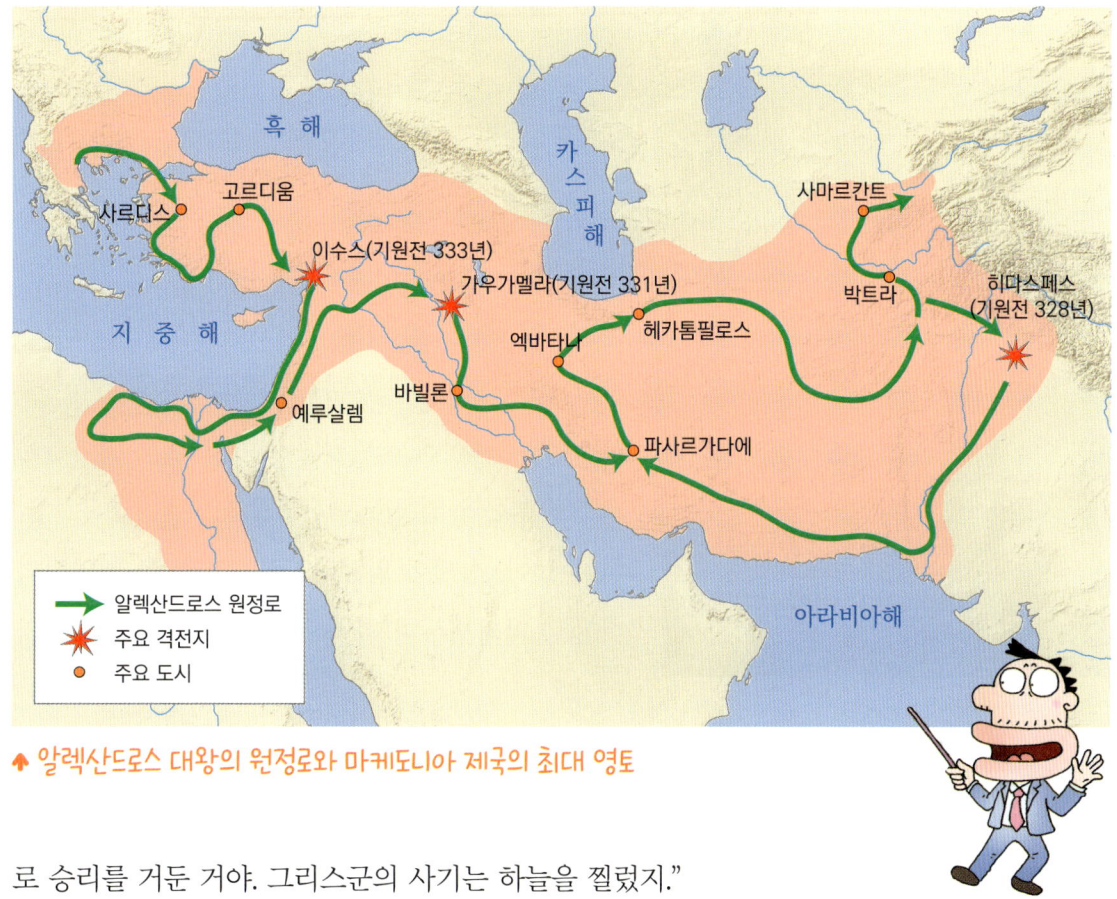

▲ 알렉산드로스 대왕의 원정로와 마케도니아 제국의 최대 영토

로 승리를 거둔 거야. 그리스군의 사기는 하늘을 찔렀지."

"우아, 적의 허점을 노린 기막힌 작전이군요."

"잘 훈련된 중장보병과 기병대가 있었기 때문에 만들어 낼 수 있었던 값진 승리였지. 알렉산드로스는 다시 이집트를 향해 전진했어. 그리스군이 이집트에 도착하자 뜻밖에도 이집트인들은 쌍수를 들고 알렉산드로스 대왕과 그리스군을 환영했단다."

"어머, 정복자를 환영하다니, 왜요?"

"지금까지 이집트는 페르시아의 지배를 받아 왔잖니? 물론 페르시아는 전통대로 이집트 사람들에게도 관용 정책을 폈지만, 온갖 구실

▲ 알렉산드리아 파로스섬에 세웠다는 등대
높이 100미터가 넘는 등대로 50킬로미터 밖에서도 불빛을 볼 수 있었대.

◀ 이집트에서 만들어진 알렉산드로스 대왕의 주화
알렉산드로스 대왕 머리에 숫양의 뿔이 그려져 있어. 이집트에서 숫양의 뿔은 태양신을 상징한단다.

을 붙여 세금을 뜯어 가니 이집트 사람들의 불만이 컸단다. 그러던 차에 알렉산드로스가 페르시아를 물리쳐 주니 오히려 고마웠던 거야. 이집트 사람들은 스스로 성문을 열고 알렉산드로스를 해방군으로 맞아 주었어. 심지어 알렉산드로스 대왕을 태양신의 아들로 치켜세우며 파라오의 관을 씌워 주기까지 했지."

"아무리 그래도 신의 아들이라니, 좀 낯간지럽네요."
왕수재가 피식 웃었다.

"파라오의 관을 쓴 알렉산드로스 대왕 자신도 스스로를 신화와 전설 속 영웅들에 뒤질 게 없다고 생각했어. 그래서 나일강 삼각주에 자신의 이름을 딴 도시를 건설했지. 바로 알렉산드리아라는 도시야. 이때부터 알렉산드로스 대왕은 새로운 땅을 정복할 때마다 거기에 알렉산드리아라는 도시를 건설했는데, 그 수가 무려 서른 개를 훌쩍 넘었다는구나. 이집트의 알렉산드리아는 제1호 알렉산드리아로, 장차 동지중해 제1의 무역항이자 과학과 학문의 중심지가 된단다."

"자기 이름을 따서 도시를 만들다니, 자신감이 대단한걸요."

"알렉산드로스는 원정을 시작하고 고작 3년 만에 아나톨리아반도와 시리아, 레반트, 이집트까지 정복했어. 이것만 해도 역사에 이름을 남기기엔 충분했지. 하지만 알렉산드로스는 여기서 만족하지 않았어. 이집트에서 잠시 휴식을 취하며 군사를 정비한 뒤 다시 동쪽 페르시아를 향해 진군했지. 한편 이수스에서 치욕적인 패배를 당한 다리우스 3세도 단단히 벼르고 있었어. 결국 두 나라는 메소포타미아 북부 가우가멜라 평원에서 다시 한 번 맞붙는단다."

왕수재의 지리 사전

가우가멜라 평원 지금의 이라크 모술 근처의 평원으로, 정확한 위치는 아직 밝혀지지 않았어.

"이번에는 다리우스 3세도 제대로 준비하고 왔겠죠?"

두기의 질문에 용선생은 고개를 살짝 저었다.

"페르시아군은 이수스 전투의 패배로 커다란 타격을 입었어. 급히 25만 명의 병사를 모았지만 대부분 농사짓다 끌려온 농민이어서 오합지졸인 데다 사기도 바닥이었지. 이번에도 알렉산드로스는 기병대를 이끌고 다리우스 3세가 있는 적의 본진을 급습했어. 결국 가우가멜라에서도 이수스 전투 때와 똑같은 일이 되풀이되었지. 다리우스 3세는 황급히 도망쳤고, 또다시 승리는 알렉산드로스의 차지가 되고 말았단다."

"연전연승이네요!"

장하다가 감탄사를 내뱉었다.

"알렉산드로스는 거침없이 바빌론, 수사, 페르세폴리스 등 페르시아 제국의 대도시들을 차례로 정복하며 동쪽으로 빠르게 진군했어. 다리우스 3세는 멀리 중앙아시아로 달아나 다시 설욕의 기회를 노렸지만, 연이은 패배에 지친 부하의 손에 죽임을 당하고

↑ **가우가멜라 전투** 패배한 다리우스 3세가 말을 버린 채 부리나케 도망치고 있어.

알렉산드로스 대왕과 헬레니즘 시대 **259**

만단다. 이렇게 해서 페르시아 제국은 완전히 무너지고 말았지. 알렉산드로스는 기세를 몰아 이란고원 동부와 드넓은 중앙아시아에 남아 있는 페르시아 세력을 물리치고 마침내 페르시아를 완전히 정복하는 데 성공한단다."

"히야, 진짜로 페르시아를 정복하겠다는 꿈을 이루었네요."

"그래. 하지만 거기서 알렉산드로스는 지금까지 몰랐던 새로운 세계에 대해 알게 되었어. 세상의 끝에 있다고 한 인도가 바로 페르시

◀ 인도 코끼리 부대와 결전을 벌이는 알렉산드로스 대왕
마케도니아군은 긴 창으로 코끼리의 약점인 눈을 공격해 승리를 이끌어 냈어.

아 제국 옆에 있었던 거지. 알렉산드로스는 기왕 여기까지 온 거, 인도까지 정복해 세계 정복을 완성하고 싶었단다. 알렉산드로스는 군대를 이끌고 카이버 고개를 넘었고, 인더스강 유역에서 인도의 코끼리 부대를 격파했어."

"와, 그럼 이제 인도까지 정복하는 건가요?"

두기의 말에 용선생이 고개를 저었다.

"아니, 알렉산드로스 대왕은 눈물을 머금고 군사를 돌려야만 했단다."

"어? 갑자기 왜요?"

"지금까지 묵묵히 정복 전쟁을 치러 온 부하들이 이제 그만 고향으로 돌아가자고 간청했거든. 원정을 떠난 지 10년이 넘다 보니 그리스 군사들은 너나없이 향수병에 시달렸어. 또 무덥고 비가 많이 오는 인도의 기후도 건조한 땅에서 살아온 군사들에게는 큰 고역이었지. 게다가 현지의 인도인들은 인도 깊숙한 곳으로 들어갈수록 점점 더

막강한 나라들과 맞닥뜨리게 될 거라고 잔뜩 겁을 주었어. 결국 부하들의 간청을 마냥 거부할 수 없었던 알렉산드로스는 아쉬움을 남긴 채 군대를 돌려야 했지."

"알렉산드로스 대왕은 아직 젊잖아요? 다음 기회가 있겠죠, 뭐."

"알렉산드로스 대왕도 정복 전쟁을 끝낼 생각은 전혀 없었어. 바빌론으로 돌아간 후에도 계속해서 남쪽의 아라비아반도, 서쪽의 이탈리아반도 등을 정복할 계획을 짜고 있었거든. 그러나 알렉산드로스의 정복 전쟁은 갑작스럽게 막을 내리고 만단다. 바빌론의 궁전에서 서른세 살의 나이에 그만 저세상으로 훌쩍 떠나 버렸거든."

"헉! 왜요? 갑자기 왜 죽어요?"

용선생의 말에 아이들의 눈이 휘둥그레졌다.

"정확한 이유는 몰라. 열병에 걸려서 죽었다는 말도 있고, 독살당했다는 말도 있거든."

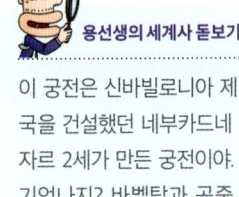

용선생의 세계사 돋보기

이 궁전은 신바빌로니아 제국을 건설했던 네부카드네자르 2세가 만든 궁전이야. 기억나지? 바벨탑과 공중 정원이 있던 바빌론 도성 안의 궁전 말이야.

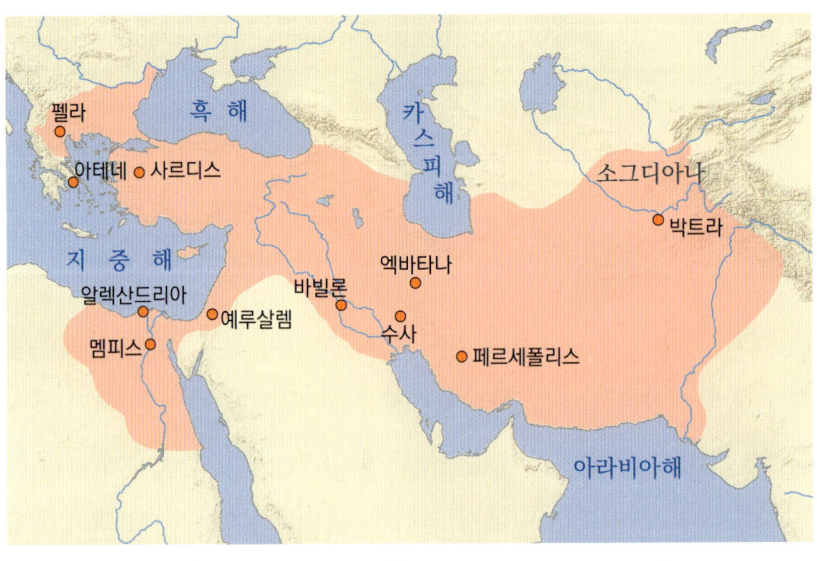

↑ 기원전 323년 알렉산드로스 대왕이 죽기 직전의 마케도니아 제국

↑ **시돈에서 발견된 석관** 전장에 나선 알렉산드로스의 모습이 부조로 새겨져 있어.

"형~, 허무해."

허영심은 금방 울 것 같은 표정이었다.

"알렉산드로스 대왕은 비록 갑작스럽게 세상을 떠났지만, 그가 남긴 흔적은 인류 역사에 큰 영향을 미친단다. 그러니 어떤 면에서는 어느 누구보다 오래 살았다고 할 수도 있지. 자, 지금부터는 알렉산드로스 대왕의 원정이 인류 역사에 어떤 영향을 끼쳤는지 살펴보기로 하자."

> **용선생의 핵심 정리**
>
> 기원전 334년, 알렉산드로스 대왕이 페르시아 원정 개시. 페르시아 정복을 완료하고 인도까지 도달했으나 바빌론에서 갑작스럽게 사망.

알렉산드로스 대왕이 융화 정책을 실시하다

"일단, 알렉산드로스 대왕의 원정을 통해 그리스 문화와 서아시아 문화가 처음 제대로 만나게 되었어."

"문화가 만난다는 게 무슨 말씀이세요? 문화가 사람도 아닌데."

허영심이 고개를 갸우뚱했다.

"알렉산드로스 대왕의 원정대에는 군인만 있는 게 아니었어. 왕을 보좌하는 수많은 학자와 예술가, 건축가, 군사들의 보급품을 조달하는 상인이 항상 원정대와 함께 움직였거든. 이들은 그리스군이 머무는 곳에 함께 머물면서 그곳에 그리스 문화를 퍼뜨렸어. 그리고 알렉산드로스 대왕도 페르시아 사람들과 사이좋게 지내려고 많은 노력을 기울였어. 페르시아 군인들을 뽑아 그리스군으로 받아들이고, 페르시아 인들을 관리로 임명했지."

"자기들이 정복자인데 왜 그렇게 해요?"

"페르시아가 너무나 컸기 때문이야. 페르시아의 면적은 그리스 전체의 10배가 넘고, 인구도 3,000만 명이 넘었거든. 그리스인은 그렇게 넓은 땅을 다스려 본 경험이 없었고, 당연히 다스릴 방법도 몰랐지. 그래서 이미 시행되고 있던 페르시아 제국의 제도들을 그대로 받아들였어. 또 페르시아 귀족들과 경험 많고 유능한 관리들을 자기편으로 끌어들이려고 했단다."

"그러다 앙심을 품고 반란이라도 일으키면 어떡해요?"

"그래서 쓴 방법이 결혼이었어. 페르시아 지배층과 결혼해서 사돈을 맺는 거지. 그럼 동맹을 맺는 셈이니까 서로 믿을 수 있을 거 아

곽두기의 국어 사전

조달 고를 조(調) 전달할 달(達). 물자 따위를 알맞게 공급해 준다는 뜻이야.

냐. 알렉산드로스 대왕은 자신부터 페르시아 공주와 결혼식을 올리고, 부하들에게도 페르시아 여성과의 결혼을 장려했어. 심지어 인도에서 돌아오는 길에 자신의 부하 만여 명과 페르시아 여성들 사이의 합동결혼식을 치르기도 했단다."

"그러니까 그냥 정복을 하는 걸로 끝내는 게 아니라 어떻게 하면 거대한 페르시아를 다스릴까를 고민했던 거군요."

"바로 그거야!"

선애의 말에 용선생이 무릎을 탁 쳤다.

"그래서 아주 적극적으로 페르시아와의 융화 정책을 추진했던 거지. 그리고 그런 과정에서 자연스럽게 그리스 문화와 페르시아 문화도 서로 긴밀하게 영향을 주고받았단다."

"그럼, 페르시아 말고 이집트 같은 나라는요? 그 나라들한테도 융화 정책을 폈어요?"

"물론이지. 이걸 한번 보렴."

용선생은 모니터에 여러 가지 주화 사진을 띄웠다.

"앗! 돈이다!"

▲ 알렉산드로스와 페르시아 공주 스타테이라의 결혼

곽두기의 국어 사전

융화 녹을 융(融) 될 화(化). 녹아서 하나가 된다, 갈등 없이 화목해진다는 뜻이야.

허영심의 상식 사전

주화 금화나 은화처럼 쇠붙이를 녹여 만든 돈을 뜻해.

▲ 알렉산드로스 대왕이 새겨진 주화

알렉산드로스 대왕과 헬레니즘 시대 **265**

➜ **트라키아에서 발견된 황금 술잔**

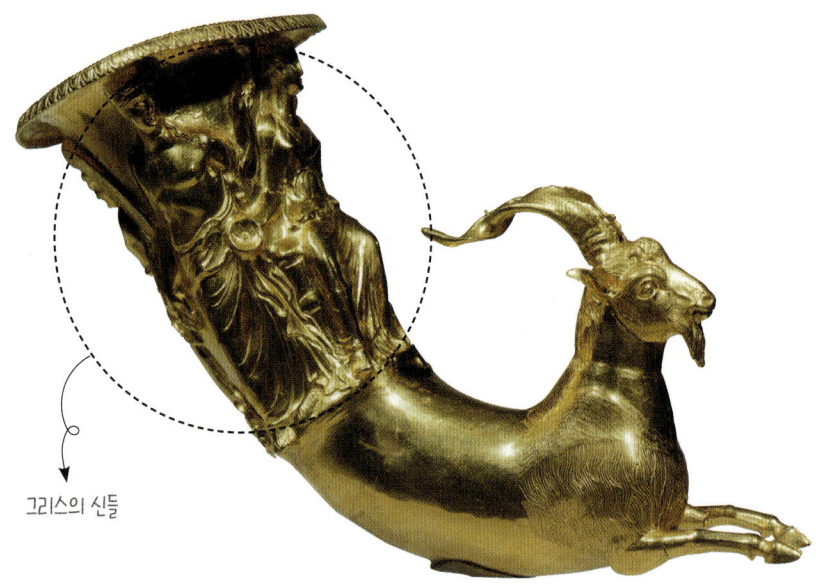

그리스의 신들

"그래. 알렉산드로스 대왕은 정복지에서 주화를 발행했어. 언제나 주화 앞면에는 자신의 얼굴을 새기고 뒷면에는 그곳 문화를 상징하는 그림을 새겼지. 그래서 인도에서 나온 주화 뒷면에는 코끼리가 새겨져 있고, 그리스에서 나온 주화 뒷면에는 신들의 왕 제우스의 모습이 그려져 있어. 주화 말고도 트라키아에서 발견된 뿔 모양의 황금 술잔도 좋은 예야. 한번 보렴."

용선생은 모니터에 희한하게 생긴 황금 술잔 사진을 띄웠다.

"우아, 신기하다. 술잔을 염소 모양으로 만들었어."

"그래, 염소는 페르시아에서 신성한 동물로 여기던 동물이야. 그런데 술잔의 목 부분을 잘 보렴. 여기엔 그리스의 신들이 새겨져 있어. 어때? 하나의 술잔에 그리스와 페르시아 문화가 모두 들어가 있지?"

"그리스 문화와 페르시아 문화가 만나서 새로운 문화를 만들었다는 거죠?"

왕수재가 팔짱을 낀 채 고개를 끄덕였다.

◆ 기원전 270년 무렵 마케도니아 제국
마케도니아 제국이 프톨레마이오스, 셀레우코스, 안티고노스 세 왕조로 분열된 모습이야.

"그런데 알렉산드로스가 죽었는데 다음 왕은 누가 해요?"

문득 생각났다는 듯이 허영심이 물었다.

"부하 장군들이 저마다 자기가 알렉산드로스 대왕의 정당한 후계자라고 주장하고 나섰어. 그러곤 나라를 쪼개어 나눠 갖고는 전쟁을 벌이기 시작했단다. 40년 동안 치고받고 싸운 끝에 세 나라로 정리가 되었지."

"에구, 알렉산드로스 대왕이 죽자마자 나라가 쪼개져 버리다니."

"하지만 실망할 건 없어. 이렇게 나라가 쪼개진 것이 오히려 헬레니즘 시대가 열리는 계기가 되었거든."

"헬레니즘? 그게 뭔데요?"

 용선생의 세계사 돋보기

알렉산드로스 대왕이 죽은 뒤 왕비에게서 태어난 왕자가 있었어. 하지만 갓난아기라 아무런 힘이 없었고, 곧 부하 장군들이 자기가 알렉산드로스 대왕의 정당한 후계자라며 권력 싸움을 벌였단다.

 용선생의 핵심 정리

알렉산드로스 대왕은 드넓은 페르시아를 다스리기 위해 융화 정책을 실시. 하지만 알렉산드로스 대왕이 죽은 뒤 마케도니아 제국은 세 나라로 쪼개짐.

헬레니즘 시대 – 세계가 그리스 문명으로 물들다

용선생의 세계사 돋보기

유럽인은 크리스트교와 그리스 문명을 유럽 문화의 두 뿌리라고 생각해. 유일신을 믿는 신앙 중심의 세계관을 헤브라이즘, 그리스 문화를 중심으로 동방 문화가 융합돼 형성된 문화적 흐름을 헬레니즘이라고 해.

"그리스 사람들은 아주 오랜 옛날부터 자신들이 사는 땅을 헬라스, 자신들을 헬라스인이라고 불렀어. 헬레니즘은 그리스 문화를 중심으로 그리스 지역이 아닌 문화를 융합한다는 뜻이야. 그래서 그리스 문명이 그리스 밖으로 활발하게 퍼져 나간 시기를 헬레니즘 시대라고 하지."

"그리스 밖이라면 어딜 말하는 거죠?"

"우선은 알렉산드로스 대왕이 정복한 땅이지. 아까 말했듯이 알렉산드로스 대왕은 아시아와 아프리카, 유럽에 걸쳐 엄청난 땅을 차지했어. 당연히 그곳으로 먼저 그리스 문명이 전파되었지. 그런데 그리스 문명은 훨씬 더 넓은 곳에까지 퍼져 나가 거의 1,000년 동안이나

▼ 현대의 알렉산드리아 도서관 고대 알렉산드리아 대도서관을 기념해 건설한 현대식 알렉산드리아 도서관이야.

지대한 영향을 미치게 된단다. 심지어 인도에서 불상을 처음 만들기 시작한 것도 그리스 문명의 영향이었어. 인도인들이 그리스 신상을 모방해 불상을 만들었거든."

"근데 왜 나라가 쪼개진 게 헬레니즘 시대가 열리는 계기가 된 거죠?"

"알렉산드로스 대왕의 후계자들 사이에서 정통성 경쟁이 벌어졌기 때문이야. 알렉산드로스의 후계자들은 그리스 문화를 적극적으로 퍼뜨려 자신의 정통성을 과시하려고 했지."

"엥? 그리스 문화를 퍼뜨리는 거랑 정당한 후계자가 무슨 상관이죠?"

"알렉산드로스 대왕이 누구보다 열렬히 그리스 문화를 동경한 사람이라고 했던 거, 기억 안 나니? 어차피 모두 알렉산드로스 대왕의 피붙이는 아니니 서로 알렉산드로스 대왕의 정신을 이어받았다고 주장했던 거야. 그래서 저마다 자기 나라에 '그리스 본토 문화'를 심기 위한 경쟁을 벌였어. 아낌없이 돈을 투자해 그리스의 예술가와 학자들을 스카우트하고, 예술과 학문을 후원하고, 그리스식으로 웅장한 건축물을 짓고, 그리스 연극을 공연하고, 그리스식 조각상을 제작하고, 도시를 그리스식으로 치장했지. 덕분에 헬레니즘 시대에는 그리스의 예술과 학문이 그리스의 울타리를 벗어나 아시아, 아프리카, 유럽으로 퍼져 나가게 된단다."

"으흠, 한마디로 그리스 문화의 전성기군요."

→ **헬레니즘의 영향을 받은 인도 간다라 지방의 불상**
간다라는 알렉산드로스 대왕이 정복했던 땅으로 현재의 파키스탄 북부와 아프가니스탄 동부 지역에 걸쳐 있어. 자연스럽게 늘어진 옷의 주름 모양이 영락없이 그리스 조각을 닮아 있어.

"그렇단다. 헬레니즘 시대에는 그리스어가 공용어나 다름없었어. 그리스인은 외국어를 몰라도 여행하는 데 아무런 지장이 없었지. 그리고 그리스의 것이라면 무엇이든 최고로 대우받았지. 불과 얼마 전 페르시아 제국이 버티고 있을 때에는 상상도 할 수 없는 일이었단다. 그리스인은 좁은 그리스를 벗어나 서아시아 곳곳으로 퍼져 나갔어. 그래서 고작 100여 년 사이에 그리스 본토의 인구는 크게 줄어들었고, 대신 서아시아 곳곳에 그리스인의 도시가 들어섰어. 그중에서도

가장 대표적인 도시가 바로 이집트의 항구 도시 알렉산드리아였지. 알렉산드리아는 지중해의 상업과 문화의 중심지로, 마치 그리스를 그대로 옮겨 놓은 듯한 모습이었다고 해. 또 알렉산드리아 도서관은 세상의 모든 지식을 갖춘 도서관으로 이름 높았어. 페르시아어, 이집트어, 그리스어로 쓰인 50만 권이 넘는 장서를 갖춘 당시 세계 최대의 도서관이었기 때문이지. 이집트의 프톨레마이오스 왕조는 그리스 학자들을 알렉산드리아 도서관으로 초청해 외국어로 된 책을 그리스어로 번역하거나, 학문을 연구하도록 지원했어."

"무슨 연구를 그렇게 열심히 했는데요?"

"음, 헬레니즘 시대에는 특히 과학과 수학, 의학 같은 분야의 발전이 눈부셨어. 원래 이런 학문들은 그리스보다 이집트와 페르시아에서 더욱 발달했지. 그런데 그리스인 군주들의 전폭적인 지원을 받은 그리스 학자들이 메소포타미아와 이집트의 오래된 책들을 그리스어로 번역하고 연구하면서 이런 학문들이 비약적으로 발전하게 된 거란다."

용선생의 말을 듣고 있던 장하다가 걱정스러운 표정으로 질문을 던졌다.

"근데 선생님, 그리스 사람들이 죄다 다른 곳으로 빠져나가 버리면 이제 그리스는 어떻게 되나요?"

"좋은 질문이구나. 여전히 아테네처럼 큰 폴리스는 에게해 해상 무역의 중심지 역할을 했어. 하지만 아무래도 예전에 비하면 활력이 떨어졌지. 더 큰 변화는 그리스인이 가지고 있던 민주주의와 시민의 권리에 대한 관심이 거의 사라져 버렸다는 거였어."

헬레니즘 시대의 자연 철학자들

헬레니즘 시대에는 여러 도시에서 수학, 천문학, 의학 등 다양한 방면의 자연 철학이 발달했어. 그 성과들은 훗날 서아시아를 거쳐 다시 유럽으로 전해졌고, 유럽에서 현대 과학이 발전하는 데 큰 역할을 하게 된단다. 그런 점에서 헬레니즘 시대의 자연 철학은 현대 과학의 어머니라고 할 수 있지. 이때 대표적인 자연 철학자들이 누구였는지 한 명씩 살펴보자.

아리스타르코스
(기원전 310년?~기원전 230년?)
천문학자로 세계 최초로 지동설을 주장했던 사람이야.

에라토스테네스
(기원전 273년?~기원전 193년?)
수학자로 태양 빛의 각도를 이용해 지구의 둘레를 계산해 냈어.

아르키메데스
(기원전 287년?~기원전 212년)
발명가이자 수학자, 물리학자로 지렛대의 원리와 부력의 원리를 발견하고 양수기와 도르래 등을 발명했어.

에라시스트라토스
(기원전 310년?~기원전 250년?)
해부학자로 인체를 직접 해부해 봄으로써 심장에 판막이 있다는 사실과, 뇌에서 뻗어 나간 신경을 통해 몸을 움직이고 감각을 느낀다는 사실을 알아냈어.

에우클레이데스(유클리드)
(기원전 330년?~기원전 275년?)
기하학자로 당시의 기하학 지식을 일목요연하게 정리한 《기하학 원론》이라는 책을 썼어. 오늘날 초등학생 때 배우는 도형의 원리는 대부분 이 책에 나오는 내용이야.

"아니, 왜요? 얼마나 힘들게 발전시켜 온 민주주의인데?"

"그리스의 민주 정치는 폴리스를 배경으로 하는 정치 제도야. 시민들이 직접 정치에 참여하고 폴리스를 위해 헌신해야만 유지될 수 있는 제도지. 그런데 헬레니즘 시대가 되자 사람들이 좁은 폴리스를 벗어나 드넓은 세계로 훌훌 옮겨 다녔어. 그러니 민주 정치가 유지되기가 힘들어졌지."

"그래도 뭔가 아쉽긴 하네요, 쩝."

왕수재가 쓰게 입맛을 다시자 용선생이 손을 휘휘 내저었다.

"그 대신 헬레니즘 시대에는 작은 도시나 국가에 얽매이지 않고 보편적인 가치를 중요하게 여기는 세계 시민주의가 싹텄어. 좁은 폴리스보다는 넓은 세계, 편견보다는 공정함, 완고함보다는 열린 마음을 중요하게 여기는 사상이지. 훗날 로마가 거대 제국을 오랫동안 유지할 수 있었던 것도 헬레니즘 시대에 형성된 세계 시민주의를 바탕으로 수많은 이민족들을 끌어안을 수 있었기 때문이라는 말도 있어."

"흠, 이제 보니 알렉산드로스 대왕은 그냥 땅만 넓힌 게 아니라 사람들의 생각도 넓혀 놓았던 거군요."

나선애가 눈을 깜빡거리며 말했다.

용선생의 세계사 돋보기
한편 개방적인 대제국이 만들어지자 폴리스 중심의 공동체 의식이 점차 사라졌어. 대신 개인의 행복과 자유를 추구하는 개인주의가 발달했지.

↓ **페르가몬의 제우스 제단** 헬레니즘 시대 아나톨리아반도의 대표 도시였던 페르가몬의 제우스 신전 제단이야. 가로 길이가 113미터에 달하는 거대한 제단으로 1900년대 초 독일인이 발굴해 통째로 베를린으로 옮겼어.

↑ **페르가몬의 제우스 제단 부조** 제단 아래 부분에는 그리스 신화가 역동적인 모습으로 새겨져 있어. 이 장면은 전쟁의 여신 아테나와 승리의 여신 니케가 거인족을 물리치는 모습이야.

살아 움직이는 조각상? 헬레니즘 시대 예술품의 특징은?

"그래, 선애 말대로야. 알렉산드로스 대왕은 땅의 경계를 허물어 버림으로써 생각의 경계까지 허물었던 거야. 자, 그럼 오늘은 여기까지 할까? 모두들 수고 많았어. 안녕~!"

 **용선생의 핵심 정리**

알렉산드로스의 세 후계자들이 서로 정통성을 내세우며 경쟁하는 가운데 헬레니즘 문화로 불리는 그리스 문화가 세계로 확산됨.

나선애의 **정리노트**

1. **펠로폰네소스 전쟁**
   - 델로스 동맹: 페르시아의 침략에 대비해 아테네를 중심으로 맺은 군사 동맹
   - 펠로폰네소스 동맹: 스파르타와 그 인근 폴리스들이 참여한 군사 동맹
   - 두 동맹이 충돌하며 펠로폰네소스 전쟁 발발
     → 페르시아의 도움을 받은 스파르타의 승리
     → 이후 페르시아의 영향력 증가하며 폴리스 몰락

2. **마케도니아의 부상**
   - 마케도니아: 그리스 북부의 후진국. 필리포스 2세의 지도 아래 급성장
   - 그리스를 공격해 장악하고 뒤이어 페르시아 원정을 준비!

3. **알렉산드로스의 페르시아 원정**
   - 알렉산드로스 대왕: 필리포스 2세의 아들. 20세에 왕위에 올라 페르시아 원정 개시
     → 10여 년 만에 페르시아와 이집트를 정복하고 대제국 건설
   - 알렉산드로스는 결혼 정책 등을 통해 페르시아 문화를 적극적으로 받아들임.
     → 페르시아와 그리스 문화가 어우러지는 계기 마련

4. **헬레니즘 시대**
   - 헬레니즘: '그리스'를 뜻하는 '헬라스'에서 온 말. 그리스 문화를 중심으로 동방 문화가 융합되어 만들어짐.
   - 그리스인의 진출과 함께 서아시아 각지에서 여러 학문과 예술이 눈부시게 발전함.
   - 민주주의는 쇠락하고 세계 시민주의가 발달!

세계사 퀴즈 달인을 찾아라!

1 펠로폰네소스 전쟁에 대해 바르게 설명한 친구는? ( )

 ① 아테네가 강력한 육군을 바탕으로 스파르타를 제압했대.

 ② 그리스와 페르시아가 영토를 넓히기 위해 벌인 전쟁이야.

 ③ 그리스의 폴리스들이 두 편으로 나뉘어 벌인 전쟁이었지.

 ④ 최종적으로 아테네가 승리하여 그리스의 전성기를 이끌었어.

2 아래 지도에 표시된 제국에 대한 설명으로 옳은 것은? ( )

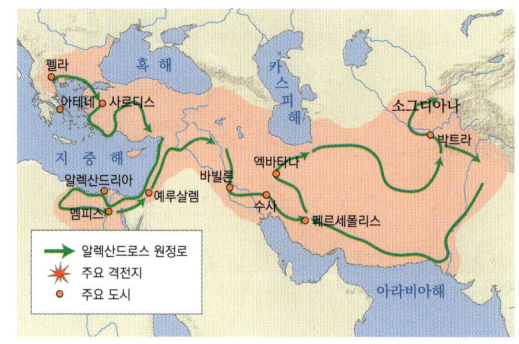

① 헬레니즘 문화의 형성에 기여했다.
② 차별 정책을 통해 그리스인을 통제했다.
③ 알렉산드로스가 죽은 후 인도까지 영토를 확장했다.
④ 그리스와의 전쟁에서 패배하여 제국이 셋으로 분열되었다.

3 알렉산드로스가 대제국을 세운 뒤 이를 유지하기 위하여 실시한 정책으로 알맞은 것은? (　　)

① 결혼 정책
② 인도 원정
③ 그리스인 무시
④ 바그다드 건설

4 다음 중 서로 관련 있는 것들을 바르게 연결해 보자.

① 아테네　　　•　　•㉠ 헬레니즘

② 스파르타　　•　　•㉡ 마케도니아

③ 간다라 불상　•　　•㉢ 델로스 동맹

④ 필리포스 2세　•　　•㉣ 펠로폰네소스 동맹

5 빈칸에 들어갈 알맞은 말을 써 보자.

알렉산드로스는 자신이 정복한 곳에 ○○○○○○라는 이름의 도시를 건설했어. 서른 개가 넘는 ○○○○○○들은 그리스 문화를 전파하는 중심지가 되었지.

(　　　　　　　　　)

6 헬레니즘 시대의 특징에 대한 설명으로 알맞은 단어를 골라 보자.

○ 헬레니즘 시대에는 (페르시아어 / 그리스어)가 공용어나 다름없었어.

○ 헬레니즘은 (그리스 문화 / 인도 문화)를 중심으로 동방 문화가 융합되어 만들어졌어.

○ 헬레니즘 시대에는 보편적인 가치를 중요하게 여기는 (민주주의 / 세계 시민주의)가 발전했어.

정답은 428쪽에서 확인하세요!

용선생 세계사 카페

그림 한 장으로 만나는 그리스의 철학자들

소크라테스 (기원전 470년?~기원전 399년)
'너 자신을 알라'는 말로 유명한 철학자지. 소크라테스는 늘 광장에서 사람들을 붙잡고 '먼저 자신이 아무것도 모른다는 것을 인정해야 올바른 결정을 내릴 수 있다.'고 말했어. '너 자신을 알라'는 말은 '네가 아무것도 모른다는 걸 알라'는 뜻이야. 이 그림에서도 소크라테스는 사람들을 붙잡고 뭔가 이야기를 나누고 있어.

플라톤 (기원전 428년?~기원전 348년?)
소크라테스의 제자 플라톤이야. 플라톤은 '변하지 않는 진리'를 알아야 올바른 결정을 내릴 수 있다고 주장했어. 그리고 그 진리를 누구보다 잘 아는 것은 바로 철학자들이기 때문에, 철학자가 나라를 다스려야 한다고 주장했지. 플라톤은 훗날 서양 철학 발달에 막대한 영향을 끼치게 된단다.

알렉산드로스 대왕 (기원전 356년~기원전 323년)
갑옷을 입고 소크라테스의 말에 귀를 기울이고 있는 이 사람은 다름 아닌 알렉산드로스 대왕이야. 사실 알렉산드로스는 아리스토텔레스를 스승으로 모신 적도 있었어.

피타고라스 (기원전 580년?~기원전 530년?)
책에 뭔가를 쓰고 있는 이 사람은 고대 그리스의 수학자 피타고라스야. 피타고라스는 만물의 근원을 수라고 주장하며, 현실의 모든 규칙을 수로 표현하려고 했어.

아리스토텔레스 (기원전 384년~기원전 322년)
플라톤 옆에 있는 이 사람은 플라톤의 제자 아리스토텔레스야. 아리스토텔레스는 논리학, 윤리학, 문학, 정치, 예술 등 폭넓은 분야에 관해 많은 저술을 남겼어. 철학에서 과학에 이르기까지 고대 그리스의 모든 학문을 집대성했다고 해도 과언이 아닐 정도지.

1500년대의 화가 라파엘로가 아테네의 모습을 상상해서 그린 <아테네 학당>이라는 유명한 그림이야. 서로 다른 시대를 살았던 철학자들을 한 공간에 표현한 점이 참으로 흥미로워. 자, 그럼 누가 누군지 한번 알아보자.

디오게네스 (기원전 412년?~기원전 323년?)
마치 주정뱅이처럼 계단에 비스듬히 누워 있는 이 사람은 디오게네스라는 철학자야. 그는 모든 욕심을 버려야 진짜 행복할 수 있다며, 평생 옷 한 벌과 지팡이만 가지고 작은 통 안에서 살았어.

프톨레마이오스 (85년?~165년?)
지구본을 들고 있는 이 사람은 헬레니즘 시대의 지리학자 프톨레마이오스란다. 프톨레마이오스의 지리학은 1500년대까지 서양 지리학의 교과서로 여겨졌어.

에우클레이데스
(기원전 330년?~기원전 275년?)
땅바닥에 뭔가를 그리고 있는 이 사람은 기하학의 아버지로 불리는 에우클레이데스야. 흔히 유클리드로도 알려져 있지.

용선생 세계사 카페

헬레니즘 시대, 그리스 예술이 변하다

헬레니즘 시대 예술 작품을 소개합니다!

원래 그리스의 예술 작품들은 모든 시민들이 볼 수 있도록 공공장소에 비치했어. 큰 전쟁에서 패배해 많은 사람이 죽었을 때에는 그 일을 기억하기 위해, 승리했을 때에는 신에게 감사를 드리기 위해 시민들이 뜻을 모아 예술 작품을 제작했지. 그래서 그리스의 조각상들은 항상 균형 잡힌 자세와 엄격한 비례를 가진 엄숙하고 절제된 모습으로 제작되었어.

하지만 헬레니즘 시대로 접어들며 여기에 큰 변화가 생겼어. 돈 많은 상인이나 강력한 권력을 가진 왕이 자신의 힘을 과시할 목적으로 예술 작품을 제작하기 시작한 거야. 이 시기에 한눈에 보기에도 과장된 몸짓과 강렬한 인상을 남기는 작품들이 많이 제작된 것은 그 때문이야. 역동적이고 감정 표현이 풍부한 헬레니즘 미술은 훗날 유럽 미술에 큰 영향을 미치게 된단다. 그리스 고전 시대와 헬레니즘 시대의 대표적인 조각 작품들을 비교해 보면 그 차이점을 단번에 알 수 있을 거야.

그리스 고전 시대

아르테미시온의 포세이돈
(기원전 460년)
바다의 신 포세이돈의 모습이야. 손에 무언가를 들고 던지려 하는 순간이지만 안정된 자세와 무표정한 모습을 유지하고 있어.

죽어가는 병사
(아테네, 기원전 490년)
전쟁에서 부상을 입고 죽어가는 병사를 표현했어. 그리스 고전 시대 작품에서는 얼굴에 감정이 전혀 드러나지 않아.

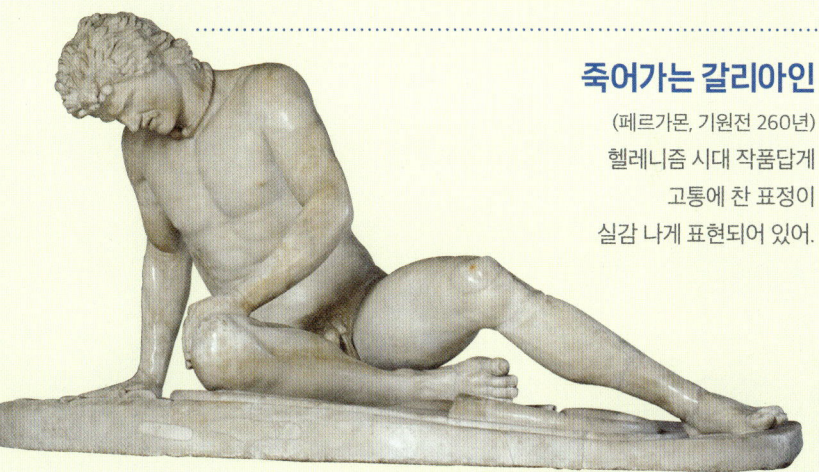

헬레니즘 시대

밀로의 비너스
(기원전 130년~기원전 100년 사이)
아름다움의 여신을 표현한 작품으로 한쪽 발을 살짝 옮겨 의도적으로 자연스러운 몸의 곡선이 드러나고 있어.

죽어가는 갈리아인
(페르가몬, 기원전 260년)
헬레니즘 시대 작품답게 고통에 찬 표정이 실감 나게 표현되어 있어.

라오콘 군상
(기원전 100년)
고통으로 몸부림치는 몸짓과 표정이 생생하게 묘사되어 있어.

사모트라케의 니케
(기원전 220년~기원전 190년 사이)
승리의 여신 니케를 표현한 이 작품은 원래는 전함의 뱃머리를 장식하고 있던 조각이야. 바닷바람을 맞아 펄럭이는 듯 섬세하게 만들어진 옷자락과 날개의 모습이 인상적이지.

6교시

지중해의 샛별 로마, 세계 제국으로 나아가다

장화처럼 생긴 이탈리아반도 중부에는
지중해로 흘러드는 테베레라는 작은 강이 하나 있어.
이 강을 따라 거슬러 올라가면 곧 습지 사이로 솟아 있는 야트막한 언덕들이 보여.
아득한 옛날, 사람들은 축축한 습지를 피해 이 언덕들 위에 옹기종기 모여 살았어.
그러다 2,700년 전쯤 그곳에 도시가 세워졌지. 바로 오늘의 주인공 로마야.
지금부터 이 작은 도시가 어떻게 거대 제국으로 성장하는지,
또 우리에게 남긴 유산은 무엇인지 알아보기로 하자.

기원전 753년	기원전 510년	기원전 275년	기원전 146년	기원전 58년	기원전 27년
로마 건국	로마, 공화정 수립	로마, 이탈리아반도 통일	카르타고 멸망, 로마가 지중해를 장악	카이사르, 갈리아 원정 개시	아우구스투스 황제 즉위

역사의 현장 지금은?

위대한 로마 제국의 후예, 이탈리아의 오늘

 이탈리아는 우리나라처럼 삼면이 바다로 둘러싸인 반도 국가야. 인구는 약 6천만 명, 면적은 한반도의 1.35배쯤 되지. 날씨는 맑고 온화한 편으로 지중해 지역의 다른 나라와 마찬가지로 여름보다 겨울에 비가 많이 와. 하지만 알프스산맥에서 가까운 북부는 겨울에는 몹시 춥고 눈도 많이 내리지. 연간 강수량은 600~1,000밀리미터 정도야. 넓은 농경지에서 채소와 과일, 곡물 농사를 지으며 목축도 발달되어 있어. 또 삼면이 바다로 둘러싸여 있어서 수산물도 풍부하지. 이런 넉넉한 환경 덕분에 이탈리아 사람들은 낙천적인 성격으로 유명해. 1인당 국민 소득은 우리나라와 비슷한 3만 달러 정도이고, 국민의 80퍼센트 이상이 가톨릭을 믿어.

286

▲ 바티칸 시티의 성 베드로 대성당에서
바라본 로마 전경
로마는 현재 이탈리아의 수도이지 300만 명의 인구가 모여 사는 최대 도시야. 2,000년이 넘는 역사를 자랑하는 도시답게 오래되고 예스러운 느낌이 물씬 나. 로마의 찬란한 유산 덕분에 매년 수백만 명의 관광객이 로마를 찾고 있어.

▲ 트랙터를 모는 남부 이탈리아의 농부

부유한 북부, 가난한 남부

로마를 기준으로 이탈리아 북부에서는 일찍부터 상업과 공업이 발달했어. 그래서 밀라노, 피렌체, 베네치아 등 부유한 도시들이 북부에 몰려 있지. 반면에 남부는 여전히 농업이 큰 비중을 차지하고 있어서 북부에 비해 소득이 절반 정도밖에 안 돼. 북부 사람들은 자신들이 낸 세금이 자신들이 아닌 남부를 위해 쓰인다며 불만이 많아. 심한 사람들은 이참에 아예 이탈리아에서 독립해야 한다고 주장하기도 하지. 지역 간의 큰 소득 격차는 현재 이탈리아의 골칫거리 중에 하나야.

◀ 밀라노의 패션 명품 가게들
밀라노는 세계적인 명품 패션 브랜드들로 유명한 도시야.

◀ 밀라노 패션쇼에 선 모델
이탈리아는 세계적인 패션의 나라로 알려져 있어. 그래서 우리나라의 많은 패션 디자이너 지망생들이 이탈리아로 유학을 떠나지.

세계에서 손꼽히는 관광 대국

2,500여 년에 이르는 장대한 역사, 다채롭고도 화려한 문화유산들, 일 년 내내 온화한 기후와 코발트색의 지중해, 만년설의 장관이 숨을 멎게 하는 알프스산맥……. 이탈리아는 세계 제일의 관광 자원을 가진 나라야. 조상이 물려준 문화유산과 아름다운 경관 덕분에 해마다 이탈리아에 5,000만 명에 가까운 관광객들이 몰려든다고 해.

▲ 로마의 콜로세움

▲ 로마의 명물인 트레비 분수

피자와 파스타의 고향

이탈리아 요리는 지금 세계 어디서나 인기를 누리고 있어. 지중해의 햇살을 받고 자란 신선한 채소와 과일, 싱싱한 해산물로 만든 이탈리아 요리는 최고의 맛을 보장해 주기 때문이지. 그중에서도 최고 인기 음식은 단연 피자와 파스타로, 전 세계인의 입맛을 사로잡은 지 이미 오래야. 그 밖에 이탈리아식 샌드위치인 파니니, 이탈리아식 볶음밥인 리조토, 이탈리아식 아이스크림인 젤라토 역시 우리나라를 비롯해 전 세계에서 큰 인기를 누리고 있어.

▲ 이탈리아 중부 토스카나 지방의 한 피자 가게 요리사가 전통적인 방식대로 화덕에서 피자를 굽고 있어.

▲ 이탈리아식 아이스크림 젤라토

축구의 나라

이탈리아 사람들은 축구가 곧 인생이라고 할 정도로 축구를 즐기고 사랑하지. 주말 저녁이면 으레 경기장을 찾거나 TV 중계를 보며 자신이 좋아하는 팀을 응원해. 이탈리아 축구 리그는 영국, 독일, 에스파냐 리그와 함께 세계적인 리그로 꼽혀. 아주리 군단이란 별명으로 유명한 이탈리아 축구 대표팀은 월드컵에서 이미 네 차례나 우승했어.

▲ 2006년 독일 월드컵에서 우승한 뒤 환호하는 축구 대표팀

로마, 테베레강가의 언덕에 자리 잡은 작은 도시

용선생은 스크린에 지도를 띄우며 이야기를 시작했다.

"먼저 로마가 어디에 있는지부터 알아보자. 지중해 한복판에 꼭 장화처럼 불쑥 튀어나온 땅이 보이지? 여기가 바로 이탈리아반도야. 야트막한 언덕 사이로 흐르는 작은 강 유역에 제법 널찍한 평야가 펼쳐져 있고, 날씨가 맑고 포근한 편인 데다 비도 적당히 내려 농사를 짓기에 딱 좋았지. 로마는 바로 이 이탈리아반도 중부에 자리 잡은 작은 도시였어."

↑ **로마의 위치** 로마는 고대 로마 제국의 수도이자 출발지였어. 현재 이탈리아의 수도지.

"히야, 그 정도면 엄청 살기 좋았겠는걸요."

"그래. 그런데 한 가지 문제가 있었어. 살기 좋은

▲ **이탈리아 중부 토스카나** 이탈리아 중부에는 사진처럼 야트막한 언덕과 농지가 교대로 펼쳐져 있어.

곳은 누구나 살고 싶어 한다는 점이야. 그래서 이탈리아반도에는 민족 전시장이라고 할 만큼 여러 민족들이 살았어. 그 가운데 남부 해안 지역에 자리 잡은 그리스 식민 도시들과 북쪽에 자리 잡은 에트루리아인들이 선진국이고, 그 중간에 여러 약소 민족들이 살았지. 그런데 이들끼리도 사이가 좋지 않아 걸핏하면 전쟁을 벌였어."

"쩝, 살기 좋다고 꼭 좋은 것만도 아니군요."

"이탈리아의 여러 민족들은 살아남기 위해 부족들끼리 힘을 합쳐야 했어. 로마는 그런 과정을 거쳐 탄생한 도시야."

용선생은 화면에 또 다른 지도를 띄우고 아이들을 향해 몸을 돌렸다.

나선애의 세계사 사전

에트루리아인 원래 아나톨리아반도에 뿌리를 둔 것으로 보이는 민족이야. 기원전 750년 무렵 이탈리아 북부에 자리를 잡고 열두 개의 도시를 세웠지.

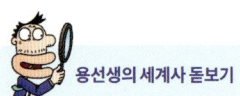

용선생의 세계사 돋보기

원래 로마 근처의 평야 지대에 살던 민족의 이름이었어. 하지만 라틴이라는 이름은 차츰 이탈리아 전체를 가리키는 단어로 의미가 확대되었어. 얼마 뒤에는 에스파냐와 포르투갈 사람들도 여기에 포함되었고, 심지어 그들의 식민지였던 중남미를 라틴 아메리카로 부르고 있지.

"이탈리아 중부 테베레강 유역에는 라틴족이라고 불리는 사람들이 살고 있었어. 그 라틴족 중에서 강 하류 언덕 위에 살던 사람들이 거기에 작은 도시를 하나 세웠는데, 그게 바로 로마였단다. 전설에 따르면 기원전 753년에 있었던 일이지."

"왜 하필 언덕 위에 도시를 세워요?"

"우선 강 하류 저지대는 습지가 많아 살기가 어려웠어. 반면에 언덕은 외적으로부터 방어를 하기에 유리하고, 홍수가 나도 안전하지."

설명을 들은 아이들이 잠자코 고개를 끄덕였다.

"로마는 라틴족들 사이에서 싸움 잘하기로 소문이 났지만, 그래 봤자 언덕 위에 나무로 얼기설기 오두막을 짓고 살아가는 작고 가난한 도시에 불과했지. 그러다 정확히 언제부터인지는 모르지만 북쪽의 선진국인 에트루리아인 왕의 지배를 받게 되었어."

"엥? 시작하자마자 망한 거예요?"

▲ 로마와 일곱 개의 언덕
가운데 있는 팔라티노 언덕이 처음 로마가 세워진 곳이야.

"그건 아니야. 왕은 에트루리아인이었지만, 로마인 100명으로 이루어진 원로원이 왕에게 이런저런 조언을 하고 있었거든. 오히려 로마는 에트루리아인의 지배를 받는 동안 도시 국가의 모습을 갖출 수 있게 되었지. 나무로 지은 오두막이 늘어서 있던 언덕 위에 돌로 지은 건물들이 들어서고, 늪지대는 개간되어 농경지가 되고, 길이 놓였지. 또 에트루리아인들한테서 금속을 가공하는 법과 군대를 훈련하는 법도 배웠어. 훗날 로마의 국민 오락이 되

에트루리아인의 문화유산

에트루리아인은 이탈리아 북부는 물론 멀리 남쪽의 나폴리 지방에까지 영향을 미쳤어. 로마인들보다 훨씬 먼저 서아시아와 그리스의 선진 문명을 받아들였기 때문에 군사적으로나 문화적으로나 훨씬 우위에 있었거든. 그들이 남긴 유적과 유물들을 보면 그들이 얼마나 수준 높고 화려한 문화를 누렸는지 단번에 알 수 있을 거야. 대표적인 유물들 몇 가지만 살펴보기로 하자.

↑ 에트루리아 영역

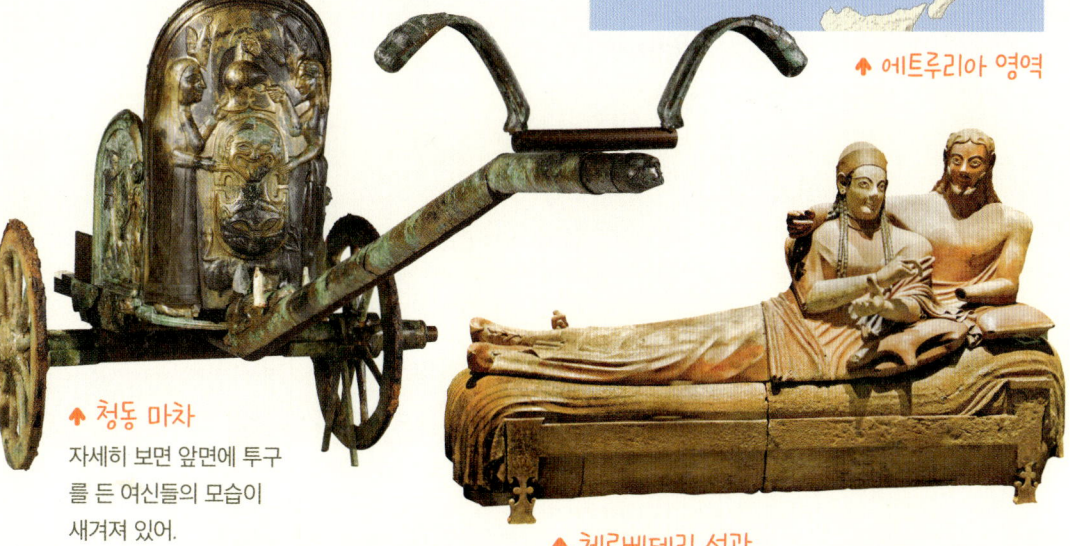

↑ 청동 마차 자세히 보면 앞면에 투구를 든 여신들의 모습이 새겨져 있어.

↑ 체르베테리 석관 관 뚜껑에 생전의 행복했던 부부의 모습이 조각되어 있어.

↑ 타르퀴니아 분묘 벽화 음악을 들으며 음식을 먹는 장면이 그려진 무덤 벽화야.

↑ 에트루리아의 아치 에트루리아인들이 전해 준 건축 기술은 로마의 뛰어난 건축 기술의 밑바탕이 되었어.

는 검투사 시합도 이때 에트루리아로부터 전래된 거래. 그 밖에도 에트루리아인들로부터 배운 것들은 셀 수 없을 정도로 많아."

"에트루리아인들이 로마인들의 선생님이었던 셈이네요?"

"그렇단다. 하지만 로마는 기원전 510년 반란을 일으켜 에트루리아인 왕을 내쫓아 버렸어."

"배울 것도 많았다면서 갑자기 왜요?"

"에트루리아인 왕이 여러 가지로 횡포를 부리는 바람에 로마인들 사이에서 불만이 많이 쌓였기 때문이지. 에트루리아인 왕을 내쫓은 로마인들은 한 가지 놀라운 결정을 했어."

"놀라운 결정이라니요?"

용선생의 핵심 정리

기원전 753년, 라틴족 일부가 테베레강 옆 언덕 위에 로마를 건설함. 로마는 에트루리아 왕의 지배 아래 선진 문물을 배우고, 기원전 510년 반란을 일으켜 독립함.

에트루리아 왕을 내쫓고 공화정을 만들다

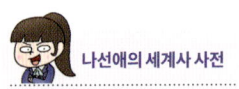

나선애의 세계사 사전

집정관 정책을 집행하는 관리라는 뜻이야. 아테네의 페리클레스도 집정관이었어.

"로마의 원로들은 회의를 한 끝에 이렇게 결론을 내렸어. '앞으로 왕을 세우지 않는다. 대신 시민들의 투표를 통해 집정관을 뽑아 군대를 지휘하고, 재판을 하고, 세금을 거두는 일을 맡게 하자. 그리고 원로원의 권한을 대폭 강화하자.'"

"잠깐만요. 집정관이랑 왕이 어떻게 달라요?"

"로마의 집정관은 두 가지 점에서 왕과 크게 달랐어. 첫째, 로마인

▲ 〈루크레티아의 죽음〉 로마 귀족의 아내 루크레티아가 에트루리아 왕자에게 겁탈당한 뒤 자살한 사건을 계기로 왕을 내쫓았어.

들은 투표를 통해 해마다 새로운 집정관을 뽑았어. 죽을 때까지 하다가 자식에게 자리를 물려주는 왕과는 전혀 다르지. 둘째, 집정관은 한 명이 아니라 두 명이었어. 집정관 혼자 마음대로 권력을 휘두를 수 없게 하기 위해서였지. 그리고 집정관은 강화된 원로원과 민회의 견제를 받아야 했어."

"원로원은 어떻게 강화되었어요?"

"일단 100명에서 300명으로 수를 늘렸어. 그리고 나라의 중요한 일은 모두 귀족들로 이루어진 원로원 회의에서 결정하도록 했지. 집정관도 사실상 원로원 의원들이 돌아가면서 했다고 보면 돼."

"그러니까 왕 대신 귀족들이 회의를 해서 나라를 다스리기로 한 거군요."

왕수재의 말에 용선생이 고개를 끄덕였다.

▲ **로마의 원로원 모습** 그림은 원로원에서 재판을 진행하는 모습을 그린 거야. 300명의 원로원 의원들은 토론과 투표를 통해 나라의 중요한 일들을 처리했어. 로마인들은 자신들의 정치 제도인 공화정을 매우 자랑스러워했어.

"그런 셈이지. 이런 정치 제도를 공화정이라고 해. 나라는 왕의 소유물이 아니라 시민 모두의 것이며, 왕 혼자가 아니라 모든 시민이 함께 다스린다는 뜻이 담겨 있지."

"말은 좋은데, 결국 원로원 귀족들끼리 나라를 다스린 거잖아요."

"오호, 날카로운걸. 사실 평민들도 원로원에 들어가거나 집정관으로 선출될 수는 있었어. 하지만 로마는 원로원 의원이나 집정관에게 따로 봉급을 주지 않았기 때문에 먹고살기 바쁜 평민들에게는 그저 그림의 떡일 뿐이었지. 평민들도 참가하는 민회가 있었지만, 여기 모여서 이것저것 결정해 봐야 원로원에서 안 된다고 하면 그걸로 그만이었어."

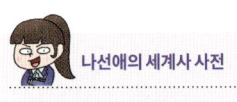

나선애의 세계사 사전

민회 일반 평민들의 회의를 말해. 로마에서는 시간이 흐르며 민회의 역할이 점점 커졌단다.

"그런 게 어디 있어요? 완전히 다 귀족들 맘이네?"

"그래. 하지만 시간이 흐르면서 서서히 변화가 생긴단다. 로마는 늘 끊임없는 전쟁에 시달렸어. 그때마다 평민들도 목숨을 내놓고 싸웠지. 그런데도 원로원 귀족들은 전리품을 독차지하고 평민들을 철저히 무시했단다. 쌓이고 쌓인 평민들의 불만이 결국 터지고 말았어. 기원전 494년, 평민들이 대대적인 시위에 나선 거야. 평민들은 로마 외곽의 성스러운 산을 점령한 채 '나랏일에 참여시켜 주지 않으면 앞으로는 싸우러 나가지 않겠다! 아니, 아예 우리끼리 따로 나라를 만들겠다!' 하고 선언했어."

"으하하, 통쾌해. 내가 속이 다 시원하네!"

"고민 끝에 귀족들은 결국 백기를 들었어. 평민들을 찾아가 평민들의 권리를 보장해 줄 제도를 만들겠다고 약속한 거야. 바로 호민관 제도야!"

"호민관이오?"

아이들이 눈을 동그랗게 떴다.

나선애의 세계사 사전

호민관 평민들의 권리를 보호하고 지키는 관리야. 처음에는 2명이었다가 나중에는 10명으로 늘어났어.

"호민관은 귀족들만 참여하던 원로원 회의에 참석할 수 있었고, 필요할 경우에는 원로원 회의를 소집할 수도 있었지. 또 귀족으로부터 신체를 보호받을 권리도 있었어. 가장 중요한 건 원로원에서 내린 결정을 거부할 수 있는 권리를 가지고 있었다는 거야. 아까 민회에서 이것저것 결정해 봐야 원로원이 '안 돼!' 하면 그만이라고 했지? 그런데 이제는 평민들에게도 같은 힘이 생긴 거야. 원로원 회의에서 이것저것 결정해 봐야 호민관이 '안 돼!' 하면 그걸로 끝이었거든."

"오호, 맨날 당하고만 살더니, 이제 좀 균형이 잡혔네요."

민주정은 뭐고 공화정은 뭐야?

우리나라 헌법 제1조 1항은 '대한민국은 민주 공화국이다.'로 시작해. 우리나라뿐 아니라 오늘날 대부분의 나라들이 민주공화국을 표방하고 있지. 민주공화국은 민주정이면서 동시에 공화정인 나라라는 뜻이야. 그럼, 민주정은 뭐고 공화정은 뭘까?

민주정은 아테네에서 처음 등장했어. 아테네에서는 모든 시민이 아고라에 모여서 직접 토론과 투표에 참여해 나라의 중요한 일들을 결정했는데, 이러한 정치 제도를 시민이 주인인 정치 제도라는 뜻으로 민주정이라고 불렀어. 지금 대부분의 나라에서 채택한 민주주의 제도는 아테네의 민주주의 제도와는 좀 달라. 아테네처럼 사람들이 직접 참여해 토론하고 투표하는 대신 대표자를 뽑아 토론과 결정을 맡기는 간접 민주주의 제도를 채택하고 있거든. 그래서 간접 민주주의에서 제일 중요한 것이 바로 대표자를 뽑는 선거란다. 만약 공정한 선거를 통해 자신이 원하는 대표자를 뽑을 수 없다면 결코 민주주의 제도라고 할 수 없지.

↑ 미국의 선거 모습 간접 민주주의 국가에서는 공정한 선거를 통해 대표자를 뽑아.

공화정은 왕이 없는 정치 형태를 의미해. 로마는 왕을 쫓아낸 후에 귀족들이 원로원을 장악하고 정치를 주도하였지. 그렇지만 귀족들은 나라의 방어와 운영에 평민들의 협력이 필요하다고 생각해서 형식적으로 평민들이 모인 민회에 국가의 중대사를 결정할 수 있는 최고 권력을 줬어. 따라서 로마의 공화정은 귀족과 평민이 서로 견제하고 협력하는 정치 형태를 의미해. 로마의 귀족과 평민이 서로 권력을 나누어 가지고, 모든 시민이 정치에 참여하면서 로마인은 국가가 어느 한 사람의 것이 아니라 모든 시민의 것이라는 생각을 가지게 됐어. 그래서 로마를 위해 기꺼이 헌신했지. 로마가 세계 제국으로 성장할 수 있었던 밑바탕에는 바로 이 공화정 정신이 깔려 있었단다.

오늘날 대부분의 국가들이 민주 공화정을 채택하고 있지. 하지만 민주정을 채택한 나라들 가운데서도 공화정을 채택하지 않은 나라들도 꽤 많아. 가장 대표적인 나라가 영국이나 일본 같은 입헌 군주국이야. 입헌 군주국에서는 선거로 대표자를 뽑고, 그 대표자들이 모여 정책을 결정하고 나라를 다스리지만 여전히 왕이 존재하므로 공화국이 아니거든.

▲ **의회에 나온 영국 왕과 의원들** 영국은 선거로 뽑힌 대표자들이 나라를 다스리지만 왕이 있기 때문에 공화국이라고 하지 않아.

용선생의 세계사 돋보기

누구나 볼 수 있도록 글로 정리한 법을 '성문법'이라고 불러. 대표적으로 바빌로니아의 함무라비 법전과 로마의 12표법이 있어. 성문법과는 반대로 문자로 정리되지 않은 법을 '불문법'이라고 해. 대표적인 불문법으로는 바로 관습에 따른 법인 관습법이 있단다.

"이걸로 끝이 아니었어. 평민들은 호민관을 앞세워 서서히 자신들의 권리를 늘려 나가기 시작했단다. 그리하여 기원전 449년 무렵에는 귀족이든 평민이든 똑같이 따라야 하는 법 조항을 12가지 주제로 나누어 커다란 동판에 새겨 누구나 볼 수 있게 광장 한복판에 내걸게 되었지. 12개의 주제에 맞추어 만들어진 법을 누구나 볼 수 있도록 공포한 거야."

"법을 공포하다니…… 그럼 로마에는 여태 법이 없었어요?"

"법이야 있었지. 하지만 관습에 따른 법이라 귀족들이 마음대로 적용했거든. 그래서 평민들은 꼼짝없이 당할 수밖에 없었지. 그런데 이제 광장 한복판에 떡하니 법을 새겨 놓았으니 적어도 법을 몰라서 억울하게 당하는 일은 사라지게 된 거야."

1. 호민관 제도 실시 (기원전 494년)
호민관을 통해 평민들은 원로원의 요구를 거부할 수 있는 권리를 갖게 되었어.

2. 12표법 제정 (기원전 449년)
새로이 성문법을 만들어 광장에 적어 놓아서, 평민들이 법을 몰라 억울하게 당하는 일이 없도록 했지.

3. 리키니우스 법 제정 (기원전 367년)
로마를 다스리는 두 명의 집정관 중 한 명은 반드시 평민 출신으로 선출하도록 했어.

4. 호르텐시우스 법 제정 (기원전 287년)
원로원을 거치지 않고도 민회에서 평민끼리 법을 만들 수 있게 되었단다.

↑ 로마의 평민의 힘 확대 과정

"아, 함무라비왕이 바위에 법을 새겨 사람들이 볼 수 있도록 한 거랑 같네요."

"그렇단다. 그래서 법을 공포하는 게 큰 의미가 있지. 로마는 이후로도 200여 년에 걸쳐 꾸준히 평민들의 권리를 확대해 나갔어. 그러다가 기원전 287년에는 평민들만 모인 민회에서 법을 만들 수 있게 되었단다. 그 법을 계기로 로마는 평민들과 귀족들이 똑같은 권리를 누리는 사회가 되었지. 평민들이 관리로 선출될 수도 있고, 평민들끼리 법을 만들 수도 있고, 귀족들의 무리한 요구를 거부할 권리도 있었으니까 말이야."

"우아! 그동안 열심히 싸운 보람이 있군요."

"사실 평민들은 당연한 권리를 얻어 낸 거였어. 로마는 에트루리아로부터 독립한 뒤 거의 200년 동안 끊임없이 전쟁을 벌였는데, 그 전쟁에서 목숨 바쳐 싸운 사람들이 대부분 평민이었거든. 그러니 귀족들도 평민들의 요구를 모른 척할 수가 없었던 거지."

"누구랑 그렇게 전쟁을 많이 했는데요?"

> **용선생의 핵심 정리**
>
> 독립 이후 로마는 왕 없이 300명의 귀족으로 구성된 원로원과 투표로 뽑힌 두 명의 집정관이 나라를 다스리는 공화정을 채택함.

시련을 딛고 일어선 로마, 이탈리아를 통일하다

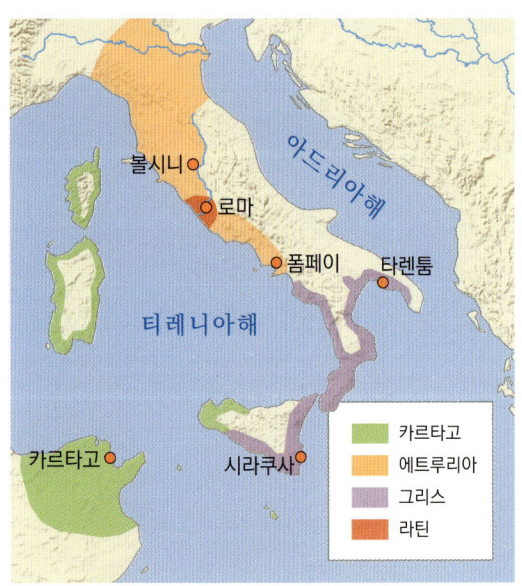

↑ 기원전 500년 무렵 이탈리아와 주변의 여러 세력

용선생은 스크린에 새로운 지도를 띄웠다.

"로마가 막 독립했을 때, 이탈리아반도에는 북쪽의 에트루리아인, 중부의 라틴족, 남부 해안 지대의 그리스인 말고도 수많은 민족들이 자리 잡고 있었어. 로마는 그중에서 가장 빠르게 성장하는 도시였지. 독립한 지 겨우 수십 년 만에 라틴족의 우두머리 자리를 꿰어 차고, 옛 주인이었던 에트루리아 정복에 나설 정도였으니까. 하지만 머지않아 큰 시련이 닥쳐왔어. 기원전 390년, 에트루리아 북쪽의 켈트족이 로마까지 쳐들어온 거야. 켈트족 약탈자들은 삽시간에 로마군을 박살 내고 로마를 쑥대밭으로 만들었어. 로마인들은 언덕 위의 성을 방패 삼아 버티다가 막대한 전쟁 배상금을 주고서야 겨우 멸망을 면할 수 있었지."

"켈트족? 켈트족이 누구……?"

"켈트족은 원래 알프스산맥의 북쪽에서 살던 사람들이야. 기원전 600년대부터 프랑스와 영국 등 유럽 전역으로 퍼져 나갔지. 가벼운 갑옷과 짧은 칼로 무장한 켈트족 전사들은 중무장한 로마군에 비해 민첩하고 수도 훨씬 많았어. 로마군은 이탈리아의 야트막한 언덕들을 재빠르게 휘젓고 다니는 켈트족 전사들에게 속수무책으로 당했단다."

"헤~, 로마가 제대로 적수를 만났네요."

"그래. 켈트족이 물러간 뒤 로마인들은 더 강한 군대를 만들 방법을 연구했어. 앞으로 켈트족보다 훨씬 더 강한 상대를 만나더라도 결

↑ **로마를 약탈하는 켈트족** 켈트족의 왕이 피가 뚝뚝 떨어지는 창을 들고 약탈한 보물과 여자들을 가두어 둔 창고 앞에 서 있어.

코 지지 않을 강한 군대를 만들 작정이었지. 먼저 전투 상황에 따라 민첩하게 움직일 수 있도록 가볍고 짧은 칼로 무장을 바꾸고, 명령 체계도 새롭게 세웠어. 로마의 새로운 전술은 얼마 지나지 않아 삼니움족과의 전쟁을 거치면서 완전히 자리를 잡았단다. 이렇게 탄생한 로마 군단은 이후 천 년 가까이 지중해 최강의 군대로 이름을 날리게 돼. 켈트족에게 당했던 쓰디쓴 경험이 로마에게는 보약이 되었던 셈이지."

"그런데 강력한 군대만 있으면 그만인가요?"

"그럴 리가. 로마가 찾은 두 번째 해결책은 주변의 다른 라틴족과

나선애의 세계사 사전

삼니움족 이탈리아반도의 중부 산악 지대에 살던 민족이야. 로마는 50년간 세 차례에 걸친 전쟁을 통해 삼니움족을 정복했어.

의 동맹을 더욱 튼튼히 하는 것이었어. 그러기 위해서 로마인들은 통 큰 결정을 내렸지. 로마에 협력해 왔던 라틴족에게 로마 시민권을 주기로 한 거야."

"시민권? 시민권이 뭔데요?"

"말 그대로 로마 시민으로서 갖게 되는 권리를 말해. 로마의 법에 따라 보호받을 권리, 로마 시민으로서의 정치적 권리, 로마의 관직을 맡을 수 있는 권리 등 로마인과 똑같은 권리를 주겠다는 거야."

"어? 그럼 그냥 로마인이 되는 거 아니에요?"

"바로 그거야. 정복자로서 너희들을 지배하는 게 아니라 로마인과 똑같이 대우하겠다, 이런 뜻이지. 대신 로마가 요구한 건 딱 하나뿐이었어. '로마가 전쟁을 할 때 지원군을 보내 달라!' 어때, 간단하지? 사실 로마인이라면 전쟁이 났을 때 군대를 보내는 것도 너무 당연한 것이지 특별한 요구 사항도 아니었어. 오래지 않아 라틴족은 대부분 로마와 동맹을 맺고 로마 시민이 되었지. 차츰 이탈리아의 다른 도시들도 로마와 동맹을 맺었고 이들은 앞장서서 로마를 위해 싸웠어."

"히야, 시민권이 그렇게 중요한 건 줄 미처 몰랐어요."

나선애가 고개를 끄덕였다.

"결국 로마는 켈트족의 침략을 당한 지 100여 년 만에 이탈리아반도를 통일했어.

▲ 로마 군단병
몸을 가리는 커다란 방패와 던지는 창, 단검으로 무장한 로마 군단병의 모습이야.

➡ 로마 시민의 모습(안토니누스 피우스 조각상)
로마 시민은 6미터가량의 긴 천으로 온몸을 두른 토가를 입고 다녔어.

서유럽의 터줏대감 켈트족

켈트족은 부족 단위로 이동하며 살았고, 통일된 나라를 건설하지 못했어. 하지만 앞선 철기 문화와 드루이드라고 불리는 사제들이 행하는 독특한 종교 의식으로 오늘날까지도 널리 알려져 있지. 영국의 스톤헨지, 프랑스의 카르나크 열석은 켈트족이 남긴 대표적인 유적들이야.

카이사르가 정복한 갈리아는 '켈트족의 땅'이라는 뜻으로, 켈트족은 대부분 로마 시민으로 살아가게 돼. 훗날 게르만족의 이동 때 서유럽의 변방으로 밀려나 오늘날에는 영국의 웨일스와 스코틀랜드, 아일랜드, 그리고 프랑스 북서부 일부 지역에서 명맥을 이어 가고 있어.

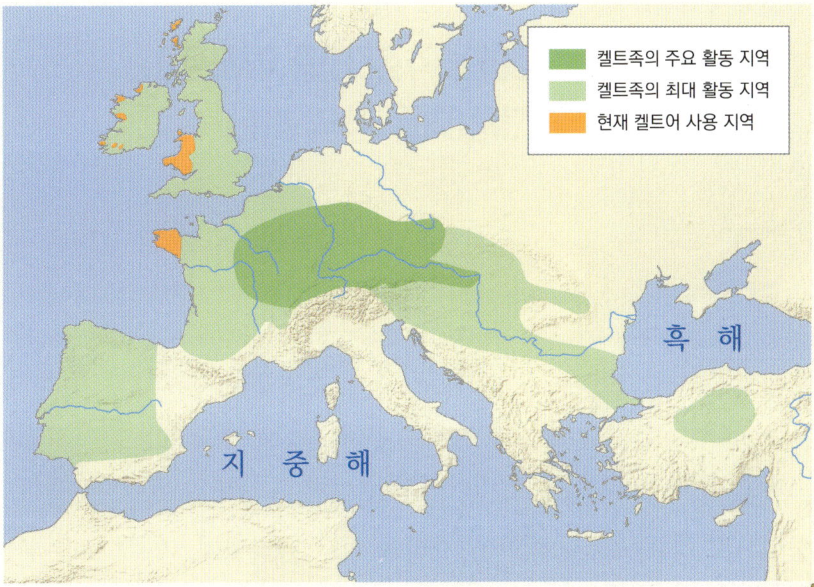

◆ 켈트족의 영역

- 켈트족의 주요 활동 지역
- 켈트족의 최대 활동 지역
- 현재 켈트어 사용 지역

◆ 스톤헨지 영국 남부 윌트셔에 있는 거대한 석조 구조물이야. 기원전 2500년 무렵 켈트족이 세운 종교 시설이었을 것으로 추정하고 있어.

◆ 켈트족의 황금 투구 투구 아랫부분에 달린 화려한 장식은 켈트족의 정교한 금속 공예 솜씨를 잘 보여 주고 있어.

오랫동안 이탈리아반도에 자리 잡고 살아온 여러 민족과 남부 해안 지대의 그리스 식민 도시까지 모두 로마의 동맹이 된 거지. 그리고 이들은 하나로 똘똘 뭉쳐 외부 세력에 맞섰어."

용선생의 핵심 정리

기원전 390년, 로마는 켈트족의 침략으로 큰 위기를 겪지만, 라틴족은 물론 이탈리아의 다른 도시들과 동맹을 맺고 이탈리아반도 전체를 통일함.

로마가 카르타고를 무찌르고 지중해를 장악하다

▲ 로마와 카르타고

용선생은 헛기침을 몇 번 한 뒤 설명을 이어 나갔다.

"이탈리아를 통일한 로마 앞에는 강력한 라이벌이 하나 있었어. 그 라이벌의 이름은 카르타고야. 카르타고는 이탈리아반도 건너편, 오늘날의 튀니지 지역을 중심으로 북아프리카 해안에 자리를 잡은 나라였지. 카르타고는 처음에 페니키아인이 세운 무역 기지였어. 이후 페니키아가 신아시리아 제국에 정복된 뒤 카르타고는 별도의 나라로 발전했어. 그리고 이 무렵에는 강력한 해군을 바탕으로 지중해 무역을 휘어잡고 있었지. 하지만 로마가 카르타고가 지중해 무역으로 벌어들이는 수입에 눈독을 들이며 서서히 카르타고와 갈등을 빚기 시작했지. 두 나라는 결국 지중해 한가운데에 있는 시칠리아섬을 두고 전쟁을 시작했어. 이 전

▲ **시칠리아섬의 풍경** 시칠리아섬은 지중해에서 가장 큰 섬이야. 화산재로 이루어진 비옥한 토양과 평탄한 지형을 가진 곡창 지대였을 뿐 아니라 지중해 한가운데에 자리 잡은 해상 무역 요충지였어.

쟁을 포에니 전쟁이라고 불러. 120년 가까운 세월 동안 3차례에 걸쳐서 벌어진 아주 치열한 전쟁이었지."

"우아, 120년 동안이나! 아휴, 징글징글해."

"그만큼 지중해를 차지하려는 싸움이 치열했던 거지. 특히 제1차 포에니 전쟁은 정말 막상막하였어. 육지에서는 로마가 카르타고를 압도했지만 바다에서는 카르타고가 우세했지. 그러다 보니 어느 한쪽도 쉽게 승리를 거두지 못했지. 제1차 포에니 전쟁은 23년 동안이나 지루하게 이어졌어. 로마의 귀족들은 전쟁에서 승리를 거두기 위해 새로운 함선 제작과 신무기 개발에 아낌없이 재산을 투자했지. 그 덕분에 로마의 해군이 막강해졌어. 그래서 전쟁 말기에 이르면 오

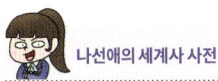 **나선애의 세계사 사전**

포에니 전쟁
포에니(Poeni)는 '페니키아인'을 뜻하는 라틴어야. 카르타고는 페니키아의 무역 거점으로 출발한 나라라서, 카르타고인을 페니키아인이라고도 불렀거든.

왕수재의 지리 사전

알프스산맥 유럽 중앙을 가로지르는 산맥으로, 프랑스에서 스위스, 독일, 이탈리아를 거쳐 오스트리아 동쪽까지 이르러.

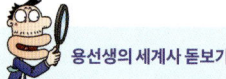

이베리아반도는 지중해 서쪽 끝에 있지만 은을 비롯한 광물 자원이 풍부해 일찍부터 지중해 무역권에 포함되어 있었어. 이 무렵 남부 해안 지대는 사실상 카르타고의 영토였지. 한니발 가문은 아버지 때부터 이곳을 근거지로 삼아 로마를 공격할 준비를 해 왔단다.

히려 로마가 바다에서도 카르타고를 앞지르게 되지. 결국 카르타고는 로마에 항복했어."

"그럼 이제 로마가 지중해까지 꿀꺽?"

"흐흐. 맞아. 하지만 카르타고는 항복을 했지만 힘을 기르며 복수할 기회를 노리고 있었지. 로마도 그걸 잘 알고 있었어. 그래서 해군을 강화하는 데 힘썼지. 북쪽에는 험준한 알프스산맥이 가로놓여 있으니 바다만 막으면 안전하다고 생각했던 거야. 하지만 이건 잘못된 판단이었어."

"어? 왜 잘못된 판단이라는 거죠? 제가 카르타고 사령관이라도 바다로 쳐들어갈 것 같은데요."

"누구나 그렇게 생각했지. 하지만 카르타고의 명장 한니발은 이런 생각을 깨뜨렸어. 바로 이베리아반도에서 출발해 육로로 지금의 프랑스 땅을 거쳐 이탈리아반도를 북쪽에서 기습하는 작전을 실행에 옮긴 거야."

"거긴 알프스산맥이 딱 가로막고 있다고 하셨잖아요."

"물론이지. 그게 바로 로마의 허점이었어. 카르타고 군대가 사시사철 눈이 쌓여 있는 험준한 알프스산맥을 넘어올 거라고는 상상도 하지 못했거든. 그러나 한니발은 5만 명이 넘는 군사와 수십 마리의 코끼리를 이끌고 알프스산맥을 넘었어. 물론 엄청난 희생을 치렀지. 절반 가까운 군사들이 목숨을 잃었고, 한니발 자신도 눈병

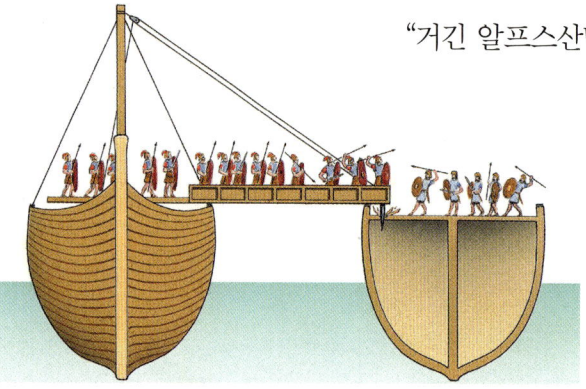

↑ **로마군의 '까마귀'** 로마군은 적의 배로 접근해서 갑판 위로 '까마귀'라고 부르는 이동식 다리를 걸친 뒤 적의 배로 건너가 육지에서처럼 백병전을 벌였어. 까마귀가 먹이를 잡는 모습과 닮았다고 해서 생긴 이름이야.

▲ **칸나이 전투** 이탈리아반도 중부의 칸나이 평원에서 펼쳐진 전투를 그린 그림이야. 칸나이 전투에 나선 로마는 8만 5천 명의 병사 중 약 5만 명이 죽고 1만 명이 포로로 붙잡힌 데다가, 총사령관까지 전사하는 어마어마한 타격을 입었지.

에 걸려서 한쪽 눈이 멀어 버릴 정도였거든. 하지만 한니발 군대는 기어코 알프스산맥을 넘어 이탈리아반도를 급습했어. 아무도 예상치 못한 카르타고군의 기습에 로마는 기절초풍하고 말았지."

"대군을 이끌고 알프스산맥을 넘다니, 정말 대단하군요."

하다가 고개를 절레절레 흔들었다.

"그뿐만 아니라 한니발 장군은 2만 5천 명의 군사로 10만이 넘는 로마군을 상대로 연전연승을 거두었어. 로마는 절체절명의 위기에 빠졌지."

"그래도 로마에게는 든든한 동맹들이 있잖아요?"

"그래. 한니발도 그 점을 잘 알고 있었어. 그래서 로마인 포로는 모조리 죽이고, 로마 동맹국 포로는 모두 풀어 줘 로마와 로마 동맹국들의 사이를 벌리려는 책략을 쓰기도 했지."

"흠, 우리는 로마와 싸우는 거지 로마의 동맹국들한테는 아무런 원한이 없다. 그러니 이 전쟁에서 빠져라, 뭐 그런 뜻인가요? 그거 괜

▲ **한니발** 카르타고의 장군으로, 제2차 포에니 전쟁에서 로마를 여러 차례 궁지로 몰아넣었어.

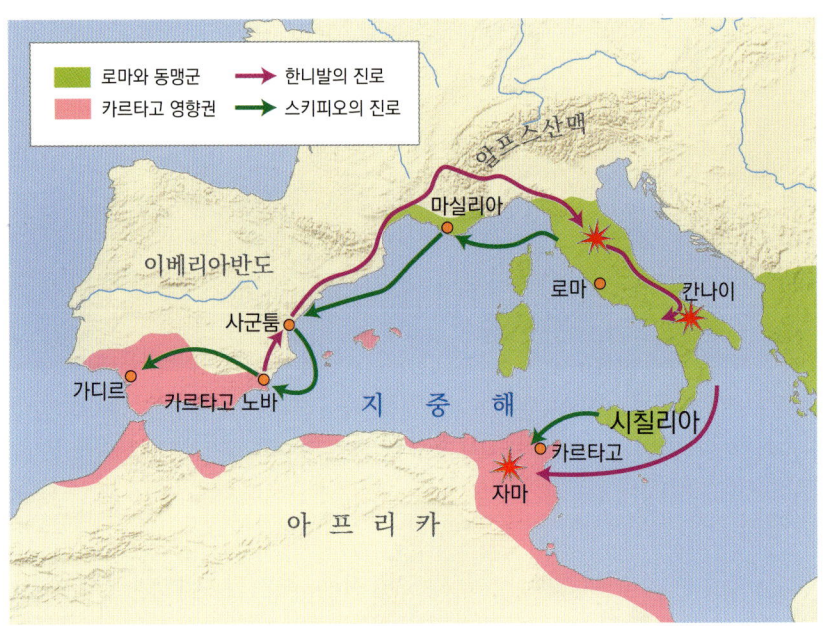

↑ 한니발 부대의 원정로와 제2차 포에니 전쟁의 격전지

찮은 작전인데요."

왕수재가 팔짱을 끼며 고개를 끄덕였다.

"하지만 한니발의 작전은 별 효과가 없었어. 전세가 크게 불리한데도 로마의 동맹들이 끝까지 배신하지 않았거든. 시간이 흐를수록 곤란해진 쪽은 한니발이었단다. 너무 먼 곳까지 원정을 온 탓에 병사들도 지쳐 있었고, 식량이나 전쟁 물자를 확보하는 것도 보통 일이 아니었거든. 로마군을 상대로 계속 승리를 거두기는 했지만 뭔가 대책이 필요했지. 이런 상황에서 로마가 작전을 바꿨어."

"어떻게요?"

"바로 이탈리아에 들어와 있는 한니발의 군대를 상대로 최소한의 방어만 하면서 남는 병력으로 카르타고 본국을 공격하기로 한 거야."

"아니, 안 그래도 지고 있는데 그럴 여유가 있어요?"

"카르타고가 위험해지면 한니발도 이탈리아에서 철수할 수밖에 없으리라고 본 거지. 로마군의 예상대로 뜻밖의 침공을 당한 카르타고는 한니발에게 급히 본국으로 돌아올 것을 명령했지. 결국 한니발은 로마를 코앞에 둔 채 눈물을 머금고 본국으로 돌아가야 했단다. 그리고 그곳에서 스키피오 장군이 이끄는 로마군과 결전을 벌였어."

"그래서요? 또 한니발이 이겼죠?"

하지만 장하다의 예상과 달리 이번에는 용선생이 고개를 가로저었다.

"아니. 한니발 장군이 이끄는 카르타고군은 스키피오 장군이 이끄는 로마군에 참패를 당하고 말았어. 10여 년에 걸친 오랜 이탈리아 원정에다 급히 귀국하느라 병사들이 너무 지쳐 있었기 때문이지. 이렇게 해서 제2차 포에니 전쟁도 로마의 승리로 막을 내리게 돼. 하지만 로마 입장에서는 그야말로 가슴을 쓸어내릴 수밖에 없는 역전승이었지."

장하다의 인물 사전

푸블리우스 코르넬리우스 스키피오 카르타고를 침공한 로마군 사령관이야. 이베리아반도의 카르타고를 공격해 몰아내고, 자마 전투에서 한니발까지 물리치며 제2차 포에니 전쟁을 승리로 이끌었어. 그래서 아프리카를 정복한 자라는 의미에서 '스키피오 아프리카누스'라고 불렸지.

◀ **자마 전투** 로마군이 자마에서 카르타고의 코끼리 부대와 맞서 싸우고 있어. 이 전투에서의 승리로 로마는 제2차 포에니 전쟁에서 승리할 수 있었어.

지중해의 샛별 로마, 세계 제국으로 나아가다

"그러게요. 한니발 같은 사람이 또 나타나면 어떡해요?"

"로마는 카르타고가 다시는 일어서지 못하도록 만들기로 했어. 그래서 엄청난 전쟁 배상금을 물리고, 군대를 움직일 때에는 반드시 사전에 로마에 알리고 승인을 받도록 했어. 또 감시자를 두고 철저히 카르타고의 움직임을 살피도록 했지. 하지만 이런 상황에서도 카르타고는 서서히 힘을 회복하기 시작했단다. 그리하여 기원전 149년, 제3차 포에니 전쟁이 시작돼."

"헐, 카르타고도 정말 오뚝이 같아요."

"사실 제3차 포에니 전쟁은 전쟁이라기보다는 로마가 카르타고를 일방적으로 짓밟은 사건에 가까웠어. 카르타고가 또다시 힘을 회복하기 시작하자 아예 재기불능으로 만들어 버리려고 했던 거야. 로마는 카르타고를 완전히 불태우고, 살아남은 카르타고 시민 5만여 명을 노예로 끌고 갔어. 그것도 모자라 카르타고 땅에 소금을 뿌려 농사도 지을 수 없게 했지. 이 일로 한때 지중해를 제패했던 카르타고는 지도에서 영영 지워지고 말았지."

"정말 철저하게 카르타고를 짓밟았네요."

"어쨌든 카르타고를 물리친 로마는 이제 지중해 최강자로 우뚝 서게 됐단다."

> **용선생의 핵심 정리**
>
> 로마가 북아프리카의 카르타고와 벌인 포에니 전쟁(기원전 264년~기원전 146년)에서 승리하고, 지중해 해상권을 차지함. 제2차 포에니 전쟁에서 카르타고의 한니발이 알프스를 넘어 로마를 기습해 로마를 곤경에 빠뜨리기도 함.

로마가 혼란에 빠지고 장군들의 힘이 커지다

"어쨌든 전쟁이 끝났으니 이제 로마 사람들도 한숨 돌릴 수 있겠죠?"

"당연히 로마는 한동안 번영을 누렸어. 귀족들은 멀리 중국에서 들여온 값비싼 비단옷을 입고, 서아시아에서 수입한 보석으로 몸을 치장했지. 호화스러운 저택에서는 매일같이 파티가 열렸어. 하지만 로마의 번영은 어디까지나 귀족들만의 이야기였어. 평민들은 오히려 전쟁 전보다 훨씬 더 가난해졌지."

"엥? 전쟁에서 힘들게 싸워서 이겼는데 더 가난해지다니요?"

"로마 병사들은 원래 농사를 짓고 살던 평민이야. 그런데 오랫동안 농사를 짓지 못하고 전쟁에 끌려다녔으니 어떻게 되었겠니? 많은 농지가 도저히 농사를 지을 수 없는 황무지로 변해 있었던 거야."

"그럼 나라에서 보상이라도 해 줘야 하는 거 아니에요? 나라를 위해서 싸운 건데."

▼ **포로 로마노** '로마의 광장'이란 뜻으로 로마의 관청, 법정, 은행, 시장, 신전 등 주요 시설들이 모여 있는 로마의 중심지였어.

고대 로마인의 생활 속으로! 포로 로마노

나선애의 세계사 사전

라티푼디움 라틴어로 '광대한 토지'라는 뜻이야. 노예들을 이용해 농사를 짓는 로마 귀족들의 대농장을 가리켜.

"반면에 귀족은 전쟁으로 어마어마한 부자가 되었단다. 귀족들은 전쟁으로 빼앗은 드넓은 땅을 나누어 가지고는 거기에 거대한 농장을 만들었어. 그러고는 전쟁 포로들을 노예로 삼아 농사를 지었지. 이렇게 귀족이 거느린 대농장을 라티푼디움이라고 불러. 먹고살기가 어려워진 평민들은 그나마 있는 땅을 귀족에게 팔아 치우고 일자리를 찾아 도시로 떠나거나 심지어 노예로 전락하기도 했어. 로마는 일자리를 찾아 몰려온 가난한 사람들로 미어터지기 일보 직전이었어."

"근데 로마에 가면 일자리가 있긴 해요?"

장하다의 질문에 용선생이 고개를 끄덕였다.

"이때 로마는 넘쳐 나는 돈으로 도시 곳곳에 도로, 신전, 목욕탕 같

314

은 공공 건축물을 활발히 짓고 있었어. 그래서 다들 로마에 가면 막노동이라도 해서 살아갈 수 있을 거라고 생각했지. 하지만 사람이 너무 많이 몰려드는 바람에 일자리를 찾기는커녕 먹고살 길이 막막해진 빈민이 넘쳐 나게 됐어. 로마는 불만에 찬 빈민들이 일으킨 폭동으로 점차 혼란스러워졌지."

"전쟁에서 이기면 다 좋아질 줄 알았더니 그것도 아니잖아, 쳇."

"더 큰 문제는 군대마저 점점 약해지고 있었다는 거야. 원래 로마군 병사들은 자기 돈으로 무기와 갑옷을 마련해야 했어. 그런데 평민들이 몰락해 버렸으니 자기 돈으로 무장할 수 있는 사람이 확 줄어든 거야. 이렇게 병사 수가 급격히 줄어드니 군사력이 약해진 건 자연스러운 일이었지. 심지어 로마군이 반란군에 잇달아 패배하는 일까지 일어났어. 기원전 73년, 스파르타쿠스라는 검투사 노예가 반란

장하다의 인물 사전

스파르타쿠스 트라키아 유목민 출신으로 로마에 포로로 잡혀 와 검투사가 되었어. 100여 명의 동료들과 함께 탈출한 뒤 반란을 일으켰지. 한창때는 10만이 넘는 군세를 자랑하며 이탈리아 남부를 장악하고 로마를 큰 위기에 빠뜨렸어.

지중해의 샛별 로마, 세계 제국으로 나아가다

▲ 처형당한 스파르타쿠스 반란 참가자 로마는 반란군을 진압한 뒤 6,000명을 십자가에 매달아 처형했어.

을 일으켰는데, 삽시간에 세력이 불어나 한때 이탈리아 남부를 장악할 만큼 위세를 떨쳤지."

"스파르타쿠스? 어디선가 들어 본 이름인데……."

"워낙 유명하고 여러 차례 만화나 영화로 만들어지기도 해서 한 번쯤 들어 봤을 거야. 암튼 천하의 로마군이 반란군에 패하다니, 예전 같으면 생각도 할 수 없는 일이었지. 그만큼 로마군이 약해졌다는 증거야."

"그러니까 처음부터 반란이 일어나지 않도록 했어야지, 쯧쯧."

왕수재가 팔짱을 끼며 혀를 찼다.

"호민관이었던 티베리우스 그라쿠스도 그렇게 생각했어. 티베리우스는 중병에 걸린 로마를 고치려면 소수의 귀족이 땅을 독점하고 있는 현실을 뜯어고쳐야 한다고 주장했어. 그래서 귀족이 가질 수 있는 농장의 크기를 제한하고, 나머지 땅을 평민에게 나눠 주는 법을 만들려고 했지. 티베리우스의 주장은 가난한 평민들의 열렬한 지지를 받았어."

"흠, 그런데 그런 법을 귀족들이 받아들일까요?"

"당연히 대농장을 가진 귀족들이 격렬하게 반대했지. 그렇지만 가난한 평민들의 지지 덕분에 티베리우스의 개혁 법안은 통과되었고 평민들은 토지를 나눠 받았어. 땅을 빼앗겨 화가 난 귀족들은 티베리우스가 평민들의 인기를 얻어 왕이 되려 한다면서 비난했지. 그러

장하다의 인물 사전

그라쿠스 형제 형인 티베리우스 그라쿠스(기원전 169년?~기원전 133년)와 동생인 가이우스 그라쿠스(기원전 154년?~기원전 121년)는 모두 로마의 호민관으로 선출된 뒤 귀족들의 토지 독점을 개혁하려다 귀족들의 반대로 실패하고 비극적인 최후를 맞았어.

고는 깡패들을 동원해 연설 중인 티베리우스를 광장 한복판에서 때려죽였어. 티베리우스의 죽음으로 토지 분배는 중단되고 말았단다. 그로부터 10년 뒤쯤 티베리우스의 동생인 가이우스 그라쿠스가 나섰어. 가이우스 역시 형처럼 호민관으로서 평민을 위한 정책을 펼치려 했어. 그러자 원로원 귀족들은 가이우스가 로마의 질서를 어지럽힌다며 체포하려고 했지. 결국 가이우스는 로마에서 도망치다가 스스로 목숨을 끊고 말았단다."

"자기들 맘에 안 든다고 로마를 개혁하려는 사람을 죽이다니요?"

곽두기가 눈을 동그랗게 떴다.

"평민들은 그라쿠스 형제의 죽음을 계기로 원로원에 완전히 등을 돌리고 말았어. 대신 군대를 지휘하는 장군들을 지지했지. 곧 장군들은 평민들의 지지를 등에 업고 원로원에 맞서 새로운 권력 집단으로

▼ **귀족들에게 살해당하는 가이우스 그라쿠스** 왼쪽에 있는 두 사람이 가이우스 그라쿠스와 그를 부축하고 있는 노예야. 원로원은 가이우스 그라쿠스와 3,000여명의 추종자들을 '반역자'로 선포했어. 가이우스 그라쿠스는 도망치던 도중에 자살을 택했고, 다른 지지자들도 붙잡혀서 모두 처형당하고 말았어.

장하다의 인물 사전

가이우스 마리우스
(기원전 156년~기원전 86년) 로마의 장군으로 큰 공을 세웠으며, 가난한 사람들을 병사로 받아들였어. 귀족들의 지지를 받는 술라와 대립했어.

떠오르기 시작한단다."

"왜 평민들이 장군을 지지해요?"

"로마의 평민들은 대부분 장군과 함께 전장을 누볐던 기억을 가지고 있었어. 그래서 장군이 자신들을 위해 뭔가를 해 줄 거라고 기대했던 거야. 실제로 평민들의 지지를 얻어서 집정관 자리에 오르게 된 마리우스 장군은 그 기대에 꼭 들어맞는 사람이었어. 마리우스가 실시한 개혁은 로마에 큰 변화를 가져왔지."

"이번엔 좋은 변화겠죠?"

"마리우스는 병사의 무장을 국가가 마련하고 병사에게 봉급을 주도록 법을 바꿨어. 말하자면 군대를 일자리로 만든 거야. 그러자 로마의 빈민들이 너도나도 앞다투어 군대에 지원했어. 봉급을 받을 뿐 아니라 전쟁에 나가 승리하면 장군이 전리품까지 나눠 줬기 때문이지. 마리우스 장군의 개혁은 상당한 효과를 거두었어. 로마의 심각했던 빈민 문제도 어느 정도 해결되고 로마군도 다시 강력해졌거든. 그런데 마리우스 장군의 개혁이 가져온 더 중요한 변화가 있었단다."

"어떤 변화가 더 중요했길래요?"

"잘 생각해 봐. 자, 병사들의 월급은 누가 주지?"

"나라에서요."

"그럼, 전리품을 나눠 주는 사람은 누구지?"

"조금 전에 장군이 전리품을 나눠 준다고 하셨어요."

"그럼 병사들은 누구에게 충성을 바칠까? 바로 자기에게 전리품을 나눠 주는 사람, 즉 장군이지. 장군에게 충성을 바쳐야 전리품을 얻을 수 있고, 또 열심히 싸워야 전리품이 생길 테니까 말이야. 이렇게

해서 장군과 그 부하 병사들은 아주 끈끈한 사이가 된단다."

"그게 무슨 문제라도 되나요?"

"음, 그러니까 이제는 병사들이 나라를 위해 싸우는 게 아니라 자기가 모시는 장군을 위해 싸우게 되었다, 이 말이지. 가령, 장군이 반란을 일으키면 그대로 반란군이 되는 거야."

"아하…… 그럼 장군들의 힘이 더 강해졌겠네요?"

용선생의 핵심 정리

포에니 전쟁 승리의 과실을 귀족이 독점하고, 평민이 몰락. 그라쿠스 형제가 개혁을 시도하다 귀족들에게 살해 당한 뒤 마리우스를 비롯한 장군들이 평민의 지지를 받아 득세함.

카이사르가 권력을 장악하다

"그래. 이제 유능한 장군은 은근슬쩍 원로원을 무시하고 자기 좋을 대로 행동할 정도가 되었어. 그러다 보니 원로원도 해외 원정에서 큰 공을 세운 장군들을 경계하기 시작했어. 전쟁에 나섰다 하면 승리를 거둬 로마 사람들에게 큰 인기를 누린 장군들이 나타나기 시작했는데, 먼저 이름을 날린 건 폼페이우스였어. 폼페이우스는 지중해에 들끓던 해적을 말끔히 소탕해 상인들이 안심하고 무역 활동을 할 수 있도록 해 주었지. 게다가 동쪽의 메소포타미아와 이집트를 정복해 로마의 영토를 어마어마하게 넓혔단다. 하지만 전쟁을 끝내고 로마로 돌아온 뒤에는 원로원의 경계 때문에 아무 일도 못 하는 처지가 되고 말았어."

"전쟁 영웅을 고작 그렇게 대우했단 말이에요? 내 참."

"이때 폼페이우스한테 접근한 사람이 카이사르였어. 카이사르 역시 지금의 포르투갈 땅을 정복하고 로마로 돌아온 후, 원로원의 경계 대상이 되어 출셋길이 막혀 있었거든. 카이사르는 폼페이우스, 그리고 부자로 유명한 크라수스와 손잡고 로마를 바꾸어 나가기로 했단다."

"어떻게 바꾸기로 했는데요?"

장하다의 인물 사전

그나이우스 폼페이우스 (기원전 106년~기원전 48년) 로마의 장군으로 지중해 해적 소탕, 메소포타미아와 이집트 정복 등 많은 전공을 세웠어. 한때 카이사르와 손잡았으나 원로원과 손을 잡았다가 이집트에서 죽음을 맞게 돼.

마르쿠스 리키니우스 크라수스 (기원전 115년~기원전 53년) 크라수스는 로마 최고의 부자로 유명했어. 하지만 돈을 벌기 위해 수단과 방법을 가리지 않는 성격 탓에 로마 시민들에게 인기는 그다지 많지 않았단다.

← 폼페이우스 은화
폼페이우스는 이후 400여 년 동안 지중해가 안정을 누리는 데 결정적인 역할을 했어.

곽두기가 기대에 찬 표정으로 물었다.

"일단 카이사르는 원로원의 방해를 뚫고 폼페이우스와 크라수스의 도움을 받아 집정관에 당선됐어. 그리고 예전 그라쿠스 형제가 하려다 실패했던 개혁을 실행에 옮겼어. 귀족의 땅을 일부나마 빼앗아 평민에게 나누어 준 거야. 원로원은 이를 갈았지만 카이사르와 폼페이우스를 향한 평민의 지지가 워낙 압도적이었기 때문에 당장은 어쩔 수가 없었단다. 대신 1년 뒤 집정관을 다시 뽑을 시기가 되자 카이사르를 로마에서 멀리 내쫓아 폼페이우스와 카이사르를 떨어뜨려 놓으려고 했어."

"쳇, 진짜 치사하다!"

"카이사르도 로마에 붙어 있을 생각은 없었어. 이참에 공을 더 세워 폼페이우스의 명성을 뛰어넘을 생각이었지. 정복할 땅을 물색하던 카이사르는 마침내 로마 북서쪽에 자리 잡은 갈리아 지방을 정복하기로 마음먹었단다. 갈리아 지방은 넓고 비옥하지만 켈트족이 자리 잡고 있어서 그동안 로마도 쉽사리 손을 대지 못하고 있었거든."

"어? 켈트족이라면 로마를 약탈했던……?"

"그래, 잘 기억하고 있구나. 원로원에서는 카이사르가 갈리아를 쉽게 정복하지 못할 거라 여기고는 카이사르의 계획을 승인해 주었지. 하지만 뜻밖의 일이 벌어졌어. 카이사르가 단 7년 만에 드넓은 갈리아를 몽땅 정복해 버린 거야. 이 소식이 로마에 전해지자 카이사르의 명성은 단숨

왕수재의 지리 사전

갈리아 지방 켈트족의 땅이라는 뜻이야. 오늘날의 프랑스와 독일 서부 일대를 가리키며, 로마에서 보면 알프스산맥 북서쪽에 있어. 카이사르는 갈리아를 정복한 뒤 《갈리아 원정기》라는 책을 썼어.

▼ 카이사르의 갈리아 원정로

↑ 카이사르에게 항복하는 베르킨게토릭스 켈트족의 부족장이 카이사르에게 항복하는 장면이야. 오른쪽에 빨간 옷을 입은 사람이 카이사르야.

에 하늘을 찌를 듯 높아졌지. 이제 다급해진 쪽은 원로원이었어. 원로원은 카이사르가 로마로 돌아와 황제가 되려고 한다고 의심했거든."

"황제라고요? 로마는 왕을 두지 않기로 했잖아요."

황제라는 말에 아이들이 고개를 갸웃거렸다.

"원로원 귀족들이 그런 의심을 품었다는 거지. 원로원은 폼페이우스를 찾아가 로마 공화정을 지켜 내자며 설득했어. 결국 폼페이우스는 카이사르를 배반하고 원로원과 손을 잡았단다."

"정말요?"

"폼페이우스를 자기편으로 끌어들인 원로원은 갈리아에 있는 카이사르에게 로마로 돌아오라고 명령을 내렸어. 카이사르는 명령대로 자신의 군단을 이끌고 루비콘강이라는 조그만 강에 도달했지. 그런데 이 루비콘강은 로마법에서 굉장히 중요한 의미를 지니고 있었어. 왜냐하면 군인이 로마 안으로 군대를 이끌고 들어와 반란을 일으키는 것을 막기 위해 누구라도 무장 병력을 이끌고 이 강을 건너려면 반드시 원로원의 허락을 받아야 했거든. 당연히 원로원은 카이사르에게 군대를 해산하고 홀로 비무장으로 들어오라고 명령했어. 카이사르는 난처한 상황에 빠졌어. 만약 무장 병력을 이끌고 가면 반역죄를 저지르는 셈이고, 그렇다고 홀로 로마로 들어가면 원로원이 자신

↑ 율리우스 카이사르

을 죽일 것이 뻔했거든."

"그래서 카이사르는 군대를 어떻게 했어요?"

"카이사르는 '주사위는 던져졌다!'라는 말과 함께 군대를 이끌고 루비콘강을 건넜단다. 카이사르의 군단은 놀라운 속도로 로마를 향해 질주했지. 예상보다 빠른 진격에 놀란 원로원 귀족들은 폼페이우스와 함께 일단 그리스로 몸을 피했다가 제대로 군대를 꾸려서 반격하기로 했어. 그런데 이게 정말 큰 실수였어. 로마 시민들의 눈에는 폼페이우스와 원로원 귀족들이 영락없이 카이사르에게 겁을 집어먹고 도망가는 것처럼 보였거든. 로마 시민들은 카이사르를 환호로 맞이했고, 그리스로 도망간 원로원 귀족들의 인기는 땅에 뚝 떨어졌지. 이듬해 폼페이우스는 그리스에서 카이사르에게 크게 패하고 이집트로 도망갔어. 하지만 얼마 지나지 않아 이집트인들에게 살해당하고 말았지. 이렇게 해서 원로원과 카이사르의 내전은 카이사르의 승리로 끝났어."

 용선생의 세계사 돋보기

원래 그리스 시인 메난드로스의 작품에 나오는 말이야. 카이사르가 이 말을 인용한 뒤로 '다시 돌아올 수 없는 길', '돌이킬 수 없는 결정'을 가리킬 때 쓰는 말이 되었어.

카이사르와 율리우스력

고대 로마의 달력은 실제 계절과 3개월이나 차이가 날 정도로 엉망이었어. 달력을 만드는 근거가 되는 관측 기록도 정확하지 않았기 때문에 제사장 멋대로 1년에 한 달을 늘리거나 줄이는 일도 예사였지. 카이사르는 이집트의 달력을 들여와 이 문제를 말끔히 해결했어. 그래서 이때 만들어진 로마 달력을 율리우스 카이사르의 이름을 따서 율리우스력이라고 부른단다. 오늘날 우리가 사용하는 달력도 율리우스력을 약간 수정한 거야. 카이사르의 뒤를 이은 아우구스투스 황제는 율리우스력의 7월에 카이사르의 이름을 붙여 카이사르를 영원히 기억하도록 했어. 오늘날 영어로 7월을 뜻하는 'July'가 바로 율리우스에서 온 단어란다.

나선애의 세계사 사전

독재관 로마 건국 초기부터 있던 관직으로 집정관과 달리 1명만 선출되었고, 혼자 결정을 할 수 있었어.

곽두기의 국어 사전

임기 맡을 임(任) 기간 기(期). 어떤 직위 또는 책임을 맡기로 정해져 있는 기간.

"그럼 이제 원로원은 어떻게 되나요? 카이사르가 진짜 황제가 되는 거예요?"

나선애의 질문에 용선생은 씩 미소를 지었다.

"카이사르는 독재관이란 자리에 올랐어. 독재관은 원래 로마에 전쟁처럼 다급한 일이 생겼을 때 일사불란하게 대처하기 위해 임시로 만들어지는 관직으로, 독재관이 되면 6개월의 임기 동안 로마를 혼자서 다스릴 수 있었지. 그런데 말이야, 카이사르는 독재관이 된 뒤 자신의 임기를 종신으로 늘렸어. 그러니까 '죽을 때까지' 독재관 자리에 있을 수 있게 된 거야."

"죽을 때까지? 그럼 그게 황제 아니에요?"

"사실상 황제와 다를 바 없었지. 카이사르도 로마의 오랜 공화정

전통을 깨고 단숨에 황제 자리에 오를 순 없었기 때문에 이런 방법을 쓴 거야. 독재관이 된 카이사르는 원로원을 완전히 무시하고 평민을 위한 여러 가지 개혁을 실시했어. 특히 새로 정복한 갈리아에 가난한 로마 시민과 퇴직 군인을 위한 정착지를 만들었어. 덕분에 로마 길거리를 떠돌던 빈민 문제가 많이 개선되었지."

"원로원을 무시한 건 그렇지만, 어쨌든 정치를 잘한 거네요."

"하지만 궁지에 몰린 원로원 귀족들은 기어코 마지막 카드를 꺼내 들고 말았어. 기원전 44년, 카이사르가 권력을 잡은 지 5년도 채 지나지 않았을 때였어. 원로원 의사당에서 공화파 자객들이 카이사르를 살해했지. 그 자객들 중에는 카이사르의 부하였던 브루투스라는 사람도 있었어. 카이사르가 자객들의 칼에 찔려 쓰러지며 '브루투스, 너마저……'라고 중얼거렸다는 이야기는 아주 유명하지."

장하다의 인물 사전

마르쿠스 브루투스
(기원전 85년~기원전 42년)
로마 공화정을 수립한 유니우스 브루투스의 후손이야. 내란 때 폼페이우스 편에 섰지만 카이사르는 그의 재능을 아껴 용서했어. 하지만 끝내 공화파 자객으로 카이사르의 암살에 가담했어.

↓ **살해당하는 카이사르** 종신 독재관이 된 카이사르는 원로원의 사주를 받은 공화파 자객들에게 살해당했어.

장하다의 인물 사전

마르쿠스 안토니우스 (기원전 83년~기원전 30년) 동방 원정에 힘을 쏟아 군사적으로 막강한 세력을 쌓았어. 악티움해전에서 옥타비아누스에게 패하고 말았지.

장하다의 인물 사전

레피두스 (?~기원전 13년) 카이사르의 부관 출신으로, 옥타비아누스, 안토니우스와 함께 삼두 정치의 일원이 되었고, 아프리카를 맡았어.

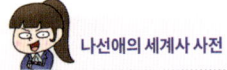

나선애의 세계사 사전

삼두 정치 우두머리가 셋인 정치 체제라고 해서 삼두정치라고 해. 카이사르도 폼페이우스, 크라수스와 더불어 삼두 정치를 한 적이 있어.

"믿었던 부하에게 배신을 당하다니!"

"그만큼 공화정에 대한 로마인들의 애착이 강했던 거야. 하지만 카이사르를 사랑했던 로마 시민들은 살해범들을 도저히 용서할 수 없었지. 카이사르의 살해범들은 분노한 시민들에게 쫓겨 로마 밖으로 도망쳤어. 그 틈에 갈리아 원정 때부터 카이사르의 오른팔이었던 안토니우스가 로마를 장악했지. 하지만 카이사르가 미리 작성해 둔 유언장에 적힌 후계자는 안토니우스가 아닌 양자 옥타비아누스였어. 이때 옥타비아누스는 18세의 나이로 동부 전선에서 군사 경험을 쌓고 있었어. 자신을 카이사르의 후계자라고 여기던 안토니우스에게는 권력을 차지할 절호의 기회였지. 안토니우스는 유언장을 조작해 종신 독재관 자리를 차지하려고 했어."

"18세면 카이사르의 오른팔을 상대하기에는 너무 어린데……."

"사실 아직 옥타비아누스는 안토니우스의 상대가 안 됐어. 재력, 군사력, 인맥, 명성, 어느 것 하나도 따라갈 수 없었거든. 하지만 옥타비아누스에게는 총명함이 있었어. 옥타비아누스는 조용히 때를 노리며 보상을 약속하며 카이사르의 부하 장수들을 자기편으로 만드는 등 점점 세력을 넓혀 나갔지. 심지어 안토니우스와도 손을 잡았어. 좀 더 세력을 키울 시간을 벌어야 했거든. 이렇게 해서 로마에서는 안토니우스, 옥타비아누스, 카이사르의 또 다른 부하 레피두스, 이 세 사람이 권력을 나누어 갖는 삼두 정치가 시작되었어. 이때 안토니우스는 이집트와 그리스, 아나톨리아반도가 있는 부유한 동방을 맡았고, 옥타비아누스는 서방을 맡았어. 로마는 서방에 포함되어 있었기 때문에 로마인들은 자연스레 안토니우스보다 옥타비아누스를 자신들

의 지도자로 여기기 시작했지. 그런데 일이 묘하게 되었어. 주로 이집트에 머물던 안토니우스가 이집트의 여왕 클레오파트라와 사랑에 빠진 거야."

"클레오파트라요?"

"그때부터 안토니우스는 로마보다 자신의 이익을 앞세우고, 심지어 클레오파트라가 낳은 자기의 어린 아들을 새로 정복한 땅의 왕자리에 올리기까지 했지. 로마인들은 안토니우스가 로마를 배신했다고 여기기 시작했어. 원로원과 옥타비아누스는 안토니우스를 집정관에서 파면하고 이집트에 선전 포고를 했지. 곧 옥타비아누스가 이끄는 서방 로마군과 안토니우스의 지휘하에 있는 동방 로마군 사이에 전쟁이 벌어졌단다."

"기어이 로마군끼리 전쟁이 또 벌어지고 말았군요. 그래서 누가 이겼는데요?"

"옥타비아누스였어. 옥타비아누스는 그리스의 악티움 앞바다에서 펼쳐진 해전에서 안토니우스군을 격파하고 동방 로마까지 지배하는 유일한 권력자가 되었지. 옥타비아누스는 이때부터 죽을 때까지 무려 41년 동안이나 로마를 다스리며 로마가 장차 500년 가까이 번성을 누릴 수 있도록 나라의 기초를 튼튼히 세웠어."

➡ **가이우스 옥타비아누스**
(기원전 63년~기원후 14년)
카이사르의 양자로, 안토니우스를 물리치고 로마의 첫 번째 황제가 되었어.

지중해의 샛별 로마, 세계 제국으로 나아가다

로마 제국과 이집트 여왕 클레오파트라

카이사르가 이집트로 도망친 폼페이우스를 쫓아 이집트로 왔을 때 클레오파트라 여왕(기원전 69년~기원전 30년)은 적극적으로 카이사르에게 접근했어. 클레오파트라는 남동생과 권력 투쟁을 벌이고 있었는데, 로마의 1인자인 카이사르의 도움을 얻기 위해서였지. 카이사르는 젊고 교양 있는 클레오파트라에게 반했어. 둘은 연인이 되었고, 카이사르는 8주 동안이나 이집트에 머물며 클레오파트라와의 꿈같은 밀월을 즐겼지.

카이사르가 암살당했을 때 클레오파트라는 로마에 머물고 있었대. 그러나 카이사르의 유언장에는 클레오파트라는 물론 클레오파트라가 낳은 카이사르의 아들에 대해서도 아무런 언급이 없었어. 실망한 클레오파트라는 쓸쓸히 이집트로 돌아왔지.

카이사르가 죽은 뒤 클레오파트라는 안토니우스에게 다가갔어. 이집트 역시 안토니우스가 맡은 로마의 동방에 포함되어 있었고, 클레오파트라는 아슬아슬한 권력 투쟁에서 기댈 곳이 필요했기 때문이지. 안토니우스 역시 풍요로운 이집트의 지원이 필요했어. 안토니우스는 클레오파트라에게 푹 빠졌단다. 둘은 부부처럼 함께 살았고, 쌍둥이 아들도 태어났어.

그러나 악티움 해전에서 패하면서 둘 사이도 끝나고 말아. 클레오파트라는 관 안에 들어가 누운 뒤 안토니우스에게 자신이 죽었다는 거짓 소식을 전하게 했어. 실의에 빠진 안토니우스를 일깨우기 위해서였을 거야. 하지만 뜻밖에도 안토니우스는 절망에 빠져 그만 칼로 자신의 몸을 찔러 버렸어. 클레오파트라는 황급히 돌아와 안토니우스를 품에 안았지만 안토니우스는 곧 숨을 거두고 말았어. 너무나 후회스러웠던 클레오파트라는 뱀독을 마시고 안토니우스의 뒤를 따랐대.

↑ 〈안토니우스와 클레오파트라의 만남〉 안토니우스가 이집트의 여왕 클레오파트라를 만나는 장면을 그린 그림이야. 배 안에서 생각에 잠긴 채 앉은 여성이 클레오파트라, 그 옆 배에서 클레오파트라를 보고 있는 사람이 바로 안토니우스란다. 안토니우스는 클레오파트라와 사랑에 빠져 둘 사이에 자식을 두었지.

↑ **악티움 해전** 옥타비아누스는 악티움 해전에서 승리를 거두며 로마의 1인자가 되었어.

"앗! 죽을 때까지 혼자 다스리면 결국 황제가 된 거 아니에요?"

왕수재의 물음에 용선생은 애매한 표정을 지었다.

"음, 아무도 옥타비아누스를 황제라고 부르진 않았어. 하지만 죽을 때까지 혼자 나라를 다스렸고, 자기 후계자에게 그 자리를 물려주었지. 그러니까 사실상 황제였던 거야. 그래서 역사에서는 옥타비아누스를 로마의 첫 번째 황제로 여기고, 이때부터 공화정이 끝나고 제정 시대가 시작되었다고 보지."

"선생님, 그러면 로마는 이제 어떻게 되나요?"

"이때부터 로마의 진짜 전성기가 시작된단다. 어이쿠, 이런……."

용선생은 교실 벽에 걸린 시계를 흘깃 쳐다보더니 난처한 표정을 지었다.

곽두기의 국어 사전

제정 황제 제(帝) 다스릴 정(政), 즉 황제가 다스리는 정치 체제야.

"헤헤, 괜찮아요. 다음 시간에 또 하면 되죠, 뭐."

"하하, 그럴까? 좋아, 그럼 오늘은 여기까지 하자. 이만 안녕~!"

용선생의 핵심 정리

기원전 49년, 율리우스 카이사르가 원로원의 귀족 세력을 물리치고 권력을 장악함. 카이사르가 공화파에게 암살된 뒤, 옥타비아누스가 악티움 해전에서 안토니우스를 물리치고 권력을 잡음.

나선애의 **정리노트**

1. **로마의 성립과 로마 공화정**
   - 이탈리아반도 중심의 도시 국가에서 출발(왕정) → 에트루리아 왕을 내쫓고 독립
   - 로마 공화정: 임기 1년의 집정관 2명이 공동으로 나라를 다스림.
     → 300명의 귀족으로 구성된 원로원에서 회의를 거쳐 나랏일을 결정함.
   - 평민의 지위가 상승하며 시민의 권리 확대 → 호민관 선출, 12표법 제정 등

2. **포에니 전쟁과 로마의 혼란**
   - 포에니 전쟁: 북아프리카의 카르타고와 이탈리아반도를 통일한 로마의 대결
     → 120년 동안 3차에 걸친 전쟁. 로마의 승리로 끝남!(지중해 장악)
   - 전쟁 이후 소수 귀족들이 노예들을 동원해 대농장 라티푼디움을 경영
     → 자영농 몰락. 그라쿠스 형제의 개혁이 있었으나 귀족들의 방해로 실패
   - 스파르타쿠스의 반란: 검투사 노예 스파르타쿠스가 일으킨 반란으로, 결국 진압됨.

3. **로마 공화정의 끝**
   - 마리우스의 개혁: 군대를 일종의 일자리로 바꿈. 빈민 문제 해결에 기여
     → 군인들이 장군들에게 충성을 바치며 일부 개선 장군들의 힘이 커지기 시작
       예) 동방 원정에서 승리한 폼페이우스, 갈리아 원정에서 승리한 카이사르
   - 카이사르는 반대파 귀족들을 몰아내고 독재관이 되어 로마를 장악. 하지만 살해당함.
     → 삼두 정치 시작: 카이사르의 후계자 옥타비아누스가 악티움 해전에서 승리하여
       유일한 권력자가 됨.
     → 옥타비아누스가 로마의 첫 황제가 되며 로마 공화정 시대 종료!

세계사 퀴즈 달인을 찾아라!

1 로마에 대한 설명으로 알맞은 것에 ○표, 알맞지 <u>않은</u> 것에 X표 해 보자.

○ 로마의 정치는 왕정-공화정-제정 순으로 발전했다. ( )

○ 로마는 포에니 전쟁에 패배하여 지중해 장악에 실패했다. ( )

○ 그라쿠스 형제의 개혁은 원로원의 적극적인 지지를 받고 성공했다. ( )

2 다음 상자 안의 단어들을 보고 알 수 있는 것으로 옳은 것은? ( )

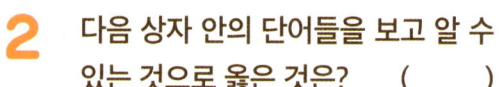

① 공화정의 위기
② 군인 세력의 등장
③ 집정관의 권한 확대
④ 평민의 지위와 힘 확대

3 빈칸에 들어갈 이름으로 알맞은 것은? ( )

( )는 포에니 전쟁 이후 평민들을 위한 개혁을 주장했지만, 실패하고 원로원에 의해 살해당했어.

① 플라톤
② 마리우스
③ 안토니우스
④ 그라쿠스 형제

4 다음 보기 중 관련 있는 것들을 바르게 연결해 보자.

① 스파르타쿠스 • • ㉠ 귀족들의 농장 크기 제한

② 그라쿠스 형제 • • ㉡ 검투사 노예의 반란

③ 마리우스 • • ㉢ 로마의 첫 번째 황제

④ 옥타비아누스 • • ㉣ 군인 봉급 지급

5 사건이 일어난 순서대로 나열해 보자.

㉠ 포에니 전쟁
㉡ 제정 시대의 시작
㉢ 삼두 정치의 시작
㉣ 대농장 라티푼디움의 확대

(　　-　　-　　-　　)

6 다음은 포에니 전쟁에 대한 설명이야. 빈칸에 알맞은 말을 순서대로 써 보자.

북아프리카의 ①○○○○와 벌인 이 전쟁은 120년 가까운 세월 동안 3차례에 걸쳐서 벌어졌어. 제1차 전쟁 이후 명장 한니발은 알프스산맥을 넘어 이탈리아반도에 진입했지만 로마군에 패배하지. 제3차 전쟁에서도 이긴 로마는 ②○○○전역을 장악하게 돼.

(①　　　　　　, ②　　　　　　)

7 빈칸에 들어갈 알맞은 이름을 써 보자.

○○○○는 갈리아 지방을 단 7년만에 정복한 뒤, 원정군을 이끌고 이탈리아 북부 루비콘강을 건넜다. 그리고 독재관이라는 자리에 올라서 죽을 때까지 로마를 다스렸다.

(　　　　　　　)

정답은 428쪽에서 확인하세요!

| 용선생 세계사 카페 |

로마를 건국한 로물루스 이야기

트로이를 탈출한 아이네이아스

먼, 먼 옛날, 그리스와의 전쟁이 한창이던 트로이에 아이네이아스라는 용맹한 장군이 있었어. 아름다움의 여신 베누스의 아들이었던 아이네이아스는 트로이가 그리스인들에게 멸망할 것이라는 어머니의 귀띔을 듣고는 트로이를 탈출해 배를 타고 지중해로 나갔지. 이때 하늘의 신 유피테르가 나타나 아이네이아스에게 '이탈리아로 가서 나라를 세우라'고 명령했대.

폭풍에 시달리며 지중해를 떠돌던 아이네이아스는 7년 만에 북아프리카 해안에 상륙했어. 그곳은 디도라는 여왕이 다스리는 카르타고라는 나라였지. 서로에게 첫눈에 반한 디도와 아이네이아스는 곧 결혼했고, 여러 달 동안 달콤한 시간을 보냈어.

> 베누스 아프로디테의 로마식 이름이야. 비너스는 베누스의 영어식 이름이지.
>
> 유피테르 제우스의 로마식 이름이야.

◀ 이탈리아에 나라를 건설하는 아이네이아스의 모습 아이네이아스 이야기는 로마의 시인 베르길리우스가 지은 《아이네이스》에 처음 등장해.

로물루스와 레무스 형제

하지만 행복한 시간은 오래가지 않았어. 유피테르가 나라를 세우라고 한 곳은 아프리카가 아니라 이탈리아였기 때문이지. 아이네이아스는 냉정하게 디도를 버리고 카르타고를 떠났어. 슬픔에 잠긴 디도는 아이네이아스를 원망하며 불 속으로 뛰어들었대. 오랜 항해 끝에 이탈리아에 도착한 아이네이아스는 그곳 공주와 결혼해 새로운 도시를 세웠어. 아이네이아스의 후손들은 이 도시를 중심으로 살아갔단다.

300년이 흘러 아이네이아스의 후손들 사이에 왕위 다툼이 벌어졌지. 이때 아물리우스라는 사람이 왕이었던 형을 몰아내고 왕위를 빼앗았어. 아물리우스의 형에게는 레아라는 아름다운 딸이 있었어. 레아는 우연히 전쟁의 신 마르스를 만나 사랑에 빠져 쌍둥이 아들을 낳았단다. 쌍둥이의 이름은 로물루스와 레무스였어. 아물리우스는 훗날 쌍둥이가 자라 자신의 왕위를 위협할까 봐 두려웠어. 그래서 시종에게 로물루스와 레무스를 죽이라고 명령했단다. 하지만 차마 쌍둥이를 죽일 수 없었던 시종은 쌍둥이를 바구니에 넣어 강물에 띄워 보냈어. 강물을 따라 떠내려가던 로물루스와 레무스 형제를 구한 건 늑대였지. 아기 울음소리를 듣고 강가로 다가온 늑대는 아기를 데려가 마치 자기 새끼처럼 젖을 먹여 키웠지.

➡ 늑대 젖을 먹는 쌍둥이를 발견한 양치기

➡ **늑대의 젖을 먹는 로물루스와 레무스**
오늘날 로마 곳곳에 늑대 젖을 빠는 쌍둥이의 동상이 설치되어 있어.

로마의 건국자 로물루스

늑대 젖을 먹고 자라던 쌍둥이를 우연히 양치기가 발견했어. 양치기는 두 아이를 데려다 길렀고, 쌍둥이는 마침내 건장한 청년으로 자라났지. 그리고 사람들을 모아 아물리우스를 내쫓고 외할아버지를 다시 왕위에 올렸어. 그리고 자신들은 새로운 나라를 세우겠다며 추종자들을 이끌고 테베레강가의 언덕으로 올라갔지. 늑대가 자신들을 구해 키워 준 곳이었단다.

그런데 어디에 나라를 세울지를 두고 형인 로물루스와 동생인 레무스 사이에 의견이 갈라졌어. 결국 둘이 따로 나라를 세우기로 했지. 로물루스는 자신을 따르는 사람들을 데리고 팔라티노 언덕에 울타리를 세우고 그곳을 자신의 나라라고 선포했어. 하지만 동생 레무스는 형의

▼ 〈사비니 여인 강탈〉 로마인들이 이웃의 사비니 왕국으로 쳐들어가 여자를 납치하고 있어.

나라를 인정하지 않고 걸핏하면 울타리를 넘어와 형을 비웃었지. 결국 참다못한 형은 동생을 죽여 버렸어. 그 이후 아무도 함부로 로물루스를 얕보지 못했대.

로물루스는 죄인이나 도망 노예들을 받아들여 인구를 늘리고, 여자가 부족하자 이웃 사비니 왕국의 여자를 훔쳐 오는 등 온갖 방법으로 나라를 강력하게 만들었어. 로물루스가 만든 나라가 바로 로마야. 로마는 로물루스의 이름에서 따온 이름이지.

베르길리우스

베르길리우스는 기원전 70년에서 기원전 19년의 사람으로 옥타비아누스와 같은 시대를 살았어. 옥타비아누스와도 아주 가까운 사이였지. 그때 로마는 여러 가지 어려움을 극복하고 영광의 시대로 진입하고 있었어. 그런 시점에 황제는 신화를 정리해 로마인의 자부심을 높이고 싶었어. 당시 로마의 최고 시인이었던 베르길리우스가 그 일을 담당하는 것은 너무나 자연스러웠지. 그 결과물로 탄생한 게 바로 《아이네이스》야. 《아이네이스》는 한마디로 로마의 건국 신화야. 라틴족의 시조는 트로이에서 탈출한 아이네이아스였고, 라틴족의 일파인 로물루스가 따로 떨어져 나와 팔라티노 언덕에 세운 게 바로 로마라는 거지. 이 이야기가 얼마나 사실에 가까운지는 아무도 몰라. 하지만 로마인들은 그렇게 믿었고, 지금도 그렇게 믿고 있어.

용선생 세계사 카페

로마군은 왜 그토록 강했을까?

로마가 지중해 최강국으로 발돋움하는 데 가장 큰 역할을 한 것은 군대였어. 로마는 무적의 군대로 이탈리아반도를 통일하고, 나아가 카르타고와 켈트족을 차례로 쳐부수고 대제국을 건설했어. 어떻게 로마는 이렇게 막강한 군대를 갖게 되었을까? 그 비결을 알아보자.

자발적으로 구성된 부대

로마군은 애초에 강제로 동원된 군대가 아니라 자신의 땅과 가족을 지키기 위해 자발적으로 나선 평민들이었어. 로마 병사가 절대로 물러서지 않고 용감하게 적과 맞섰던 것은 바로 이 때문이었지. 그리고 병사들은 무적의 로마군에 큰 자부심과 자신감을 가지고 있었단다.

강도 높은 훈련

하지만 자부심만으로 강한 군대가 될 수는 없어. 로마군을 강하게 만든 것은 지독한 훈련이었지. 로마군의 훈련은 실전보다 더 혹독한 것으로 악명 높았어. 진짜보다 훨씬 더 무거운 무기와 방패로 무장하고 매일 30킬로미터를 뛰거나 걷는 훈련을 했는데 조금이라도 뒤처지면 어김없이 채찍이 날아들었대.

엄격한 규율과 보상

로마군은 지휘관의 명령에 복종하지 않거나 전쟁 중에 허락 없이 뒤로 물러서면 즉석에서 처형했어. 대신 전쟁에서 승리하면 가장 낮은 계급의 병사에게도 두둑하게 보상을 해 줬지. 로마 병사들은 보상을 얻기 위해서라도 용감하게 싸웠단다.

↑ 로마 군단 병사의 무장

← **로마 기병** 방패와 창, 가벼운 가죽 갑옷으로 무장했어. 로마 귀족이나 부유한 평민으로 이루어졌지. 나중에는 켈트족이나 북아프리카 출신 지원병으로 채워지기도 했어.

질서 정연한 대형

로마군은 기본적으로 세 줄을 이루어 적과 싸웠어. 맨 앞줄에는 젊고 기운이 좋은 병사들이 섰는데, 이들은 멀리 떨어진 적을 향해 창을 던져 기선을 제압했지. 그다음 줄에는 경험이 많은 노련한 병사들이 서서 대기하고 있다가 적이 가까이 다가오면 지휘관의 명령에 따라 앞으로 돌진해 적의 대형을 격파하는 역할을 맡았어.

뛰어난 토목 기술

로마 병사들은 모두 다리를 놓고 성을 쌓는 기술자나 다름없었어. 새로운 땅을 정복하면 제일 먼저 도로와 요새를 건설했어. 그러면 적의 기습을 받더라도 쉽게 무너지지 않고 버틸 수 있고, 지원군이 빠른 시간에 도착할 수 있었단다. 또 행군 중에 산과 강을 만나도 다리를 놓고 도로를 건설해 지체 없이 이동할 수 있었지.

↑ **거북 대형**
쏟아지는 화살을 막으며 적군에 접근할 때 사용했던 대형이야.

▲ 트라야누스 기둥에 묘사된 요새를 쌓고 있는 로마군
로마군은 전투가 없을 때는 길을 닦고 광산을 개발하거나 항구를 건설하는 일을 하기도 했대.

조직적인 편성

로마군은 100인대, 대대, 군단 단위로 조직되었어. 가장 기본적인 전투 단위는 100명으로 이루어진 100인대야. 이 100인대의 대장을 '백인대장'이라고 부르는데 말 그대로 병사들과 생사고락을 같이하는 가장 가까운 지휘관이야. 그다음 단위는 대대야. 대략 4개의 100인대와 30명 정도의 기병대로 구성되었어. 대대는 본격적인 전투를 담당하는 중무장 보병, 적의 동태를 파악하는 등 민첩하게 작전을 수행하는 경무장 보병, 아군을 보호하고 적을 추격하는 기병을 두루 갖추고 있었지.

마지막으로 가장 큰 단위인 군단이야. 1개 군단은 10개의 대대와 궁수, 공병인 보조병으로 구성되는데, 대략 5,000명에서 6,000명의 병력으로 이루어져 있었어.

전성기 때 로마는 최대 50개의 군단을 거느렸어. 정규군만 따지면 30만 명 정도 됐다는 말이지. 그 밖에 로마 시민권이 없는 사람들도 보조 병력으로 전쟁에 참여했기 때문에 총 병력은 이보다 훨씬 더 많았던 것으로 알려져 있어.

→ 로마군을 재현한 모습

↑ 대형을 갖춘 로마 군단

7교시

로마 제국의 흥망과 크리스트교의 등장

로마는 끊임없는 정복 전쟁으로 영토를 크게 넓혔어.
하지만 제국이 커질수록 국경선이 길어졌고
국경을 침범하는 이민족들을 막아 내느라 곤욕을 치러야 했지.
한편 이스라엘에서 크리스트교가 탄생했어.
로마는 이 낯선 종교를 극심하게 탄압했지만,
크리스트교는 오히려 제국의 국교가 되는 대반전 드라마를 쓰게 돼.
이번 시간에는 로마 제국의 번영과 위기,
그와 나란히 전개되는 크리스트교의 확산에 대해 알아보자.

기원전 4년	기원후 96년	313년	395년	476년	527년
예수 탄생	오현제 시대 시작	콘스탄티누스 황제, 크리스트교 공인	동·서로마 분리	서로마 제국 멸망	유스티니아누스가 동로마 황제로 즉위

하드리아누스 성벽

하드리아누스 황제는 브리튼섬의 남부를 정복한 뒤 117킬로미터에 달하는 장성을 쌓았어.

요크

브리타니아

론디니움 (런던)

엘베강

게르마니아

라인강

도나우강

루테티아 (파리) 트레브룸 (트리어)

갈리아

알프스산맥

메디오라눔 (밀라노) 라벤나

피레네산맥

마실리아 (마르세유)

이탈리아

로마

폼페이

히스파니아

카르타고

아프리카

로마

로마 제국의 수도. '모든 길은 로마로 통한다'는 말이 있었을 만큼 명실공히 세계의 중심이었어.

폼페이

이탈리아 중부에 있던 로마의 도시로 베수비오 화산 폭발 때 도시 전체가 화산재에 묻혀 고스란히 보존되었어.

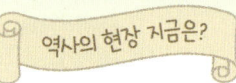

로마 시대에 건설된 유럽 도시들을 찾아서

유럽의 오래된 도시들 중에는 로마군이 머물거나 로마군의 요새였던 곳이 많아. 현금으로 짤짤하게 봉급을 받는 군인들이 많다 보니 물건을 만들고 파는 장인과 상인들이 모여들어 도시가 형성되었던 거지. 대표적인 도시로는 독일의 트리어와 쾰른, 영국의 요크가 있어. 지금 그 도시들이 어떤 모습인지 한번 둘러볼까?

▼ 모젤강변의 트리어 전경

라인강 전선에 건설된 또 하나의 수도 트리어

트리어는 독일에서 가장 오래된 도시로 라인강 지류인 모젤강변에 자리 잡고 있어. 게르만족의 침입에 맞서 라인강 국경을 지키는 로마군 주둔지로 출발해 점차 큰 도시로 발전했지. 아우구스투스 황제 이래로 로마 황제의 가장 중요한 임무는 제국을 수호하는 것이었기 때문에 많은 황제들이 이곳에 머물며 직접 군사를 지휘했어. 지금도 당시의 모습을 전해 주는 유적들이 곳곳에 남아 있어.

➜ **로마 시대 트리어 공중목욕탕**
길이 200미터, 폭 100미터의 초대형 목욕탕이었대.

➜ **트리어 대성당**
트리어에서 중세 시대를 대표하는 건축물이야. 콘스탄티누스 대제 때 처음 지은 뒤 여러 차례 파괴되고 다시 짓기를 반복했어. 현재의 건물은 제2차 세계 대전 이후 복구된 것으로 원래 규모의 절반이 채 되지 않는대.

↑ **트리어 거리 광장** 트리어는 현재 약 11만 명의 주민이 살고 있는 조용하고 아름다운 도시야. 하지만 모젤강변의 아름다운 풍경과 도시 곳곳에 배어 있는 역사의 숨결이 많은 관광객들을 불러들이고 있지.

← **강변의 급경사지에 조성된 포도밭**
트리어는 포도와 와인 산지로도 유명해. 모젤강변의 가파른 경사면이 온통 포도밭으로 가꾸어져 있지. 이곳에서 생산되는 모젤 와인은 독일 전체 와인의 15퍼센트를 차지하며, 독일을 대표하는 고급 와인으로 인정받고 있어.

↓ **포도를 수확하는 농민**

로마의 식민 도시였던 쾰른

쾰른은 이름 자체가 식민지라는 뜻의 콜로니에서 나왔어. 로마인의 정착지로 출발했기 때문이지. 기원전 38년쯤 라인강 국경을 방어하는 로마군 요새가 들어섰고, 이들에게 물건을 만들어 파는 장인과 상인들이 모여들며 도시가 생겼어.

쾰른은 인구가 100만이 조금 넘는 대도시로 독일 전체에서 네 번째로 큰 도시지. 라인강을 이용한 운송망은 물론 철도망과 도로망이 잘 구축된 교통의 요충지야. 또 상공업이 잘 발달되어 라인강 서쪽 지역의 경제를 떠받치는 기둥 역할을 하고 있지.

↑ 오늘날의 쾰른

→ 쾰른 카니발

매년 11월 11일 11분에 시작해서 무려 3개월 가까이 계속돼. 축제의 하이라이트는 카니발 막바지에 열리는 거리 행진이야. 참가 단체들이 저마다 화려한 의상을 입고 거리를 행진하는데, 구경하는 사람들로 거리는 인산인해를 이루지.

◆ 쾰른의 실더가세 쇼핑 거리
유럽에서 가장 번화한 쇼핑 거리로 1시간에 평균 16,800명이 이곳을 찾고 있대.

◆ 쾰른 대성당
쾰른의 상징이자 세계 최고의 고딕 양식 건축물로 꼽혀. 1248년에 공사를 시작해 완성될 때까지 공사 기간만 총 600년이 걸렸어. 쌍둥이 첨탑의 높이는 157미터나 된대. 쾰른 대성당은 유네스코 세계 유산으로 지정되었고, 한 해 600만 명의 관광객이 이 성당을 찾고 있어. 독일에서 가장 많은 관광객이 찾는 곳이기도 하지.

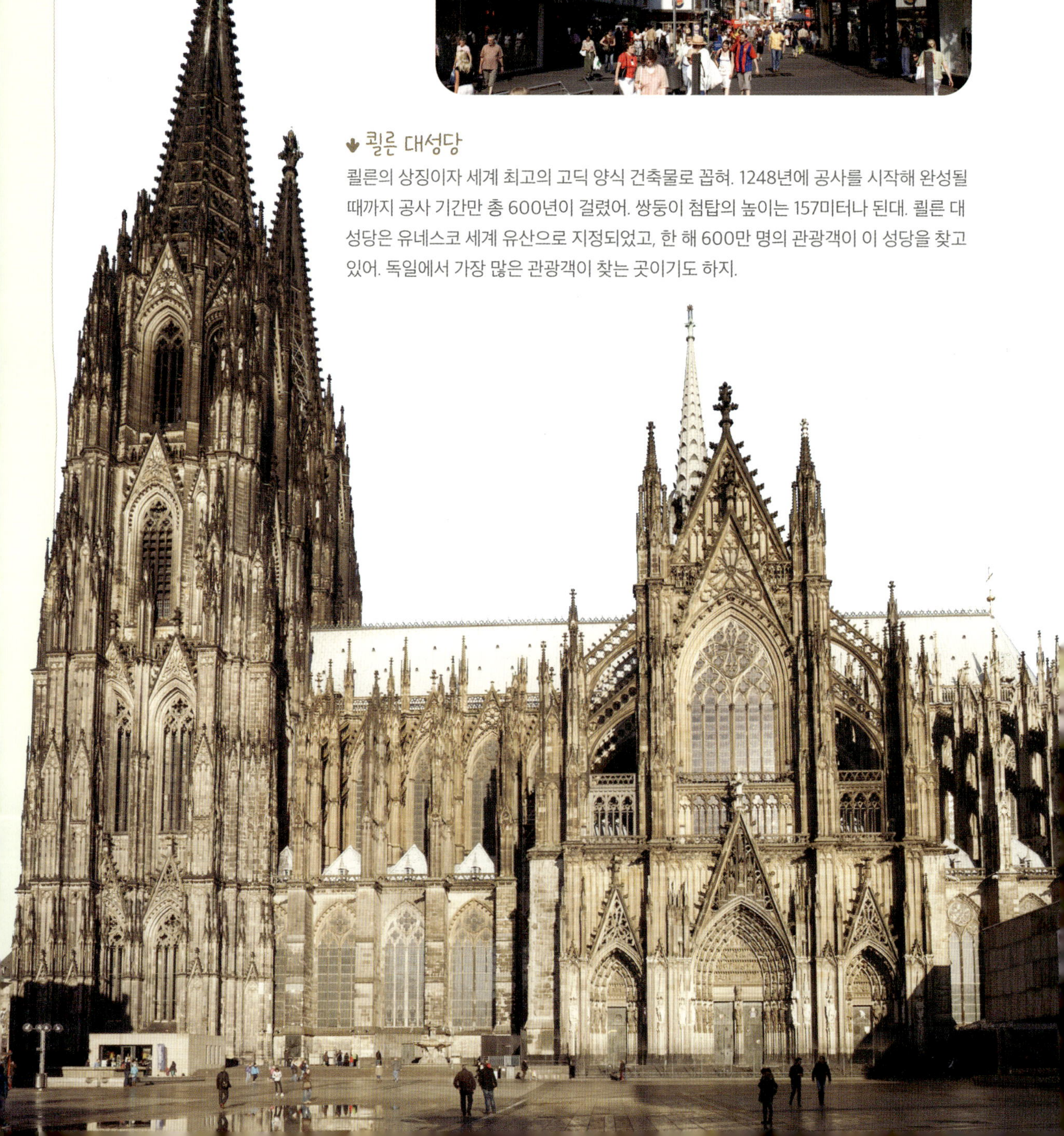

영국의 로마 요새에서 시작된 요크

요크는 영국에서 가장 오래된 도시로 70년 무렵 로마의 요새로 시작되었어. 우스강 어귀에 세워진 이 요새는 금세 인구가 늘어나 도시가 되었지. 요크는 중세는 물론 근대까지도 영국에서 손꼽히는 대도시였어. 지금은 인구 20만 명 정도의 조용한 지방 소도시로, 과자 생산과 관광업이 주요 수입원이야.

↑ 오늘날의 요크
오른쪽 큰 건물이 요크 대성당이야.

→ 콘스탄티누스 황제
요크 대성당 앞에 세워진 동상이야.

🔺 **요크 국립 철도 박물관** 요크는 영국 한가운데에 자리 잡고 있어서 자연스레 교통의 요충지가 되었어. 특히 3개의 철도 노선이 교차하는 철도 교통의 중심지로 유명하지. 세계 최대 규모를 자랑하는 요크의 철도 박물관에서는 기차와 철도의 역사를 한눈에 살펴볼 수 있어.

🔺 **양 떼를 모는 요크 지방의 농부** 영국 양모 산업의 중심지 요크를 둘러싸고 있는 요크셔 지방은 목초지가 넓어 일찍부터 양을 많이 길렀어. 여기서 생산된 양모는 유럽 전역으로 수출되었지.

요크 대성당

1220년부터 약 250년에 걸쳐 완성된 요크 대성당은 영국에서 가장 큰 고딕 양식 성당이야. 화려한 스테인드글라스로 장식된 서쪽 창문이 수많은 관광객들의 눈길을 사로잡고 있어. 해마다 수백만 명의 관광객이 요크 대성당을 찾고 있대.

↑ 고딕 양식으로 지어진 요크 대성당 본당

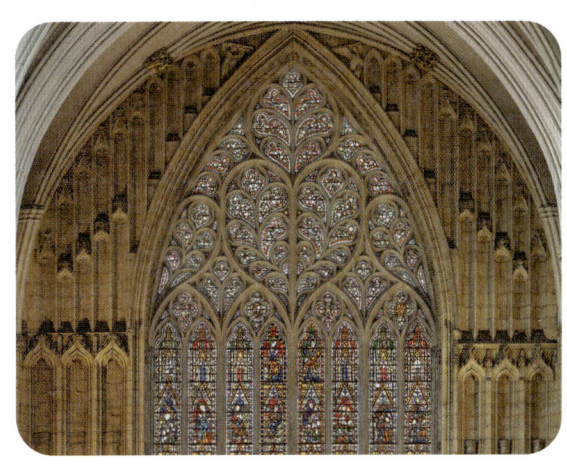

→ 서쪽 창문의 스테인드글라스

아우구스투스 황제, 새로운 로마의 기틀을 닦다

"어디 보자……. 지난 시간에는 옥타비아누스가 경쟁자들을 물리치고 황제 자리에 올라서 로마를 혼자서 다스리게 됐다는 이야기까지 했었지?"

용선생의 말에 나선애가 공책을 뒤적이며 대답했다.

"네, 그래서 공화정은 끝나고 제정 시대가 시작됐다고 말씀하셨어요."

"흐흐. 훌륭하다. 그런데 제아무리 최강자 옥타비아누스라 하더라도, 수백 년의 역사를 가진 로마 공화정을 하루아침에 무너뜨리고 '지금부터 내가 황제다.'라고 선언할 수는 없었어. 그랬다가는 카이사르처럼 살해당하거나, 공화정을 지키려는 귀족들과 다시 갈등을 빚

중국의 황제와 로마의 황제는 어떻게 달랐을까?

▲ 로마 최초의 황제 아우구스투스

중국의 황제는 '하늘의 명을 받아 천하를 다스리는 절대적인 권력자'였어. 황제 자리는 세습되었고, 황제가 되기 위해서는 능력보다 혈통이 중요했지. 설령 황제가 무능하고 탐욕스러워도 신하와 백성들은 무조건 황제에게 충성하는 게 도리였어.

이와 달리 로마의 황제는 여러 가지 특권을 가진 시민이라고 생각하면 돼. 황제 자리가 반드시 세습되는 것도 아니었어. 그래서 황제가 되려면 실력을 기르고 시민들의 지지를 얻어야 했지. 로마 황제들 중에는 평민 출신들, 심지어 이민족 출신도 꽤 많아. 이들은 비록 미천한 신분으로 출발했지만 실력과 시민들의 지지를 바탕으로 황제 자리에까지 올랐어. 말하자면 로마에서는 혈통보다 능력이 더 중요했던 거지.

하지만 이게 꼭 좋은 것만은 아니었어. 누구나 실력만 있으면 황제가 될 수 있었기 때문에 걸핏하면 피를 부르는 권력 다툼이 벌어지곤 했거든. 로마 제국은 여러 차례 위기를 이겨 내고 400여 년, 동로마 제국을 포함하면 1,400여 년 동안 제국을 지켜 냈어. 그건 이런 부작용에도 불구하고 황제의 자격으로서 혈통보다 실력을 중요하게 여겼던 로마인들의 사고방식 덕분 아니었을까?

➜ 중국 최초의 황제 시황제

게 될 것이 뻔했기 때문이지. 그래서 옥타비아누스는 조금 복잡한 편법을 사용했단다."

"편법? 무슨 편법인데요?"

"우선, 옥타비아누스는 원로원에 모든 권력을 돌려주겠다, 그리고 자신은 그냥 로마의 여러 시민 중에 '제1시민'일 뿐이며, 앞으로 로마를 지키기 위해서 딱 두 가지 특권만 갖겠다고 선언했어."

용선생은 아이들을 향해 손가락 두 개를 펴 보였다.

"첫 번째는 호민관으로서의 특권이었어. 귀족들의 횡포로부터 평민의 권리를 지키겠다는 뜻이었지. 두 번째는 로마군에 대한 지휘권이었어. 로마 시민으로서 외부의 적에 맞서 로마를 수호하는 책임을 자신이 지겠다는 것이었지."

"엥, 그게 다예요?"

"응. 그런데 옥타비아누스는 딱 이 두 가지 특권만으로 황제와 다름없는 존재가 되었단다."

"어떻게요?"

뜻밖의 이야기에 아이들이 눈을 껌뻑였다.

"호민관에게는 여러 가지 특권이 있었어. 원로원의 결정을 거부할 수 있는 권리, 민회를 통해 원로원을 거치지 않고 법을 만들 수 있는 권리, 귀족으로부터 신체를 보호받을 권리, 원로원을 소집할 수 있는 권리. 사실 이런 특권들은 모두 귀족으로부터 평민을 보호하기 위한 것이었어. 하지만 호민관으로서 갖게 되는 이러한 특권만으로도 얼마든지 원로원을 허수아비로 만들어 버릴 수 있었어. 새로운 법이 필요하면 민회에서 만들면 그만이고, 원로원이 아무리 아우성을 쳐도 거부권을 행사해 버리면 그만이니까 말이야."

용선생의 설명에 팔짱을 끼고 있던 왕수재가 고개를 갸웃거렸다.

◀ 클라우디우스 개선문에 새겨져 있는 로마 황제의 근위대
황제의 근위대는 로마에 주둔하는 유일한 군대였어.

"그럼 여태까지 다른 호민관들은 왜 그렇게 하지 않았어요?"

"그야 힘이 없었으니까 그렇지! 법적으로는 분명히 그런 특권을 가지고 있었지만 실제로 힘이 없으면 소용이 없었어. 그라쿠스 형제가 귀족들 마음에 들지 않는 개혁 정책을 펴다가 죽임을 당한 것도 그 때문이었지. 그러니까 어쨌든 이 특권을 지킬 수 있으려면 그만한 힘이 있어야 했다, 이 말이지. 하지만 옥타비아누스는 로마 수호를 명분으로 모든 로마군에 대한 지휘권을 자신이 가졌어. 게다가 9,000명의 근위대를 만들어 로마에 주둔하며 자신의 신변을 보호하게 했어. 그러니 귀족들도 옥타비아누스에게 꼼짝 못 하게 된 거야."

"귀족들은 이런 속셈을 전혀 몰랐어요?"

"그게 말이다……. 사실 옥타비아누스가 가진 힘 정도면 당장 내일 원로원을 해산해 버릴 수도 있었어. 그런데 오히려 원로원에게 권력을 돌려주겠다고 하니 귀족들은 감지덕지했지. 그리고 바닥에 납작 엎드려 옥타비아누스에게 아우구스투스라는 칭호까지 바쳤어. 이때부터 옥타비아누스는 아우구스투스 황제라고 불린단다."

"옥타비아누스가 정말 영리하긴 했나 봐요. 원로원에게 모든 권력을 돌려주고 자기는 딱 두 가지 특권만 갖겠다고 선언했지만, 그 두 가지 특권만으로 모든 권력을 손에 쥐었잖아요."

나선애가 감탄한 듯 고개를 끄덕였다.

"사실 로마의 황제 제도는 아우구스투스 황제의 머리에서 나온 거였어. 아우구스투스는 41년 동안 황제 자리에 있으면서 여러 가지 개혁을 실시해 황제 제도를 완전히 정착시켰지. 그래서 그가 세상을 떠날 무렵에는 황제 없는 로마를 상상하기도 어렵게 되었단다."

곽두기의 국어 사전

감지덕지 느낄 감(感) 갈 지(之). 큰 덕(德) 갈 지(之). 분에 넘치는 선심에 고마워 어쩔 줄 몰라 한다는 뜻이야.

나선애의 세계사 사전

아우구스투스 '존엄한 자'라는 뜻의 라틴어야. 이후에 모든 로마 황제에게 붙이는 공식 칭호가 되었어. 8월을 가리키는 영어 단어 August가 여기서 나왔지.

"도대체 무슨 개혁을 했는데요?"

곽두기가 귀를 쫑긋 세웠다.

"우선, 군사의 수를 확 줄였어."

"군사 수가 줄면 군대가 약해지잖아요?"

"들어 보렴. 아우구스투스가 황제가 되었을 때 로마군 병력은 무려 45만 명을 넘었어. 장군들이 권력 다툼을 벌이느라 경쟁적으로 병사의 수를 늘렸기 때문이지. 아우구스투스 황제는 불필요하게 늘어난 병사의 수를 줄여서 장군들의 힘도 약화시키고 병사의 봉급과 장비 마련에 들어가는 비용도 줄이려고 했던 거야."

"아, 그러니까 불필요한 병력을 줄여 반란도 막고 군사 비용도 줄

인다는 거네요. 일석이조네요."

"그렇단다. 아우구스투스는 로마군의 수를 30만 명까지 줄이고, 모든 군단에 대한 황제의 지휘권을 강화해 반란의 싹을 잘라 버렸어. 그리고 모든 로마군을 국경에 배치해 외적의 침입을 막는 데 전념하도록 했지. 퇴역 군인들에게는 대개 국경 근처에 정착해서 살아갈 수 있도록 땅을 나누어 주었어."

"히야, 아귀가 딱딱 맞아떨어지는군요."

"아우구스투스 황제는 관료 제도도 가다듬었어. 관리가 멋대로 횡포를 부리지 못하도록 지위에 따라 역할을 명확하게 정하고, 지시와 보고 체계를 세밀하게 가다듬었지. 그리고 이 모든 지시와 보고 체계의 제일 꼭대기에는 언제나 황제가 딱 자리 잡고 있도록 했지. 덕분에 아우구스투스 황제는 로마에 앉아 나라의 사정을 훤히 파악하고 제때 필요한 지시를 내릴 수 있게 되었어. 치안 업무만 맡아보는 경찰대, 불을 끄는 소방대가 생긴 것도 이때였어. 그리고 황제 직속의 세금 징수 관리가 세금을 거두기 시작한 것도 이때란다."

"그럼 그 전까지 누가 세금을 거뒀는데요?"

"예전에는 큰 상인들이 나라에 돈을 내고 세금 징수권을 사들였어. 이들은 세금을 많이 거둘수록 이익이 커지기 때문에 무리하게 세금을 거둬 사람들의 불만을 사기 일쑤였지. 그래서 아우구스투스 황제는 나라에서 관리를 뽑아 직접 세금을 걷도록 해 백성들의 부담도 덜어 주고 국가의 수입도 늘렸어."

"아우구스투스 황제, 진짜 만세다~!"

장하다가 활짝 웃으며 말했다.

용선생의 세계사 돋보기

퇴직한 군인들은 보통 자신이 잘 아는 주둔지 근처에 땅을 마련해 정착했어. 로마군 주둔지가 큰 도시로 성장한 데는 퇴역 군인들의 정착도 큰 몫을 했어.

곽두기의 국어 사전

치안 다스릴 치 (治) 편안할 안(安). 즉 범죄를 예방하고 질서를 유지하는 일. 우리나라에서 경찰이 하는 일이 바로 치안 업무야.

로마 제국의 흥망과 크리스트교의 등장

▲ 평화의 제단
아우구스투스 황제의 즉위와 함께 찾아온 평화를 상징하는 건축물이야. 아우구스투스 황제가 가족들과 함께 평화의 신에게 제물을 바치는 모습이 새겨져 있어.

"그래. 아우구스투스 황제는 로마를 탄탄한 반석 위에 올려놓은 최고의 황제였어. 하지만 안타깝게도 아우구스투스의 뒤를 이은 몇몇 황제들은 그렇지가 못했단다. 권력을 마구 휘두르고 흥청망청 사치를 부리는 바람에 군에 대한 지휘 체계도 느슨해져 로마를 혼란에 빠트리기도 했거든. 하지만 기원후 96년 무렵부터 약 100년 동안 다섯 명의 현명한 황제들이 잇달아 나타났어. 로마 역사를 통틀어 최고의 황금기가 바로 이때란다."

용선생의 핵심 정리

옥타비아누스가 아우구스투스라는 칭호를 받고 황제 자리에 오름. 41년 동안 제위에 있으면서 로마 제국 번영의 기틀을 다짐.

로마의 지배 아래 지중해 세계가 번영을 누리다

용선생은 스크린에 다섯 황제의 얼굴을 띄워 놓고 차분히 설명을 이어 나갔다.

"여기 이 다섯 사람이 바로 96년부터 로마를 다스렸던 황제들이야. 아우구스투스 황제 못지않은 훌륭한 황제들이었지. 이 다섯 명의 황제가 다스렸던 약 100년 동안의 시기를 '오현제 시대'라고 해. 다섯 명의 현명한 황제가 다스린 시대라는 뜻이지."

로마의 오현제

① 네르바 (재위 96년~98년)
시민들의 존경을 받던 트라야누스를 후계자로 정해 오현제 시대의 시작을 열었어.

② 트라야누스 (재위 98년~117년)
활발한 정복 활동으로 로마의 영토를 최대로 확장했어.

③ 하드리아누스 (재위 117년~138년)
무리한 정복 활동을 삼가고 이민족의 침입이 잦은 곳에 장벽을 쌓아 국경을 튼튼하게 했어.

④ 안토니누스 피우스
(재위 138년~161년)
안토니누스가 황제 자리에 있는 23년 동안 로마에는 유례 없는 평화가 계속되었어.

⑤ 마르쿠스 아우렐리우스
(재위 161년~180년)
이민족의 거센 침략으로부터 로마의 평화를 지켜 낸 황제야. 《명상록》을 쓴 철학자로도 유명해.

"얼마나 뛰어난 황제들이었기에 오현제라는 이름이 붙은 거죠?"

"제일 중요한 건 평화를 지켜 냈다는 거야. 오현제가 로마를 다스리는 동안에는 워낙 로마군이 막강하다 보니 이민족이 로마 국경 근처에서 함부로 소란을 피울 수 없었어. 국경이 안정되자 사람들은 평화롭게 생업에 종사할 수 있었지. 자연스럽게 생산량이 늘어나고 살림이 넉넉해졌어. 또 교역로가 안전해진 덕에 교역도 활발해졌단다. 로마 시민들은 아무런 걱정 없이 전차 경주나 검투사 시합을 구경하거나, 공중목욕탕에서 친구들과 이야기를 나누며 즐거운 시간을 보내며 살았지."

"공중목욕탕이라고요? 로마에 공중목욕탕이 있었어요?"

"로마인들은 목욕하는 걸 좋아해서 목욕탕을 많이 지었어. 그런데 로마의 공중목욕탕은 몸만 씻는 곳이 아니었어. 사람들이 만나 이야기를 나누는 일종의 사교 공간이었단다. 마치 커피숍에서 만나 커피를 마시며 이야기를 나누듯이 로마인들은 공중목욕탕에서 자연스럽게 만나 정치 이야기를 하고 사업 이야기도 했지. 그래서 로마의 큰 도시에는 반드시 검투사 경기를 하는 콜로세움과 함께 대형 공중목욕탕이 있었단다."

"암튼, 전쟁 안 하니까 얼마나 좋아."

▼ **카라칼라 목욕탕**
216년에 카라칼라 황제가 지은 로마 최대의 공중목욕탕이야. 가로 230미터, 세로 115미터의 거대한 규모로 1,600명이 함께 목욕을 할 수 있었지. 온탕과 냉탕이 갖춰져 있었고, 목욕탕 안에 도서관과 오락실까지 마련되어 있었대.

"조금 전에 말했듯이 로마가 이민족이랑 사이좋게 지내서 평화가 찾아온 게 아니야. 로마가 평화를 누릴 수 있었던 것은 순전히 로마의 막강한 군사력 덕분이었거든. 로마는 라인강과 도나우강을 잇는 선을 국경선으로 삼고, 그곳에 집중적으로 군사를 배치했어. 그리고 중요한 길목마다 요새를 짓고 성벽을 쌓아 이민족의 침략을 틀어막았지."

"으흠, 그러니까 국방을 강화해 평화를 유지했다, 이 말씀이군요."
나선애가 중얼거렸다.

"그렇단다. 그래서 이민족도 로마와 싸우기보다 교류를 통해 이득을 얻는 쪽으로 방향을 바꿨어. 이민족은 자신이 생산한 물건을 가지고 로마군 요새로 찾아와 필요한 물건과 교환해 갔지. 심지어 일거리를 찾아 국경을 넘어와 정착하기도 했어. 이렇게 해서 로마의 국경

왕수재의 지리 사전

라인강 알프스산맥에서 시작해 북쪽으로 1,300킬로미터를 흐른 뒤 북해로 빠져나가는 큰 강이야.

도나우강 알프스산맥에서 시작해 동쪽의 흑해로 빠져나가는 강이야. 길이가 2,800킬로미터나 되고 7개국을 가로지르는 국제 하천이지.

↑ 오현제 시대의 로마 영토

▶ **하드리아누스 성벽**
하드리아누스 황제가 켈트족을 막기 위해 영국 브리튼섬에 쌓은 117킬로미터의 장성이야.

도시나 요새들은 차츰 문화 교류와 교역의 중심지 역할을 하게 됐단다."

"요새에서 무슨 교류를 해요?"

장하다가 고개를 갸웃거렸다.

"군인은 나라에서 받은 봉급으로 식량과 옷을 비롯한 온갖 생필품을 구입해 생활했어. 그러다 보니 로마군이 주둔하는 곳에는 언제나 이런 물건을 만들거나 파는 장인과 상인이 모여들기 마련이었지. 이민족도 허락만 받으면 국경을 넘어와 군인에게 필요한 물건을 팔 수 있었어. 그래서 국경에서 가까운 곳에 사는 이민족 부족은 로마와 사이좋게 지내며 교류를 통해 많은 이익을 챙겼지. 대표적인 것이 게르만족이었어. 게르만족 중에는 로마군에 지원해 로마의 국경을 지키는 역할을 맡는 사람들도 많았단다."

"그럼 게르만족이 로마 군인이 되었단 말이에요?"

나선애의 세계사 사전

게르만족 라인강과 도나우강을 경계로 로마의 북동쪽에 살던 민족이야. 아직 국가를 형성하지 못한 채 여러 부족으로 나뉘어 살았어. 오늘날 독일, 영국, 네덜란드, 북유럽에 사는 많은 사람들이 이들의 후예야.

용선생의 말에 아이들의 눈이 휘둥그레졌다.

"놀랐니? 제정 시대 로마는 평민의 수가 줄어들어 병사가 부족했어. 그래서 25년 동안 로마 군인으로 복무하면 시민권을 주겠다며 게르만족 전사들을 적극적으로 받아들였지. 로마 시민권을 갖는다는 건 곧 로마인이 된다는 뜻이야. 이렇게 해서 많은 게르만족 전사들이 로마 군인이 되었는데, 그중에는 전공을 세워 장군이 되거나 높은 관직에 오른 사람도 적지 않았어. 심지어 황제가 된 사람도 있었지."

"게르만족이 황제가 돼요? 헐~! 외국인한테는 투표권도 주지 않던

→ **로마 군인의 전역 증명서** 로마군에 25년 이상 복무하고 제대한 사람에게 주던 증명서야. 청동으로 만든 이 증명서에는 '황제의 이름으로 로마 시민권을 부여한다.'는 내용과 함께 퇴직금으로 주는 땅의 위치가 적혀 있어.

"그리스랑은 완전히 다르군요."

용선생이 고개를 끄덕였다.

"그래. 그리스와 달리 로마는 이민족에게 아주 관대했지. 복무 기간을 채우고 전역한 군인은 대부분 자신들이 근무했던 국경 근처에 정착했어. 나라에서 국경 지역을 개척하려고 전역 군인들에게 퇴직금으로 국경 지역의 땅을 나눠 주었거든. 제대한 군인도 낯선 곳에서 새로 적응하는 것보다 오랫동안 살아와 익숙하고 상공업도 활발한 국경 지역이 살아가기가 훨씬 수월했기 때문에 기꺼이 그 땅을 받아들였어. 이렇게 국경 근처의 로마군 주둔지와 요새 주변은 인구가 쑥쑥 늘어나 큰 도시로 성장했지. 이렇게 만들어진 도시들이 바로 쾰른, 트리어, 요크 같은 곳이야. 이 도시들은 그 주변 지역으로 로마의 문화를 퍼뜨리는 전진 기지

→ **트라야누스 원기둥** 트라야누스 황제의 다키아 원정 성공을 기념해 세운 높이 30미터의 대리석 기둥이야. 원기둥 표면에 로마군의 활약상을 새겨 놓았어.

역할을 했어. 시골 구석구석까지 로마의 문화가 스며들며 로마에 정복당했던 게르만족도 로마에 동화되었고, 자신을 로마인으로 여기게 됐지. 그래서 로마는 그 거대한 영토에도 불구하고 진정한 의미에서 하나의 나라가 된 거야. 이럴수록 로마의 평화는 더욱 단단해졌어. 애초에 로마의 평화를 만든 건 강력한 군대였지만, 로마의 평화가 오랫동안 유지될 수 있었던 것은 바로 로마의 열린 태도 덕분이었다는 것, 꼭 기억해 두렴."

"역시 힘만으로 평화가 유지된 건 아니다, 이거군요."

왕수재가 고개를 끄덕였다.

"평화가 지속되면서 제국 곳곳에 수십만 명이 모여 사는 대도시가 속속 생겨났어. 대도시에서 제일 큰 숙제는 물이었지. 수십만 명이 마실 식수는 물론 로마인이 즐기는 목욕물까지 공급해야 했거든. 그래서 로마는 도시에서 수십 킬로미터 떨어진 계곡에서 맑은 물을 끌어와 도시에 물을 공급했어."

"그렇게 먼 데서 어떻게 물을 끌어와요?"

"수도를 놓으면 되지!"

"에이, 선생님도. 그 옛날에 수도라니요?"

곽두기의 국어사전

동화 같을 동(同) 될 화(化). 서로 다른 사물이나 현상이 같아진다는 뜻이야.

↓ 트리어의 '검은 문'
로마 시대 트리어 성벽 출입문이야. 트리어는 로마 시대 이래 1,500년 이상 유럽에서 손꼽히는 대도시였어.

↑ **에스파냐 세고비아의 로마 시대 수도교** 오현제 시대 때 건설된 수도교야. 높은 데서 낮은 곳으로 물이 자연스럽게 흘러갈 수 있도록 미세하게 경사를 주었지. 유럽에는 오늘날까지 실제로 사용되는 수도교도 있대.

수도교에 숨겨진
로마 사람들의
건축 비법?!

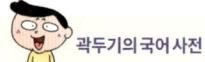
곽두기의 국어 사전

수도교 물 수(水) 길 도(道) 다리 교(橋). 물이 지나는 다리라는 뜻이야.

"흐흐, 이 사진을 한번 보렴. 이게 바로 로마의 수도란다."

"네? 그게 다리지 무슨 수도예요?"

"맞아, 다리야. 물이 다니는 다리지. 이런 다리를 수도교라고 불러. 로마는 이런 수도교를 지어 도시까지 물을 공급했어."

"로마, 정말 대단하다는 말밖에 안 나오네."

"너희들 혹시 '모든 길은 로마로 통한다.'는 말 들어 봤니?"

"네, 들어 봤어요. 모든 길은 로마와 연결되어 있다는 뜻이에요."

"잘 알고 있구나. 이 말은 로마가 세계의 중심이라는 걸 의미해. 그런데 실제로 모든 길은 로마와 연결되어 있었단다. 도시가 생기면 가장 먼저 도로를 닦았기 때문이지. 당시에 로마인이 닦았던 길을 모두 합치면 지구를 무려 여덟 바퀴나 도는 거리였대."

"지구 여덟 바퀴?"

"그렇단다. 이제 지중해와 주변 세계는 로마 제국에 완전히 통합되었어. 어딜 가나 라틴어가 통했고, 로마 화폐로 물건을 살 수 있었지. 전 세계의 다양한 특산물이 제국의 심장인 로마로 몰려들었는데, 그중에는 중국의 비단과 인도의 향신료까지 포함되어 있었지."

"상인들이 중국이나 인도까지 갔었다는 말씀이세요?"

"그래. 그만큼 로마가 부유했고, 그 사치스러운 소비에 발맞춰 전 세계적으로 교역이 활발하게 펼쳐졌다는 뜻이지. 이렇게 로마에

▲ **아피우스 가도** 기원전 312년에 공사를 시작한 로마 최초의 도로. 얼마나 단단하게 만들었는지 지금까지도 멀쩡하게 남아 있는 곳이 많아.

▲ **판테온** '모든 신을 모신 신전'이야. 로마 제국 전성기의 대표적인 건물로 2,000년이 다 되어 가는 지금까지도 원래의 모습을 유지하고 있어.

▲ **지름 50미터의 판테온 돔 내부** 기둥 하나 없이 4,500톤의 거대한 돔 지붕을 버티는 로마의 건축 기술이 놀라울 뿐이야.

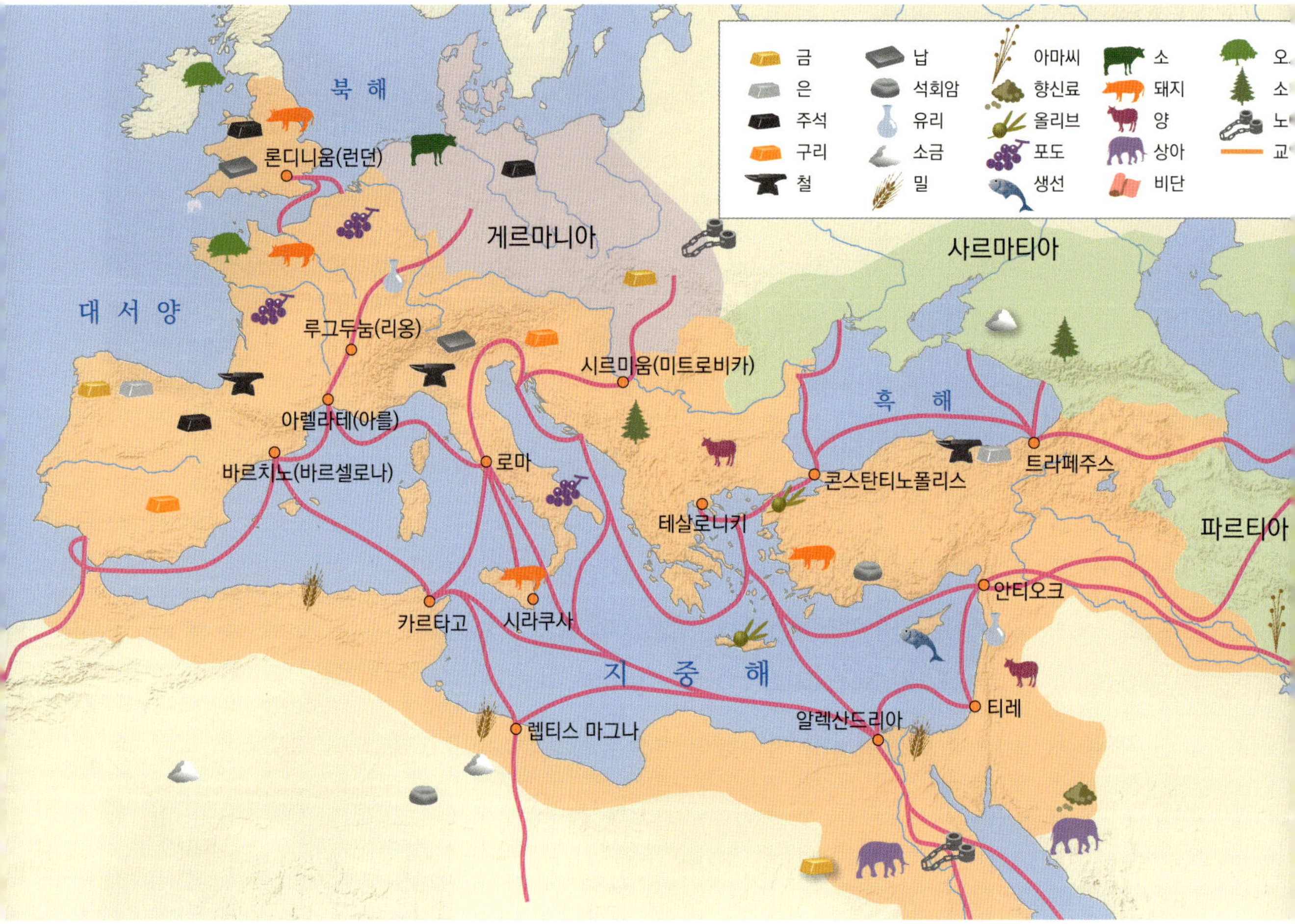

↑ 기원후 180년 무렵 로마 제국의 교역

의해 이루어진 평화를 바탕으로 여러 나라가 활발하게 교류했던 시대를 '팍스 로마나'라고 불러. 바로 '로마의 평화'라는 뜻이지."

용선생의 핵심 정리

기원후 96년부터 100여 년간 오현제 시대가 이어지며 로마가 최전성기를 누림. 국경의 로마군 주둔지를 중심으로 도시가 들어서고 게르만족 전사들이 로마군 용병으로 들어옴.

로마 제국이 서서히 기울다

"근데 말이야, 오현제 시대가 끝날 무렵 로마 제국에 조금씩 문제가 나타나기 시작한단다."

"으윽, 갑자기 그건 무슨 말씀이세요?"

용선생의 말에 허영심이 인상을 찌푸렸다.

"로마는 고질적인 문제를 하나 안고 있었어. 바로 빈민 문제였지."

"로마는 엄청 부유했다면서요?"

"음, 그건 어디까지나 귀족들 얘기였어. 귀족은 라티푼디움이라는 대농장을 몇 개씩 가지고 있으면서 호사스러운 생활을 누렸지. 하지만 농민은 귀족에게 땅을 넘기고 일자리를 찾아 로마로 몰려들었어. 로마에서는 아무리 공사판을 벌여도 밀려드는 사람들을 다 감당할

 용선생의 세계사 돋보기

로마에서는 올리브, 포도 등 상품 작물을 많이 키웠어. 농민들은 상품 작물을 팔아 식량을 비롯한 생필품을 구입해 살았지. 그런데 귀족은 노예를 동원해 대규모로 농사를 지었기 때문에 평범한 농민보다 싼값에 생산물을 팔 수가 있었어. 반면에 평범한 농민은 자신들의 생산물을 팔려면 손해를 보고 팔아야 했어. 결국 더 이상 버틸 수가 없게 되면 귀족에게 땅을 넘기고 막노동이라도 하려고 로마로 몰려들었던 거야. 이들 대부분이 로마에서 빈민층을 이뤘어.

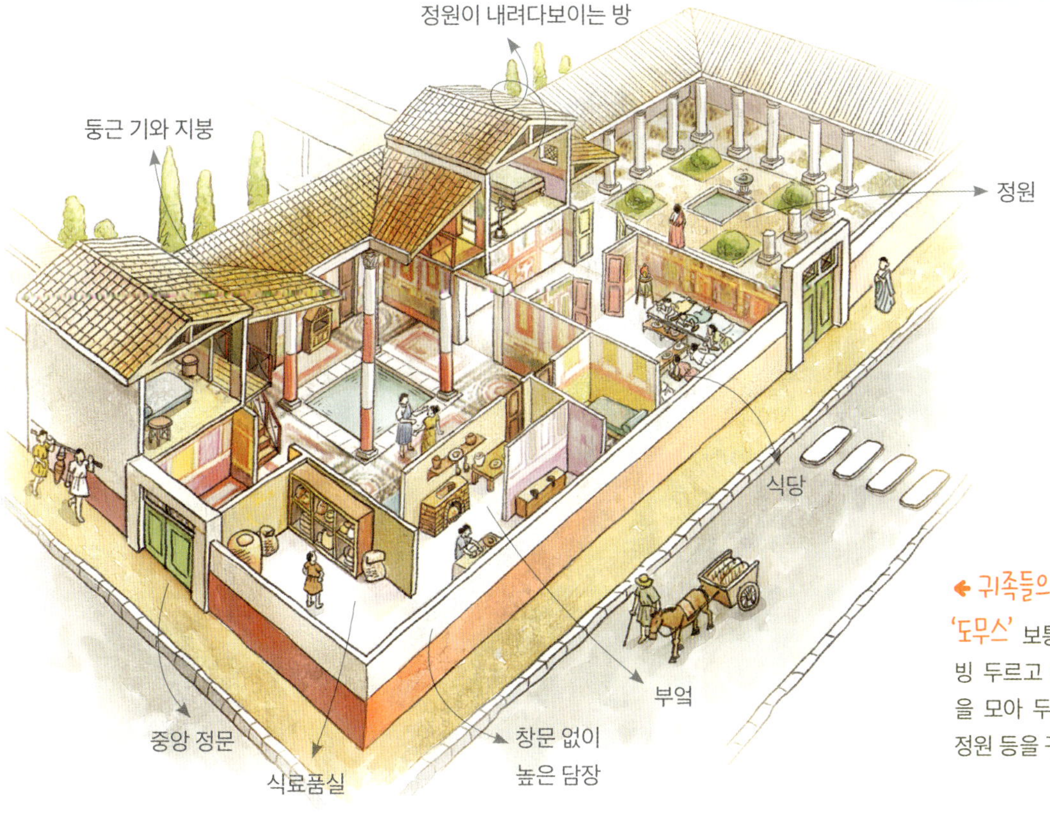

◀ 귀족들의 화려한 저택 '도무스' 보통 바깥을 담으로 빙 두르고 집 안마당에 물을 모아 두는 수조와 분수, 정원 등을 꾸몄어.

허영심의 상식 사전

빈부 격차 가난한 사람과 부자 사이의 차이.

수가 없었지. 결국 일자리를 찾지 못한 사람들은 빈민층으로 떨어지고 말았어."

"로마 시대에도 빈부 격차가 큰 사회 문제였던 거군요."

"그렇단다. 귀족과 빈민이 사는 집만 봐도 로마에서 빈부 격차가 얼마나 심했는지 알 수 있어. 귀족은 넓은 안마당에 분수까지 있는 대저택에서 살았어. 하지만 빈민은 인술라라는 비좁고 더러운 아파트에 모여 살았지. 더 큰 문제는 이 인술라가 나무로 대충 얼기설기 지은 데다 방들이 다닥다닥 붙어 있어서 걸핏하면 무너지거나 큰 불이 나서 수많은 사람들이 한꺼번에 목숨을 잃곤 했다는 거야."

"선생님, 빈민 문제는 예전에도 있었잖아요?"

← **평민들의 싸구려 아파트 '인술라'** 보통 1층에는 가게가 들어서고 위층은 주택으로 이용되었는데, 3, 4층부터는 나무로 얼기설기 지었어. 위로 올라갈수록 집값이 쌌는데, 위층일수록 무너지거나 불이 날 위험이 컸기 때문이야. 200년 무렵 로마에는 이런 싸구려 아파트가 5만 채 넘게 있었대.

극빈자용

가난한 사람들이 사용하는 방

먹고살 만한 임대인들이 사용하는 2층

작업장과 상점

음식점

곽두기가 고개를 갸우뚱하며 물었다.

"오, 그래. 카르타고와의 포에니 전쟁이 끝난 뒤에도 비슷한 문제가 있었어. 하지만 그때는 로마가 한창 팽창하던 중이어서 전쟁을 통해서 문제를 해결할 수 있었지. 마리우스가 빈민들이 군대에 들어가 봉급을 받고 전리품을 챙길 수 있도록 해 주었잖니? 그리고 군 복무를 마치면 변경의 땅을 나눠 주고 그곳에 정착해 살 수 있도록 해 주었고. 하지만 로마가 정복 전쟁을 그만두면서 군대를 줄이자 이런 해결책은 쓸모없게 된 거야."

"어라? 전쟁을 하지 않아서 문제가 생겼다고요?"

"그렇단다. 로마가 전쟁을 멈추면서 생겨난 문제는 이것만이 아니었어. 저번에 귀족이 전쟁 포로를 노예로 삼아 라티푼디움이라는 대농장을 운영했다고 한 거, 기억나지? 그런데 정복 전쟁이 멈춘 이후론 더 이상 전쟁 포로를 구할 수가 없었어. 자연히 라티푼디움에서 일할 노예가 부족해졌지. 결국 로마가 평화를 유지한 100여 년 사이에 노예의 가격은 10배 가까이 올랐단다. 그러자 귀족은 노예 대신 가난한 시민에게 땅을 빌려주고 농사를 짓도록 했어."

"귀족이 웬일? 좋은 일도 하네요?"

허영심의 말에 용선생은 고개를 절레절레 저었다.

"문제는 거기에 아주 가혹한 조건이 붙는다는 거였어. 한 해 수확량의 3분의 1을 귀족에게 바쳐야 하고, 귀족이 시키는 일은 뭐든 해야 했지. 심지어 귀족의 허락 없이는 농장을 벗어날 수도 없었어. 완전히 농장에 묶인 신세가 된 거지. 이런 방식으로 운영되는 대농장을 '콜로나투스'라고 해. 콜로나투스의 농민은 가족을 이루어 살고 약간

의 자유를 가진다는 점에서 노예에 비해 조금 낫긴 해. 귀족 입장에서도 일일이 간섭하지 않아도 되니 노예보다 감독하기가 쉬워 더 편한 점도 있었지."

"흠, 그래도 가난한 사람 입장에서는 당장 먹고살 수 있으니 다행 아닌가요?"

왕수재가 안경을 고쳐 쓰며 말을 이어받았다.

"그거야 그렇지. 하지만 로마 제국 입장에서는 큰 문제였어. 우선, 대농장의 소작농이 늘어난다는 건 자기 땅에서 농사를 지어 세금을 내는 평민들이 점점 줄어든다는 걸 의미하거든. 그래서 대농장이 늘어날수록 국가의 재정 상태는 나빠졌지. 실제로 오현제 시대 말에 이르면 이미 병사들에게 봉급도 제대로 못 줄 지경이 되어 군대의 사기도 많이 떨어졌단다."

나선애의 세계사 사전

소작농 수확물의 일정 비율을 바치기로 하고 남의 땅을 빌려서 농사를 짓는 농민이야. 콜로나투스의 농민은 대부분 소작농이라고 할 수 있지.

"봉급을 못 주면 어떻게 먹고살아요?"

"그래서 병사들의 불만이 높아졌지. 그러자 장군들이 병사들의 불만을 이용해 딴맘을 먹기 시작했어. '제군들, 솔직히 카이사르도 아우구스투스 황제도 군대를 동원해 권력을 잡았다. 나라고 못 할 게 뭐냐. 나를 도와주면 두둑이 보상해 주겠다.' 하고 부하들을 선동한 거야."

"반란이군요!"

"그렇단다. 오현제 시대 이후 황제 자리를 노리는 장군들의 반란이 계속 이어졌어. 특히 235년부터 284년까지 약 50년 동안 무려 26번이나 황제가 바뀌었지. 그래서 이때를 군인 황제 시대라고 부르기도 한단다."

"로마가 순식간에 대혼란에 빠져 버렸네요."

"이때부터 로마는 뿌리째 흔들리기 시작했어. 혼란을 틈타 관리의 부패가 극심해졌고, 사람들 사이에는 남이야 어떻든 나만 잘살면 그만이라는 식의 이기주의가 퍼졌지. 엎친 데 덮친 격으로 전염병이 돌아 500만 명 이상이 떼죽음을 당했어. 로마 시민들의 불만은 점점 쌓여만 갔단다."

"황제라도 뚜렷한 방법은 없을 것 같은데요. 군대도 약해졌으니 새로 정복 전쟁을 할 수도 없고……"

나선애가 입술을 지그시 깨물었다.

곽두기의 국어 사전

선동 부채질할 선(煽) 움직일 동(動). 어떤 일이나 행동에 나서도록 부추긴다는 뜻이야.

↓ **콜로세움** 로마 제국 최대의 원형 경기장. 높이 48미터, 둘레 500미터에 최대 7만 명의 관객을 수용할 수 있었대.

로마 건축의 최대 걸작, 콜로세움

"그래서 황제는 문제를 해결하기보다 시민들의 불만을 다른 곳으로 돌리는 쪽을 택했어. 그래서 활성화된 게 바로 검투사들의 경기란다."

"검투사 경기요?"

"그렇단다. 로마 황제는 시민의 불만이 커질수록 검투사 경기에 더욱 집착했어. 시민을 무료로 입장시켜 주고, 경기도 점점 더 잔혹하게 치러서 사람들이 경기에 빠져들도록 만들었지. 황제 역시 경기장에 나와 경기를 관람하거나 시민들에게 빵을 나눠 주는 등 선심을 쓰기도 했지."

"그런다고 문제가 해결되나요? 쯧쯧."

나선애가 답답한지 혀를 찼다.

"더 큰 문제는 이민족의 공세가 점점 더 거세어지고 있었다는 거야. 특히 200년대에는 사산 왕조 페르시아 제국이 로마의 동쪽 국경을 강력하게 위협해 왔어. 어쩔 수 없이 로마는 서쪽 국경을 지키던 군대 일부를 동쪽 국경으로 이동시켰지. 로마 제국은 이때부터 동쪽과 서쪽 모두에서 국경을 방어하는 데 큰 어려움을 겪기 시작한단다."

"서쪽에서 군사를 뺐으니 서쪽도 약해지고, 그렇다고 동쪽을 그냥 둘 수도 없고. 진퇴양난이군, 휴."

두기가 한숨을 푹 내쉬었다.

"실제로 서쪽에서도 일이 터졌어. 국경 너머 게르만족이 로마군 상당수가 동쪽으로 이동했다는 걸 알고는 국경을 넘어와 약탈을 일삼기 시작한 거야. 로마는 동쪽과 서쪽 양쪽에서 쉴 새 없이 전쟁이 벌어지는 통에 정신을 차릴 수 없었지. 그러다 284년 디오클레티아누스 황제가 기발한 해결책을 들고 나왔어. 바로 황제를 둘로 늘려 제국의 동

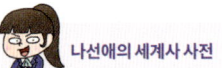

나선애의 세계사 사전

사산 왕조 페르시아
226년에서 651년에 이란 고원을 지배했어. 사산 가문이 다스렸다고 해서 사산 왕조 또는 사산조 페르시아라고 해.

장하다의 인물 사전

디오클레티아누스
(재위 284년~305년) 이민족 출신의 황제야. 오늘날의 크로아티아 지방에서 낮은 신분으로 태어났으나 군인으로 승승장구한 끝에 황제 자리에까지 오른 인물이지. 디오클레티아누스는 황제의 임기를 20년으로 정하고, 20년이 지나자 미련 없이 황제 자리에서 물러났어.

로마와 대결한 이란고원의 제국들

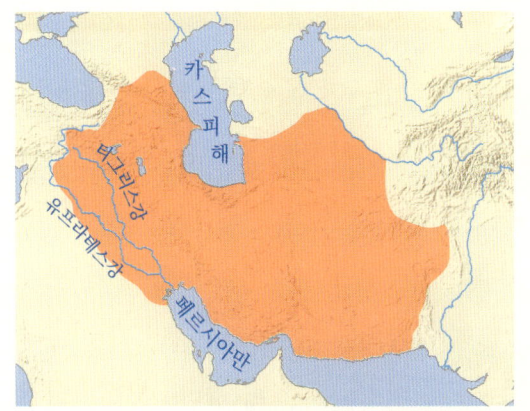

파르티아 기원전 247년에서 기원후 226년까지 이란고원을 지배한 제국. 헬레니즘 왕국의 지배를 받던 중앙아시아 유목민들이 이란고원 일대와 메소포타미아 지역을 정복해 세운 나라야. 파르티아는 로마가 강성했던 카이사르 시절부터 오현제 시대에 이르기까지 로마의 동쪽 국경을 위협했단다.

사산 왕조 페르시아 파르티아에 이어 651년까지 이란고원을 지배한 제국. 파르티아가 로마를 상대하느라 힘이 약해지자 파르스 지방의 귀족이었던 사산 가문이 파르티아를 뒤엎고 페르시아 제국을 부활시켰어. 옛 페르시아와 구별하기 위해 사산 왕조 페르시아 혹은 사산조 페르시아라고 부른단다. 사산 왕조 페르시아는 서쪽의 게르만족과 함께 로마의 위협적인 적이었어.

▲ **파르티아의 궁기병**
말 위에서 몸을 돌려 활을 쏘아 대는 파르티아 궁기병은 로마군에게 공포의 대상이었어.

▲ **포로로 잡힌 발레리아누스 황제**
페르시아의 황제 샤푸르 1세가 로마와의 전쟁에서 승리한 것을 기념하기 위해 새긴 부조야. 왼쪽의 무릎 꿇은 이가 포로로 잡힌 로마의 발레리아누스 황제, 말 탄 이가 샤푸르 1세지. 발레리아누스 황제는 노예 취급을 받다가 260년에 목숨을 잃었대.

▲ 제국의 분할 통치
디오클레티아누스 황제 시대부터 이탈리아반도를 기준으로 서쪽의 서로마와 동쪽의 동로마로 나누어 제국을 다스렸단다.

▼ 콘스탄티누스 황제
이 두상은 포로 로마노에 세워져 있던 12미터 높이의 전신상의 일부였어.

방과 서방을 나누어 방어하자는 거였지."

"잉? 황제를 둘로 늘리다니 그게 무슨 해결책이에요?"

"아까도 말했지만 아우구스투스 황제 이래로 로마 황제의 첫 번째 임무는 제국을 방어하는 거였어. 그런데 방어할 곳이 두 군데나 되니 황제 한 명으로는 방어를 할 수가 없잖니? 그래서 황제를 두 명으로 늘려 각자 동쪽과 서쪽 한 곳씩을 맡으려 했던 거야. 그리고 두 황제 밑에 한 명씩 부황제를 둬서 이들이 경험을 쌓도록 하고, 혹시라도 황제가 무슨 일이 생기면 바로 황제 자리를 이어받을 수 있도록 했지. 이렇게 로마 제국은 총 네 명의 황제가 나라를 나누어서 책임지게 되었어."

"나름 괜찮은 제도 같긴 한데, 그래도 황제가 여러 명이면 혼란스럽지 않을까요?"

"물론이지. 그래서 디오클레티아누스 황제는 자신이 대장 황제로서 나머지 황제들을 통솔하는 역할을 맡았어. 또 한 가지 재미있는 건 황제의 임기가 정해졌다는 거야."

"황제는 죽을 때까지 하는 거 아니에요?"

"보통은 그렇지. 하지만 디오클레티아누스 황제는 황제의 임기를 20년으로 정하고, 20년이 지나자 두말없이 황제 자리에서 물러났어. 디오클레티아누스 황제의 기발한 해결책은 효과가 있었단다. 로마가 한동안 외적의 침입을 막아 내며 안정을 되찾을 수 있었거든."

"휴, 다행이네요."

허영심이 가슴을 쓸어내렸다.

"하지만 급한 불만 껐을 뿐 문제가 사라진 건 아니었어. 로마를 되살리려면 더 확실한 해결책이 필요했거든. 디오클레티아누스를 이은 콘스탄티누스 황제는 두 가지 카드를 꺼내 들었지. 첫 번째는 바로 로마 제국의 수도를 옮기는 거였어."

"수도를 옮겨요? 로마 말고 다른 곳으로 수도를 옮긴단 말이에요?"

용선생은 무거운 표정으로 말을 이어 나갔다.

"이 무렵 로마 황제들은 늘 전쟁 상태에 놓여 있었기 때문에 대부분 군대를 지휘하기 쉬운 국경 근처에서 머물렀어. 심지어 로마에 한 번도 가 본 적이 없는 황제도 있을 정도였지. 로마가 이미 수도로서의 역할을 잃은 상태였던 거야. 콘스탄티누스 황제는 이럴 바에야 차라리 서로마보다 경제적으로 앞서 있고 페르시아의 침략에 맞서 로마군을 지휘하기에도 유리한 곳으로 수도를 옮기는 것이 좋겠다고 판단한 거지."

"거기가 어딘데요?"

"바로 비잔티움이라고 하는 곳이야. 유럽과 아시아를 나누는 좁은 바다인 보스포루스 해협의 유럽 쪽 끄트머리에 있어. 콘스탄티누스 황제는 이곳에 콘스탄티노폴리스라는 도시를 건설하고 330년에 수도를 옮겼지."

▲ **콘스탄티누스 개선문**
콘스탄티누스 황제가 정적인 막센티우스를 무찌른 것을 기념해 세운 개선문이야.

왕수재의 지리 사전

비잔티움 현재 튀르키예 최대 도시인 이스탄불이야. 동로마 제국이 멸망하는 1453년까지 유럽의 경제, 정치, 문화의 중심지였어.

로마 제국의 흥망과 크리스트교의 등장

↑ 콘스탄티노폴리스

곽두기의 국어 사전

난공불락 어려울 난(難) 공격할 공(攻) 아니 불(不) 떨어질 락(落). 공격하기 어려워 쉽게 함락할 수 없다는 뜻이야.

용선생의 설명을 듣던 장하다가 고개를 갸웃하며 물었다.

"수도가 국경에 가까이 있으면 너무 위험하지 않을까요?"

"콘스탄티노폴리스는 삼면이 바다로 둘러싸여 있어서 육지로 향한 쪽만 성벽을 튼튼하게 쌓으면 적을 손쉽게 막아 낼 수 있었어. 실제로 400년대 초반에 성벽을 완공한 뒤 무려 1,000년이 넘도록 이 성벽을 넘어온 적이 아무도 없었단다. 그야말로 난공불락의 요새였지."

"그럼, 두 번째 카드는 뭔데요?"

"음, 313년에 있었던 결정은 장차 세계의 역사에 엄청난 영향을 미

↑ 테오도시우스 성벽 삼중 성벽으로 둘러싸인 콘스탄티노폴리스는 1,000년이 넘도록 한 번도 적에게 함락된 적이 없는 난공불락의 요새였어.

천 년을 유지해 온 비잔티움 제국의 비결?!

쳤어. 바로 크리스트교를 공인하는 거였지."

"엥? 크리스트교를 공인하는 게 무슨 해결책이 된다는 거죠?"

곽두기의 국어 사전

공인 공(公)은 국가나 사회를 뜻하는 글자야. 따라서 공인은 국가나 사회가 인정해 준다는 뜻이야.

용선생의 핵심 정리

오현제 시대가 끝난 뒤 로마가 혼란에 빠지고 동쪽의 페르시아와 서쪽의 게르만족으로부터 협공을 당함. 콘스탄티누스 황제가 수도를 비잔티움으로 옮김.

크리스트교가 로마 제국의 국교가 되다

"흠, 좋아. 먼저 크리스트교에 대해 간단히 알아보자. 얘들아, 너희들 혹시 그리스도가 무슨 뜻인지 아니?"

"에이, 선생님도. 그리스도는 예수님의 이름에서 따온 거잖아요. 예수 그리스도."

하다가 자신 있게 대답했지만 뜻밖에도 용선생은 고개를 가로저었다.

"그리스도는 이름이 아니라 '메시아'를 뜻하는 그리스어야."

"메시아는 또 뭔데요?"

"구세주라는 뜻이지. 세상을 구해 주러 오실 분. 원래는 유대인이 쓰던 말이야. 유대인은 유대 왕국이 멸망한 뒤 600년 동안 나라 없이 여러 제국의 지배를 받았어."

↑ **산 위에서 제자와 군중들에게 설교하는 예수님**
갈릴래아산 위에서 예수님이 이웃 사랑과 정의 실천을 가르치고 있어.

"기억나요. 유대왕국이 신바빌로니아에 멸망당하고 유대인은 바빌론으로 끌려가 노예처럼 살았죠. 그러다 페르시아의 키루스 대왕이 고향으로 돌려보내 줬고요."

왕수재가 잽싸게 끼어들었다.

"오호, 수재가 잘 기억하고 있구나. 유대인은 예수님이 태어나기 얼마 전인 기원전 63년부터 로마 제국의 지배를 받았어. 하지만 유대인은 언젠가 하느님께서 반드시 유대인의 나라를 세울 구세주를 보내 줄 거라는 믿음을 가지고 있었단다. 이런 믿음은 주로 유대인 가운데서도 하층민 사이에서 강하게 나타났어. 반면 지배 계급인 사제나 부유한 상인은 오히려 로마에 빌붙어 가난한 유대인을 착취했지. 이런 상황에서 몇몇 유대인 지도자들은 메시아를 자처하며 핍박받는 하층민 속으로 들어가 로마에 맞서 독립 운동을 벌였어. 예수님도 처음에 그렇게 유대인 하층민을 상대로 활동했기 때문에 예수님을 따르는 사람들은 예수님 역시 메시아라고 여겼던 거야."

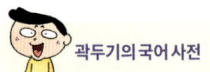

곽두기의 국어 사전

핍박 핍박할 핍(逼) 핍박할 박(迫). 바짝 죄어서 괴롭힌다는 뜻이야.

"아, 맞아요. 예수님도 항상 가난한 사람 편이었대요. 병든 사람을 고치고, 사람들에게 빵을 나눠 주기도 하셨고요."

"그렇단다. 예수님은 무엇보다 사랑을 강조했어. 계급과 종족을 차별하지 않고 사랑하는 것, 그것이 하느님의 뜻이라고 가르쳤지. 예수님과 다른 유대인 지도자들의 가장 큰 차이도 바로 여기에 있었어."

"그게 뭔데요?"

"예수님은 하느님의 뜻에 따라 살면 유대인이든 아니든, 지배 계급이든 하층민이든 누구나 구원을 받아 하느님의 나라에 갈 수 있다고 가르쳤단다."

착한 사마리아인 이야기

착한 사마리아인 이야기는 율법보다 사랑이 하느님의 뜻이라는 가르침을 전하기 위해 예수님이 하셨던 이야기로 유명해.

솔로몬왕이 죽은 뒤 이스라엘은 북쪽의 이스라엘 왕국과 남쪽의 유대 왕국으로 분열되었어. 그리고 기원전 722년 북쪽의 이스라엘 왕국이 신아시리아 제국에 멸망당했지. 수백 년 동안 이스라엘 사람들은 아시리아의 지배를 받으면서 아시리아인과 혼혈이 이루어졌고, 종교와 관습도 서로 뒤섞였지. 유대 왕국 사람들은 이스라엘 왕국의 수도가 사마리아였기 때문에 이들을 싸잡아 사마리아인이라고 부르며 경멸했어. 다른 민족과 피가 섞이고, 다른 민족의 신들을 섬긴다는 이유였지.

200년쯤 후 유대 왕국은 신바빌로니아 제국에 맞서 반란을 일으켰다가 멸망당했어. 유대인은 모조리 바빌론으로 끌려갔지. 그러자 많은 사마리아인이 유대 왕국의 땅을 차지하고 살게 되었어. 훗날 고향으로 돌아온 유대인은 사마리아인과 사사건건 부딪힐 수밖에 없었고, 사마리아인에 대한 미움은 점점 더 심해졌어. 사마리아인을 만나면 침을 뱉고 마주치는 것조차 더럽다며 멀리 돌아다닐 정도였지. 하지만 예수님의 생각은 달랐어. 예수님은 이렇게 말씀하셨지.

"강도를 만나 길가에서 피를 흘리며 쓰러져 있는 사람이 있었다. 길을 가던 유대인 제사장들이 이 사람을 발견했다. 하지만 그들은 하느님께 제사를 드리러 가는 길이었기 때문에 다친 자를 구할 수가 없었다. 다친 자를 돌보다가 몸에 피가 묻을 수 있는데, 몸에 피를 묻힌 채 제사를 올리는 건 율법에 어긋나기 때문이었다. 제사장들은 그를 무시하고 갈 길을 갔다. 그러나 뒤이어 나타난 사마리아인은 이 사람을 안전한 곳으로 옮겨서 상처를 보살펴 주었다. 하느님께서는 과연 누구를 칭찬하실까?"

↑ 이웃을 구하는 착한 사마리아인

"맞아요, 교회에서 그렇게 배웠어요. 당연한 얘기 아닌가요?"

"지금 크리스트교에서는 당연하게 생각하지. 하지만 그 당시 유대인은 그렇게 생각하지 않았단다. 유대교에서 하느님은 유대인만의 하느님, 유대인만 사랑하는 하느님이었어. '우리의 하느님이 왜 다른 민족을 사랑하고 구원해?' 그렇게 여겼지. 예수님은 이런 유대인의 생각을 깨뜨려 버린 거야. '아니다. 하느님은 유대인만의 하느님이 아니라 모든 사람의 하느님이다. 따라서 모든 사람을 사랑하고, 하느님의 뜻을 따르기만 한다면 계급과 종족을 가리지 않고 누구나 구원받을 수 있다. 그리고 하느님의 진정한 뜻은 사랑이다. 말뿐인 율법을 지키는 것보다 이웃을 사랑하는 것이 하느님의 뜻이다.' 예수님에 대한 소문이 퍼지면서 점점 더 많은 사람이 예수님 주위로 몰려들었어. 그리고 그럴수록 예수님을 경계하는 사람도 늘어났지."

> **나선애의 세계사 사전**
>
> **율법** 유대교에서 하느님이 모세를 통하여 유대인에게 준 법을 말해. 유대인에게 율법은 종교적 가르침이자 생활 속에서 반드시 지키고 따라야 할 규칙이었어.

"좋은 말씀만 하시는데, 누가 경계를 했어요?"

"먼저 유대교 사제들이었어. 예수님이 율법을 무시하며 사제들의 권위를 깎아내렸을 뿐 아니라 사제들이 로마에 빌붙어 가난한 하층민을 착취한다고 맹비난했기 때문이지. 두 번째는 로마인이었어. 예수님의 인기가 높아지자 예수님을 위험 인물로 여기기 시작한 거야. 더구나 유대인 중에는 예수님의 뜻과는 상관없이 예수님을 앞세워 로마에 맞서 반란을 일으키려는 사람도 있었거든. 결국 유대교 사제들은 눈엣가시였던 예수님을 체포해 로마

↑ **거룩한 무덤 성당** 예수님의 무덤에 세운 교회야. 크리스트교 신자들에게는 매우 중요한 성지지.

군에 넘겨 버렸어. 로마군은 예수님을 반란을 꾀했다는 구실로 십자가에 못 박아 버렸지."

"가난한 사람들을 사랑한 죄밖에 없는데, 끔찍한 형벌을 당하다니……."

"그런데 깜짝 놀랄 소식이 들려왔어. 무덤에 묻힌 예수님이 죽은 지 3일 만에 부활했다는 거야."

"죽었다가 도로 살아났다고요?"

"응, 부활한 예수님이 제자들 앞에 나타나서는 자신의 가르침을 세상에 널리 퍼뜨리라는 말을 남기고 40일 만에 하늘로 올라갔대. 제자들은 예수님의 가르침을 정리하고, 그 가르침을 전파하기 시작했어. 이렇게 해서 크리스트교가 탄생하게 되었단다. 크리스트교는 구세주를 기다리는 유대인의 믿음에서 출발했지만, 세상 모든 이를 사랑하라는 예수님의 가르침을 따르고 예수님의 부활을 믿는 새로운 종교가 되었지."

"그럼 예수님의 제자들이 크리스트교를 퍼뜨린 건가요?"

"그렇단다. 제자들은 예수님의 가르침에 따라 세계 곳곳에 크리스트교를 전파하기 시작했어. 그중에서도 2만 킬로미터가 넘는 거리를 여행하며 지중해 동부 도시를 돌며 크리스트교를 전파한 바울, 제국의 심장부인 로마에서 순교한 베드로가 크리스트교가 뿌리내리는 데 큰 역할을 했지. 하루하루 살기가 힘겨웠던 로마의 가난한 사람들에게 그리스도의 가르침은 가뭄에

곽두기의 국어 사전

부활 다시 부(復) 살 활(活). 즉 죽었다가 다시 살아난다는 뜻이야.

장하다의 인물 사전

바울 한때 크리스트교를 박해하는 데 앞장섰으나, 개종 후 크리스트교를 전파하고 교리를 세우는 데 가장 크게 공헌을 한 인물이야.

베드로 예수님의 12제자 가운데 첫 제자로 갈릴리호의 어부였대. 예수님이 돌아가신 뒤 교회를 이끌다가 로마에서 순교했어. 지금 교황청이 있는 바티칸의 성 베드로 대성당은 베드로의 무덤 위에 지은 교회야.

↑ 세계에서 가장 오래된 신약성경으로 꼽히는 **시나이 성경** 시나이반도의 한 수도원에서 발견됐어. 현재 런던의 대영도서관에 보관되어 있지.

로마 제국의 흥망과 크리스트교의 등장

▸ 크리스트교의 확산

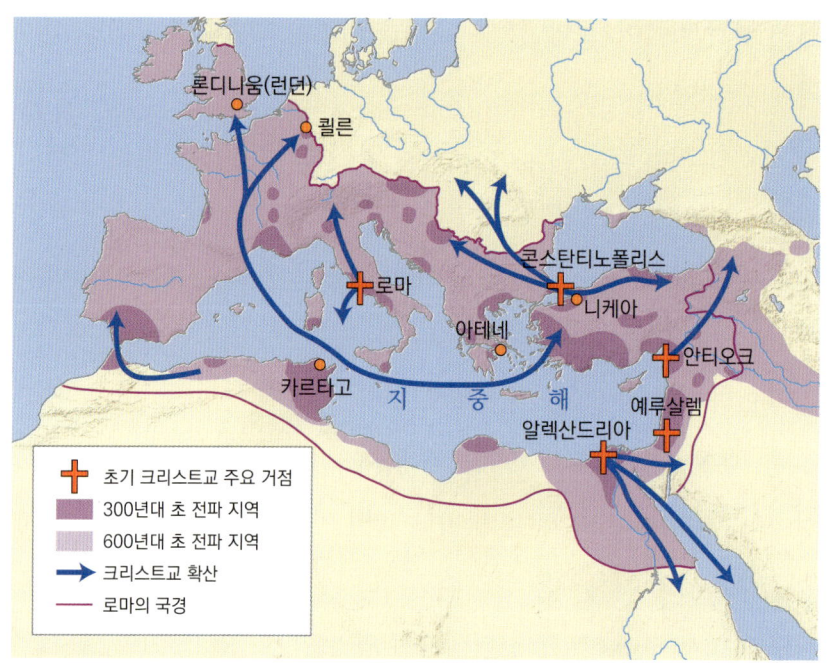

단비 같았어. 비록 이 세상에서는 힘들게 살지만 다음 세상에서는 하느님의 나라에서 행복하게 살 수 있다고 약속해 주었기 때문이지. 그러나 모든 로마 사람이 크리스트교를 환영했던 건 아니야."

"이번엔 또 왜요?"

허영심이 고개를 갸웃거렸다.

"원래 로마인은 그리스인처럼 여러 신을 믿었어. 심지어 세상을 떠난 황제도 신으로 모시곤 했지. 하지만 크리스트교 신자는 하느님만을 믿었기 때문에 일체 다른 신을 숭배하지 않았거든."

"에구, 그러다 미움 받겠다."

"실제로 로마의 황제나 귀족들은 전쟁에서 패하거나 전염병이 돌면 크리스트교 신자가 신에게 제물을 바치지 않았기 때문에 생긴 일이라고 생각하며 크리스트교도를 박해했어."

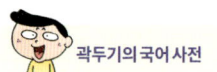 곽두기의 국어 사전

박해 핍박할 박(迫) 해할 해(害). 못살게 굴어서 해를 끼친다는 뜻이야.

"말도 안 돼. 그게 왜 크리스트교 신자 때문이람."

"로마가 어려워질수록 크리스트교 신자에 대한 비난의 목소리도 높아졌어. 로마의 정치인들은 의도적으로 이런 생각을 부추기며 자신들의 책임을 크리스트교 탓으로 돌렸고, 크리스트교를 향한 박해도 더욱 극심해졌단다. 때로는 크리스트교 신자를 모든 관직에서 내쫓고 닥치는 대로 붙잡아 처형하기도 했지. 심지어 콜로세움에서 사자 같은 맹수와 대결하게 해 맹수의 먹잇감으로 만들기도 했어. 하지만 이런 모진 박해를 받으면서도 크리스트교 신자는 꾸준히 늘어났단다."

↑ 카타콤 지하 공동묘지야. 심한 박해를 받던 가난한 크리스트교 신자들은 묫자리를 살 돈이 없어서 이렇게 거대한 지하 공동묘지를 만들었어.

"으악! 맹수의 먹이가 됐다고요?"

허영심이 몸을 잔뜩 움츠리며 비명을 질렀다.

"그러다 313년 놀랄 만한 반전이 일어나. 콘스탄티누스 황제가 밀라노 칙령을 발표해 크리스트교를 믿어도 처벌하지 않겠다고 선언했거든. 콘스탄티누스 황제는 단지 크리스트교를 허용만 한 것이 아니라 후원에도 앞장섰어. 크리스트교 신자를 높은 관직에 임명하고 제국의 수도인 로마와 예수님의 무덤이 있는 예루살렘에 커다란 교회를 세웠지. 또 교리가 통일되어 있지 않은 문제를 해결하고자 황제가 직접 니케아라는 도시에서 종교 회의를 열어 교리를 정리하기도 했단다."

나선애의 세계사 사전

밀라노 칙령 칙령은 임금이 내리는 명령으로 법과 똑같은 효력을 발휘해. 밀라노 칙령은 크리스트교를 공식적으로 허용한 콘스탄티누스 황제의 명령이었어.

왕수재의 지리 사전

니케아 지금의 튀르키예에 있는 고대 도시로 아나톨리아반도 북서부에 있어.

◆ **니케아 공의회**
콘스탄티누스 황제가 크리스트교 교리를 정리하기 위해 325년에 열었던 종교 회의야.

"그런데 갑자기 왜 황제가 크리스트교를 허용해 준 거예요?"

"콘스탄티누스 황제는 크리스트교를 공인해 줌으로써 자신의 인기도 높이고 나라도 안정시키려고 했어. 크리스트교 신자 대부분이 가난한 평민이었으니, 황제가 크리스트교를 적극적으로 후원한다는 것을 알면 평민의 불만을 누그러뜨리는 데 도움이 되겠지? 게다가 크리스트교가 황제의 든든한 후원자 역할을 해 줄 수도 있었어. 크리스트교 성직자들은 황제가 크리스트교를 공인해 주자 콘스탄티누스가 신의 뜻을 받아 황제 자리에 오른 사람이라고 한껏 떠받들어 주었거든. 그래서 콘스탄티누스 황제는 오늘날까지도 성인으로 존경받고 있단다."

"귀족은요? 귀족은 싫어할 것 같은데?"

"그 반대였어. 황제가 크리스트교를 후원하자 귀족도 황제에게 잘 보이려 앞다투어 크리스트교를 받아들이기 시작했거든. 결국 겨우 수십 년 만에 로마 제국 곳곳에 교회가 세워졌고, 크리스트교는 빠르게 로마의 종교로 자리 잡아 갔단다. 밀라노 칙령이 있은 지 79년이 지난 392년, 테오도시우스 황제는 크리스트교를 로마의 국교로 선포했어. 이때부터는 크리스트교 외에 다른 신을 믿는 것이 불법이 되었지. 불과 100여 년 전까지만 해도 그 누구도 상상하지 못한 일이었는데 말이야."

용선생의 핵심 정리

예수가 십자가에 못 박힌 뒤 제자들이 예수의 가르침을 퍼뜨리면서 크리스트교가 탄생. 극심한 박해를 받았지만 313년 콘스탄티누스 황제가 밀라노 칙령으로 크리스트교를 공인함.

게르만족이 서로마 제국을 무너뜨리다

"선생님, 그럼 이제 로마는 완전히 안정을 되찾았나요?"

나선애의 질문에 용선생은 고개를 절레절레 저었다.

"안타깝게도 그렇지 못했단다. 로마 제국은 게르만족과 페르시아의 공격이 점점 더 거세어지면서 국경을 방어하느라 정신이 없었어. 반면에 병사에 대한 대우도 예전만 못해 군 지원자도 줄어들었지. 그러다 보니 로마군 내에 게르만족 출신 병사의 수가 더욱 늘어났고, 게르만족 출신 장군들이 로마군의 중요한 자리들을 차지하게 되었어. 한편, 수도를 콘스탄티노폴리스로 옮긴 뒤 점점 더 수도에서 가깝고 경제가 발전된 동방은 중요시되고 낙후된 서방은 외면당했지.

"그런 상황에서 395년 테오도시우스 황제가 두 아들에게 동로마와 서로마 황제 자리를 각각 물려주면서 로마 제국은 완전히 두 개로 쪼개지고 만단다."

"안 그래도 힘든데 둘로 쪼개졌으니 이제 어떡하려고……."

왕수재가 고개를 절레절레 흔들었다.

"결국 이게 다 로마 제국이 너무 커서 생긴 일이었어. 그 때문에 나라를 나눠서 다스리다 보니 결국 완전히 둘로 쪼개져 버리고 말았던 거야. 하지만 그 뒤에도 동로마는 잘 버텨 나갔어. 동로마는 본래 상업이 발달한 지역이라 세금도 많이 걷혔고, 그 돈으로 군사력을 유지할 수 있었거든. 하지만 서로마는 사정이 달랐어. 워낙 낙후된 지역이라 세금 수입도 적고, 방어할 국경선은 더 길었지. 이런 상황에서 유럽의 동쪽 초원에서 거대한 태풍이 몰려오고 있었어."

"이거, 이거. 선생님 표정으로 봐서 왠지 불길한걸."

"멀리 동쪽 초원에 있던 훈이라는 유목 제국이 무슨 이유에서인지 서쪽으로 이동하며 게르만족을 거세게 몰아붙였거든. 훈 제국에게 쫓긴 여러 게르만 부족은 새롭게 정착할 땅을 찾아 로마 제국의 국경을 넘어왔지. 이때부터 100여 년 동안 수백만 명의 게르만족이 로마 제국의 국경을 넘기 시작했는데, 역사가들은 이 사건을 '게르만족의 이동'이라고 부른단다."

"로마는 게르만족을 막지 않았어요?"

"막고 싶어도 막을 수가 없었어. 그래서 일단 게르만족을 받아 주는 대신 이들을 군사로 쓰기로 했지. 제일 먼저 로마 안으로 들어온 게르만족은 고트족이었어. 고트족은 로마의 허가를 받고 도나우강을

나선애의 세계사 사전

고트족 게르만족의 하나로 같은 시기 다른 게르만족들에 비해 비교적 세력이 강했대. 고트족은 흑해 북서쪽 해안에 정착한 동고트족과 도나우강 하류 북쪽 기슭에 정착한 서고트족으로 나뉘었어.

훈 제국과 신의 채찍 아틸라

훈 제국은 멀리 중국의 한나라에게 밀려나 서쪽으로 이동한 흉노 제국의 후예로 추정하기도 해. 300년대 초반부터 동유럽의 게르만 부족을 지배하기 시작하더니 400년대 초에는 카스피해에서 라인강에 이르는 대제국이 되었어. 로마 제국은 이제 라인강과 도나우강을 사이에 두고 이 사나운 유목 제국과 국경을 마주하게 된 거지.

이때 훈 제국의 왕이 바로 '신의 채찍'이라고 불리는 아틸라(406년?~453년)야. 하느님의 뜻을 제대로 따르지 않는 로마를 벌하기 위해 하느님이 보낸 채찍이라는 뜻이지. 아틸라는 걸핏하면 국경을 넘어 로마 제국을 약탈하곤 했는데, 거침없이 사람들을 죽이고 도시를 불태워 버리는 등 잔혹하기가 이를 데 없었어. 도저히 훈 제국을 막을 수 없었던 로마는 그때마다 아틸라에게 막대한 조공을 바치고 땅을 떼어 주며 간신히 달래서 돌려보내곤 했지.

▲ 훈 제국의 영역과 로마 제국

하지만 453년, 전장을 종횡무진 헤집고 다니던 아틸라가 갑작스럽게 죽고 말았어. 아틸라가 죽은 뒤 훈 제국은 아틸라의 세 아들에 의해 분열되었고, 혼란한 틈을 타 게르만 부족이 잇달아 반란을 일으키며 훈 제국은 불과 수십 년 만에 자취도 없이 사라지고 말았어.

◀ 〈아틸라〉
프랑스의 화가 들라크루아의 작품(1798년)으로 채찍을 휘두르는 아틸라의 모습을 그렸어.

건너와 국경 지대에 정착했어."

"그거 괜찮은 생각이네요."

왕수재가 안경을 고쳐 쓰며 감탄했지만 용선생은 고개를 가로저었다.

"그런데 로마가 로마군에 들어온 고트족과의 약속을 어기는 바람에 문제가 생겼어."

"로마 제국이 약속을 안 지켜요?"

"그렇단다. 부패한 관리들이 고트족에게 제공하기로 한 식량과 돈을 떼어먹고, 심지어 고트족 아이들을 붙잡아 가서 노예로 삼았거든. 결국 분노한 고트족은 대대적으로 반란을 일으켰어. 동로마는 이 반란을 진압할 여력이 없었지. 378년 고트족은 진압군을 지휘하던 동로마 황제를 죽이고, 그리스 일대의 부유한 도시를 닥치는 대로 약탈했어."

"아이고, 천하의 로마가 어쩌다가……."

▶ 고트족의 침략

"다행히 동로마 제국의 새 황제가 된 테오도시우스가 고트족의 공격을 막는 데 성공했어. 그러자 고트족은 창끝을 서로마로 돌렸지. 테오도시우스가 지키는 동로마보단 비실비실한 서로마가 더 좋은 먹잇감으로 보였거든. 결국 고트족은 서로마의 이탈리아반도를 공격했고, 서로마 황제는 고트족을 막기 위해 국경에 주둔하고 있던 군대를 모조리 이탈리아로 불러들였단다."

"그럼 국경은 누가 지켜요!"

"그러게 말이다. 그야말로 저수지의 둑이 터진 격이었지. 여러 게르만 부족은 아무도 지키지 않는 서로마의 국경을 넘어 들어와 서로마 영토를 차지했어. 고작 몇 년 사이에 이탈리아를 제외한 모든 서로마 영토가 게르만족의 손아귀에 떨어졌지. 400년대에 들어서면 이탈리아반도마저 무너졌어. 로마 시도 게르만족의 약탈로 폐허가 됐지. 서로마 제국은 게르만족 용병들을 고용해 간신히 목숨을 이어 가고는 있었지만 이제 누가 보더라도 멸망은 시간문제일 뿐이었어."

▲ 스틸리코 장군 고트족의 침략에 맞서 싸운 서로마의 마지막 명장. 그런데 스틸리코 장군 역시 게르만족 출신이었어.

용선생의 담담한 설명에 아이들이 침을 삼켰다.

"476년 게르만족 출신의 로마군 장군 오도아케르가 어린 서로마 황제를 내쫓고 권력을 장악했어. 사실상 서로마의 왕이 된 거야. 동로마 황제도 어쩔 수 없이 오도아케르를 서로마의 총독으로 인정해 주었지. 이렇게 해서 서로마 제국은 멸망하고 말았어. 1,200년에 걸친 로마의 역사가 막을 내린 거야."

"그럼, 이제 어떻게 되는 거죠?"

"얼마 뒤 오도아케르마저 동고트족에 패해 살해됐어. 서로마 지역은 국경을 넘어온 게르만족에 의해 온통 쑥대밭이 되고 말았지."

"자기들도 거기서 살 거잖아요. 근데 왜 쑥대밭을 만들어요?"

"지금까지 게르만족은 제대로 된 나라도 없이 크고 작은 부족 단위로 겨우 먹고살아 왔어. 그래서 큰 나라를 다스릴 만한 능력도 조직도 없었지. 더군다나 게르만족은 앞뒤 가리지 않고 무조건 약탈부터 일삼았어. 자연히 서로마 지역에 있던 농장과 도시는 순식간에 황폐화됐지. 치안이 엉망이 되면서 바다와 들판에서는 도적 떼가 들끓었고, 연이은 전쟁과 전염병으로 수많은 사람이 목숨을 잃었어. 로마의 지배 아래 발전해 왔던 서유럽 전역이 순식간에 도로 캄캄한 어둠 속에 잠기고 만 거야."

용선생의 말을 잠자코 듣고 있던 나선애가 갑자기 생각난 듯 손을 들었다.

"선생님, 동로마는 서로마가 망하는 걸 구경만 했던 거예요?"

↓ 게르만족의 이동

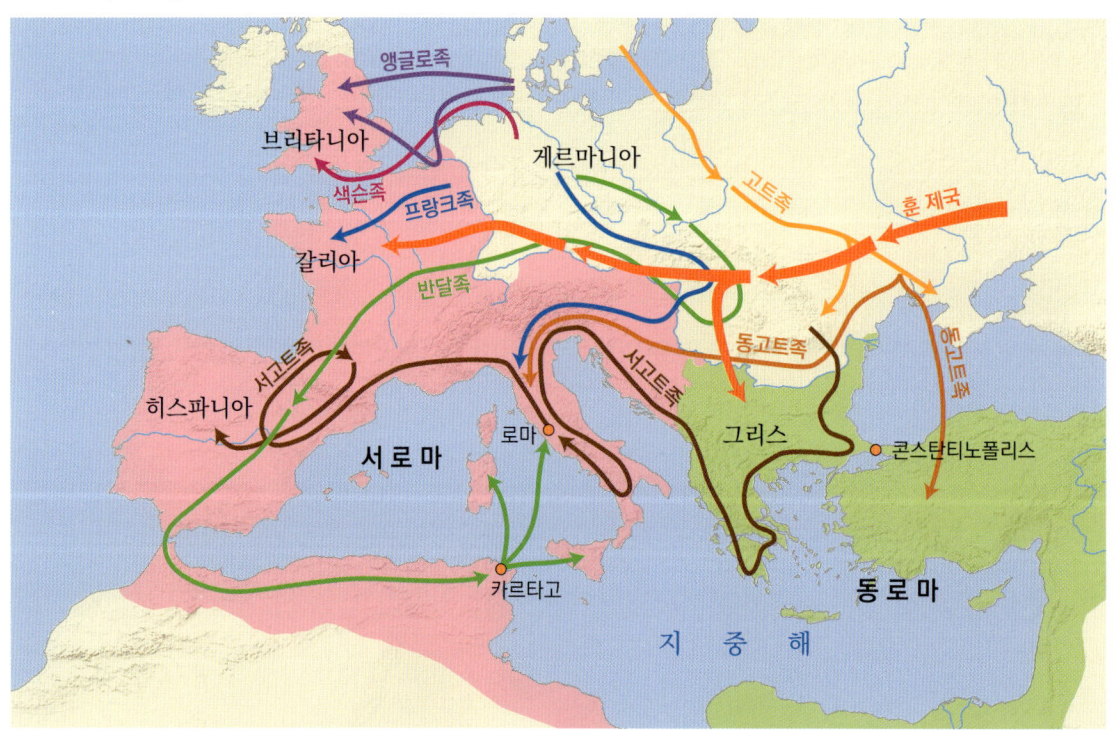

"오호, 좋은 질문인걸. 자, 그럼 동로마 사정은 어떤지 우리 한번 알아보자."

> **용선생의 핵심 정리**
>
> 훈 제국의 압박을 받은 게르만족이 로마의 국경을 넘어 이동을 시작함. 476년, 게르만족 출신의 오도아케르가 서로마 제국 황제를 쫓아냄으로써 서로마 제국이 멸망함.

서로마 제국 멸망 후 천 년을 더 버틴 동로마 제국

"사실 아직 옛 로마 지역에서 로마 황제라면 어느 정도 말발이 먹혔어. 서로마 황제를 내쫓은 오도아케르 역시 굳이 동로마 제국 황제에게 편지를 보내 복종을 맹세하고 총독으로 인정을 받으려고 했지. 동로마 황제가 인정했다고 하면 평민이든 경쟁자든 일단은 받아들일 수밖에 없었거든. 동로마 황제로서도 당장 오도아케르를 어떻게 할 힘이 없는 마당이라, 자기에게 복종하겠다면서 체면을 살려 주니 총독 임명장 하나 써서 보내 준 거란다."

"에구, 로마 제국이 어쩌다 이렇게 됐는지."

"어쨌든 동로마는 위기를 잘 버텨 내고 조금씩 힘을 회복했어. 527년에 동로마 황제가 된 유스티니아누스는 대원정을 감행해 이탈리아와 북아프리카, 이베리아반도의 일부를 되찾기도 했어. 옛 로마 제국 영토의 상당 부분을 회복하고 지중해의 해상권도 확실히 장악했지. 잠시나마 로마 제국이 부활한 것처럼 보일 정도였어."

"그 말씀은 결국 부활하지는 못했다는 말씀이시네요."

왕수재가 그럴 줄 알았다는 듯 말을 이어받았다.

"그래. 유스티니아누스 황제의 욕심이 과했던 모양이야. 수십 년에 걸친 원정에 쏟아부은 돈 때문에 재정이 바닥을 드러내고 말았거든. 더구나 페르시아와의 전쟁이 격화되자 겨우 되찾은 서쪽 영토를 포기해야만 했어. 하지만 그 뒤에도 동로마는 번영과 쇠락을 반복하며 끈질기게 로마 제국의 명맥을 이어 나갔단다."

"그러니까, 서로마 제국은 멸망했지만 로마 제국이 다 멸망한 건 아니군요?"

"물론이지. 사실 당시 사람들은 동로마 제국을 그냥 로마 제국이라고 불렀어. 서쪽 영토를 잃었지만 로마는 여전히 이어지고 있다고 생각했던 거지. 그런데 요즘엔 동로마 제국을 비잔티움 제국이라고 부르기도 해."

"비잔티움 제국이라고요?"

"로마의 수도 콘스탄티노폴리스의 원래 이름이 비잔티움이라고 했던 거 기억하니?"

"네, 콘스탄티누스 황제가 수도를 옮기면서 비잔티움이 콘스탄티노폴리스로 불리게 되었다고 했어요."

↑ 동로마 최대 영토

396

"그래, 잘 기억하고 있구나. 그리스 사람들은 콘스탄티노폴리스를 계속 비잔티움이라고 부르고 있었어. 그런데 서로마와 분리된 뒤 동로마의 중심은 로마가 아닌 그리스였어. 차츰 문화도 그리스 문화가 중심이 되고, 높은 관직도 그리스 사람이 맡게 되었지. 언어도 점차 라틴어보다 그리스어가 더 널리 쓰이더니 600년대부터는 아예 공용어를 그리스어로 바꿔 버렸어. 동로마 제국은 로마 제국을 이은 나라지만 문화적으로는 그리스의 계승자가 되어 버린 거야. 그래서 훗날 역사학자들이 동로마를 옛 로마 제국과 구분하기 위해 콘스탄티노폴리스의 옛 이름인 비잔티움을 가져와 비잔티움 제국이라고 부르는 거란다."

▲ 유스티니아누스 황제
동로마 제국의 전성기를 이끈 황제야.

"우아, 희한하다. 로마 제국이 은근슬쩍 그리스 사람의 제국으로 바뀌어 버렸네."

"그런 셈이지. 비잔티움 제국은 전성기의 로마 제국만큼은 아니었지만 강력하고 부유한 나라였어. 특히 수도 콘스탄티노폴리스는 전 세계에서 수많은 상인이 모여드는 상업의 중심지로, 서로마 제국 멸망 이후에도 1,000년 동안이나 유럽에서 가장 큰 도시였단다."

"우아! 그 정도였어요?"

"로마 제국이 남긴 가장 큰 유산인 로마법도 비잔티움 제국에서 발전을 거듭했어. 유스티니아누스 황제는 로마 제국의 온갖 법률과 판례들을 잘 정리해 《로마법 대전》이라는 법전을 만들었지. 이 법전에는 수백 년에 걸쳐 쌓아 온 로마인의 지혜가 오롯이 담겨 있단다. 훗날 서유럽 나라들도 로마법을 참고해 법을 만들었어. 유럽의 법을 참

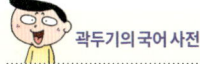

곽두기의 국어 사전

판례 판결할 판(判) 본보기 례(例). 즉 판결의 본보기라는 뜻이야. 재판관은 판결을 할 때 비슷한 사건에 대한 과거의 판결을 참고하기 때문에 판례는 법 못지않게 판결에 중요한 영향을 미치지.

↑ **성 소피아 대성당** 유스티니아누스 대제 때 건설된 대성당으로, 비잔티움 건축의 최고 걸작으로 꼽히고 있어.

두 개의 종교가
공존하는
건축물, 성 소피아 대성당

고한 우리나라의 법도 어느 정도 로마법의 영향을 받았다고 볼 수 있지."

"그럼 비잔티움 제국 덕택에 로마인의 지혜가 사라지지 않았던 거네요."

"그렇단다. 하지만 서로마의 멸망과 게르만족의 이동은 유럽에 어마어마한 변화를 몰고 왔어. 그래서 보통 서로마가 멸망하고 게르만족의 이동이 마무리된 시점을 기준으로 새로운 시대가 시작된다고 해. 그 새로운 시대를 '중세'라고도 부르지."

"중세…… 라고요?"

"그래. 유럽의 중세에 관한 이야기는 나중에 하게 될 것 같구나. 흐흐, 오늘은 일단 여기까지 하자. 고생 많았어. 안녕~!"

> **용선생의 핵심 정리**
>
> 동로마 제국은 서로마 제국 멸망 후에도 1,000년 가까이 지중해 강국으로 명맥을 유지. 527년 황제가 된 유스티니아누스가 로마 제국의 영광을 재현하기도 함.

나선애의 **정리노트**

1. ### 로마의 제정 시대
   - 아우구스투스 황제(옥타비아누스): 로마의 첫 번째 황제.
     → 관료 제도 정비, 군대 감축 등 다양한 개혁을 통해 제정 시대 로마를 안정시킴.
   - 오현제 시대: '다섯 명의 현명한 황제가 다스리는 시대'. 로마 제국의 전성기!
   - 평화가 지속되며 서유럽 곳곳에 대도시와 도로가 건설되고 교역이 활성화됨.
     * 팍스 로마나: '로마의 평화'라는 뜻!

2. ### 로마 제국의 쇠퇴
   - 침략 전쟁을 멈추며 노예 공급이 줄어듦. → 소작농을 동원한 대농장 콜로나투스 증가
     → 전염병 유행과 경제 상황 악화 → 게르만족과 사산 왕조 페르시아의 압박이 거세짐.
     → 군대의 불만을 이용한 장군들의 반란이 잦아짐.
     → 군인 황제 시대(50년 동안 26명의 군인 황제) → 사회의 극심한 혼란

3. ### 해결을 위한 노력
   1) 디오클레티아누스: 제국을 동서로 나누어 여러 명의 황제가 각각 방어하기로 함.
   2) 콘스탄티누스:
      - 로마에서 콘스탄티노폴리스로 천도(330년)
      - 밀라노 칙령(313년)을 통해 크리스트교 공인
   3) 테오도시우스: 크리스트교를 로마의 국교로 선언함(392년)

4. ### 로마 제국의 멸망과 그 이후
   - 게르만족의 이동: 게르만족이 훈 제국을 피해 대규모로 로마 국경을 넘어 들어옴.
   - 서로마 제국은 476년에 멸망하고, 동로마 제국은 살아남아 명맥을 이어 감.
     * 비잔티움 제국: 동로마 제국의 다른 이름. 콘스탄티노폴리스의 원래 이름인 비잔티움에서 유래됨!

세계사 퀴즈 달인을 찾아라!

1 로마 제정 시대에 대한 설명으로 알맞은 것에 O표, 알맞지 <u>않은</u> 것에 X표 해 보자.

○ 옥타비아누스는 로마의 첫 번째 황제야. ( )

○ 카이사르가 아우구스투스라는 칭호를 받고 황제에 올랐어. ( )

○ 팍스 로마나는 로마의 위기라는 뜻으로, 전 세계의 교류가 끊겼던 시대를 의미해. ( )

2 다음 밑줄 친 부분에 대한 원인으로 가장 알맞은 것은? ( )

> 크리스트교는 예수가 처형된 후 제자들의 활발한 전도에 힘입어 로마 제국 곳곳에 전파되었으나, 초기에는 <u>로마 제국의 탄압을 받기도 하였다.</u>

① 로마군을 공격했기 때문에
② 공화정을 반대하였기 때문에
③ 황제 숭배를 거부하였기 때문에
④ 군인들과 함께 반란을 일으켰기 때문에

3 '오현제 시대'에 대해 잘못 설명한 친구는? ( )

 ① 로마의 막강한 군사력 덕분에 유지될 수 있었어.

 ② 크리스트교가 로마의 국교로 자리 잡았던 시기야.

 ③ '다섯 명의 현명한 황제가 다스리던 시대'란 뜻이래.

 ④ 기원후 96년부터 100여 년 간의 시기로, 로마 제국의 전성기였지.

4 콘스탄티누스 대제의 업적으로 옳은 것은? ( )

① 12표법 제정
② 크리스트교 공인
③ 성 소피아 대성당 건설
④ 귀족의 콜로나투스 몰수

5 다음은 누구에 대한 설명일까? ( )

○ 비잔티움 제국의 황제
○ 로마 제국의 발달한 법률과 판례를 정리한 《로마법 대전》편찬

① 옥타비아누스
② 콘스탄티누스
③ 유스티니아누스
④ 디오클레티아누스

6 다음 지도에 나타난 사건의 결과로 옳은 것은? ( )

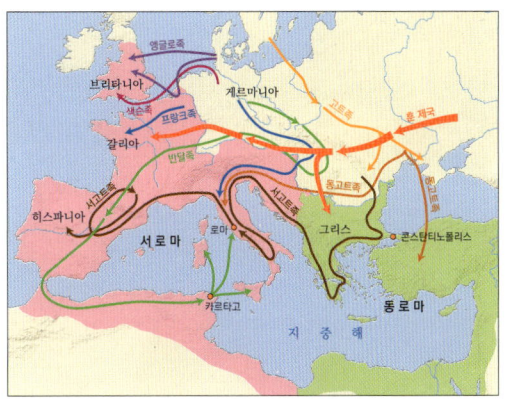

<게르만족의 이동>

① 서로마 멸망
② 로마 제정의 시작
③ 콜로나투스의 발달
④ 오현제 시대의 시작

정답은 428쪽에서 확인하세요!

용선생 세계사 카페

잃어버린 도시 폼페이

← 폼페이의 위치

로마에서 차로 2시간 정도 떨어진 곳에 폼페이라는 도시가 있었어. 로마 귀족들이 별장을 지을 만큼 아름다운 도시였지. 폼페이 바로 북쪽에는 베수비오라는 화산이 자리 잡고 있었어. 화산이긴 하지만 평소에

↑ 고대 폼페이 유적
뒤에 보이는 산이 베수비오 화산이야. 아직도 폼페이의 3분의 1 이상이 화산재 아래에 묻혀 있고, 발굴 작업이 계속되고 있대.

는 잠잠했기 때문에 주민들은 큰 걱정을 하지 않았어. 그런데 79년의 어느 날, 별안간 화산이 폭발했어. 굉음과 함께 하늘 높이 솟구친 거대한 불기둥과 화산재는 순식간에 폼페이를 뒤덮었고, 사람들은 피할 새도 없이 화산재에 묻히고 말았지. 그리고 폼페이의 시간은 거기서 멈췄어.

1700년대에 폼페이 발굴이 시작되었어. 정지 화면으로 굳어진 로마 시대의 한 장면이 고스란히 모습을 드러내기 시작한 거야. 원형 경기장, 신전, 평범한 시민들이 살아가던 집과 거리, 가게, 집 안을 장식했던 그림과 모자이크, 심지어 순간적으로 화산재에 묻혀 '동작 그만' 자세로 죽음을 맞은 사람들의 시신까지. 자, 우리 79년 어느 날의 폼페이로 시간 여행을 떠나 볼까?

바깥에서 본 폼페이의 원형 극장
이곳에서 검투사 경기나 연극이 공연되었어. 현재까지 남아 있는 로마의 원형 극장들 가운데 가장 오래된 거야.

아폴로 신전 유적과 신상
태양의 신 아폴로의 신전이 자리 잡고 있던 곳이야. 로마 시민들은 이런 신전을 중심으로 넓은 광장을 만들고, 그곳에서 많은 사람들이 모여 대표자를 뽑거나 도시의 중요한 일을 결정하곤 했단다.

베티의 집 벽화
폼페이에서는 매우 잘 보존된 그림들이 많이 발견됐어. 이 집은 베티라는 부유한 상인의 저택으로 벽면에 마치 액자를 걸어 놓은 것처럼 신화 속 이야기들을 주제로 한 그림들을 화려하게 그려 놓았어.

파퀴우스 프로쿨루스와 그의 아내
평범한 폼페이 시민 부부의 초상화야. 실제 모습을 그대로 그린 것으로 보여.

델라본단차 거리
술집과 음식점이 몰려 있는 폼페이의 번화가였어. 오늘날의 도로처럼 인도와 차도가 구분되어 있지. 또 마차의 출입을 막기 위해 큰 돌을 세우기도 했어.

델라본단차의 빵집
큰 빵집이 있던 곳이야. 왼쪽에 빵을 굽던 화덕이 있어. 처음 발굴했을 때 화덕 안에서 빵이 81개나 발견되었대.

델라본단차의 술집
큰 술집의 내부 모습이야. 구덩이는 술 항아리를 놓는 곳이야. 로마 시대 술 항아리는 밑이 뾰쪽하게 생겼거든.

웅크린 채 죽은 사람의 흔적
화산재에 묻혀 죽은 사람들의 마지막 모습이야. 폼페이에서는 화산재에 묻힌 사람이나 동물의 시신이 썩어 없어지면서 생긴 빈 공간들이 많이 발견되었어. 그 공간에 석고를 넣고 굳히자, 이런 모습이 나타났지.

| 용선생 세계사 카페 |

로마 제국을 멸망시킨 게르만족은 누구일까?

어디서 살았을까?

게르만족은 유럽 북부의 스칸디나비아반도와 지금의 덴마크 지역에서 살던 사람들이야. 푸른 눈과 금발, 커다란 덩치가 특징이지. 이들 게르만족은 인구가 늘어나면서 북유럽보다 따뜻하고 농사짓기도 좋은 남쪽으로 천천히 내려와 살기 시작했어. 하지만 라인강의 서쪽 지역은 이미 켈트족이 뿌리를 내린 지 오래였기 때문에 라인강 동쪽의 숲을 중심으로 자리를 잡았단다. 이후 게르만족이 사는 라인강 동부의 땅을 '게르마니아'라고 부르게 돼.

↑ 게르만족의 원주지와 게르마니아

게르만족은 하나의 민족일까?

애초에 게르만족은 어떤 한 민족의 이름이 아니었어. 각 부족마다 자신을 가리키는 이름이 제각기 따로 있었지. 그런데 켈트족이 라인강 건너편의 숲속에 사는 여러 민족들을 모두 뭉뚱그려서 '게르만족'이라고 불렀고, 로마인들이 이 명칭을 그대로 사용하면서 게르만족이라는 이름이 굳어졌던 거야.

그래도 대부분의 게르만족은 북유럽에 뿌리를 둔 공통 문화를 가지고 있었다고 해. 특히 대표적인 공통점이 게르만어인데, 로마가 멸망한 이후 게르만어는 중부 유럽의 공용어로 자연스럽게 자리를 잡게 되었어. 게르만어는 현대 독일어의 조상이기도 하지.

게르만족은 로마인의 눈에 어떻게 비쳤을까?

게르만족은 카이사르의 갈리아 원정 때 처음으로 로마인과 만났어. 게르만족에 대한 카이사르의 첫 평가는 한마디로 '구제불능 야만족'이었단다. 게르만족은 켈트족과 달리 문명화시킬 수도 없는 족속이므로 국경 밖으로 내쫓아야 할 대상이라고 했을 정도였지. 카이사르는 실제로 라인강 너머 게르마니아 지역은 정복하려는 시도조차 하지 않았어.

하지만 그보다 100년쯤 뒤 로마의 역사가 타키투스의 평가는 많이 달라. 타키투스는 《게르마니아》라는 책에서 게르만족을 '푸른 눈과 붉은 머리칼을 가진, 기골이 장대한 전사'로 묘사했어. 또 화려하고 퇴폐적인 도시의 삶에 찌든 로마인과 달리 '순수하고 용감한 사람들'로 평가했단다.

↑ 게르만족 전사 상상화

게르만족은 어떻게 먹고살았을까?

로마인과 마찬가지로 게르만족도 농사를 짓고 가축을 기르면서 살았어. 하지만 게르만족이 자리를 잡은 라인강 동쪽 지역은 춥고 습한 데다가 숲이 많아 농사짓기에 좋은 편이 아니었어. 또한 당시 농업 기술도 발달한 편이 아니어서 농사만 지어서는 먹고살기가 힘들었대. 그래서 게르만족은 농경과 목축 못지않게 약탈을 생계 수단으로 삼았어. 국경 너머 로마의 부유한 마을이 주요 대상이었지.

→ 게르만족의 생활 모습 상상화

하지만 로마의 국경 수비가 튼튼해져서 약탈이 힘들어진 이후로는 로마의 대농장에서 노동자로 일하거나 국경을 지키는 용병으로 살아가는 게르만족도 많았대.

게르만 사회 조직은 약탈 조직

약탈이 중요한 생계 수단이다 보니 게르만족에게는 전사 조직이 가장 중요한 사회 조직이었어. 전사 조직은 집단의 우두머리인 부족장과 부족장을 따르는 전사로 구성되지. 부족장과 전사들은 '딩'이라고 불

→ 장벽을 오가며 살던 게르만족 모습 상상화

리는 회의를 통해 약탈과 같은 계획을 세우거나 중요한 부족 일을 결정했단다. 전사는 약탈에 참여한 뒤 전리품을 분배받을 권리를 가지고 있었어. 약탈이 성공적으로 끝나면 부족장은 전사들에게 공평하게 전리품을 나눠 주고, 전사들은 부족장에게 절대 충성을 맹세했지. 훗날 중세 유럽의 기사들이 이루게 되는 봉건 제도가 여기서 비롯되었단다.

무적의 로마군을 물리친 게르만족

아우구스투스 황제는 라인강 넘어 게르마니아를 정복해 로마 제국의 영토를 넓히려는 계획을 세웠어. 이때 수많은 게르만 부족이 힘을 합쳐 로마에 맞섰지. 로마군은 토이토부르크 숲에서 게르만족의 기습으로 무려 3개 군단이 전멸당하는 참패를 당했어. 이때 이후로 로마는 게르마니아 정복을 영영 포기했지. 대신 라인강과 도나우강을 로마의 국경으로 삼고 국경 곳곳에 요새와 장벽을 지어 게르만족의 침입을 막는 데 집중했단다. 무적을 자랑하던 로마군도 게르만족만은 끝끝내 무릎 꿇리지 못했지.

↑ 토이토부르크 숲에 세워진 기념비

↑ 독일 중부 잘부르크 요새　게르만족을 막기 위해 국경에 쌓은 장벽을 복구해 1800년대 말부터 요새로 이용했어.

한눈에 보는 세계사 - 한국사 연표

세계사

기원전 2560년	기자의 대피라미드가 건설됨
기원전 2500년 무렵	미노스 문명 출현
기원전 2334년	아카드 제국이 메소포타미아를 통일함
기원전 2134년	이집트 고왕국이 멸망함
기원전 1750년 무렵	바빌로니아 제국이 메소포타미아를 통일함
기원전 1640년 무렵	힉소스인이 이집트를 정복함
기원전 1600년 무렵	히타이트가 강대국으로 부상함
기원전 1600년 무렵	중국에 상나라가 들어서고 청동기 시대가 시작됨
기원전 1550년	이집트에서 신왕국 시대가 시작됨
기원전 1500년 무렵	아리아인이 인도로 침입하고, 베다 시대가 시작됨
기원전 1500년 무렵	아메리카에서 올메카 문명이 출현함
기원전 1400년 무렵	미케네 문명이 전성기를 맞이함
기원전 1274년	카데시 전투가 벌어짐
기원전 1200년 무렵	마야 문명 출현
기원전 1200년 무렵	바다사람들이 이집트를 침략함
기원전 1200년 무렵	도리스인이 그리스에 침입함
기원전 1200년 무렵	페니키아가 전성기를 맞이함
기원전 1046년	중국에서 상나라가 멸망하고 주나라가 들어섬
기원전 1000년 무렵	중앙아시아에 최초의 유목민 출현함
기원전 900년 무렵	안데스고원 지대에서 차빈 문명이 출현함
기원전 800년 무렵	그리스에서 암흑시대가 끝남
기원전 770년	중국에서 춘추 시대가 시작됨
기원전 753년	로마가 세워짐
기원전 750년 무렵	쿠시 왕국이 이집트를 정복함
기원전 722년 무렵	이스라엘 왕국이 멸망함
기원전 700년 무렵	스파르타가 펠로폰네소스반도를 장악함
기원전 671년	신아시리아가 서아시아를 통일함
기원전 594년	솔론이 개혁 정책을 폄
기원전 551년	중국에서 공자가 탄생함
기원전 550년	키루스 대왕이 페르시아 제국을 세움
기원전 513년 무렵	페르시아가 스키타이 원정을 실행함
기원전 510년 무렵	로마가 공화정을 수립함
기원전 500년 무렵	불교가 탄생함
기원전 500년 무렵	멕시코 오악사카 계곡에서 사포테카 문명이 출현함
기원전 490년	페르시아 전쟁이 발발하고 마라톤 전투가 벌어짐
기원전 480년	아테네가 살라미스 해전에서 페르시아에 승리를 거둠
기원전 431년	펠로폰네소스 전쟁이 발발함
기원전 403년	진(晉)나라가 분열하고 전국 시대가 시작됨
기원전 338년	마케도니아가 그리스를 장악함

원반 던지는 사람

투탕카멘의 황금 마스크

한국사

기원전 2333년   고조선이 세워지다(《삼국유사》)
기원전 2000년 무렵   청동기 시대가 시작됨

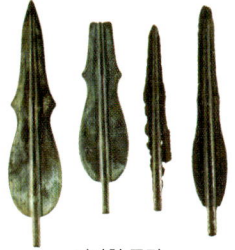
비파형 동검

탁자식 고인돌

기원전 700년 무렵   고조선이 중국 제나라와 무역을 함

명도전

기원전 500년 무렵   고조선과 한반도에서 철기 사용이 시작됨

한반도의 철기 유물

한눈에 보는 세계사 - 한국사 연표

세계사

기원전 334년	알렉산드로스가 페르시아 원정을 시작함
기원전 330년	페르시아 제국이 멸망함
기원전 323년	알렉산드로스가 사망함
기원전 300년 무렵	일본에서 야요이 시대가 시작됨
기원전 275년 무렵	로마가 이탈리아반도를 통일함
기원전 261년	마우리아 왕조가 인도를 통일함
기원전 221년	진(秦)나라의 시황제가 중국을 통일함
기원전 214년	진나라가 만리장성을 건설함
기원전 213년	진나라에서 분서갱유가 시작됨
기원전 210년 무렵	묵특 선우가 흉노 제국을 건설함
기원전 202년	항우가 죽고 한나라가 중국을 통일함
기원전 184년	인도에서 마우리아 왕조가 쇠퇴함
기원전 146년	포에니 전쟁에서 로마가 카르타고에 승리를 거둠
기원전 129년	한 무제가 흉노와의 전면전을 개시
기원전 126년	장건이 서역 원정에서 돌아옴
기원전 100년 무렵	페루 해안 지역에서 나스카 문명이 출현
기원전 60년 무렵	흉노가 분열됨
기원전 58년	카이사르가 갈리아 원정을 시작함
기원전 27년	아우구스투스 황제가 즉위하고 로마 제정이 시작됨
기원전 4년 무렵	예수가 탄생함
25년	후한이 들어섬
96년	로마에서 오현제 시대가 시작됨
100년 무렵	쿠샨 왕조가 북인도를 통일함
220년	삼국 시대가 시작
226년	서아시아에서 사산 왕조 페르시아 제국이 등장함
250년 무렵	일본에서 거대한 고분들이 만들어짐
304년	중국에서 5호 16국 시대가 시작됨
313년	로마의 콘스탄티누스 황제가 크리스트교를 공인함
320년	인도에서 굽타 왕조가 건설됨
395년	동·서로마가 분리됨
400년 무렵	유라시아 초원에 유연 제국이 들어섬
420년	인도에서 날란다 대학이 세워짐
439년	중국에서 북위가 화베이 지역을 통일하고 남북조 시대가 시작됨
476년	서로마 제국이 멸망함
481년	프랑크 왕국이 건국됨
493년	북위 효문제가 뤄양으로 수도를 옮김
500년 무렵	에프탈이 인도를 침략하고 굽타 왕조가 쇠퇴함
500년 무렵	일본에서 아스카 시대가 시작됨
523년	중국 북위에서 육진의 난이 일어남
527년	유스티니아누스가 동로마 제국 황제로 즉위

아우구스투스 황제

로마의 판테온

한국사

기원전 300년 무렵	고조선이 중국 연나라와 겨루며 성장함

낙랑의 유물인 금제 허리띠 장식

기원전 194년	위만이 준왕을 몰아내고 고조선 왕이 됨
기원전 108년	한나라의 공격으로 고조선이 멸망함
기원전 57년	박혁거세가 신라를 건국함(《삼국유사》)
기원전 37년	주몽이 고구려를 건국함(《삼국유사》)

고구려 벽화 무용총 수렵도

기원전 18년	온조가 백제를 건국함(《삼국유사》)
3년	유리왕이 수도를 국내성으로 옮김
22년	대무신왕이 부여를 공격하여 대소왕을 죽임
42년	김수로가 금관가야를 세움
48년	김수로와 허황옥이 결혼함
191년	고국천왕이 을파소를 국상으로 임명함
194년	고국천왕이 진대법을 실시함

가야 뚜껑 굽다리 접시

260년	고이왕이 공복제를 실시함
313년	고구려가 낙랑군을 무너뜨림
369년	근초고왕이 마한을 정복함
371년	근초고왕이 평양성을 공격함
372년	소수림왕이 불교를 받아들이고 태학을 세움
400년	광개토 대왕이 왜를 물리침
404년	광개토 대왕이 후연과의 전쟁에서 승리해 요동 일대를 차지함

무령왕릉의 진묘수

427년	장수왕이 수도를 평양으로 옮김
433년	신라와 백제가 동맹을 맺음
475년	장수왕이 한강 유역을 손에 넣고, 백제는 웅진으로 수도를 옮김
503년	지증왕이 나라 이름을 신라로 정함
512년	신라 이사부가 우산국을 정벌함
520년	법흥왕이 율령을 반포함
522년	대가야가 신라와 결혼 동맹을 맺음
527년	이차돈의 순교로 신라가 불교를 받아들임

신라의 금제 허리띠

찾아보기

ㄱ

가나안 61~62, 64, 66, 68, 93, 95, 97, 99, 101 103, 105, 107, 115, 117
가우가멜라 평원 232, 259
가이우스 그라쿠스 316~317
갈리아 281, 284~285, 305, 320~322, 325~326, 331, 344, 394, 407
검투사 294, 315, 362, 376, 403
게르마니아 285, 321, 344, 370, 394, 406~407, 409
게르만족 178, 285, 305, 344, 346, 364~365, 367, 376~377, 381, 389~390, 393~395, 398~399, 406~409
고대 그리스 민주주의 187, 219
고르디우스의 매듭 255
고트족 345, 390, 392~393
공중 정원 139~140, 142, 262
공포 정치 131, 133, 137, 141~142, 145, 149, 161
공화정 294, 296~298, 302, 322, 325~326, 329, 331, 354
관용 정책 144~146, 161, 205, 257
《구약성서》 95~96, 98. 101, 105, 117, 138
그리스 47, 68~69, 71~72, 74, 78~82, 85 90, 92~95, 103, 105~106

ㄴ

108~113, 120, 139, 151, 160, 170~187, 189, 191~193, 200, 201, 204, 207, 209~210, 212~219, 223~227, 229, 233~235, 237, 239~240 242, 245~246, 248~257, 264, 266, 268~271, 273~275, 280, 291, 293, 302, 306, 323, 327, 345, 366, 392, 394, 397

네르바 361
네부카드네자르 2세 138~139, 142
네페르티티 35, 53,
누비아 23, 32~34, 39, 120, 135
니네베 46,64, 96, 120, 129, 132, 137
니케아 345, 363, 386~387
니케아 공의회 388

ㄷ

다리우스 148~152, 154, 158~161, 206~207, 209, 254~256, 259
다마스쿠스 14, 61, 101, 103, 120
델로스 동맹 233, 240~243, 245~246, 248, 250, 275
델로스섬 240~241, 243
델포이 170~171, 178
도나우강 48, 363, 390~391, 406, 409
도무스 371

도편추방제 199
독재관 324~325, 331
동로마 237, 378, 389~399
디오게네스 279
디오클레티아누스 376, 378

ㄹ

라벤나 344, 363
라인강 285, 346, 349, 363~364, 391, 406~407, 409
라티푼디움 314, 331, 371, 373
라틴족 292, 294, 302~304, 306, 337
람세스 2세 42, 43, 47, 114
레바논 14, 17, 19, 24, 61, 85~86
레바논산맥 19, 24, 86
레오니다스왕 171, 210~211
레피두스 326
로마 90, 172, 225, 229, 237, 239, 256, 273, 284~288, 290~295, 297~329, 331, 344~347, 349, 351, 354~399
《로마법 대전》 397
로물루스와 레무스 335
루비콘강 284~285. 322
리디아 120, 134~136, 143~144, 147, 161
리키니우스 법 300

ㅁ

마라톤 평원 207, 213
마르두크 140

마르쿠스 브루투스 325
마르쿠스 아우렐리우스 361
마리 13, 21, 51
마리우스 318~319, 331, 373
마케도니아 236~239, 241, 246, 250~252, 257, 262, 267, 275
만국의 문 155~156
메디아 121, 129, 133~137, 139, 142~143, 145, 147~148, 150, 161, 164, 166, 206~207, 209
모세 114~117, 96~99, 101~102, 384
미궁 69~71
미노스 58~63, 68~80, 86~87, 93, 105~106 , 192, 223
미노타우루스 69~70
미케네 46~47 58, 60, 72, 77~84, 86~87 105~107, 110, 171~172, 177, 223
미케네 왕궁 79
미탄니 21~22, 26~27, 29, 31, 52
민주정 296~297
민회 196, 200, 214, 295, 297~301, 356
밀라노 287~288, 344, 363
밀라노 칙령 387~389
밀레토스 171, 178, 184, 205~206, 210, 232, 241, 246, 251

ㅂ

바다사람 33, 46~51, 53, 84, 98, 136
바벨탑 137, 140, 262
바빌로니아 10, 13, 20~24, 27~29, 31, 41, 51, 52, 103, 104, 120, 129, 134~138, 140 142~ 147, 161, 300
바빌론 13, 21, 29, 46, 52, 96, 120, 129, 134, 137~142, 145~147, 232, 257, 259, 262~263, 381, 383
바빌론 유수 138, 142
바오로 385
바티칸 시티 287
박트라 121, 151, 233, 257, 262
발레리아누스 황제 377
베드로 287, 385
베르길리우스 334, 337
베수비오 화산 402
베이루트 17~18
베히스툰 비문 150
병영 국가 200~201
볼시신 부대 145, 148, 150, 152, 158
비잔티움 171, 184, 272, 345, 379, 381, 396~399

ㅅ
사르디스 152, 254
사산조 페르시아 376~377, 399
산토리니 61, 77
살라미스 170, 210, 212~213, 219
삼니움족 303

샤푸르 1세 377
서로마 344, 378~379, 389~390, 392~398
서아시아 10, 13, 17, 20, 22, 24~27, 30, 32, 34, 39, 47, 49~50, 58, 82, 85~86, 118, 128~129, 131~134, 139, 142~145, 149, 155~157, 160, 166, 205, 264, 270, 272, 293, 313
성 소피아 대성당 398
세계 시민 사상 273
세고비아 수도교 368
셀레우코스 왕조 267
소크라테스 278
솔로몬왕 64, 102~103, 383
솔론 194~197, 219~220
수사 120, 152, 154, 259
스키피오 310~311
스파르타 78, 109, 170, 200~204, 207, 209~212, 215, 222~223, 225, 232, 240~242, 244~250
스파르타쿠스 315~316
시돈 91, 263
시리아 12~16, 22, 24, 26~28, 30~32, 34, 38~39, 42 45, 254, 259
시민권 189, 304, 341, 365~366
시아파 14, 122, 127
시칠리아섬 284, 306~307
신바빌로니아 133, 135~138, 141~ 142, 383
신아시리아 121, 128~129, 132~134, 136~138, 142, 183, 383

《신약성서》 95
십계명 101, 115~116
12지파 100
12표법 300, 331

ㅇ
아가멤논의 황금 가면 79, 109
아고라 187, 296
아나톨리아반도 20, 22, 27~29, 48, 80, 113, 135, 258, 326
아드리아노폴리스 345
아르키메데스 272
아리스타르코스 272
아리스토텔레스 229, 254, 279
아마르나 37, 40~41
아멘호테프 4세(아케나텐) 36
아몬 신 35~37
아부심벨 신전 42
아서 에번스 71
아슈르 22
아슈르바니팔 132~133
아시리아 42, 103, 104, 120~121, 128~136, 138, 141~142, 144~147, 156~157
아우구스투스 황제 285, 324, 354~355, 357~360, 378, 409
아이네이아스 334~335
아크로폴리스 178
아킬레우스 110~111
아테네 112, 229, 296
아테네 학당 279
아텐 36

아티카반도 208
아틸라 391
아폴로 신전 243
아피우스 가도 369
아후라 마즈다 149~151
악티움 해전 328~330
안토니누스 피우스 304, 361
안토니우스 326~330
안티고노스 왕조 267
알레포 12
알렉산드로스 대왕 154, 167, 232~234, 236, 251, 254, 256~258, 261~269, 273~274
알렉산드리아 233, 258, 268, 271
알프스산맥 286, 303, 308~309, 363
암흑시대 82, 84~86, 98, 109, 128, 176~178, 183, 185, 193, 201
에게해 47, 60, 62, 71~73, 77~80, 86, 171~172, 1/4~1/5, 177~~178, 184, 207, 240, 271
에라시스트라토스 272
에라토스테네스 272
에우클레이데스(유클리드) 272
에트루리아 291~295, 301~302
엑바타나 150, 154
여호수아 117
역참 152
예루살렘 102, 387
예루살렘 성전 102

예수 95, 381~385, 387, 389
오도아케르 393, 395
《오디세이아》 109, 254
오현제 360~381
옥타비아누스 285, 326~327, 329~330, 354~357, 360
올림포스산 171, 222, 235
올림피아 제전 181~183
올림픽 170, 174, 180, 182~183, 209
왕가의 계곡 38, 54, 56
왕의 길 120, 151~154, 254
요크 351~353, 366
원로원 200, 292, 295, 297~300, 302, 317, 320~325, 327, 330, 355~357
유대 왕국 103~104, 138, 381, 383
유대인 64~67, 93~94, 138, 140, 147, 235, 381~385
유스티니아누스 황제 344, 395~398
유일신 94, 103, 149, 150, 268
율리우스 카이사르 320, 324, 330
융화정책 264~265, 267
이란 81, 149
이란고원 23, 134, 136, 143, 149, 260, 376~377
이베리아반도 308, 311, 395
이수스 전투 256, 259
이수스 평원 255~256

이슈타르 문 141~142
이스라엘 62, 64, 66~67, 93, 98, 100~104 114~117, 383
이스라엘 왕국 136, 383
이오니아 205~206, 210, 241, 254
이집트 12~13, 19, 22, 24, 27, 30~36, 38~42, 44~45, 47~49, 55~56, 114~117, 122, 128~129, 135~136, 138~139, 148, 151, 157, 160, 223, 232, 254~255, 257~ 259, 265, 271, 320, 323~324, 326~328
이탈리아 48, 80, 164, 184, 224, 334~335, 338, 378, 393
인도·유럽어족 81
인술라 372
《일리아스》 80, 108~109, 113, 176~177

ㅈ
자연 철학 226~227, 229, 272
제우스 신전 197, 273
제정 시대 329, 354, 365
조로아스터교 149~151, 154
종교 개혁 35~36, 39
중계 무역 24~26, 74, 135
지구라트 137, 140
지중해 12, 14, 18, 22, 34, 48, 61, 64, 68, 72~74, 84, 85, 87, 91, 93, 135, 143, 173~175, 177, 183~185,

192, 195, 206, 218, 235, 240, 244, 247, 250, 271, 284~286, 288~290, 303, 306~308, 312, 320, 334, 338, 360, 369, 385, 395, 398
집정관 294~295, 298, 300, 302, 318, 320, 321, 324, 327

ㅊ
착한 사마리아인 382
참주 186~187, 194, 196, 198, 199, 205
체르베테리 석관 293

ㅋ
카데시 전투 42, 45, 47, 410
카라칼라 목욕탕 362
카르타고 85, 284, 302, 306~312, 334~335, 344, 363, 370, 373, 386, 394, 396, 412
카이버 고개 233, 261
카타콤 387
칸나이 전투 309
켈트족 284, 302~306, 321~322, 338~339, 364, 406, 407
코린토스 지협 232, 245
콘스탄티노폴리스 345, 363, 370, 378~380, 386, 389, 391, 394, 396~397
콘스탄티누스 개선문 379
콘스탄티누스 황제 344~345, 351, 378, 379,

381, 387~389, 396, 412
콜로나투스 373~374
콜로세움 288, 362, 375, 387
쾰른 349~350, 366, 386
쾰른 대성당 350
쿠베르탱 182
쿠시 왕국 33, 135~136, 410
크노소스 궁전 70~72, 75~76
크라수스 320~321, 326
크레타섬 60, 62~63, 71~73, 77, 79, 171~172, 178
크리스트교 17, 62, 64, 94~95, 116, 149, 268, 345, 380~382, 384~389, 399
크세르크세스 209, 212~213
클레오파트라 327~328
클레이스테네스 198
키루스 대왕 138, 143~148, 153~154, 164, 166~167, 205

ㅌ
탈레스 226~228
테라 화산 60~61, 77, 175
테르모필레 협곡 171, 210
테베(이집트) 32, 35, 37
테베(그리스) 171, 178, 192, 200, 210, 232, 250~253
테베레강 284, 290, 292, 294, 336
테살로니키 172, 235, 251,

370, 378
테세우스 69, 70, 222~224
테오도시우스 황제 389
테헤란 121~123
텔아비브 64, 66
토스카나 289, 291
투키디데스 248
투탕카멘 30, 38, 54~57, 410
투트모스 1세 34~35
투트모스 3세 34~35
트라야누스 340, 361, 366
트로이 29, 46, 60~61, 78, 80~81, 108~113, 171, 184, 218, 225, 334, 337
트로이 전쟁 60, 80, 108, 113, 177
트리어 344, 346~348, 363, 366~367
티레 12, 17~18, 21, 26, 46, 61, 72, 91, 101, 103, 120, 137, 232, 370
티베리우스 그라쿠스 316

ㅍ

파라오 33~35, 37~39, 41~42, 48, 54~57, 114~115, 135~136, 258
파르스 143, 145, 149, 155, 164, 166, 377
파르테논 신전 173, 179, 217~218, 243
파르티아 370, 377
판테온 369, 412
팔라티노 언덕 292, 336, 337
팔랑크스 진형 186, 251

팔레스타인 17, 67
페니키아 61, 84~87, 90~93, 96, 101~102, 108, 120, 177, 183~184, 284, 306~307, 410
페니키아 문자 90, 93, 108
페르가몬 232, 241, 246, 251, 272~274, 281
페르세폴리스 121, 151, 154~157, 159~160, 233, 255, 259, 262
페르시아 28, 81, 120~122, 124, 138, 143~145, 147~154, 156~157, 159~160, 167, 170~171, 204~208, 210~214, 218, 226, 232~233, 240~242, 245~246, 248~260, 263~267, 270~271, 376~377, 379, 381, 389, 396, 410, 412
페르시아어 122, 124, 271
페리클레스 214~218, 240, 243, 247, 294
페이시스트라도스 196~198
펠로폰네소스 동맹 241~242, 245~246, 250
펠로폰네소스반도 78, 80, 171, 192, 200~201, 232, 242, 245, 410
펠로폰네소스 전쟁 215, 246~248, 250, 410
평화의 제단 360
포로 로마노 315, 378
포세이돈 69, 223, 280
포에니 전쟁 284, 307, 309,

310~312, 319, 373, 412
폴리스 170, 176~178, 180~187, 189, 192~193, 195, 200~201, 204~205, 207, 210, 218, 222, 240~245, 248~250, 252~253, 271, 273
폼페이 256, 293, 302, 344, 402~404
폼페이 원형극장 403
폼페이우스 320~323, 325, 328
프톨레마이오스 왕조 267, 271
플라톤 278~279
피타고라스 278
필리스티아 67, 98, 100~101, 103, 117
필리포스 2세 251~253

ㅎ

하드리아누스 344, 361, 364
하드리아누스 성벽 344, 361, 364
하란 13, 21, 26, 96, 97
하워드 카터 56~57
하인리히 슐리만 113
하투샤 12, 21, 27~31, 44, 46, 61
하트셉수트 여왕 34~35, 41
한니발 285, 308~312
해상 교역 60, 79, 82~85, 91
헤로도토스 164, 213
헬레니즘 232, 267~274, 279~281, 377

호르텐시우스 법 300
호메로스 80, 108~109, 176~177
호민관 299~300, 316~317, 356~357
훈 제국 390~391, 394~395
히다스페스 233, 257
헤브라이 민족 93~97
히타이트 12~13, 20~22, 24, 26~32, 38~47, 81, 410

참고문헌

국내 도서

2022 개정 교육과정에 따른 중학교, 고등학교 사회교과군 교과서.
21세기연구회 저/전경아 역, 《지도로 보는 세계민족의 역사》, 이다미디어, 2012.
E.H. 곰브리치 저/백승길, 이종숭 역, 《서양미술사》, 2012.
R.K. 나라얀 편저/김석희 역, 《라마야나》, 아시아, 2012.
R.K. 나라얀 편저/김석희 역, 《마하바라타》, 아시아, 2014.
가와카쓰 요시오 저/임대희 역, 《중국의 역사》, 혜안, 2004.
강선주 등저, 《마주보는 세계사 교실》, 1~8권, 웅진주니어, 2011.
강희숙, 공수진, 박미선, 이동규, 정기문 저, 《세계사 뛰어넘기 1》, 열다, 2012.
강창훈, 남종국, 윤은주, 이옥순, 이은정, 최재인 저, 《세계사 뛰어넘기 2》, 열다, 2012.
거지엔슝 편/정근희 외역, 《천추흥망》 1~8권, 따뜻한손, 2010.
고려대 중국학연구소 저, 《중국지리의 즐거움》, 차이나하우스, 2012.
고처, 캔디스&월튼, 린다 저/황보영조 역, 《세계사 특강》, 삼천리, 2010.
교육공동체 나다 저, 《피터 히스토리아》 1~2권, 북인더갭, 2011.
권동희 저, 《지리이야기》, 한울, 2005.
금현진 등저, 《용선생의 시끌벅쩍 한국사》 1~10권, 사회평론, 2016.
기노 쓰라유키 외 편/구정호 역, 《고킨와카슈(상/하)》, 소명출판, 2010.
기노 쓰라유키 외 편/최충희 역, 《고금와카집》, 지만지, 2011.
기쿠치 요시오 저/이경덕 역, 《결코 사라지지 않는 로마, 신성 로마 제국》, 다른세상, 2010.
김경묵 저, 《이야기 러시아사》, 청아, 2012.
김기협 저, 《냉전 이후》, 서해문집, 2016.
김대륜, 김윤태, 안효상, 이은정, 최재인 글, 《세계사 뛰어넘기 3》, 열다, 2013.
김대호 저, 《장건, 실크로드를 개척하다》, 아카넷주니어, 2012.
김덕진 저, 《세상을 바꾼 기후》, 다른, 2013.
김명호 저, 《중국인 이야기 1~5권》, 한길사, 2016.
김상훈 저, 《통세계사 1, 2》, 다산에듀, 2015.
김성환 저, 《교실 밖 세계사여행》, 사계절, 2010.
김수행 저, 《세계대공황》, 돌베개, 2011.
김영한, 임지현 편저, 《서양의 지적 운동》, 1~2권, 지식산업사, 1994/1998.
김영호 저, 《세계사 연표사전》, 문예마당, 2012.
김원중 저, 《대항해 시대의 마지막 승자는 누구인가?》, 민음인, 2011.
김종현 저, 《영국 산업혁명의 재조명》, 서울대학교출판문화원, 2013.
김진섭 편, 《한 권으로 읽는 인도사》, 지경사, 2007.
김진호 저, 《근대 유럽의 역사: 종교개혁부터 신자유주의까지》, 한양대학교출판부, 2016.
김창성 저, 《세계사 산책》, 솔, 2003
김태권 저, 《르네상스 미술이야기》, 한겨레출판, 2012.
김현수 저, 《이야기 영국사》, 청아출판사, 2006.
김형진 저, 《이야기 인도사》, 청아출판사, 2013.
김호동 역, 《마르코 폴로의 동방견문록》, 사계절, 2005.
김호동 저, 《아틀라스 중앙유라시아사》, 사계절, 2016.
김호동 저, 《황하에서 천산까지》, 사계절, 2011.
남경태 저, 《종횡무진 동양사》, 그린비, 2013.
남경태 저, 《종횡무진 서양사(상/하)》, 그린비, 2013.
남문희 저, 《전쟁의 역사 1, 2, 3》, 휴머니스트, 2011.
남종국 저, 《지중해 교역은 유럽을 어떻게 바꾸었을까?》, 민음인, 2011.
노명식 저, 《프랑스 혁명에서 파리 코뮌까지 1789~1871》, 책과함께, 2011.
누노메 조후 등저/임대희 역, 《중국의 역사: 수당오대》, 혜안, 2001.
닐 포크너 저/이윤정 역, 《좌파 세계사》, 엑스오북스, 2016.
데라다 다카노부 저/서인범, 송정수 공역, 《중국의 역사: 대명제국》, 혜안, 2006.
데이비드 O. 모건 저/권용철 역, 《몽골족의 역사》, 모노그래프, 2012.
데이비드 아불라피아 저/이순호 역, 《위대한 바다: 지중해 2만년의 문명사》, 책과함께, 2013.
도널드 쿼터트 저/이은정 역, 《오스만 제국사》, 사계절, 2008.
두보, 이백 등저/최병국 편, 《두보와 이백 시선》, 한솜미디어, 2015.
라시드 앗 딘 저/김호동 역, 《부족지: 몽골 제국이 남긴 최초의 세계사》, 사계절, 2002,
라시드 앗 딘 저/김호동 역, 《칭기스칸기》, 사계절, 2003.
라시드 앗 딘 저/김호동 역, 《칸의 후예들》, 사계절, 2005.
라인하르트 쉬메켈 저/한국 게르만어 학회 역, 《인도유럽인, 세상을 바꾼 쿠르간 유목민》, 푸른역사 2013.
러셀 프리드먼 저/강미경 역, 《1차 세계대전: 모든 전쟁을 끝내기 위한 전쟁》, 두레아이들, 2013.
로버트 M. 카멕 편저/강정원 역, 《메소아메리카의 유산》, 그린비, 2014.
로버트 템플 저/과학세대 역, 《그림으로 보는 중국의 과학과 문명》, 까치, 2009.
로스 킹 저/신영화 역, 《미켈란젤로와 교황의 천장》, 다다북스, 2007.
로스 킹 저/이희재 역, 《브루넬레스키의 돔》, 세미콜론, 2007.
로저 크롤리 저/이순호 역, 《바다의 제국들》, 책과함께, 2010.
루츠 판다이크 저/안인희 역, 《처음 읽는 아프리카의 역사》, 웅진씽크빅, 2014.
류시화, 《백만 광년의 고독 속에서 한 줄의 시를 읽다》, 연금술사, 2014.
르네 그루세 저/김호동, 유원수, 정재훈 공역, 《유라시아 유목제국사》, 사계절, 1998.
르몽드 디플로마티크 기획/권지현 등 역, 《르몽드 세계사 1, 2, 3》, 휴머니스트 2008/2010/2013.
리처드 번스타인 저/정동현 역, 《뉴욕타임스 기자의 대당서역기》, 꿈꾸는돌, 2003.

린 화이트 주니어 저/강일휴 역, 《중세의 기술과 사회변화: 등자와 쟁기가 바꾼 유럽 역사》, 지식의 풍경, 2005.
마르크 블로크 저/한정숙 역, 《봉건사회 1, 2》, 한길사, 1986.
마리우스 B. 잰슨 저/김우영 등역, 《현대일본을 찾아서》, 이산, 2010.
마이클 우드 저/김승욱 역, 《인도 이야기》, 웅진지식하우스, 2009.
마이클 파이 저/김지선 역, 《북유럽세계사 1, 2》, 소와당, 2016.
마크 마조워 저/이순호 역, 《발칸의 역사》, 을유문화사, 2014.
마틴 버넬 저/오홍식 역, 《블랙 아테나 1》, 소나무, 2006.
마틴 자크 저/안세민 역, 《중국이 세계를 지배하면》, 부키, 2010.
마틴 키친 편저/유정희 역, 《사진과 그림으로 보는 케임브리지 독일사》, 시공아크로총서, 2001.
매리 하이듀즈 저/박장식, 김동역 역, 《동남아의 역사와 문화》, 솔과학, 2012.
문을식 저, 《인도의 사상과 문화》, 도서출판 여래, 2007.
미르치아 엘리아데 저/이용주 등 역, 《세계종교사상사 1, 2, 3》, 이학사, 2005.
미셸 파루티 저/ 권은미 역, 《모차르트: 신의 사랑을 받은 악동》, 시공디스커버리총서 011, 시공사, 1999.
미야자키 마사카쓰 저/노은주 역, 《지도로 보는 세계사》, 이다미디어, 2005.
미조구치 유조 저/정태섭, 김용천 역, 《중국의 공과 사》, 신서원, 2006.
박금표 저, 《인도사 108장면》, 민족사, 2007.
박노자 저, 《거꾸로 보는 고대사》, 한겨레, 2010.
박노자 저, 《러시아는 우리에게 무엇인가》, 신인문사, 2011.
박래식 저, 《이야기 독일사》, 청아출판사, 2006.
박수철 저, 《오다 도요토미 정권의 사사지배와 천황》, 서울대학교출판문화원, 2012.
박용진 저, 《중세 유럽은 암흑시대였는가?》, 민음인, 2011.
박윤덕 등저, 《서양사강좌》, 아카넷, 2016.
박종현 저, 《희랍사상의 이해》, 종로서적, 1990.
박지향 저, 《클래식영국사》, 김영사, 2012.
박찬영, 엄정훈 등저, 《세계지리를 보다 1, 2, 3》, 리베르스쿨, 2012.
박한제, 김형종, 김병준, 이근명, 이준갑 공저, 《아틀라스 중국사》, 사계절, 2015.
배병우 등저, 《신들의 정원, 앙코르와트》, 글씨미디어, 2004.
배영수 편, 《서양사 강의》, 한울아카데미, 2000.
배재호 저, 《세계의 석굴》, 사회평론, 2015.
버나드 루이스 편/김호동 역, 《이슬람 1400년》, 까치, 2001.
베른트 슈퇴버 저/최승완 역, 《냉전이란 무엇인가》, 역사비평사, 2008.
베빈 알렉산더 저/김형배 역, 《위대한 장군들은 어떻게 승리하였는가》, 홍익출판사, 2000.
벤자민 킨, 키스 헤인즈 공저/김원중, 이성훈 공역, 《라틴아메리카의 역사 상/하》, 그린비, 2014.
볼프람 폰 에센바흐 저/허창운 역, 《파르치팔》, 한길사, 2009.
브라이언 타이어니, 시드니 페인터 공저/이연규 역, 《서양 중세사》, 집문당, 2012.
브라이언 페이건 저/이희준 역, 《세계 선사 문화의 이해》, 사회평론아카데미, 2015.
브라이언 페이건 저/최파일 역, 《인류의 대항해》, 미지북스, 2012.

브라이언 페이건, 크리스토퍼 스카레 등저/이청규 역, 《고대 문명의 이해》, 사회평론아카데미, 2015.
비토리오 주디치 저/남경태 역, 《20세기 세계 역사》, 사계절, 2005.
사마천 저/김원중 역 《사기 본기》, 민음사, 2015.
사마천 저/김원중 역 《사기 서》, 민음사, 2015.
사마천 저/김원중 역 《사기 세가》, 민음사, 2015.
사마천 저/김원중 역 《사기 열전 1, 2》, 민음사, 2015.
사와다 아사오 저/김숙경 역, 《흉노: 지금은 사라진 고대 유목국가 이야기》, 아이필드, 2007.
새뮤얼 노아 크레이머 저/박성식 역, 《역사는 수메르에서 시작되었다》, 가람기획, 2000.
새뮤얼 헌팅턴 저/강문구, 이재영 역, 《제3의 물결: 20세기 후반의 민주화》, 인간사랑, 2011.
서영교 저, 《고대 동아시아 세계대전》, 글항아리, 2015.
서울대학교 독일학연구소 저, 《독일이야기 1, 2》, 거름, 2003.
서진영 저, 《21세기 중국정치》, 폴리테이아, 2008.
서희석, 호세 안토니오 팔마 공저, 《유럽의 첫 번째 태양, 스페인》, 을유문화사, 2015.
송영배 저, 《동서 철학의 교섭과 동서양 사유 방식의 차이》, 논형, 2004.
수잔 와이즈 바우어 저/꼬마이실 역, 《교양 있는 우리 아이를 위한 세계역사이야기》, 1-5권, 꼬마이실, 2005.
스테파니아 스타푸티, 페데리카 로마뇰리 등저/박혜원 역, 《고대 문명의 역사와 보물: 그리스/로마/아스텍/이슬람/이집트/인도/켈트/크메르/페르시아》, 생각의나무, 2008.
시바료타로 저/양억관 역, 《항우와 유방 1, 2, 3》, 달궁, 2003.
시오노 나나미 저/김석희 역, 《로마 멸망 이후의 지중해 세계(상/하)》, 한길사, 2009.
시오노 나나미 저/김석희 역, 《로마인 이야기》, 1~15권, 한길사 2007.
신성곤, 윤혜영 저, 《한국인을 위한 중국사》, 서해문집, 2013.
신승하 저, 《중국사(상/하)》, 미래엔, 2005.
신준형 저, 《뒤러와 미켈란젤로》, 사회평론, 2013.
아사다 미노루 저/이하준 역, 《동인도회사》, 피피에, 2004.
아사오 나오히로 편저/이계황, 서각수, 연민수, 임성모 역, 《새로 쓴 일본사》, 창비, 2013.
아서 코트렐 저/까치 편집부역, 《그림으로 보는 세계신화사전》, 까치, 1997.
아일린 파워 저/이종인 역, 《중세의 사람들》, 즐거운상상, 2010.
안 베르텔로트 저/체계병 역, 《아서왕》, 시공사, 2003.
안병철 저, 《이스라엘 역사》, 기쁜소식, 2012.
안효상 저, 《미국은 어떻게 만들어졌을까》, 민음인, 2013.
알렉산드라 미네르비 저/조행복 역, 《사진으로 읽는 세계사 2: 나치즘》, 플래닛, 2008.
앙투안 갈랑/임호경 역, 《천일야화 1~6》, 열린책들, 2010.
애덤 하트 데이비스 편/윤은주, 정범진, 최재인 역, 《히스토리》, 북하우스, 2009.
양은영 저, 《빅히스토리: 제국은 어떻게 나타나고 사라지는가?》, 와이스쿨 2015.
양정무 저, 《난생 처음 한번 공부하는 미술 이야기 1, 2》, 사회평론, 2016.

양정무 저, 《상인과 미술》, 사회평론, 2011.
에드워드 기번 저/윤수인, 김희용 공역, 《로마제국 쇠망사 1~6》, 민음사, 2008.
에르빈 파노프스키 저/김율 역, 《고딕건축과 스콜라철학》, 한길사, 2015.
에릭 홉스봄 저/김동택 역, 《제국의 시대》, 한길사, 1998.
에릭 홉스봄 저/정도역, 차명수 공역, 《혁명의 시대》, 한길사, 1998.
에릭 홉스봄 저/정도영 역, 《자본의 시대》, 한길사, 1998.
에이브러험 애셔 저/김하은, 신상돈 역, 《처음 읽는 러시아 역사》, 아이비북스, 2013.
엔리케 두셀 저/박병규 역, 《1492년, 타자의 은폐》, 그린비, 2011.
오토 단 저/오인석 역, 《독일 국민과 민족주의의 역사》, 한울아카데미, 1996.
웨난 저/이익희 역, 《마왕퇴의 귀부인 1, 2》, 일빛, 2005.
유랴쿠 천황 외 저/고용환, 강용자 역, 《만엽집》, 지만지, 2009.
유세희 편, 《현대중국정치론》, 박영사, 2009.
유용태, 박진우, 박태균 공저, 《함께 읽는 동아시아 근현대사 1, 2》, 창비, 2011.
유인선 등저, 《사료로 보는 아시아사》, 종이비행기, 2014.
이강무 저, 《청소년을 위한 세계사. 서양편》, 두리미디어, 2009.
이경덕 저, 《함께 사는 세상을 보여주는 일본 신화》, 현문미디어, 2005.
이기영 저, 《고대에서 봉건사회로의 이행》, 사회평론, 2017.
이노우에 고이치 저/이경덕 역,《살아남은 로마, 비잔틴 제국》, 다른세상, 2010.
이명현 저, 《빅히스토리: 세상은 어떻게 시작되었을까?》, 와이스쿨, 2013.
이병욱 저, 《한권으로 만나는 인도》, 너울북, 2013.
이영림, 주경철, 최갑수 공저, 《근대 유럽의 형성: 16~18세기》, 까치글방, 2011.
이영목 등저, 《검은, 그러나 어둡지 않은 아프리카》, 사회평론, 2014.
이옥순 등저, 《세계사 교과서 바로잡기》, 삼인, 2011.
이익선 저, 《만화 로마사 1, 2》, 알프레드, 2017.
이희수 저, 《이슬람의 모든 것》, 주니어김영사, 2009.
일본사학회 저, 《아틀라스 일본사》, 사계절, 2011.
임태승 저, 《중국 서예의 역사》, 미술문화, 2006.
임승희 저, 《유럽의 절대 군주는 어떻게 살았을까?》, 민음인, 2011.
임한순, 최윤영, 김길웅 공역, 《에다. 북유럽신화》, 서울대학교출판문화원, 2015.
임홍배, 송태수, 장병기 등저, 《독일 통일 20년》, 서울대학교출판문화원, 2011.
자닉 뒤랑 저/조성애 역, 《중세미술》, 생각의 나무, 2004.
장문석 저, 《근대정신은 어떻게 탄생했을까?》, 민음인, 2011.
장 콩비 저/노성기 외 역, 《세계교회사여행: 고대·중세 편》, 가톨릭출판사, 2013.
장진퀘이 저/남은숙 역, 《흉노제국 이야기》, 아이필드, 2010.
장 카르팡티에, 프랑수아 르브룅 편저/강민정, 나선희 공역, 《지중해의 역사》, 한길사, 2009.
재레드 다이아몬드 저/김진준 역, 《총, 균, 쇠》, 문학사상, 2013.
전국역사교사모임 저, 《살아있는 세계사 교과서 1, 2》, 휴머니스트, 2013.

전국역사교사모임 저, 《처음 읽는 미국사》, 휴머니스트, 2013.
전국역사교사모임 저, 《처음 읽는 인도사》, 휴머니스트, 2013.
전국역사교사모임 저, 《처음 읽는 일본사》, 휴머니스트, 2013.
전국역사교사모임 저, 《처음 읽는 중국사》, 휴머니스트, 2013.
전국역사교사모임 저, 《처음 읽는 터키사》, 휴머니스트, 2013.
전종한 등저, 《세계지리: 경계에서 권역을 보다》, 사회평론아카데미, 2017.
정기문 저, 《그리스도교의 탄생: 역사학의 눈으로 본 원시 그리스도교의 역사》, 길, 2016.
정기문 저, 《역사보다 재미있는 것은 없다》, 신서원, 2004.
정수일 편저, 《해상 실크로드 사전》, 창비, 2014.
정재서 저, 《이야기 동양신화 중국편》, 김영사, 2010.
정재훈 저, 《돌궐 유목제국사 552~745》, 사계절, 2016.
제니퍼 올드스톤무어 저/이연승 역, 《처음 만나는 도쿄》, SBI, 2009.
제임스 포사이스 저/정재겸 역, 《시베리아 원주민의 역사》, 솔, 2009
조관희, 《중국사 강의》, 궁리, 2011.
조길태 저, 《인도사》, 민음사, 2012.
조르주 루 저/김유기 역, 《메소포타미아의 역사 1, 2》, 한국문화사, 2013.
조성일 저, 《미국학교에서 가르치는 미국역사》, 소이연, 2014.
조셉 린치 저/심창섭 등역, 《중세교회사》, 솔로몬, 2005.
조셉 폰타나 저/김원중 역, 《거울에 비친 유럽》, 새물결, 2005.
조지프 니덤 저/김주식 역, 《조지프 니덤의 동양항해선박사》, 문현, 2016.
조지형 등저, 《지구화 시대의 새로운 세계사》, 혜안, 2008.
조지형 저, 《빅히스토리: 세계는 어떻게 연결되었을까?》, 와이스쿨, 2013.
조흥국 등저, 《제3세계의 역사와 문화》, 한국방송통신대학교출판부, 2012.
존 루이스 개디스 저/박건영 역, 《새로 쓰는 냉전의 역사》, 사회평론, 2003.
존 리더 저/남경태 역, 《아프리카 대륙의 일대기》, 휴머니스트, 2013.
존 맥닐, 윌리엄 맥닐 공저/ 유정희, 김우역 역, 《휴먼 웹. 세계화의 세계사》, 이산, 2010.
존 줄리어스 노리치 편/남경태 역, 《위대한 역사도시70》, 위즈덤하우스, 2010.
주경철 저, 《대항해시대: 해상 팽창과 근대 세계의 형성》, 서울대학교출판부, 2008.
주경철 저, 《히스토리아》, 산처럼, 2012.
주디스 코핀, 로버트 스테이시 등저/박상익 역, 《새로운 서양 문명의 역사. 상》, 소나무, 2014.
주디스 코핀, 로버트 스테이시 등저/손세호 역, 《새로운 서양 문명의 역사. 하》, 소나무, 2014.
중앙일보 중국연구소 외, 《공자는 귀신을 말하지 않았다》, 중앙북스, 2010.
지리교육연구회 지평 저, 《지리 교사들, 남미와 만나다》, 푸른길, 2011.
지오프리 파커 편/김성환 역, 《아틀라스 세계사》, 사계절, 2009.
찰스 스콰이어 저/나영균, 전수용 공역, 《켈트 신화와 전설》, 황소자리, 2009.

최재호 등저, 《한국이 보이는 세계사》, 창비, 2011.
최충희 등역, 《햐쿠닌잇슈의 작품세계》, 제이앤씨, 2011.
카렌 암스트롱 저/장병옥 역, 《이슬람》, 을유문화사, 2012.
콘수엘로 바렐라, 로베르토 마자라 등저/신윤경 역, 《크리스토퍼 콜럼버스》, 21세기북스, 2010.
콘스탄스 브리텐 부셔 저/강일휴 역, 《중세 프랑스의 귀족과 기사도》, 신서원, 2005.
크리스 브래지어 저/추선영 역, 《세계사, 누구를 위한 기록인가?》, 이후, 2007.
클린 존스 저/방문숙, 이호영 공역, 《사진과 그림으로 보는 케임브리지 프랑스사》, 시공아크로총서, 2001.
타밈 안사리 저/류한월 역, 《이슬람의 눈으로 본 세계사》, 뿌리와이파리, 2011.
타키투스 저/천병희 역, 《게르마니아》, 숲, 2012.
토마스 말로리 저/이현주 역, 《아서왕의 죽음 1, 2》, 나남, 2009.
파멜라 카일 크로슬리 저/강선주 역, 《글로벌 히스토리란 무엇인가》, 휴머니스트, 2010.
패트리샤 버클리 에브리 저/이동진, 윤미경 공역, 《사진과 그림으로 보는 케임브리지 중국사》, 시공아크로총서 2010.
퍼트리샤 리프 애너월트 저/한국복식학회 역, 《세계 복식 문화사》, 예담, 2009.
페리클레스, 뤼시아스, 이소크라테스, 데모스테네스 저/김헌, 장시은, 김기훈 역, 《그리스의 위대한 연설》, 민음사, 2012.
페르낭 브로델 저/강주헌 역, 《지중해의 기억》, 한길사, 2012.
페르낭 브로델 저/김홍식 역, 《물질문명과 자본주의 읽기》, 갈라파고스, 2014.
페르디난트 자입트 저/차용구 역, 《중세의 빛과 그림자》, 까치글방, 2002.
폴 콜리어 등저/강민수 역, 《제2차 세계대전》, 플래닛미디어, 2008.
프레드 차라 저/강경이 역, 《향신료의 지구사》, 휴머니스트, 2014.
플라노 드 카르피니, 윌리엄 루부룩 등저/김호동 역, 《몽골 제국 기행: 마르코 폴로의 선구자들》, 까치, 2015.
피터 심킨스 등저/강민수 역, 《제1차 세계대전》, 플래닛미디어 2008.
피터 안드레아스 저/정태영 역, 《밀수꾼의 나라 미국》, 글항아리, 2013.
피터 홉커크 저/정영목 역, 《그레이트 게임: 중앙아시아를 둘러싼 숨겨진 전쟁》, 사계절, 2014.
필립 M.H. 벨 저/황의방 역, 《12전환점으로 읽는 제2차 세계대전》, 까치, 2012.
하네다 마사시 저/이수열, 구지영 역, 《동인도회사와 아시아의 바다》, 선인, 2012.
하름 데 블레이 저/유나영 역, 《왜 지금 지리학인가》, 사회평론, 2015.
하야미 이타루 저/양승영 역, 《진화 고생물학》, 서울대학교출판문화원, 2012.
하우마즈 데쓰오 저/김성동 역, 《대영제국은 인도를 어떻게 통치하였는가》, 심산, 2004.
하인리히 뵐플린 저/안인희 역, 《르네상스의 미술》, 휴머니스트, 2002.
한국교부학연구회 저, 《교부학 인명·지명 용례집》, 분도출판사, 2008.
한종수 저, 굽시니스트 그림, 《2차 대전의 마이너리그》, 길찾기, 2015.
해양문화연구원 편집위원회 저, 《해양문화 02. 바다와 제국》, 해양문화, 2015.
허청웨이 편/남광철 등역, 《중국을 말한다》 1~9권, 신원문화사, 2008.
헤수스 알바레스 고메스 저/강운자 편역, 《수도생활: 역사 II》, 성바오로, 2002.
호르스트 푸어만 저/안인희 역, 《중세로의 초대》, 이마고, 2005.
홍익희 저, 《세 종교 이야기》, 행성B잎새, 2014.
황대현 저, 《서양 기독교 세계는 왜 분열되었을까?》, 민음인, 2011.
황패강 저, 《일본신화의 연구》, 지식산업사, 1996.
후지이 조지 등저/박진한, 이계황, 박수철 공역, 《쇼군 천황 국민》, 서해문집, 2012.

외국 도서

クリステル・ヨルゲンセン 等著/竹内喜, 徳永優子 譯, 《戰鬪技術の歴史 3: 近世編》, 創元社, 2012.
サイモン・アングリム 等著/天野淑子 譯, 《戰鬪技術の歴史 1: 古代編》, 創元社, 2011.
ジェフリー・リ・ガン, 《ウィジュアル版〈決戰〉の世界史》, 原書房, 2008.
ブライアン・レイヴァリ, 《航海の歴史》, 創元社, 2015.
マーティン・J・ドアティ, 《図説　中世ヨーロッパ　武器・防具・戦術百科》, 原書房, 2013.
マシュー・ベネット 等著/野下祥子 譯, 《戰鬪技術の歴史 2: 中世編》, 創元社, 2014.
リュシアン・ルスロ 等著/辻よしふみ, 辻元玲子 譯, 《華麗なるナポレオン軍の軍服》, マール社, 2014.
ロバート・B・ブルース 等著/野下祥子 譯, 《戰鬪技術の歴史 4: ナポレオンの時代編》, 創元社, 2013.
菊地陽太, 《知識ゼロからの世界史入門 1部　近現代史》, 幻冬舎, 2010.
気賀澤保規, 《絢爛たる世界帝国　隋唐時代》, 講談社, 2005.
金七紀男, 《図説 ブラジルの-歴史》, 河出書房新社, 2014.
木下康彦, 木村靖二, 吉田寅 編, 《詳說世界史研究 改訂版》, 山川出版社, 2013.
山内昌之, 《世界の歴史 20 : 近代イスラームの挑戦》, 中央公論社, 1996.
山川ビジュアル版日本史図録編集委員会, 《山川 ビジュアル版日本史図録》, 山川出版社, 2014.
西ヶ谷恭弘 監修, 《衣食住になる日本人の歴史 1》, あすなろ書房, 2005.
西ヶ谷恭弘 監修, 《衣食住になる日本人の歴史 2》, あすなろ書房, 2007.
小池徹朗 編, 《新・歴史群像シリーズ 15: 大清帝國》, 学習研究社, 2008.
水野大樹, 《図解 古代兵器》, 新紀元社, 2012.
神野正史, 《世界史劇場イスラーム三国志》, ベレ出版, 2014.
神野正史, 《世界史劇場イスラーム世界の起源》, ベレ出版, 2013.
五十嵐武士, 福井憲彦, 《世界の歴史 21: アメリカとフランスの革命》, 中央公論社, 1998.
宇山卓栄, 《世界一おもしろい　世界史の授業》, KADOKAWA, 2014.
伊藤賀一, 《世界一おもしろい　日本史の授業》, 中経出版, 2012.
日下部公昭 等編, 《山川 詳説世界史図録》, 山川出版社, 2014.
井野瀬久美惠, 《興亡の世界史 16: 大英帝国という経験》, 講談社, 2007.
佐藤信 等編, 《詳說日本史研究 改訂版》, 山川出版社, 2013.

池上良太,《図解 装飾品》, 新紀元社, 2012.
後藤武士,《読むだけですっきりわかる世界史 近代編》, 玉島社, 2011.
後藤武士,《読むだけですっきりわかる現代編》, 玉島社, 2013.
後河大貴 外,《戦国海賊伝》, 笠倉出版社, 2015.
Acquaro, Enrico:《The Phoenicians: History and Treasures of An Ancient Civilization》, White Star, 2010.
Albert, Mechthild:《Das französische Mittelalter》, Klett, 2005.
Bagley, Robert:《Ancient Sichuan: Treasures from a Lost Civilization》, Princeton University Press, 2001.
Beck, B. Roger&Black, Linda:《World History: Patterns of Interaction》, Holt McDougal, 2010.
Beck, Rainer(hrsg.):《Das Mittelalter》, C.H.Beck, 1997.
Bernlochner, Ludwig(hrsg.):《Geschichten und Geschehen》, Bd. 1-6. Klett, 2004.
Bonavia, Judy:《The Silk Road》, Odyssey, 2008.
Borst, Otto:《Alltagsleben im Mittelalter》, Insel, 1983.
Bosl, Karl:《Bayerische Geschichte》, Ludwig, 1990.
Brown, Peter:《Die Entstehung des christlichen Europa》, C.H.Beck, 1999.
Bumke, Joachim:《Höfische Kultur》, Bd. 1-2. Dtv, 1986.
Celli, Nicoletta:《Ancient Thailand: History and Treasures of An Ancient Civilization》, White Star, 2010.
Cornell, Jim&Tim:《Atlas of the Roman World》, Checkmark Books, 1982.
Davidson, James West&Stoff, Michael B.:《America: History of Our Nation》, Pearson Prentice Hall, 2006.
de Vries, Jan:《Die Geistige Welt der Germanen》, WBG, 1964.
Dinzelbach, P. (hrsg.):《Sachwörterbuch der Mediävistik》, Kröner, 1992.
Dominici, David:《The Maya: History and Treasures of An Ancient Civilization》, VMB Publishers, 2010.
Duby, Georges:《The Chivalrous Society》, translated by Cynthia Postan, University of California Press, 1980.
Eco, Umberto:《Kunst und Schönheit im Mittelalter》, Dtv, 2000.
Ellis, G. Elisabeth&Esler, Anthony:《World History Survey》, Prentice Hall, 2007.
Fromm, Hermann:《Basiswissen Schule: Geschichte》, Duden, 2011.
Funcken, Liliane&Fred:《Rüstungen und Kriegsgerät im Mittelalter》, Mosaik 1979.
Gibbon, Eduard:《Die Germanen im Römischen Weltreich,》, Phaidon, 2002.
Goody, Jack:《The development of the family and marriage in Europe》, Cambridge University Press, 1988.
Grant, Michael:《Ancient History Atlas》, Macmillan, 1972.
Großbongardt, Anette&Klußmann, Uwe,《Spiegel Geschichte 5/2013: Der Erste Weltkrieg》, Spiegel, 2013.
Heiber, Beatrice(hrsg.):《Erlebte Antike》, Dtv 1996.
Hinckeldey, Ch.(hrsg.):《Justiz in alter Zeit》, Mittelalterliches Kriminalmuseum, 1989

Holt McDougal:《World History》, Holt McDougal, 2010.
Horst, Fuhrmann:《Überall ist Mittelalter》, C.H.Beck, 2003.
Horst, Uwe(hrsg.):《Lernbuch Geschichte: Mittelalter》, Klett, 2010.
Huschenbett, Dietrich&Margetts, John(hrsg.):《Reisen und Welterfahrung in der deutschen Literatur des Mittelalters》, Würzburger Beiträge zur deutschen Philologie. Bd. VII, Königshausen&Neumann, 1991.
Karpeil, Frank&Krull, Kathleen:《My World History》, Pearson Education, 2012.
Kircher, Bertram(hrsg.):《König Aruts und die Tafelrunde》, Albatros, 2007.
Klußmann, Uwe&Mohr, Joachim:《Spiegel Geschichte 5/2014: Die Weimarer Republik》, Spiegel 2014.
Klußmann, Uwe:《Spiegel Geschichte 6/2016: Russland》, Spiegel 2016.
Kölzer, Theo&Schieffer, Rudolf(hrsg.):《Von der Spätantike zum frühen Mittelalter: Kontinuitäten und Brüche, Konzeptionen und Befunde》, Jan Thorbecke, 2009.
Langosch, Karl:《Profile des lateinischen Mittelalters》, WBG, 1965.
Lesky, Albin:《Vom Eros der Hellenen》, Vandenhoeck&Ruprecht, 1976.
Levi, Peter:《Atlas of the Greek World》, Checkmark Books, 1983.
Märtle, Claudia:《Die 101 wichtgisten Fragen: Mittelalter》 C.H.Beck, 2013.
McGraw-Hill Education:《World History: Journey Across Time》, McGraw-Hill Education, 2006.
Mohr, Joachim&Pieper, Dietmar:《Spiegel Geschichte 6/2010: Die Wikinger》, Spiegel, 2010.
Murphey, Rhoads:《Ottoman warfare, 1500-1700》, Rutgers University Press, 2001
Orsini, Carolina:《The Incas: History and Treasures of An Ancient Civilization》, White Star, 2010.
Pieper, Dietmar&Mohr, Joachim:《Spiegel Geschichte 3/2013: Das deutsche Kaiserreich》, Spiegel 2013.
Pieper, Dietmar&Saltzwedel, Johannes:《Spiegel Geschichte 4/2011: Der Dreißigjährige Krieg》, Spiegel 2011.
Pieper, Dietmar&Saltzwedel, Johannes:《Spiegel Geschichte 6/2012: Karl der Große》, Spiegel 2012.
Pötzl, Nobert F.&Traub, Rainer:《Spiegel Geschichte 1/2013: Das Britische Empire》, Spiegel, 2013.
Pötzl, Nobert F.&Saltzwedel:《Spiegel Geschichte 4/2012: Die Päpste》, Spiegel, 2012.
Prentice Hall:《History of Our World》, Pearson/Prentice Hall, 2006.
Rizza, Alfredo:《The Assyrians and the Babylonians: History and Treasures of An Ancient Civilization》White Star, 2007.
Rösener, Werner:《Die Bauern in der europäischen Geschichte》, C.H.Beck, 1993.

Schmidt-Wiegand: 《Deutsche Rechtsregeln und Rechtssprichwörter》, C.H.Beck, 2002.
Seibt, Ferdinand: 《Die Begründung Europas》, Fischer, 2004.
Seibt, Ferdinand: 《Glanz und Elend des Mittelalters》, Siedler, 1992.
Simek, Rudolf: 《Erde und Kosmos im Mittelalter》, Bechtermünz, 2000.
Speivogel, J. Jackson: 《Glecoe World History》, McGraw-Hill Education, 2004.
Talbert, Richard: 《Atlas of Classical History》, Routledge, 2002.
Tarling, Nicholas(ed.): 《The Cambridge of History of Southeast Asia》, Vol. 1-4. Cambridge University Press 1999.
Todd, Malcolm: 《Die Germanen》Theiss, 2003.
van Royen, René&van der Vegt, Sunnyva: 《Asterix – Die ganze Wahrheit》, übersetzt von Gudrun Penndorf, C.H.Beck, 2004.
Wehrli, Max: 《Geschichte der deutschen Literatur im Mittelalter》, Reclam, 1997.
Zimmermann, Martin: 《Allgemeine Bildung: Große Persönlichkeiten》, Arena, 2004.

논문

기민석, 〈고대 '의회'와 셈어 mlk〉, 《구약논단》 17, 한국구약학회, 2005, 140-160쪽.
김병준, 〈진한제국의 이민족 지배: 부도위 및 속국도위에 대한 재검토〉, 역사학보 제217집, 2013, 107-153쪽.
김인화, 〈아케메네스조 다리우스 1세의 왕권 이념 형성과 그 표상에 대한 분석〉, 서양고대사연구 38, 2014, 37-72쪽.
남종국, 〈12~3세기 이자 대부를 둘러싼 논쟁: 자본주의의 서막인가?〉, 서양사연구 제52집, 2015, 5-38쪽.
박병규, 〈스페인어권 카리브 해의 인종 혼종성과 인종민주주의〉, 이베로아메리카 제8권, 제1호. 93-114쪽.
박병규, 〈카리브 해 지역의 문화담론과 문화모델에 관한 연구〉, 스페인어문학 제42호, 2007, 261-278쪽.
박수철, 〈직전정권의 '무가신격화'와 천황〉, 역사교육 제121집, 2012. 221-252쪽.
손태창, 〈신 아시리아 제국 후기에 있어 대 바빌로니아 정책과 그 문제점: 기원전 745-627〉, 서양고대사연구 38, 2014, 7-35
우석균, 〈《포폴 부》와 옥수수〉, 이베로아메리카연구 제8권, 1997, 65-89쪽.
유성환, 〈아마르나 시대 예술에 투영된 시간관〉, 인문과학논총, 제73권 4호, 2016, 403-472쪽.
유성환, 〈외국인에 대한 이집트인들의 두 시선: 고왕국 시대에서 신왕국 시대까지 창작된 이집트 문학작품 속의 외국과 외국인에 대한 묘사를 중심으로〉, 서양고대사연구 제34집, 2013, 33-77쪽.
윤은주, 〈18세기 초 프랑스의 재정위기와 로 체제〉, 프랑스사연구 제16호, 2007, 5-41쪽.
이근명, 〈왕안석 신법의 시행과 대간관〉, 중앙사론 제40집, 2014, 75-103쪽.
이삼현, 〈하무라비法典 小考〉, 《법학논총》 2, 국민대학교 법학연구소, 1990, 5-49쪽.
이은정, 〈'다종교, 다민족, 다문화'적인 오스만제국의 통치 전략〉, 역사학보 제217집, 2013, 155-184쪽.
이은정, 〈오스만제국 근대 개혁기 군주의 역할: 셀림3세에서 압뒬하미드 2세에 이르기까지〉, 역사학보 제 208집, 2010, 103-133쪽.
이종근, 〈고대 메소포타미아의 수메르 우르-남무 법의 도덕성에 관한 연구〉, 《법학연구》 32, 한국법학회, 2008, 1-21쪽.
이종근, 〈메소포타미아 법사상 연구: 받는 소(Goring Ox)를 중심으로〉, 《신학지평》 16, 안양대학교 신학연구소, 2003, 297-314쪽.
이종근, 〈생명 존중을 위한 메소포타미아 법들이 정의: 우르 남무와 리피트이쉬타르 법들을 중심으로〉, 《구약논단》 15, 한국구약학회, 2003, 261-297쪽.
이종득, 〈멕시코-테노츠티틀란의 성장 과정과 한계: 삼각동맹〉, 라틴아메리카연구 제23권, 3호. 111-160쪽.
이지은, 〈"인도 센서스"와 식민 지식의 구축: 19세기 인도 사회와 정립되지 않은 카스트〉, 역사문화연구 제59집, 2016, 165-196쪽.
정기문, 〈로마 제국 초기 디아스포라 유대인의 팽창원인〉, 전북사학 제48호, 2016, 279-302쪽.
정기문, 〈음식 문화를 통해서 본 세계사〉, 역사교육 제138집, 2016, 225-250쪽.
정재훈, 〈북아시아 유목 군주권의 이념적 기초: 건국 신화의 계통적 분석을 중심으로〉, 동양사학연구 제122집, 2013, 87-133쪽.
정재훈, 〈북아시아 유목민족의 이동과 정착〉, 동양사학연구 제103집, 2008, 87-116쪽.
정혜주, 〈태초에 빛이 있었다: 마야의 천지 창조 신화〉, 이베로아메리카 제7권 2호, 2005, 31-62쪽.
조주연, 〈미학과 역사가 미술사를 만났을 때〉, 《미학》 52, 한국미학회, 2007. 373-425쪽.
최재인, 〈미국 역사교육의 쟁점과 전망: 아프리카계 미국인 역사교육을 중심으로〉, 역사비평 제110호, 2015, 232-257쪽.

인터넷 사이트

네이버 지식백과: terms.naver.com
미국 자율학습 사이트: www.khanacademy.org
미국 필라델피아 독립기념관 역사교육 사이트: www.ushistory.org
영국 브리태니커 백과사전: www.britannica.com
영국 대영도서관 아시아, 아프리카 연구 사이트: britishlibrary.typepad.co.uk/asian-and-african
영국 BBC방송 청소년 역사교육 사이트: www.bbc.co.ukschools/primaryhistory
독일 브록하우스 백과사전: www.brockhaus.de
독일 WDR방송 청소년 지식교양 사이트: www.planet-wissen.de
독일 역사박물관 www.dhm.de
독일 청소년 역사교육 사이트: www.kinderzeitmschine.de
독일 연방기록원 www.bundesarchiv.de
위키피디아: www.wikipedia.org

사진 제공

수록된 사진 중 일부는 노력에도 불구하고 저작권자를 확인하지 못하고 출간하였습니다. 확인되는 대로 최선을 다해 협의하겠습니다. 퍼블릭 도메인은 따로 표기하지 않았습니다.

표지
라오콘 군상 Shutterstock

1교시
알레포 Agefotostock/토픽이미지스
하투샤 사자의 문 Shutterstock
카데시 전투 람세스 2세 부조 Akg Images/게티이미지코리아
아멘호테프 4세 The Bridgeman Art Library
하란 전통가옥 Agefotostock/토픽이미지스
아시리아 부조 Walters Art Museum
다마스쿠스 게티이미지뱅크
바라다강 Shadi Hijazi
알레포 성채 앞 살라딘 동상 게티이미지코리아
알레포 시장 게티이미지코리아
알레포 거리 게티이미지코리아
알레포 폭격 피해 게티이미지코리아
베이루트 야외 카페 Agefotostock/토픽이미지스
베이루트 해안선 게티이미지뱅크
시돈의 항구 Shutterstock
레바논산맥 삼나무 숲 게티이미지코리아
레바논산맥 목축 게티이미지코리아
티레의 항구 Shutterstock
장신구 만드는 장인 연합뉴스
히타이트 전차 부조 게티이미지코리아
청금석 The Bridgeman Art Library
호박 이미지클릭
하투샤 복원도 Balage Balogh/Art Resource/NY/Scala/Florence
히타이트 철제 단검 게티이미지코리아
몰약 채취 Somalia Ministry of Information and National Guidance
누비아 피라미드 Shutterstock
누비아 파라오 상 Alamy/게티이미지코리아
투트모스 3세 The Bridgeman Art Library
하트셉수트 여왕 The Bridgeman Art Library
투트모스 3세 오벨리스크 Alamy/게티이미지코리아
아케나텐 왕 일가 부조 The Bridgeman Art Library
네페르티티 흉상 게티이미지코리아
왕가의 계곡 Olaf Tausch

평화조약 비문 Iocanus
투탕카멘 무덤 벽화 Rainbird/Topfoto/윤익이미지
투탕카멘 무덤 재현 Alamy/게티이미지코리아
투탕카멘 황금 관 게티이미지코리아
투탕카멘 황금 가면 The Bridgeman Art Library
투탕카멘 가슴 장식 게티이미지코리아
투탕카멘 황금 의자 The Bridgeman Art Library
투탕카멘 황금 전차 게티이미지코리아
투탕카멘 보물 상자 게티이미지코리아

2교시
헤라클리온 항구 게티이미지코리아
트로이 목마 Alamy/게티이미지코리아
아가멤논 황금가면 The Bridgeman Art Library
권투하는 사람들 The Bridgeman Art Library
산토리니 게티이미지코리아
예루살렘 성전 모형 Alamy/게티이미지코리아
크레타섬 내륙 농촌 Alamy/게티이미지코리아
빨랫줄에 널어 말리는 문어 Lourakis
예루살렘 신시가지의 밤 Petdad
통곡의 벽 게티이미지코리아
성묘 교회 내부 Agefotostock/토픽이미지스
텔아비브 해안 이미지클릭
키부츠 Amos Meron
다이아몬드 거래소 게티이미지코리아
다이아몬드 품질 검사 게티이미지코리아
돌팔매질 하는 팔레스타인 소년 게티이미지코리아
분리 장벽 Raffaele Esposito
미노타우루스를 죽이는 장면이 그려진 그리스 도자기 The Bridgeman Art Library
크노소스 궁전 복원도 DeAgostini Picture Library/Scala/Florence
크노소스 궁전 남쪽 입구 The Bridgeman Art Library
아서 에번스 Materialscientist
미노스 도자기 Wolfgang Sauber
미노스인들의 선문자가 새겨진 원판 게티이미지코리아
황소 등에서 공중제비를 도는 사람 The Bridgeman Art Library
여왕의 방 돌고래 벽화 Alamy/게티이미지코리아
뱀의 여신상 Akg Images/게티이미지코리아
사자의 문 Alamy/게티이미지코리아
미케네의 도자기 게티이미지코리아
페니키아 상선 부조 The Bridgeman Art Library
페니키아 유리병 Lessing Images/토픽이미지스

티레의 페니키아 유적 이미지클릭
그리스 2유로 동전 Alamy/게티이미지코리아
미켈란젤로의 모세 상 Jörg Bittner Unna
다윗과 골리앗의 싸움 토픽이미지스
목마 그림이 새겨진 토기 게티이미지코리아
트로이 유적 CherryX
홍해의 기적 The Bridgeman Art Library

100개의 기둥이 있는 궁전 Shutterstock
다리우스의 궁전 درش کواپانی
다리우스 궁전의 근위병 부조 Alamy/게티이미지코리아
황소를 사냥하는 사자 Shutterstock
키루스 무덤 Alireza Shakernia

3교시

파르스 지방 유목민 게티이미지코리아
리디아의 금화 Alamy/게티이미지코리아
아슈르바니팔왕의 사자 사냥 Carole Raddato
이슈라트 문 벽면 장식 - 오록스 Jami430
니네베의 네르갈 문 Fredarch
아자디 타워 Wikipedia
황금사자 술잔 Akg Images/게티이미지코리아
만국의 문 Alamy/게티이미지코리아
테헤란 게티이미지코리아
카라지강 ninara
이란 지폐 Pol70117
호메이니 초상화 옆 행인 Alamy/게티이미지코리아
이란혁명 당시 군중들 게티이미지코리아
잠카란 사원 Muhammad Mahdi Karim
말라죽은 과수원 나무들 Newsha Tavakolian/Magnum Photos
이란의 정유공장 게티이미지코리아
엘람을 파괴하는 아시리아군 The Bridgeman Art Library
성을 공격하는 아시리아 군대 게티이미지코리아
니네베 상상화 Alamy/게티이미지코리아
쿠시 출신 흑인 파라오 게티이미지코리아
바빌론으로 끌려가는 유대인들 게티이미지코리아
바빌론 복원도 byzantium1200(kadingirra.com)
공중정원 복원도 Mary Evans Picture Library/이미지코리아
나사 모양의 수동 펌프 Agefotostock/토픽이미지스
이슈타르 문 복원도 byzantium1200(kadingirra.com)
이슈라트 문 벽면 장식 - 사자 Francisco Anzola
이슈라트 문 벽면 장식 – 무슈후슈 Agefotostock/토픽이미지스
리디아 왕 크로이소스를 붙잡은 키루스 게티이미지코리아
페르시아 궁전 벽면 불사신 부대 Alamy/게티이미지코리아
키루스 실린더 Mike Peel
키루스 대왕을 만난 유대인들 게티이미지코리아
다리우스 1세 The Bridgeman Art Library
조로아스터교의 상징 Alamy/게티이미지코리아
베히스툰 비문 Agefotostock/토픽이미지스
페르세폴리스 전경 게티이미지뱅크
페르세폴리스 입구 Hansueli Krapf
아시리아 궁전 라마수 부조 Alamy/게티이미지코리아
대접견실 게티이미지코리아
조공행렬 부조 게티이미지코리아

4교시

아크로폴리스 게티이미지코리아
델포이 아테네 신전 KufoletoAntonio De Lorenzo and Marina Ventayol
살라미스 해전 기념 조각상 Alamy/게티이미지코리아
원반 던지는 사람 Alamy/게티이미지코리아
스파르타 투구 xlibber
레오니다스 동상 Praxinoa
밀레투스 원형극장 http://www.flickr.com/photos/jiuguangw/
아테네 파르테논 신전 북앤포토
피레우스 항 Nikolaos Diakidis
올리브 과수원 게티이미지뱅크
올리브유 Shutterstock
그리스 음식 Alamy/게티이미지코리아
아크로폴리스 올라가는 길 게티이미지코리아
올림픽 성화 채화 Reuters
도자기에 그려진 전사들 게티이미지코리아
아테네 상상화 Akg Images/게티이미지코리아
파나티나이코 경기장 Badseed
그리스 중장 보병 게티이미지코리아
올리브 농사 짓는 아테네 농민들 The Bridgeman Art Library
아테네 도자기 The Bridgeman Art Library
아테네 제우스 신전 123RF
도편추방제에 쓰인 도기 조각 게티이미지코리아
펠로폰네소스반도 남부의 평원 ulrichstill
노동 중인 원주민 노예 The Bridgeman Art Library
스파르타인 시중드는 원주민들 Wikipedia
밀레토스 Shutterstock
마라톤 전투 상상화 The Bridgeman Art Library
황영조 선수 연합뉴스
영화 300 한 장면 Agefotostock/토픽이미지스
그리스의 삼단노선 Rama
헤로도토스 두상 Alamy/게티이미지코리아
페리클레스 두상 Bobak Ha'Eri
파르테논 신전 페디먼트 장식 Agefotostock/토픽이미지스
파르테논 신전 기병 장식 Elgin Collection
아테네 여신 복원상 Alamy/게티이미지코리아
파르테논 신전 복원도 게티이미지코리아
디오니소스 극장 Nicholas Hartmann
올림포스산 게티이미지코리아
켄타우로스를 죽이는 테세우스 123RF
지구를 떠받치는 아틀라스 Harrygouvas

네메아의 사자를 잡는 헤라클레스 sailko
튀르키예 마르마라 항구 Mstyslav Chernov

5교시

보스포루스 해협의 다리 Shutterstock
알렉산드리아 등대 게티이미지코리아
필리포스 2세 동상 Alamy/게티이미지코리아
히다스페스 전투 The Bridgeman Art Library
카이버 고개 Alamy/게티이미지코리아
눈 덮힌 올림포스산 Cristo Vlahos
테살로니키 구 시가지 Shutterstock
알렉산드로스 동상 Shutterstock
아리스토텔레스 대학 캠퍼스 Nikolaos Oikonomou
부가짜 Alamy/게티이미지코리아
마케도니아 독립 20주년 불꽃놀이 연합뉴스
스코페의 바르다르강 Shutterstock
성 판텔레이몬 수도원 Shutterstock
블라고에브그라드 Shutterstock
피린산 Agefotostock/토픽이미지스
스트루마강 Shutterstock
델로스섬 Shutterstock
사자들의 테라스 Shutterstock케르키라 섬 해안 Albinfo
펠로폰네소스 전쟁을 묘사한 도기 The Bridgeman Art Library
투키디데스 두상 shakko
마케도니아의 중장 보병 Akg Images/이미지코리아
이집트에서 만든 알렉산드로스 동전 National Museum in Warsaw
가우가멜라 전투 Luis García
알렉산드로스 석관 부조 Shutterstock
알렉산드로스의 결혼 이매진스
트라키아에서 발견된 황금 술잔 게티이미지코리아
현대 알렉산드리아 도서관 Alamy/게티이미지코리아
페르가몬의 제우스 제단 Lestat (Jan Mehlich)
페르가몬의 제우스 제단 부조 Shutterstock
아르테미시온의 포세이돈 Marsyas
밀로의 비너스 Alamy/게티이미지코리아
죽어가는 갈리아인 Alamy/게티이미지코리아
라오콘 군상 게티이미지코리아
사모트라케의 니케 Alamy/게티이미지코리아

6교시

테베레강 게티이미지코리아
체르베테리 석관 Alamy/게티이미지코리아
카이사르 Georges Jansoone (JoJan)
로물루스와 레무스 Shutterstock
한니발 게티이미지코리아
스피키오 장군 Miguel Hermoso Cuesta
게르만족 전사 Alamy/게티이미지코리아

루비콘강 Cicciotto
로마 전경 Shutterstock
밀라노 거리 Shutterstock
남부 이탈리아 농촌 Alamy/게티이미지코리아
트레비 분수 Shutterstock
콜로세움 Agefotostock/토픽이미지스
패션 모델 게티이미지코리아
화덕에서 피자 굽는 요리사 Agefotostock/토픽이미지스
젤라또 Shutterstock
2006년 독일 월드컵에서 우승한 이탈리아 연합뉴스
토스카나 Shutterstock
청동 마차 The Metropolitan Museum of Art/Art Resource/Scala/Florence
타르퀴니아 분묘 벽화 123RF
에트루리아인 아치 Francesco Gasparetti
루크레티아의 죽음 The Bridgeman Art Library
미국 투표 AP Images
상원에 배석한 영국 여왕 연합뉴스
로마 원로원 모습 Akg Images/이미지코리아
로마를 약탈하는 켈트족 게티이미지코리아
로마 군단병 Alamy/게티이미지코리아
안토니우스 피우스 조각상 George Shuklin
스톤헨지 Mary Evans Picture Library/윤익이미지
켈트족 황금 투구 Rosemania
시칠리아섬 Shutterstock
까마귀 사용법 게티이미지코리아
자마 전투 Sailko
포로 로마노 Shutterstock
가이우스 그라쿠스의 죽음 The Bridgeman Art Library
폼페이우스 은화 Granger/윤익이미지
카이사르의 죽음 Alamy/게티이미지코리아
옥타비아누스 Till Niermann
사비나 여인의 강탈 Miguel Hermoso Cuesta
베르길리우스 Giorces
로마 기병 Alamy/게티이미지코리아
거북 대형 Neil Carey
트라야누스 기둥의 요새를 쌓고 있는 로마군 Cassius Ahenobarbus
대형을 갖춘 로마군단 Akg Images/게티이미지코리아
로마군 재현 모습 MatthiasKabel

7교시

하드리아누스 성벽 Shutterstock
유스티니아누스 황제 Petar Milošević
토이부르크 숲 기념비 Hubert Berberich
콜로세움 Ikki16
고트족의 침략 Alamy/게티이미지코리아
성 소피아 대성당 Arild Vågen
성묘교회 게티이미지코리아

모젤강변의 트리어 전경 게티이미지코리아
트리어 대성당 Berthold Werner
로마 시대 목욕탕 Shutterstock
트리어 거리 광장 Alamy/게티이미지코리아
모젤강변 포도밭 Rémi Stosskopf
포도 수확하는 농민 Agefotostock/토픽이미지스
쾰른 전경 게티이미지코리아
쾰른 카니발 거리 행진 Marco Verch
쾰른 쉴더가세 쇼핑거리 Agefotostock/토픽이미지스
쾰른 대성당 게티이미지코리아
요크 전경 Shutterstock
황제 콘스탄티누스 Son of Groucho
요크 성당 본당 Diliff
요크 성당 스테인드글라스 Diliff
요크 국립철도박물관 Chowells
요크의 양떼를 모는 농부 Alamy/게티이미지코리아
로마 황제의 근위대 Jérémy-Günther-Heinz Jähnick
평화의 제단 teldridge+keldridge
네르바 Shutterstock
트라야누스 Hartmann Linge
하드리아누스 Carole Raddato
안토니누스 피우스 Jean-Pol GRANDMONT
마르쿠스 아우렐리우스 sailko
카라칼라 목욕탕 Agnete
로마 군인의 전역 증명서 게티이미지코리아
트라야누스 원기둥 Alvesgaspar
세고비아 수도교 Bernard Gagnon
아피우스 가도 Shutterstock
판테온 게티이미지코리아
파르티아 궁기병 Alamy/게티이미지코리아
발레리아누스 황제 Sahand Ace
콘스탄티누스 황제 두상 Jean-Christophe BENOIST
콘스탄티누스 개선문 Danbu14
콘스탄티노폴리스 성벽 GFDL
시나이 성경 Alamy/게티이미지코리아
카타콤 Shutterstock
스틸리코 장군 Photoaisa/이미지코리아
고대 폼페이 유적 Shutterstock
폼페이 원형극장 Heinz-Josef Lücking
아폴로 신전 유적과 신상 Alamy/게티이미지코리아
베티의 집 벽화들 게티이미지코리아, Mentnafunangann
델라본단차 빵집 Shutterstock
델라본단차 거리 게티이미지코리아
델라본단차 술집 Agefotostock/토픽이미지스
웅크린 채 죽은 사람의 흔적 Shutterstock
게르만족 생활 모습 상상화 Akg Images/게티이미지코리아
장벽을 오가는 게르만족 Akg Images/게티이미지코리아
독일 마인강 지역 국경 장벽 Holger Weinandt

연표

비파형 동검 국립중앙박물관
탁자식 고인돌 Hairwizard91
명도전 국립중앙박물관
한반도 철기 유물 국립춘천박물관
낙랑의 유물인 금제 허리띠 장식 국립중앙박물관
가야 뚜껑 굽다리 접시 국립중앙박물관
무령왕릉의 진묘수 국립중앙박물관
신라(금관총) 금제 허리띠 국립중앙박물관

퀴즈 정답

1교시

1. ① 히타이트 ② 아시리아
2. O, X, O
3. 아케나텐
4. 람세스 2세, 아멘호테프 4세, 힉소스
5. ②

2교시

1. O, O, X
2. ①-㉠, ②-㉢, ③-㉣, ④-㉡
3. ②
4. ① 미케네 ② 미노스
5. ③
6. X, X, O

3교시

1. ④
2. O, X, X
3. ③
4. ②
5. 페르세폴리스
6. ①

4교시

1. 폴리스, 아고라, 아크로폴리스
2. X, X, O
3. ③
4. 도편추방제
5. ①
6. ②

5교시

1. ③
2. ①
3. ①
4. ①-㉢, ②-㉣, ③-㉠, ④-㉡
5. 알렉산드리아
6. 그리스어, 그리스 문화, 세계 시민주의

6교시

1. O, X, X
2. ④
3. ④
4. ①-㉡, ②-㉠, ③-㉣, ④-㉢
5. ㉠, ㉣, ㉢, ㉡
6. ① 카르타고, ② 지중해
7. 카이사르

7교시

1. O, X, X
2. ③
3. ②
4. ②
5. ③
6. ①

일러두기

- 맞춤법과 띄어쓰기는 국립국어원에서 펴낸 《표준국어대사전》을 따랐습니다.
- 역사 용어와 띄어쓰기는 《교과서 편수자료》의 표기 원칙을 따랐습니다.
  단, 학계의 일반적인 표기와 다른 경우 감수자의 자문을 거쳐 학계의 표기를 따랐습니다.
- 중국의 지명은 현재까지 남아 있는 지명은 중국어 발음, 남아 있지 않은 지명은 한자음을 따랐습니다.
- 중국의 인명은 변법자강 운동을 기준으로 그 이전은 한자음, 그 이후는 중국어 발음을 따라하는 것을 원칙으로 했습니다.
- 일본의 지명과 인명은 일본어 발음을 따랐습니다.

- 이 책에 실린 사진은 북앤포토를 통해 저작권자로부터 사용허가를 받았습니다.
- 일부 사진은 wikipedia commons public domain에 게재되어 있습니다.
- 저작권자와 접촉이 되지 않는 등 불가피한 사정으로 사용 허가를 받지 못한 사진에 대해서는
  저작권자의 허락을 구하는 대로 게재 허락을 받고 사용료를 지불하겠습니다.
- 이 책에 실려 있는 지도와 그림의 저작권은 별도의 표기가 없는 한 (주)사회평론에 있습니다.

교양으로 읽는 용선생 세계사 ② 통일 제국의 등장 1 ― 페르시아, 그리스, 로마 제국

전면 개정판 1쇄 발행　　2025년 7월 23일
전면 개정판 2쇄 발행　　2025년 11월 21일

글	이희건, 차윤석, 김선빈, 박병익, 김선혜
그림	이우일, 박기종
지도	김경진
구성	정지윤
자문 및 감수	유성환, 정기문
교과 과정 감수	박혜정, 한유라, 원지혜
어린이사업본부	은지영
편집	송용운, 김언진, 윤선아
마케팅	윤영채, 정하연, 안은지, 박찬수, 염승연
경영지원	나연희, 주광근, 오민정, 정민희, 김수아
디자인	이수경
본문 디자인	박효영, 최한나
사진	북앤포토
영상 제작	(주)트립클립

펴낸이	윤철호
펴낸곳	(주)사회평론
전화	02-326-1182
팩스	02-326-1626
주소	03993 서울시 마포구 월드컵북로6길 56 사평빌딩
용선생 클래스	yongclass.com
출판등록	1993년 10월 6일 제 10-876호

ⓒ사회평론, 2017

ISBN 979-11-6273-361-5 73900

- 이 책 내용의 일부나 전부를 다시 사용하려면 저작권자와 사회평론의 동의를 받아야 합니다.
- 잘못 만들어진 책은 구입하신 곳에서 바꾸어 드립니다.

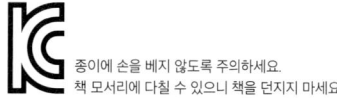
종이에 손을 베지 않도록 주의하세요.
책 모서리에 다칠 수 있으니 책을 던지지 마세요.

이 책을 만드는 데 강의, 자문, 감수하신 분

강영순(한국외국어대학교 강사)
아세아연합신학대학교 아세아학과를 졸업하고 한국외국어대학교 대학원 아시아학과에서 석사 학위를, 국립 인도네시아대학교에서 박사 학위를 받았습니다. 현재 한국외국어대학교 말레이·인도네시아어통번역 학과에서 강의를 하고 있습니다. 〈인도네시아 환경정치에 대한 연구: 열대림을 중심으로〉, 〈수까르노와 이승만: 제2차 세계 대전 후 건국 지도자 비교〉, 〈인도네시아 서 파푸아 특별자치제에 관한 연구〉 등의 논문을 지었습니다.

김광수(한국외국어대학교 HK교수)
한국외국어대학교를 졸업하고 남아프리카 공화국 노스-웨스트대학교 역사학과에서 석사·박사 학위를 받았습니다. 현재 한국외국어대학교 아프리카연구소 HK교수로 재직 중입니다. 지은 책으로 《스와힐리어 연구》, 《에티오피아 악숨 문명》 등이 있고, 함께 지은 책으로 《7인 7색 아프리카》, 《남아프리카사》 등이 있으며 《현대 아프리카의 이해》를 우리말로 옮겼습니다.

김병준(서울대학교 교수)
서울대학교 동양사학과를 졸업하고 같은 학교 대학원에서 석사·박사 학위를 받았습니다. 현재 서울대학교 역사학부 교수로 재직 중입니다. 《순간과 영원: 중국고대의 미술과 건축》, 《고사변 자서》 등을 우리말로 옮겼고, 《중국고대 지역문화와 군현지배》 등을 지었습니다. 함께 지은 책으로 《사료로 보는 아시아사》, 《역사학의 성과와 역사교육의 방향》, 《동아시아의 문화교류와 소통》 등이 있습니다.

남종국(이화여자대학교 교수)
서울대학교 서양사학과를 졸업하고 같은 학교 대학원에서 석사 학위를, 프랑스 파리1대학에서 박사 학위를 받았습니다. 현재 이화여대 사학과 교수로 재직하고 있습니다. 지은 책으로 《이탈리아 상인의 위대한 도전》, 《지중해 교역은 유럽을 어떻게 바꾸었을까?》, 《세계사 뛰어넘기》 등이 있으며 《프라토의 중세 상인》을 우리말로 옮겼습니다.

박병규(서울대학교 HK교수)
고려대학교 서어서문학과를 졸업하고 멕시코 국립대학(UNAM)에서 문학 박사 학위를 받았습니다. 현재는 서울대 라틴아메리카연구소 HK교수로 재직 중입니다. 《불의 기억》, 《파블로 네루다 자서전 - 사랑하고 노래하고 투쟁하다》, 《1492년, 타자의 은폐》 등을 우리 말로 옮겼습니다.

박상수(고려대학교 교수)
고려대학교 사학과를 졸업하고 같은 학교 대학원에서 석사학위와 박사과정 수료를, 프랑스 국립 사회과학고등연구원에서 박사 학위를 받았습니다. 현재 고려대학교 사학과 교수로 재직하고 있습니다. 지은 책으로 《중국혁명과 비밀결사》 등이 있고, 함께 지은 책으로는 《동아시아, 인식과 역사적 실재: 전시기(戰時期)에 대한 조명》 등이 있습니다. 《중국현대사 - 공산당, 국가, 사회의 격동》을 우리말로 옮겼습니다.

박수철(서울대학교 교수)
서울대학교 역사교육과를 졸업하고 같은 대학 대학원 동양사학과에서 석사를, 일본 교토대에서 박사 학위를 받았습니다. 현재는 서울대학교 역사학부 교수로 재직 중입니다. 지은 책으로는 《오다·도요토미 정권의 사사지배와 천황》이 있으며, 함께 지은 책으로는 《아틀라스 일본사》, 《사료로 보는 아시아사》, 《일본사의 변혁기를 본다》 등이 있습니다.

성춘택(경희대학교 교수)
서울대학교 고고미술사학과와 대학원에서 고고학을 전공했으며, 워싱턴 대학교 인류학과에서 고고학으로 석사와 박사 학위를 받았습니다. 현재 경희대학교 사학과 교수로 재직 중입니다. 《석기고고학》이란 책을 쓰고, 《고고학사》, 《다윈 진화고고학》, 《인류학과 고고학》 등을 우리말로 옮겼습니다.

유성환(서울대학교 강사)
부산대학교 영문학과를 졸업하고 미국 브라운대학교에서 박사 학위를 받았습니다. 현재 서울대 아시아언어문명학부에서 강의를 하고 있습니다. 〈이히, 시스트럼 연주자 - 이히를 통해 본 어린이 신 패턴〉과 〈외국인에 대한 이집트인들의 두 시선〉 등의 논문을 지었습니다.

윤은주(국민대학교 강의 전담 교수)
서울대학교 서양사학과를 졸업하고 프랑스 사회과학고등연구원에서 박사 학위를 받았습니다. 현재 국민대학교 교양대학 강의 전담 교원으로 일하고 있습니다. 《넬슨 만델라 평전》을 우리말로 옮겼으며 《히스토리》의 4-5장과 유럽 국가들의 연표를 우리말로 옮겼습니다.

이근명(한국외국어대학교 교수)
서울대학교 동양사학과를 졸업하고 같은 학교 대학원에서 석사·박사 학위를 받았습니다. 현재 한국외국어대학교 사학과 교수로 재직하고 있습니다. 지은 책으로는 《남송 시대 복건 사회의 변화와 식량 수급》, 《아틀라스 중국사》(공저), 《동북아 중세의 한족과 북방민족》 등이 있고, 《중국역사》, 《중국의 시험지옥 - 과거》, 《송사 외국전 역주》 등을 우리말로 옮겼습니다.

이은정(서울대학교 강사)
한국외국어대학교 터키어과를 졸업하고 터키 국립 앙카라 대학교 역사학과에서 석사 학위를, 서울대학교 서양사학과에서 박사 학위를 받았습니다. 현재는 서울대학교 등에서 강의를 하고 있습니다. 〈16-17세기 오스만 황실 여성의 사회적 위상과 공적 역할 - 오스만 황태후의 역할을 중심으로〉와 〈'다종교·다민족·다문화'적인 오스만 제국의 통치전략〉 등의 논문을 지었습니다.

이지은(한국외국어대학교 전임연구원)
이화여대 사학과를 졸업하고 한국외국어대학교와 인도 델리대학교, 네루대학교에서 석사·박사 학위를 받았습니다. 현재 한국외국어대학교 인도연구소 전임연구원으로 일하고 있습니다. 함께 지은 책으로는 《탈서구중심주의는 가능한가》가 있으며 〈인도 식민지 시기와 국가형성기 하층카스트 엘리트의 저항 담론 형성과 역사인식〉, 〈반서구중심주의에서 원리주의까지〉 등의 논문을 지었습니다.

정기문(군산대학교 교수)
서울대학교 역사교육과를 졸업하고 같은 학교 대학원에서 석사·박사 학위를 받았습니다. 현재 군산대학교 사학과 교수로 재직하고 있습니다. 지은 책으로는 《한국인을 위한 서양사》, 《내 딸을 위한 여성사》, 《역사란 무엇인가》 등이 있고, 《역사, 시민이 묻고 역사가가 답하고 저널리스트가 논하다》, 《고대 로마인의 생각과 힘》, 《지식의 재발견》 등을 우리말로 옮겼습니다.

정재훈(경상대학교 교수)
서울대학교 동양사학과를 졸업하고 같은 학교 대학원에서 석사·박사 학위를 받았습니다. 현재 경상대학교 사학과 교수로 재직 중입니다. 지은 책으로는 《돌궐 유목제국사》, 《위구르 유목 제국사(744~840)》 등이 있고 《유라시아 유목제국사》, 《사료로 보는 아시아사》 등을 우리말로 옮겼습니다.

최재인(서울대학교 강사)
서울대학교 서양사학과를 졸업하고 같은 학교 대학원에서 석사·박사 학위를 받았습니다. 현재 서울대학교 강사로 일하고 있습니다. 함께 지은 책으로 《서양여성들 근대를 달리다》, 《여성의 삶과 문화》, 《다민족 다인종 국가의 역사인식》, 《동서양 역사 속의 다문화적 전개양상》 등이 있고, 《가부장제와 자본주의》, 《유럽의 자본주의》, 《세계사 공부의 기초》 등을 우리말로 옮겼습니다.